朝鲜王朝孙子兵学史研究 (1392—1910)

A Study on the History of Sun Tzu's Military Science in the Joseon Dynasty (1392—1910)

阎盛国 著

上海古籍出版社

2019年度国家社会科学基金后期资助项目
（项目批准号：19FSSB007）

国家社科基金后期资助项目
出版说明

后期资助项目是国家社科基金设立的一类重要项目,旨在鼓励广大社科研究者潜心治学,支持基础研究多出优秀成果。它是经过严格评审,从接近完成的科研成果中遴选立项的。为扩大后期资助项目的影响,更好地推动学术发展,促进成果转化,全国哲学社会科学工作办公室按照"统一设计、统一标识、统一版式、形成系列"的总体要求,组织出版国家社科基金后期资助项目成果。

全国哲学社会科学工作办公室

序

  《孙子兵法》成书于春秋末期,是"兵圣"孙武送给吴王阖闾的见面礼,司马迁《史记》云:"孙子武者,齐人也,以兵法见于吴王阖庐。阖庐曰:'子之十三篇,吾尽观之矣。'"《孙子兵法》是我国古代流传下来的最早、最完整、最著名的军事著作,在中国军事史上占有举足轻重的地位,被誉为"兵学圣典"和"古代第一兵书"。它在世界军事史上也具有非常重要的意义,其影响超越了时空与国度,已经传播到世界各地。英国皇家空军元帅约翰·斯莱瑟说:"孙武的思想有惊人之处——把一些词句稍加变换,他的箴言就像是刚写出来的。"《孙子兵法》十三篇代表了中国古典兵学的最高智慧。

  阎盛国教授长期专注于孙子兵学研究,取得了一系列研究成果,出版过《〈孙子兵法〉经世致用研究》和《孙子兵法(译注评)》两部专著,前者获河南省社科优秀成果二等奖,后者被央视《读书》栏目重点推荐。此外,他还撰写了一系列孙子兵学研究论文。他擅长挖掘史料,从朝鲜正史《三国史记》寻找新资料,对《孙子兵法》最早传入朝鲜半岛的史实进行考定。最近,他的国家社科基金后期资助项目《朝鲜王朝孙子兵学史研究(1392—1910)》书稿业已完成,即将由上海古籍出版社出版,这是他近年来在域外孙子兵学研究领域取得的一项新成果,具有一定的学术创见。

  首先,本书考察孙子兵学的视角非常独特。朝鲜王朝孙子兵学史研究为考察孙子兵学域外影响提供了一个"他者视角"。作者借"异域之眼"审视《孙子兵法》的域外传播,为学界进一步认识朝鲜王朝接受孙子兵学的情形,提供了一个颇为独特的视角。本书研究孙子兵学对朝鲜王朝的影响,对于丰富中朝文化交流史研究具有重要意义。朝鲜王朝孙子兵学传播和接受的历史,总体展现了中华兵学对朝鲜半岛的深刻影响,充分彰显了中华优秀传统文化的重要影响力和魅力。

  其次,本书综合运用域外汉籍资料去发现和研究新问题。不同于一般的孙子兵学研究著作,本书重点使用了域外汉籍资料来研究朝鲜王朝孙子兵学的传播与应用。值得注意的是，本书的资料范围不只限于一个国度，而是涉及中、韩、日三国的资料，其中使用的韩国汉籍资料包括《韩国文集丛刊》《韩国历代文集丛书》《朝鲜王朝实录》《承政院日记》等，同时参考了《孙子研究在日本》《日本孙子书知见录》《日本汉诗与中国历史人物典故》等资料，这对于提升本书质量、拓宽研究视野具有积极作用。

最后，本书提出诸多新观点，对孙子兵学研究具有重要的启发意义。一是《孙子兵法》在朝鲜受到重视，主要在于兵书特有的价值和朝鲜王朝特定的社会环境。《孙子兵法》是高端智慧的结晶，在战略层面被视为"制敌法宝"，在战术层面呈现独一无二的制敌方略。因此，一些杰出的朝鲜国王非常重视《孙子兵法》，不断将其学习制度化；朝鲜王朝遭遇的内忧外患，也促使朝鲜人士不断审视《孙子兵法》。这些因素对《孙子兵学》的学习研究产生了相当大的内驱力。二是提出了朝鲜王朝以《孙子兵法》品评书法艺术的新观点。成大中以《孙子兵法》"造势"之说来品评白月碑的书法艺术，曹允亨赞扬金平默的书法暗合《孙吴兵法》的用兵之术。这为《孙子兵法》融入书法理论研究提供了鲜明例证。三是提出朝鲜王朝孙子兵学传播的总体趋势呈现"波谷型"特征。波峰的出现是受尚武因素的影响和外来战争的刺激，波谷的出现则是受和平时期文恬武嬉和儒学地位上升、外部世界重要观念输入的影响。

当然，本书也不是尽善尽美，比如"以诗证史"的方法应用未能很好地将诗歌文本与当时语境有机联系起来。瑕不掩瑜，本书依然是齐鲁兵学研究的一部精品力作，对海外汉学研究和孙子兵学域外传播研究具有一定的引领作用，对于提升中华优秀传统文化的影响力和坚定文化自信也具有积极的推动作用。最后，希望阎盛国教授以本书的出版为契机，继续潜心孙子兵学研究，进一步拓宽学术视野，在新出土齐鲁兵学文献资料的收集整理上下功夫，不断推出齐鲁兵学研究的新成果。

是为序。

吕文明
2023 年 7 月 28 日于泉城

目　　录

序 ·· 吕文明　1

绪言 ·· 1
　一、选题缘由 ·· 1
　二、研究综述 ·· 2
　三、研究思路与研究方法 ·· 6

第一章　朝鲜王朝孙武形象认知 ································ 9
　第一节　孙武角色认知 ·· 9
　　一、孙子人物混淆 ·· 9
　　二、兵家角色认定 ··· 12
　　三、将帅角色认定 ··· 13
　　四、宗师角色认定 ··· 18
　第二节　"孙武教战"认知 ····································· 19
　　一、"孙武教战"书写 ··· 19
　　二、"孙武教战"评价 ··· 22
　　三、"孙武治军"赞颂 ··· 25
　第三节　孙武才学认知 ··· 31
　　一、孙武写作才华 ··· 31
　　二、孙武兵学之才 ··· 34
　　三、孙武才性贬斥 ··· 46

第二章　朝鲜王朝孙子兵学传播 ······························ 55
　第一节　孙子兵学传播版本类型 ···························· 55

一、官方版本 …………………………………………… 55
　　二、私家版本 …………………………………………… 57
　　三、外来版本 …………………………………………… 63
　第二节　孙子兵学传播主流版本 ……………………………… 65
　　一、《孙子兵法》的流布 ………………………………… 65
　　二、《孙吴兵法》的流布 ………………………………… 71
　　三、《武经七书》的流布 ………………………………… 87
　第三节　孙子兵学传播主要模式 ……………………………… 100
　　一、御赐孙子书籍 ……………………………………… 100
　　二、讲论孙子兵学 ……………………………………… 102
　　三、诵读孙子兵书 ……………………………………… 107
　　四、刊行孙子书籍 ……………………………………… 108
　　五、孙子兵学与武科取士 ……………………………… 110
　　六、孙子兵学与诗歌题咏 ……………………………… 112

第三章　朝鲜王朝孙子兵学研究 ………………………………… 130
　第一节　探讨孙子兵学 ………………………………………… 131
　　一、经筵与孙子兵学 …………………………………… 131
　　二、策问与孙子兵学 …………………………………… 135
　第二节　孙子兵学检证 ………………………………………… 142
　　一、检证孙子用兵之说 ………………………………… 142
　　二、检证孙武治军之说 ………………………………… 146
　第三节　孙子兵学拓展 ………………………………………… 148
　　一、孙子兵学新说 ……………………………………… 148
　　二、孙子兵学新证 ……………………………………… 154

第四章　朝鲜王朝孙子兵学应用 ………………………………… 159
　第一节　《孙子兵法》军事领域的应用 ……………………… 159
　　一、《孙子兵法》与御倭之策 …………………………… 159
　　二、《孙子兵法》与加强城防 …………………………… 167
　　三、《孙子兵法》与对敌作战 …………………………… 175
　　四、《孙子兵法》与间谍活动 …………………………… 182

第二节 《孙子兵法》非军事领域应用 …………………… 186
  一、《孙子兵法》与诗歌 …………………………………… 186
  二、《孙子兵法》与治学 …………………………………… 196
  三、《孙子兵法》与书法 …………………………………… 203
  四、《孙子兵法》与弈棋 …………………………………… 206

第五章 朝鲜王朝孙子兵学影响 …………………………… 211
第一节 精英人物与孙子兵学 …………………………………… 211
  一、朝鲜正祖与孙子兵学 …………………………………… 211
  二、梁诚之与孙子兵学 ……………………………………… 216
  三、丁若镛与孙子兵学 ……………………………………… 219
第二节 重要著述与孙子兵学 …………………………………… 226
  一、《保邦要务》与孙子兵学 ……………………………… 226
  二、《林下经纶》与孙子兵学 ……………………………… 239
  三、《孙子髓》与孙子兵学 ………………………………… 244
第三节 孙子兵学与儒学对冲 …………………………………… 252
  一、孙子兵学"惟吾独尊" ………………………………… 253
  二、孙子兵学渐趋儒学之下 ………………………………… 256
  三、孙子兵学与儒学共融 …………………………………… 267

第六章 朝鲜王朝孙子兵学评判 …………………………… 278
第一节 朝鲜人士孙子兵学评价 ………………………………… 278
  一、正面评价 ………………………………………………… 278
  二、负面评价 ………………………………………………… 288
第二节 朝鲜人士孙子兵学意象 ………………………………… 290
  一、直接意象 ………………………………………………… 291
  二、间接意象 ………………………………………………… 295

结语 ………………………………………………………………… 300

参考文献 ………………………………………………………… 308
后记 ……………………………………………………………… 315

绪　　言

一、选题缘由

自古以来,朝鲜与中国有着深厚的文化渊源,素有"小中华"的美誉。高丽人李承休《帝王韵纪》:"辽东别有一乾坤,斗与中朝区与分。"①《孙子兵法》是"制胜之术""兵家至宝",历来享有"智慧宝典""战略圣经"的盛誉。《孙子兵法》诞生之后,最早对外传播是在东亚的"汉字文化圈"。刘庆指出,日本、朝鲜、越南等东亚国家很早就传入了"汉语版《孙子兵法》"。②《孙子兵法》在亚洲传播最早、应用最广,这部兵书曾对朝鲜王朝产生深远影响。目前,域外汉籍的整理与出版,为研究《孙子兵法》的域外传播提供了有利条件。时至今日,域外孙子兵学史研究已成为"孙子学"研究的前沿。本书以"朝鲜王朝孙子兵学史研究"为选题,主要基于三方面考量。

其一,域外汉籍为朝鲜王朝孙子兵学史研究提供了新资料。张伯伟指出,域外汉籍是"不可忽视的新材料"。③ 韩国现今保存下来的汉文典籍数量颇为惊人,其中文人文集占相当大的比重。现已整理出版了《韩国文集丛刊》与《韩国历代文集丛书》,便是鲜明的例证。具体而言,"域外汉籍"主要包括三方面:一是"历史上域外文人用汉字书写的典籍";二是"中国典籍的域外刊本或抄本";三是"流失在域外的中国古本"。三者之中,"古代域外人士用汉字书写的典籍,以及中国典籍的域外刊本或抄本",是域外汉籍的主体。本书所说的"域外汉籍"的利用,主要是指朝鲜王朝社会人士使用汉字书写的各种文献资料。而且,域外汉籍的整理工作依然在不断推进。本书依据的核心资料有《韩国文集丛刊》和《韩国历代文集丛书》。除此之外,还利用了其他文献资料如《朝鲜王朝实录》《承政院日记》等加以佐证。

---

① 黄纯艳:《高丽史史籍概要》,兰州:甘肃人民出版社,2007年,第105页。
② 韩胜宝:《震撼世界的亚洲战争奇迹》,《〈孙子兵法〉与战争艺术》,苏州:古吴轩出版社,2016年,第93页。
③ 张伯伟:《域外汉籍与中国文学研究》,《文学遗产》2003年第3期。

其二，朝鲜王朝孙子兵学史研究为考察孙子兵学域外影响提供了一个"他者视角"。诚如葛兆光所言："正所谓自家多'异常只当做平常'，换了异域之眼，却往往'平常却当做异常'。"①朝鲜王朝社会人士如何看待外来的《孙子兵法》作者及其价值，显然与华夏人士有鲜明的差异。鉴于中朝之间的文化互动，朝鲜人士对《孙子兵法》作者和价值的评判，别具地域特色和时代风情。这种接受孙子兵学现象的背后，既有复杂的社会心态影响，也有时代形势发展的冲击。总之，借"异域之眼"审视《孙子兵法》的域外传播，为进一步认识朝鲜王朝社会人士接受孙子兵学的情形，提供了一个颇为难得的视角。

其三，朝鲜王朝孙子兵学史研究有助于推进孙子兵学史研究以及朝鲜王朝兵学史研究。由于孙子兵学本身具有的普世性和宝贵价值，因而，世人对之高度重视。杨丙安曾经阐明孙子兵学的研究范式："围绕着整理研究他（孙武）及其兵法而形成了一门专门学问——孙子兵学。"②现今，站在"孙子兵学"的角度审视，朝鲜王朝孙子兵学史研究属于孙子兵学史整体研究的一个组成部分，也是域外孙子兵学史研究的一个重要组成部分。由此而言，朝鲜王朝孙子兵学史研究既可推进孙子兵学史的整体研究，也可丰富孙子兵学的域外传播与实践认知。此外，这一研究将促进朝鲜王朝兵学史的研究，有助于了解中华兵学文化对朝鲜王朝所产生的多维影响。总而言之，朝鲜王朝孙子兵学史研究不仅具有独特的学术价值，而且具有重要的应用价值。系统分析朝鲜王朝孙子兵学传播的主要模式，对当今加强中华优秀传统文化对外传播有重要的借鉴价值。认真细致地总结朝鲜王朝精英人士对孙子兵学的探索成就，可供吾人学习借鉴。朝鲜王朝应用孙子兵学得失成败的历史，可为吾人提供经验教训。

二、研究综述

研究孙子兵学史，不仅要研究中国孙子兵学史，而且要研究域外孙子兵学史。从时间跨度来说，朝鲜王朝孙子兵学史研究显然是朝鲜半岛孙子兵学史的一个重要分期。为了更加全面了解朝鲜半岛孙子兵学史研究的进展情况，因此笔者在梳理研究成果时，不仅仅局限于朝鲜王朝有关孙子兵学史研究的相关成果，而且凡是属于朝鲜王朝以及此前的孙子兵学史研究成果

---

① 葛兆光：《想象异域：读李朝朝鲜汉文燕行文献札记》，北京：中华书局，2014年，《自序》，第1页。
② 杨丙安：《原著校译·卷首语》，第1页。邱复兴主编：《孙子兵学大典》第1册，北京：北京大学出版社，2004年。

也在梳理之中,这是便于从整体上把握朝鲜王朝孙子兵学史研究的进展情况。

(一)国内相关研究成果综述

1. 《孙子兵法》传入朝鲜半岛时间问题探讨。一般认为早在 7 世纪时《孙子兵法》传到了日本,稍后传入朝鲜。于汝波《孙子兵法研究史》曾作出推测,与《孙子兵法》传入日本的时间相比,"《孙子兵法》传入朝鲜半岛的时间可能更早。这方面的资料有待继续搜集"。① 薛国安先生持审慎的看法:"《孙子兵法》传入朝鲜的时间,有人认为可能早于日本。这个问题尚待考证。"②

2. 朝鲜王朝《孙子兵法》版本问题研究。一是朝鲜王朝铜活字本《十一家注孙子》的研究。吴九龙《韩国李氏王朝铜活字本十一家注孙子探微》一文披露,近年来发现日本藏有明永乐七年(1409)李氏王朝(朝鲜王朝的别称)铜活字本《十一家注孙子》,此书后面有永乐七年四月"吉昌君臣权近"的跋文。"铜活字本刊印于李氏王朝初年,从中朝两国历史文化渊源上探究,此书的原本应与宋本《十一家注孙子》同源。"③李氏王朝铜活字本《十一家注孙子》,分为 3 卷,共有 6 册,每页 11 行,每行 20 字。双栏,黑口,花鱼尾。版心印有书名"孙子"二字,以及卷次、跋。每卷的首页加盖"帝室图书之章"和"秘阁图书之章",各为一方。书后有跋。"李氏王朝铜活字本《十一家注孙子》与宋本比较,正文基本相同,注文中有不同之处。"④朝鲜王朝的铜活字本《十一家注孙子》与现有诸本比较,虽是明初的版本,"但其源接宋代秘阁藏本,自有其特异之处"。⑤

二是朝鲜王朝《孙子兵法》其他版本的研究。苏桂亮《国外〈孙子兵法〉文献之研究》一文,梳理了朝鲜王朝《孙子兵法》一些重要版本,指出朝鲜是仅次于日本译解《孙子兵法》的国家。据《朝鲜成宗实录》载,成宗二十一年(1494),圣节使河叔浦自明国返回,进呈"《武经七书》及《陈书》"。从文献学角度考察,这部《武经七书》仍是汉文原籍,还不能算是朝鲜王朝的孙子文

---

① 于汝波:《孙子兵法研究史》,北京:军事科学出版社,2001 年,第 216 页。
② 薛国安:《智胜韬略与孙子兵法》,广州:广东经济出版社,2003 年,第 45 页。
③ 吴九龙:《韩国李氏王朝铜活字本十一家注孙子探微》,中国孙子兵法研究会编:《孙子兵法与和谐世界:第八届孙子兵法国际研讨会论文集》,北京:军事科学出版社,2010 年,第 412 页。
④ 吴九龙:《韩国李氏王朝铜活字本十一家注孙子探微》,中国孙子兵法研究会编:《孙子兵法与和谐世界:第八届孙子兵法国际研讨会论文集》,第 413 页。
⑤ 吴九龙:《韩国李氏王朝铜活字本十一家注孙子探微》,中国孙子兵法研究会编:《孙子兵法与和谐世界:第八届孙子兵法国际研讨会论文集》,第 415 页。

献。宣祖二十六年(1593),"朝鲜刊刻了用本国文字谚解的《校定孙子大文》,是为朝鲜译解《孙子兵法》之始"。① 据日本宫内省《图书寮汉籍善本书目》的著录,此书是朝鲜人李用淳担任罗州牧使时所撰,并认为这是目前所知有文献依据的朝鲜早期《孙子兵法》刊本。此后相继刊刻了《新刊增注孙武子直解》《别注武经七书》《孙子髓》《孙子真传》等书。苏桂亮《〈孙子兵法〉域外传播研究——以书籍流通为中心》一文,阐明朝鲜王朝《孙子兵法》一些版本产生的具体时间,朝鲜王朝英祖至纯祖时代,"有1773年刊印的《新刊增注孙武子直解》三卷本、1787年的《孙武子直解》、1866年的《孙子髓》和年代不详的《别注武经七书》《孙子真传》"。②

三是朝鲜王朝《孙子兵法》版本目录的梳理。吴如嵩、苏桂亮主编的《孙子兵学大辞典》对朝鲜王朝《孙子兵法》版本目录作出初步梳理,计有七部:其一是《十一家注孙子》三卷,佚名,太宗九年(1409)朝鲜铜活字本。其二是《武经七书注解》五卷,明人刘寅撰,文宗二年(1452)朝鲜刊本。其三是《校定孙子大文》三卷,李用淳撰,宣祖二十六年(1593)朝鲜刊本。其四是《新刊增注孙武子直解》三卷,佚名撰,英祖四十九年(1773)、正祖二年(1778)朝鲜武库刊活字本。其五是《别注武经七书》,佚名,出版时间不详。其六是《孙子髓》一卷,赵义纯(按:人名有误,应为"赵羲纯")撰,出版者不详,出版时间约为1863年。其七是《孙子真传》,金昌撰,出版者、出版时间不详。③

3. 朝鲜王朝以及此前《孙子兵法》传播研究。韩胜宝《朝鲜时代的知识分子把兵法当哲学》一文阐述,朝鲜半岛把《孙子兵法》融入哲学,朝鲜时代的知识分子把《孙子兵法》当作哲学来学习,从中汲取哲学思想。武科考试时,《孙子兵法》列入其中。高丽时代,研读《孙子兵法》就已成普遍现象。《吴子》《武经七书》《尉缭子》《六韬》《三略》等中国古代兵书传入朝鲜后,产生了相当大影响。据《朝鲜通史》记载,义宗至世祖时期,曾出版《武经七书》注释本,其中就有《孙子兵法》。清乾隆四十三年(1778),朝鲜刊印了题名为《新刊增注孙武子直解》之书,分为三卷。《新刊增注武经七书直解》以刘寅《孙武子直解》为底本,补充旧注,增订而成。到1863年高宗时期,有赵羲纯《孙子髓》出版。这一时期朝鲜实行了一系列改革,《孙子兵法》被广泛

---

① 苏桂亮:《国外〈孙子兵法〉文献之研究》,中国孙子兵法研究会编:《孙子兵法与和谐世界:第八届孙子兵法国际研讨会论文集》,北京:军事科学出版社,2010年,第418页。
② 苏桂亮:《〈孙子兵法〉域外传播研究——以书籍流通为中心》,《滨州学院学报》2017年第1期。
③ 吴如嵩、苏桂亮主编:《孙子兵学大辞典》,沈阳:白山出版社,2015年,第763页。

应用。16世纪后,朝鲜文版本的《孙子兵法》译著、评著大量涌现。日本归还朝鲜总督府捐赠的书籍,其中就有《孙子大文》一书。此外,《孙子真传》一书在朝鲜也很流行。①

4. 朝鲜王朝《孙子兵法》应用研究。韩胜宝《朝鲜卫国战争中的〈孙子兵法〉》一文评述,朝鲜卫国战争是在中国明朝军队的支援下,用《孙子兵法》战胜了日本。李舜臣一向认真学习和运用《孙子兵法》《吴子兵法》《司马法》的战略战术。在这次卫国战争中,李舜臣以"避实击虚""以正合,以奇胜"的战略战术与敌作战,"避其锐气,击其惰归",取得了接二连三的胜利。② 在海战中,李舜臣对孙子"投之亡地然后存,陷之死地然后生"的用兵思想活学活用,决定"险地取胜",把丰臣秀吉"水陆并进"的作战计划彻底粉碎。从此,李舜臣掌握了海上战场的主动权,为朝鲜卫国战争的胜利奠定了有力基础。

(二)国外相关研究成果综述

1.《孙子兵法》传入朝鲜半岛时间问题研究。韩国国防大学名誉教授、军事战略研究专家黄炳茂指出,李氏朝鲜从《孙子兵法》学会如何筑城、守城、攻城;三国时代的百济国与日本交流频繁,而百济国受中华文化影响很深。因此,日本人从百济国那里接受孙子思想传播的可能性不能完全排除。也有韩国学者考证,《孙子兵法》传入朝鲜可能早于日本,这与中国与朝鲜的移民有关。

佐藤坚司在研究《孙子兵法》最初传入日本时,提出这样一个看法,认为神武天皇不是采用了《孙子兵法》,而是《日本书纪》的编撰者有此思想。他进一步对此推想,由于《日本书纪》的成书年代(720),仅是在记载四位百济兵法家的活动时间(663)的57年之后,因此可认为"出其不意",是由百济人传授的,进而可以认为:"这些百济人把《孙子》引进日本。至少可以设想孙子兵法最初是由他们传进来的。"③

2. 朝鲜王朝《孙子兵法》应用研究。韩国学者对《孙子兵法》的现代应用研究成果非常多,但对朝鲜王朝《孙子兵法》应用研究的成果却非常少见。据笔者所见,有金世昂《李舜臣提督的战略战术的研究:以孙子兵法和关连

---

① 韩胜宝:《朝鲜时代的知识分子把兵法当哲学》,《〈孙子兵法〉与社会生活》,苏州:古吴轩出版社,2016年,第68—69页。
② 韩胜宝:《朝鲜卫国战争中的〈孙子兵法〉》,《〈孙子兵法〉与战争艺术》,苏州:古吴轩出版社,2016年,第95—96页。
③ [日]佐藤坚司著,高殿芳等译:《孙子研究在日本》,北京:军事科学出版社,1993年,第2页。

性为中心》,主要分析了抗倭战争中李舜臣如何借鉴《孙子兵法》的战略战术思想,在海战之中战胜入侵的倭寇,使朝鲜王朝得以化危为安。① 此外,罗承均重点探讨了李舜臣对《孙子兵法》的全胜思想、速战速决思想的应用。② 这些研究成果为朝鲜王朝孙子兵学史研究增添了亮丽色彩。

综上所见,中外学者对朝鲜王朝孙子兵学的流传版本、传播情形、军事应用等问题研究取得了一定成果,其中不乏考证精详之作,这为开展后续研究奠定了良好基础。总体而言,朝鲜王朝孙子兵学史研究比较薄弱,成果有限,存在不足,主要体现在以下方面:一是研究资料缺乏拓展,尚未注意发掘"域外汉籍"隐含的孙子兵学资料。二是研究方法单一,往往局限于传统的文献学研究方法,未曾采用传播学理论研究方法、阅读史研究方法和"以诗证史"研究方法。三是朝鲜王朝孙武人物形象认知缺乏研究。四是朝鲜王朝孙子兵学流传版本虽有梳理,但未从官方版本、私家版本、外来版本分类研究。五是朝鲜王朝孙子兵学传播模式和理论探索缺乏系统研究。六是朝鲜王朝孙子兵学应用研究仅仅局限于朝鲜卫国战争,缺乏对朝鲜王朝进行宏观整体的探究。七是朝鲜王朝孙子兵学传播、研究、应用所产生的历史影响缺乏总体观照。由此而言,朝鲜王朝孙子兵学史研究是当前孙子学研究领域的一个大有可为、亟待开发的课题。笔者尝试应用新的研究资料和研究方法,从孙武人物形象认知、孙子兵学传播、孙子兵学研究、孙子兵学应用、孙子兵学影响、孙子兵学评判六个方面,对朝鲜王朝孙子兵学史的总体面貌进行系统研究。

三、研究思路与研究方法

本书的研究思路:在充分吸纳前人成果的基础上,聚焦"朝鲜王朝孙子兵学史研究"这一主题。首先,从角色、教战、才华三方面感知朝鲜王朝孙武人物形象。其次,关注孙子兵学流传的官方版本、私家版本、外来版本及主要传播模式。再次,探求朝鲜王朝孙子兵学研究所取得成就,以及把握孙子兵学在军事、诗歌、治学、书法等领域的应用。最后,总结朝鲜王朝孙子兵学的影响,并对孙子兵学的价值作出总体评判。

"工欲善其事,必先利其器",本书在研究过程中采用了多种研究方法,主要使用的研究方法如下。

---

① 金世昂:《李舜臣提督的战略战术的研究:以孙子兵法和关连性为中心》,韩国庆南大学硕士论文,1998年。
② 나승균(2010),"군사사상 측면에서 李舜臣의 孫子兵法 적용 고찰",군사발전연구,(4),51-100쪽。

（一）文献研究法

苏桂亮指出："欲了解《孙子兵法》在国外的传播和影响,乃至孙子思想的应用等的研究,都离不开对文献典籍的考察,舍此便是'无根之木、无源之水'。"① 故此系统性梳理有关朝鲜王朝孙子兵学文献资料,并加以分析和考证,这既是开展研究工作的基础,也为具体研究提供了第一手资料。

（二）传播学的理论方法

鉴于朝鲜王朝孙子兵学研究涉及这一时期孙子兵学传播层面,因而,考察这种特定的传播现象,对于传播学理论方法的借鉴,无疑是不可缺少的。因而,本书有意识地利用传播学的理论方法,借用传播学的一些重要理论和术语,比如"传播主体""受众""接受"等术语及传播互动理论,② 具体呈现孙子兵学在当时朝鲜社会的传播情形,以及朝鲜王朝人士对孙子兵学接受的具体情形。

（三）"阅读史"研究方法

韦胤宗曾对"阅读史"研究法做出系统阐释,阅读史是"在年鉴学派、新文化史和书籍史影响下逐渐形成的新兴学科",本身"具有社会史和文化史的双重性格",而且,"阅读史"的研究"不仅重视官方档案和少数学者的著作,更重视各个社会组织所记录的数据与社会大众的私人信件、笔记等材料的收集和分析"。③ 以阅读过程作为依据,"阅读史"可分为三部分：一是"关心书籍的生产、流通以及最终到读者手中的方式"。二是"将阅读作为一种社会行为,讨论阅读的方式和读者的心态"。三是"分析阅读对于个体、社会和历史的影响"。本书特别关注朝鲜社会精英人士对孙子兵学书籍的阅读史,对其阅读心态作出分析,故此采用了阅读史研究方法。

（四）"以诗证史"研究方法

陈寅恪作为史学大家,其诗歌研究着眼于证史,对于"以诗证史"研究方法的使用,可谓独辟蹊径。这种方法为诗歌研究开辟了实证研究的新路径。本书借鉴这一研究方法,对朝鲜王朝人士题咏孙子兵学诗歌进行研究,从中分析这些诗歌产生的社会环境及其诗人内心世界的跌宕起伏,从而更好地观察诗人自身的价值取向。

此外,本书的研究重点有三方面：（1）资料梳理。结合《孙子兵法》文本与"域外汉籍",梳理有关朝鲜王朝孙子兵学史的重要文献信息。（2）文

---

① 苏桂亮：《国外〈孙子兵法〉文献之研究》,中国孙子兵法研究会编：《孙子兵法与和谐世界：第八届孙子兵法国际研讨会论文集》,第416页。
② 申凡：《传播学原理》,武汉：华中科技大学出版社,2012年。
③ 韦胤宗：《阅读史：材料与方法》,《史学理论研究》2018年第3期。

本解读。结合朝鲜王朝的历史背景,深入解读有关孙子兵学史的文献资料。(3)应用观照。结合朝鲜王朝军事、诗歌、治学、写作、书法、弈棋等领域的应用情况,对朝鲜王朝社会文化变迁做出总体观照。

本书的研究难点也体现在三方面:(1)方法使用。通过传播学理论方法的应用,考察朝鲜王朝孙子兵学传播现象及其特征,具有一定的难度。(2)心态分析。通过分析朝鲜王朝社会人士对待孙子兵学复杂多变的态度,显现个人和社会心态变化的多元性,也具有一定的难度。(3)客观评判。通过分析朝鲜王朝人士题咏《孙子兵法》诗歌,以及孙子兵学与儒学对冲现象,进而对诗歌所体现的意象,以及兵儒之间对冲演变做出客观评判,也是一个重要的挑战。

本书的创新之处主要在于三方面:一是资料上的创新。本书研究内容注重发掘"域外汉籍"中有关孙子兵学的文献资料,即重点发掘《韩国文集丛刊》《韩国历代文集丛书》《承政院日记》中有关孙子兵学的种种文献资料。具体来说,包括碑刻、书法、书信、诗歌、书序、经筵讲义、日记、游记、奏疏、兵学典籍等文献资料,再结合《朝鲜王朝实录》以及中国古代兵学文献资料等,从中梳理朝鲜王朝孙子兵学史的基本脉络。因此,在资料的利用上,要比前人更为充分,极大地拓展了新的资料来源。

二是方法上的创新。这在具体研究中涉及两种方法的尝试应用:一是应用"阅读史"研究方法,另一种是应用陈寅恪"以诗证史"研究方法。前者用以探讨朝鲜王朝《孙子兵法》典籍的流通,以及《孙子兵法》的阅读方式和读者的心态,同时也注重孙子兵学典籍对个体和社会的影响。后者用来梳理朝鲜王朝题咏孙武和《孙子兵法》的诗歌,分析朝鲜王朝诗人的社会阶层以及社会环境,进而分析诗人题咏孙子兵学的思想意蕴和价值内涵。

三是观点上的创新。(1)外来战争是推动朝鲜王朝孙子兵学广泛传播和实践应用的核心推动力。这一因素影响格外鲜明,外患不断,时局动荡,促使朝鲜王朝上上下下不断审视《孙子兵法》,希冀从中找到制胜的良方。(2)朝鲜王朝孙子兵学的接受,受多重因素的影响。不仅受本土文化发展的影响,而且受中华人文因素的影响。朝鲜诸多文人推崇北宋理学家张载早年喜爱《孙吴兵法》,晚年反而放弃《孙吴兵法》去精研儒学的行为。此外,孙子兵学的接受不仅受儒学发展的影响,而且受朝鲜本土兵学发展的影响。(3)朝鲜王朝孙子兵学传播的总体趋势呈现出多重"波谷型"特征。波峰的出现往往受尚武因素的影响和外来战争因素的刺激。而在两个波峰之间出现的低谷,往往受和平时期文恬武嬉的影响,以及儒学地位的上升与外部世界重要观念输入的影响。

第一章　朝鲜王朝孙武形象认知

第一节　孙武角色认知

一、孙子人物混淆

《史记·孙子列传》记载,孙子名武,字长卿。孙武创作的兵书——《孙子兵法》十三篇,不仅在华夏大地广为流传,而且在东亚"汉字文化圈"影响深远。在朝鲜王朝文化语境中,不时出现"《孙子兵法》"等称谓和著述者"孙子"。朝鲜人士对"孙子"的认知,并非总是呈现清晰的状态。他们所言的"孙子",有时指"孙武",有时也指"孙膑",将"孙武"和"孙膑"二者相混淆,对于二人的事迹往往张冠李戴。这种模糊不清的认知,主要反映在四方面。

(一) 指认"孙子"为"孙膑"

金楺(1653—1719)明确标注《孟子》书中提及的"孙子"为"孙膑"。他在《孟子札疑》中指明:"孙子,孙膑也。"① 郭钟锡(1846—1919)在《答权浩仲》书信中附上他对《孟子·序说》的质疑:"齐威(王)时有孙武子及膑",《序说》中的"孙子",究竟"所云指何人"? 其中,郭钟锡所言"孙武子",是对孙武的尊称,"膑"是指"孙膑"。他认为,《孟子·序说》中的"孙子","似指(孙)膑,以其与田忌并称也"。② 郭钟锡表明了自己的推断理由是孙子和田忌并称。郭氏所言"似指(孙)膑",还不能断然确定是孙膑。

(二) 孙膑"三驷之术"冠以"孙子"

孙膑"三驷之术"源自典故"田忌赛马"。孙膑建议田忌,用下等马与对

---

① 金楺:《俭斋集》卷二十八《孟子札疑》,韩国古典翻译院:《影印标点韩国文集丛刊续》第50册,首尔:古典翻译院,2007年,第559页。
② 郭钟锡:《俛宇集》卷九十九《答权浩仲》,韩国民族文化推进会:《影印标点韩国文集丛刊》第342册,汉城:景仁文化社,2004年,第474页。

方上等马比试,用上等马与对方中等马比试,用中等马与对方下等马比试,就可战胜对方。

申靖夏(1681—1716)描述友人作诗用"三驷之术"胜过自己。他的诗歌《翌日,士修又次长篇韵寄示,却奉谢》写道:"君谓我诗风格老,我谓君诗自然好。唱酬连日走女奴,儿啼室中无人抱。君如孙子之三驷,后出比于前出奇。我似磨驴之践迹,不离故处力已疲。"①丁范祖(1723—1801)赞扬申文初的才华出众,犹如"三驷之术"中的"上驷",灵活变化,深不可测。他在《戏题申水部和乞画歌》中说:"君不见水部潜郎申文初,白髯飘腹双瞳烁。昨夜篝灯一放笔,朝来杰句动京国。机锋剩有摩垒势,光焰直夺生绡色。譬如孙子出上驷,中权阖辟神莫测。"②朴趾源(1737—1805)《热河日记》评价鹄汀"论辨古今人物学术义理,类多抑扬纵横",尤其那些奇特言论令他印象深刻。比如《鹄汀笔谈》记载,他曾问鹄汀:"卫鞅先言,是何许帝王?"所言"卫鞅"是指商鞅。鹄汀曰:"特假黄帝尧舜之号,谬为汗漫没要之语,故令人厌听,此孙子三驷之术也。"③鹄汀解说,商鞅游说秦孝公,有意假借圣人名号,以散漫之语故意使孝公听得厌烦,此游说策略正是孙子的"三驷之术"。

由上可见,申靖夏、丁范祖、朴趾源三人所言"三驷之术",均以"孙子"冠之,皆未明说是孙膑"三驷之术"。

(三)孙膑轶事以"孙子"言之

孙膑曾被庞涓"断两足"。马陵之战,孙膑作为齐国军师,以计谋伏击庞涓所率的魏军,大获全胜。

崔晛(1563—1640)举证孙子马陵之战用奇兵之术"擒庞涓"。他在《修军政之实有三》中评述,用兵之道,有正有奇,有常有变。太山长谷,弓弩潜伏。邀其归路,断其粮饷。以寡克众,以弱胜强。奇兵之术,比如"孙子之擒庞涓,(周)亚夫之困吴楚"。④李植(1584—1647)的诗歌赞扬孙子虽是断足之人,依然在兵车上指挥马陵之战。他的《戏作李子时承旨病足歌》云:"君不闻古人伸蹙请从军,孙子膑脚仍载舆。西门日日羽书急,杖剑

---

① 朴弼周:《恕庵集》卷三《翌日,士修又次长篇韵寄示,却奉谢》,韩国民族文化推进会:《影印标点韩国文集丛刊》第197册,汉城:景仁文化社,1999年,第235页。
② 丁范祖:《海左集》卷十《戏题申水部和乞画歌》,韩国民族文化推进会:《影印标点韩国文集丛刊》第239册,汉城:景仁文化社,2001年,第223页。
③ 朴趾源:《燕岩集》卷十四《热河日记·鹄汀笔谈》,韩国民族文化推进会:《影印标点韩国文集丛刊》第252册,汉城:景仁文化社,2001年,第265页。
④ 许楚姬:《讱斋集》卷八《修军政之实有三》,韩国民族文化推进会:《影印标点韩国文集丛刊》第67册,汉城:景仁文化社,1996年,第310页。

一起今何如?"①奇宇万(1846—1916)感慨,黄公不能如孙子一样在马陵之战发挥奇才。他在《静斋遗集序》中叙述,黄公生在三百年后,慷慨扼腕,书写"二恨"。所谓"二恨",一是"壬丙之厄"后,朝鲜与敌国"忘仇结好";二是当时为相为将之人,计谋有所不及。故此他叹息:"孙子夹道之伏,韩信囊沙之奇,不得试。试之而未知其必不中也。"②

南九万(1629—1711)感慨世人以赝品为宝,使贤才受辱,特意提及孙子被庞涓断足之事。《岭南杂录》记载,朗空大师不知佛家何许人,假托金生书法,使其碑文传播久远,流入中华,成为天下绝宝。南九万由此而感慨:"念张仪受笞于楚相,范雎折胁于魏齐,孙子膑脚于庞涓。人犹如此,物何足叹!"③赵宗著(1631—1690)因自己残废,格外同情左丘明、孙子。他在《与崔周卿书》中指出,太史公所说极端困苦条件下发愤著书之人,如文王被拘,孔子受困,屈原流放,韩非囚禁,吕不韦迁蜀。其中,最不幸者是左丘明和孙子:"唯左丘失明,孙子膑脚,最为不幸。"④郑齐斗(1649—1736)推断孙子、田忌云游梁国,比孟子略微早些。他在《思孟纪世》中指出,《孟子》"后四篇别为论道者也"。孟子游梁国之时,正值苏秦、公孙衍、张仪之徒四出游说天下。"吴起、商鞅则在其前,孙子、田忌亦稍先于其时。"⑤朴胤源(1734—1799)《祭亡妹文》指出,古代贤人也不能免除自身的祸患:"如左丘之盲,冉伯牛之癞,孙子之膑脚,此人皆丈夫也,而犹皆不免。"⑥

综上所述,无论孙膑"马陵之战",还是孙膑"断足"之事,朝鲜人士皆以"孙子"概言之。

(四)《孙膑兵法》以"孙子"名之

洪直弼(1776—1852)提出一个看法,孙子兵书未必是创作在断足之后。理由是以司马迁遭遇极刑,类比其事,这不合情理。他还举出一个反面例子——《吕氏春秋》,此书不是吕不韦流放蜀地后所作。司马迁曾遭遇极刑,

---

① 李植:《泽堂集》卷三《戏作李子时承旨病足歌》,韩国民族文化推进会:《影印标点韩国文集丛刊》第88册,汉城:景仁文化社,1996年,第47页。
② 奇宇万:《松沙集》卷十三《静斋遗集序》,韩国民族文化推进会:《影印标点韩国文集丛刊》第345册,首尔:景仁文化社,2005年,第321页。
③ 南九万:《药泉集》第二十九《岭南杂录》,韩国民族文化推进会:《影印标点韩国文集丛刊》第132册,汉城:景仁文化社,1996年,第492页。
④ 李夏镇:《南岳集》卷四《与崔周卿书》,韩国古典翻译院:《影印标点韩国文集丛刊续》第39册,首尔:古典翻译院,2007年,第570页。
⑤ 郑齐斗:《霞谷集》卷十九《思孟纪世》,韩国民族文化推进会:《影印标点韩国文集丛刊》第160册,汉城:景仁文化社,1997年,第501页。
⑥ 朴胤源:《近斋集》卷二十七《祭亡妹文》,韩国民族文化推进会:《影印标点韩国文集丛刊》第250册,汉城:景仁文化社,2001年,第519页。

他援引古代圣贤的遭遇,认为著书皆因忧患而作。这种类比失去了真实性,让人觉得是随意附会。由此推断:"左丘《国语》、孙子《兵法》,亦未必在失明膑脚之后。"①何况《吕氏春秋》写成之后,吕不韦"悬诸咸阳市上,有增损一字者与千金,何曾在迁蜀之余乎"?

值得注意的是,洪直弼所言"孙子《兵法》",并不是《孙子兵法》,实为《孙膑兵法》,他将《孙膑兵法》以"孙子《兵法》"名之。1972 年 4 月,山东临沂出土的银雀山汉简中有这部佚失的古兵书,同时出土的还有《孙子兵法》,从而证明二书的作者并不相同。

孙武名气很大,备受朝鲜社会的推崇。《承政院日记》记载了这一评论之说:"后之论善用兵者,必称孙子也。"②朝鲜王朝人士中也有对孙武和孙膑二者关系了如指掌的,参赞官金尚铉就是其一,他对孙武和孙膑评价极高:"孙武子为吴王阖庐之将,用兵如神,所著有兵书十三篇。孙膑即其孙也,得家传之学,为世名将。'百里趣利者,蹶上将','五十里趣利者,军半至',即孙武兵法中文也。其法先诈力而后仁义。"③其中,金尚铉指出,"百里趣利者,蹶上将","五十里趣利者,军半至",出自《孙子·军争篇》,并且对《孙子兵法》的特点进行概括。

概而言之,朝鲜王朝人士对孙武和孙膑二人区分不够清晰,造成了孙武和孙膑相混淆的现象,这是客观事实。需要强调的是,本书主要研究对象之一是"孙子",具体是指"孙武",而不是"孙膑"。二者不可混为一谈,特此予以厘清。

二、兵家角色认定

春秋末期兵家主要代表人物有孙武、司马穰苴等,而朝鲜王朝人士罗世缵(1498—1551)、李章赞(1794—1860)、丁若镛(1762—1836)认定孙武为兵家。

罗世缵《老将赋》这样描述:"夫何将军之元老,犹骨法之矍铄。自桑弧拟射夫四方,曾许投笔之远略。纷既妙算之盖世,彼孙吴曾何足说?然兵家因乱而功著,几拔剑击地而待时。"④"孙吴"是指孙武和吴起。文赋描写了

---

① 洪直弼:《梅山集》卷五十二《杂录》,韩国古典翻译院:《影印标点韩国文集丛刊续》第 67 册,首尔:古典翻译院,2008 年,第 581 页。
② 《承政院日记》第 2689 册,高宗二年五月二十一日,汉城:韩国国史编纂委员会,1961—1977 年影印本,第 93b 页。
③ 《承政院日记》第 2689 册,高宗二年五月二十一日,第 93b 页。
④ 罗世缵:《松斋先生文集》卷一《老将赋》,韩国民族文化推进会:《韩国历代文集丛书》第 57 册,汉城:景仁文化社,1999 年,第 57 页。

老将军妙算盖世,对孙武、吴起二人不屑一顾。然而,兵家总是借助战乱建立伟大的功业,多次拔剑击地而等待时机。从上下文的衔接,可知罗世缵认定孙武是兵家。

李章赞《答族弟景保》指出,太公用兵,本是治国之事。后来兵家阴谋之书多附会其说。据所见所闻,禹、皋陶、伊尹、莱朱、太公望、散宜生,皆出自圣人之门而有名于世。兵家之书不可等同儒家经典,有些地方值得怀疑:"而以兵家言之,则《六韬》《三略》《孙武子》《尉缭子》《李卫公》等书,自不无附会之说,岂可同于《六经》《语》《孟》,真的无疑乎?"①"《孙武子》"是《孙子兵法》的别称,"孙武子"是孙武的尊称。李章赞"以兵家言之",显然是将孙武视为兵家。

丁若镛《小学珠串》分类记载:"十四类者,道术方技之别也。……兵法家,孙、吴、尉缭等。"②其中,"孙"指孙武,"吴"指"吴起"。丁若镛明确将孙武、吴起、尉缭视为兵法家。

孙武虽被视为兵家,但有时在称谓上略有不同。前二者称孙武为"兵家",后者称孙武为"兵法家"。

三、将帅角色认定

(一)孙武是"将军"

《史记·孙子列传》记载,孙武曾以《兵法》十三篇面见吴王阖闾,拜为将军。故朝鲜王朝人士也有认定孙武为"将军"者,主要是张晚(1566—1629)、李忔(1568—1630)和郑蕴(1569—1641)。

仁祖(1595—1649)执政初,张晚在《元帅出师时条陈札》中提出建议,严明军纪。他指出,好生恶死,人之常情。前进若是必死之路,后退有可生希望,就无人愿意与敌人拼死作战。近年来有许多人将战争视为多余之事,把媚贼作为长久之策。人人无战意,战士皆袖手。三军毫无士气,张晚认为,不严明军纪,不改变现状,即使孙武、吴起为将军,也将无用武之地:"若不严明丕变,则虽以孙吴为将,无所措其手足矣。"③由此可见,张晚认定孙武是将军。

---

① 李章赞:《芗隐先生文集》卷五《答族弟景保》,韩国民族文化推进会:《韩国历代文集丛书》第3933册,首尔:景仁文化社,2019年,第614页。
② 丁若镛:《与犹堂全书·一集》卷二十五《小学珠串》,韩国民族文化推进会:《影印标点韩国文集丛刊》第281册,汉城:景仁文化社,2002年,第560页。
③ 张晚:《洛西集》卷三《元帅出师时条陈札》,韩国古典翻译院:《影印标点韩国文集丛刊续》第15册,首尔:古典翻译院,2006年,第50页。

李忔之诗《次后出塞》有言:"凶(匈)奴遁沙漠,边圉无艰虞。将军事高会,一夕吹笙竽。功名画麒麟,豪气凌孙吴。谁知荷戈士,百战捐微躯。"①诗歌描述了匈奴逃遁沙漠之中,边境四方太平无事。将军置酒高会,英雄豪气凌驾孙武、吴起之上。诗人认定孙武为将军,将之与普通士兵的状态进行比较。

许穆(1595—1682)《桐溪先生行状》记载,郑蕴上札,议论君王的仁德及当时弊政。他指出,功臣握有兵权,不思抵御外敌。国家若是督察严密,将士就会解体,畏惧敛气,认为有功是死,无功也是死。南以兴(1576—1627)临死之时痛心自己作为边地将军,不敢训练一兵一卒,以致失败。郑蕴告诫君王,沿袭以往的做法,不改变弊政,即使有孙武、吴起一样的将军,有朝一日也不能被任用:"虽有孙吴之将,不能为一朝用也。"②显而易见,郑蕴认定孙武为将军。

(二) 孙武是"名将"

朝鲜王朝人士认定孙武是名将者,主要有李稷(1362—1431)、沈彦光(1487—1540)、车天辂(1556—1615)、洪锡箕(1606—1680)和张混(1759—1828)。

李稷《奉次章天使诗韵》有言:"当今廊庙登伊周,区区燕蓟徒尚武。孙吴卫霍罄深衷,好谋直欲收奇功。"③诗中"孙吴"是指孙武和吴起,"卫霍"是指卫青、霍去病。吴起是战国时期著名的将帅,卫青、霍去病是汉代著名的将帅。诗人李稷将"孙吴卫霍"四人相提并论,毋庸置疑,他认定孙武是名将,喜好计谋,欲建奇功。

沈彦光《次唐学士韵》云:"孙吴已许行间识,颇牧犹从禁里求。帷幄他年先借着,书生未必少嘉猷。"④诗中"颇牧"是指廉颇、李牧,二人是战国时期赵国的名将。诗中认为孙武、吴起可从军伍中发现,廉颇、李牧可从宫禁中寻求。诗人以"孙吴"对应"颇牧",显然认定孙武是名将。

车天辂《上邢军门诗》写道:"元帅作三军之司命,受钺于社。尚书践八座之崇班,职兼汉室之乘骢。位极周官之司马,豸冠共绣衣交暎。虎竹与齐

---

① 李忔:《雪汀先生文集》卷一《次后出塞》,韩国民族文化推进会:《韩国历代文集丛书》第646册,汉城:景仁文化社,1999年,第472页。
② 郑蕴:《桐溪先生文集·附录》卷一《桐溪先生行状》,韩国民族文化推进会:《韩国历代文集丛书》第792册,汉城:景仁文化社,1999年,第378页。
③ 李稷:《亨斋诗集》卷一《奉次章天使诗韵》,韩国民族文化推进会:《韩国历代文集丛书》第3304册,首尔:景仁文化社,2016年,第534页。
④ 沈彦光:《渔村先生文集》卷四《西征稿·次唐学士韵》,韩国民族文化推进会:《韩国历代文集丛书》第41册,汉城:景仁文化社,1999年,第144页。

斧相将,分武库之戈铤。发荥阳之刁斗,肃军容而不犯,整师律而无哗。卫霍先驱,孙吴后殿,貔貅十万。"①其中,"卫霍先驱,孙吴后殿"中的"卫霍",是指卫青、霍去病,以二人为前锋。诗人将卫青、霍去病、孙武、吴起相提并论,同样认定孙武同样是名将。

洪锡箕《病中闻喜报》一诗有言:"朱氏有一龙,日角神扶持。周启是元始,绝域犹王基。吴郑二将军,韬钤天所资。誓心清中原,张筹陈出奇。孙岂孙子后,卫霍为偏裨。耿疑耿弇裔,颇牧才还卑。其威若雷霆,其勇如熊罴。"②诗歌创作的背景是,当时诗人听说吴三桂与将军孙延龄、郑之舍占据广西、福建等省,迎立朱氏为帝,起兵讨清。诗句"孙岂孙子后,卫霍为偏裨。耿疑耿弇裔,颇牧才还卑"中的"孙子",是指孙武。诗人将孙延龄视为孙武后人,耿精忠视为耿弇后人。耿弇是东汉之初名将,毋庸置疑,诗人认定孙武同样是名将。

张混《东方姓谱歌》提及他对朝鲜无姓氏可考的历史深感遗憾:"我东方旧无氏姓考,心常恨之。"于是他创作姓谱歌赞颂朝鲜姓氏由来:"谱以作歌,僭拟吾东方于千万年之颂。"其中有"孙吴廉白,彭耿韦朴"。③ 此姓谱歌中点明华夏八大名将,他们是孙武、吴起、廉颇、白起、彭越、耿弇、韦孝宽等,孙武自然而然也被认定为名将。

(三)孙武是"良将"

朝鲜王朝人士认定孙武是良将者,主要有金友伋(1574—1643)、申活(1576—1643)、李时省(1598—1668)与申昉(1686—1736)。

金友伋《夜吟》一诗曰:"不堪看剑气,中夜独凭栏。边鄙无孙武,朝家有子兰。虫吟四壁破,月吐半山明。萧瑟兼悲愤,无端涕泪泛。"④诗句"边鄙无孙武,朝家有子兰",表达了诗人忧国忧民的情怀,他悲叹边境无孙武一样的良将,朝内却有子兰一样的奸佞。显而易见,诗人认定孙武是"良将",令尹子兰是"奸佞"。

申活在《癸亥拟上封事》中指出,当时的情景极其悲惨,君王若是亲眼所见,绝不会将此重任委托"庸将",使其随心所欲。申活建议君王从宫中选拔

---

① 车天辂:《五山先生文集·续集》卷三《上邢军门诗》,韩国民族文化推进会:《韩国历代文集丛书》第2476册,汉城:景仁文化社,1999年,第521页。
② 洪锡箕:《晚洲先生遗集》卷一《[尊周录]·病中闻喜报》,韩国民族文化推进会:《韩国历代文集丛书》第3059册,首尔:景仁文化社,2016年,第36页。
③ 张混:《而已广集》卷十四《东方姓谱歌》,韩国民族文化推进会:《影印标点韩国文集丛刊》第270册,汉城:景仁文化社,2001年,第583页。
④ 金友伋:《秋潭集》卷六《夜吟》,韩国古典翻译院:《影印标点韩国文集丛刊续》第18册,首尔:古典翻译院,2006年,第134页。

廉颇、李牧一样的人才,从朝外起用孙武、吴起一样的人才:"愿殿下咨访大臣,拊髀思将,擢颇牧于禁中,起孙吴于堂下,以付长子之责,则干城有寄,边面隐然。"①申活痛心提到"庸将",而"庸将"与"良将"相对,结合上下文,可知后者为"良将",申活认定"廉颇、李牧、孙武、吴起"为"良将"。良将整饬纪律,民心就会安定,无论用于作战,还是用于防守,都是很重要的。

李时省《中兴》一诗云:"睿圣乘休运,天人协壮图。幄中留管葛,堂下走孙吴。鹤诏征遗士,龙墀引硕儒。诸公须勉进,勠力致唐虞。"②诗歌描述睿宗之时人才辈出,"幄中留管葛,堂下走孙吴",文有管仲、诸葛亮一样的良相之才,武有孙武、吴起一样的良将之才。诗人力主大力吸纳优秀人才,君臣共同开创盛世的局面。

申昉在《送明世驹序》中指出:"孙武,古之善将者也。而其言曰:'不尽知用兵之害,不尽知用兵之利也。'善哉斯言也。"③从中可知,申昉认定孙武是良将。他援引孙武之言出自《孙子·作战篇》"不尽知用兵之害者,则不能尽知用兵之利也"。④ 而且,认为孙武这句话特别好。

(四) 孙武是"战将"

朝鲜王朝人士认定孙武是"战将"者,有崔恒(1409—1474)、曹文秀(1590—1647)。

崔恒《贺平北歌十三韵》有言:"箕甸舆图广,尧天覆冒深。鲸涛收鲽海,狼燧息鲲岑。蕞尔连螳臂,猖然逞兽心。万全神算运,一怒睿谟沉。裴李膺推毂,孙吴悉衽金。元凶俄授首,余丑尽寒心。貔貅穷窟穴,枭獍绝飞潜。捷书来自朔,庆声暨于南。"诗歌的主题是庆贺平定北方的敌人,内容描写敌人首领屈服,其余敌人心胆俱寒。胜利的檄书来自北方,庆祝之声传遍南朝。诗句"裴李膺推毂,孙吴悉衽金",⑤描写唐代名相裴度推举李愬为将帅,结果荣膺朝廷的奖赏。孙武、吴起全副武装,卧席而睡,时刻准备迎击敌人。显而易见,崔恒将孙武和吴起视为枕戈待旦的战将。

曹文秀《游枫岳二十韵,次东淮韵,与使相亚使同赋》写道:"地暖霞蒸

---

① 申活:《竹老集》卷二《癸亥拟上封事》,韩国古典翻译院:《影印标点韩国文集丛刊续》第19册,首尔:古典翻译院,2006年,第30页。
② 李时省:《骐峰集》卷二《中兴》,韩国民族文化推进会:《韩国历代文集丛书》第3518册,首尔:景仁文化社,2019年,第535页。
③ 申昉:《屯庵集》卷四《送明世驹序》,韩国古典翻译院:《影印标点韩国文集丛刊续》第66册,首尔:古典翻译院,2008年,第495页。
④ 杨丙安:《十一家注孙子校理》,北京:中华书局,1999年,第32页。
⑤ 崔恒:《太虚亭集·诗集》卷一《贺平北歌十三韵》,韩国民族文化推进会:《影印标点韩国文集丛刊》第9册,汉城:景仁文化社,1996年,第162页。

腹,天晴日荡胸。孙吴方结阵,楚汉已交锋。"①诗歌描写暖霞、晴日等良辰美景,感慨美好时光易于流逝。诗人以夸张的手法描写孙武、吴起刚刚排兵布阵,楚汉两军就已交战。显而易见,诗人曹文秀将孙武视为战将。

(五)孙武是"智将"

朝鲜王朝人士认定孙武为"智将"者,有李海昌(1599—1651)与安献征(1600—1674)。

李海昌《用贤无敌是长城》一诗有言:"孙吴受命万夫趋,寰宇烟尘谈笑清。神机自与造化敌,不劳高深凿筑营。"②诗歌将孙武和吴起二人视为"智将",谈笑之间,原本发生变乱的天下已经变得太平。关键在于他们的神机妙算,敌人根本用不着深沟高垒和修筑营寨对付。

安献征《北征诗》写道:"山西李飞将,智略迈孙吴。运筹折遐冲,告后有嘉谟。攻文动哀玉,满月弯威弧。暇日宴宾佐,华堂列锦橱。倾杯劝我饮,香味胜醍醐。双娥娇不起,醉睡花氍毹。羌笛杂塞管,越舞歌吴愉。府中许通判,见我色敷腴。"值得注意的是,诗句"山西李飞将,智略迈孙吴",③描写飞将军李广的智慧和谋略超越了孙武和吴起。显而易见,诗人安献征将孙武视为智将。

(六)孙武是"谋将"

金万英(1624—1671)认定孙武是"谋将"。他在《万言疏》中专门对"谋将"做出界定,所谓"谋将",就是神机妙算,出入变化,或示弱以取强,或宣威以慑敌。阴阳奇正,风云际会,倾倒豪杰,爱护士卒,使敌人不敢窥测我方的虚实。考诸古史,谋将代各有人。他举例说:"战国之孙吴,汉之韩信,唐之李世勣、郭子仪之类。"④由此可知,他将战国时期的孙武、吴起,汉代的韩信,唐代的李世勣、郭子仪,认定为谋将。需纠正的是,孙武是春秋后期历史人物。

(七)孙武是"儒将"

朴趾源(1737—1805)认定孙武是儒将。《热河日记》记载,将军郝志亭吟诵:"三十年来学《六韬》,英名尝得预时髦。曾因国难披金甲,不为家贫卖宝刀。臂健尚嫌弓力软,眼明犹识阵云高。堂前昨夜秋风起,羞见团花旧

---

① 曹文秀:《雪汀诗集》卷八《游枫岳二十韵,次东淮韵,与使相亚使同赋》,韩国古典翻译院:《影印标点韩国文集丛刊续》第24册,首尔:古典翻译院,2006年,第490页。
② 李海昌:《松坡集》卷七《用贤无敌是长城》,韩国古典翻译院:《影印标点韩国文集丛刊续》第28册,首尔:古典翻译院,2006年,第295页。
③ 安献征:《鸥浦集》卷三《北征诗》,韩国古典翻译院:《影印标点韩国文集丛刊续》第28册,首尔:古典翻译院,2006年,第509—510页。
④ 金万英:《南圃先生文集》卷八《万言疏》,韩国民族文化推进会:《韩国历代文集丛书》第467册,汉城:景仁文化社,1999年,第370页。

战袍。"此诗是北宋名将曹翰(924—992)所作。① 朴趾源读曹翰之诗,想到曹翰在战马上左顾右盼的神态。朴趾源因此赞扬古代儒将:"自古儒将如孙武、吴起、廉颇、乐毅、王翦、赵充国、班超、沈庆之、韩世忠。"②由此可知,在朴趾源的心目中,孙武被视为儒将,且居首位。

四、宗师角色认定

(一)孙武是"千载之师"

金世濂(1593—1646)《赠军官四首》中有一首诗歌是写给万户白士哲。诗歌有言:"万户非小官,玉浦当南陲。解印付军吏,促装趁行麾。长弓插象服,楛矢何参差。雄弧孰敢控,夹路观英姿。我读《百将传》,孙吴千载师。射亦一人敌,所贵敦书诗。公今正妙年,富贵同摘髭。请看丁巳行,锦南为前规。"诗歌一方面赞扬白士哲英姿焕发;另一方面,激励其趁年轻多读兵书和诗书,富贵可轻易获取。诗人同时诉说阅读《百将传》的感受:"我读《百将传》,孙吴千载师。"③《百将传》是南宋张预编撰,又称《十七史百将传》,是中国古名将传记。每一传记之后,援引《孙子兵法》作简洁评论。这种写作特色使金世濂阅读《百将传》后,发现"孙吴"是"千载师","孙吴"是指孙武和吴起,他们在兵学领域长期为后人所尊奉。

(二)孙武是"用兵之宗"

李起浡(1602—1662)在《与柳博士》书信中阐明:"百艺皆有宗。"各行各业都有自己的宗师。他举例说,尧、舜、禹、汤是治理天下的宗师,皋陶、夔、稷、契、周公、召公是辅佐帝王的宗师,孔子是仁义的宗师。孙武和吴起是用兵者的宗师:"孙吴之属,用兵之宗也。"④

(三)孙武是"武学圣人"

朴弼周(1680—1748)《答慎星东》指出,中原之地设立武学,祭祀姜太公和孙武,这与太学中祭祀圣人孔子相类似,无论文武之学,既有所学,设置

---

① 曹翰之诗《内宴奉诏作》:"三十年前学《六韬》,英名常得预时髦。曾因国难披金甲,不为家贫卖宝刀。臂健尚嫌弓力软,眼明犹识阵云高。庭前昨夜秋风起,羞见蟠花旧战袍。"参见何松新:《诗林奇趣录》,北京:中国文联出版社,2000 年,第 192—193 页。这与朴趾源《热河日记》所记曹翰之诗略有不同。
② 朴趾源:《燕岩集》卷十四《热河日记·避暑录》,韩国民族文化推进会:《影印标点韩国文集丛刊》第 252 册,汉城:景仁文化社,2001 年,第 282 页。
③ 金世濂:《东溟集》卷四《赠军官四首》,韩国民族文化推进会:《影印标点韩国文集丛刊》第 95 册,汉城:景仁文化社,1996 年,第 191 页。
④ 李起浡:《西归先生遗稿》卷一《与柳博士》,韩国民族文化推进会:《韩国历代文集丛书》第 367 册,汉城:景仁文化社,1999 年,第 300 页。

博士官,恐怕无多大的差异:"中原则设立武学,主祀太公而配以孙武之类,与太学之祀孔圣相似。无论文武,既有学则官名博士,恐不甚异。"① 显然,朴弼周认定孙武是"武学圣人"。

(四)孙武是"兵家正宗"

金平默(1819—1891)《同知中枢府事睡窝公行状》记载,金垶(1641—1732)议论许多问题,大多切合实事,讲究经世致用。学识境界不是腐儒和俗士所能理解的。他尤其嗜好兵家之学,"喜论兵事,以吕望、孙武、韩信、张良、诸葛亮、李靖为兵家正宗"。② 由此可知,金垶把孙武视为"兵家正宗"。

由上可知,朝鲜人士认定孙武是兵学宗师,但在称谓上有不同。金世濂称之为"百世之师",李起浡称之为"用兵之宗",朴弼周称之为"武学圣人",金平默称之为"兵家正宗"。

第二节 "孙武教战"认知

一、"孙武教战"书写

《史记·孙子列传》记载,孙武在吴王阖闾的指令下,奉命训练宫中180位美女,孙武将其分成两队,选拔吴王两爱妃作队长。训练期间,历经曲折,孙武斩杀了吴王两爱妃,练兵最后成功。"孙武教战",史称"吴宫教战",或言"孙武练女兵"。朝鲜王朝社会人士对"孙武教战"这一史事有着异彩纷呈的书写。

(一)诗歌关于"孙武教战"书写

成伣(1439—1504)诗歌对"孙武教战"的书写。成伣,字磬叔,昌宁人。中进士,入选承文院。睿宗(1450—1469)即位,入选经筵官,讲论经史。后拜折冲将军、中枢府事,兼掌乐院金正。成伣学琴,独得其妙。他的诗风豪健,他在《坐乐院观乐四首》一诗中云:"金兜彩甲暗相磨,挝鼓纷纷若逐傩。左右催排孙武阵,高低齐把鲁阳戈。功成牧野千年际,乐播梨园七德歌。

---

① 朴弼周:《黎湖集》卷十六《答慎星东》,韩国民族文化推进会:《影印标点韩国文集丛刊》第196册,汉城:景仁文化社,1999年,第361页。
② 金平默:《重庵先生文集》卷四十八《同知中枢府事睡窝公行状》,韩国民族文化推进会:《韩国历代文集丛书》第1872册,汉城:景仁文化社,1999年,第300页。

观舞今朝知圣意,瓜绵王业远无他。"①从诗歌题名看,描述诗人在乐院观看表演。表演者个个头戴金盔,身穿彩色铠甲。鼓声接连不断,如同驱逐疫鬼的仪式。值得注意的是,诗句"左右催排孙武阵,高低齐把鲁阳戈",描述表演者相互催促左右排列队形,犹如"孙武教战"排布阵形一样,高高低低,手持"鲁阳戈"。② 由此可知,此表演不是寻常的乐队表演,而是一种军舞。诗人情不自禁地想到周武王在牧野讨伐商纣王,建立了伟大不朽的功业。梨园至今流传赞颂周武王功德的《七德》之歌。此情此景,诗人感慨,观赏今天乐队表演,才真正明白圣人的用意,一心希望后代子孙把伟大的基业永远传承下去。成伣把色彩浓厚的"乐队表演"想象成"孙武教战",再现当年"吴宫教战"的场景,内心渴望有孙武一样的人才来操练国家的军队。

朴淳(1523—1589)诗歌对"孙武教战"的书写。朴淳,字和叔,号思庵,忠州人。历任工曹、兵曹、吏曹佐郎,后为远接使,拜右议政。朴淳提议做好粮食储备,时人以为迂腐。癸未之变,战乱缺粮,人人服其远见。朴淳和李栗、谷珥献计于庙堂,宣祖嘉奖,特命他判兵曹事。朴淳善长作诗,有"天格清婉,意悟冲迈"之风,他创作的《乐归亭》一诗背景是笼山天然上人邀请他一同观赏杜鹃花。诗歌描写了杜鹃花盛开的艳丽景色:"杜鹃花发招提境,日照红妆万朵燃。宫女参差孙武阵,火云零乱祝融天。山僧罢定邀同赏,野老多情强着鞭。不恨人讥学年少,扶筇终日坐崖巅。"③诗人亲眼看到杜鹃花开满了笼山寺院的周围,在阳光的映射下,无比艳丽的杜鹃花仿佛燃烧起来。诗人应用比喻修辞手法写杜鹃花开之景:"宫女参差孙武阵,火云零乱祝融天。"诗人目睹杜鹃花开之景,仿佛是孙武正在训练吴王宫中的美女。她们混乱的情形如同火神祝融在天空中施放的火云一样,杂乱无章。诗人提到天然上人欣赏此景疲倦后,决定邀请他一同欣赏。乡野之人的感情是多么真挚,总是抢先一步去做事情。总也不会怨恨别人讥笑自己少年一般,整天坐在山崖顶上,留恋这美好景色。诗人朴淳将"杜鹃花开"比作"孙武教战"的阵形,美丽的杜鹃花如同吴王宫女一般,而郁郁葱葱的杜鹃花丛,又如"孙武教战"时的阵形一样,零乱不齐。由此可见,"孙武教战"在诗人心目中印象深刻。

---

① 成伣:《虚白堂补集》卷一《坐乐院观乐四首》,韩国民族文化推进会:《韩国历代文集丛书》第73册,汉城:景仁文化社,1999年,第350页。
② "鲁阳戈"之说,参见《淮南鸿烈集解》卷六《览冥训》,刘文典撰,冯逸、乔华点校,北京:中华书局,1989年,第193页:"鲁阳公与韩构难,战酣日暮,援戈而挥之,日为之反三舍。夫全性保真,不亏其身,遭急迫难,精通于天。"
③ 朴淳:《思庵先生文集》卷三《乐归亭杜鹃花笼山盛开,天然上人报我来看》,韩国民族文化推进会:《韩国历代文集丛书》第201册,汉城:景仁文化社,1999年,第311页。

赵彭年(1549—1612)诗歌对"孙武教战"的书写。赵彭年,字景老,黄谷人。曾任奉常寺参奉、成均馆典籍兼南学教授。他曾受君王之命,监察李舜臣军队。他在军中议论御倭之策,见识非凡。虽有文武之才,但未被重用。李毅敬《故行砺山郡守赠左承旨溪阴赵公行状》提及赵彭年赞扬范蠡、乐毅等人,"取其养兵栖山,卒致沼吴之功,慕其得贤共国"。从赵彭年题咏张良、孔明、邓禹、寇恂、郭子仪、李光弼等人的诗歌看,有时"自比于儒者、三代人物之流"。他在《将鉴博议诸将赞诗》中赞誉华夏诸名将,其中也包括对孙武教战的称扬。诚如他创作《孙武》一诗云:"吴王宫里鼓填填,兵法还教试美人。长戟森森军令肃,桃花零落后庭尘。"①从诗歌题名看,是写孙武。从诗歌内容看,主要写孙武教战场景。此首诗歌中的"填填"一词,形容战鼓声宏大,"森森"一词形容长戟林立,"桃花"一词指代吴王的两爱妃。前一句诗文描写吴王宫中响起宏大的战鼓之声,原来是吴王阅读孙武兵书后,命其训练宫中美女。后一句诗文描写长戟林立,孙武的军令极其严肃,吴王两位爱妃因触犯军纪被处死,她们流下的鲜血犹如美丽的桃花,凋零在吴王后宫的尘土之中。赵彭年之诗使用"鼓填填""教试美人""军令肃""桃花零落"等词语,栩栩如生地刻画了"孙武教战"的场景,既表达了诗人对"孙武教战"纪律严明的钦佩之意,也表达了诗人对吴王爱妃的惋惜之情。

(二)文论中的"孙武教战"书写

李时善(1625—1715)《机解》对"孙武教战"的书写。李时善,字子修,号松月斋,全州人。他在《机解》一文中对"时机"问题做出独到的阐发。古今之事,全在把握时机,时机的对与错是由当时的形势所决定。李时善由此而推定,"事之成败,在机之得失。机之得失,在时势之向背"。他援引孙武和司马穰苴之事,强调二人教战都能把握当时形势所显露出的绝佳时机:"孙武、穰苴得时势之机于兵法,孙武欲示兵法之严。"②其中,特别提及孙武展示教战严明,甚至专门对"孙武教战"的整个过程给予详细的描述:

适见吴王,王曰:"可以妇人小试勒兵乎?"曰:"可。"许出宫女得百八十人,孙子分为二队,以王之宠姬二人,各为队长。皆令持戟,约束既布,乃设铁钺,三令五申而鼓之右,妇人大笑。孙子曰:"约束不明,申令不熟,将之罪也。"复三令五申而鼓之左,妇人复大笑。孙子曰:"今罪在

---

① 赵彭年:《溪阴先生文集》卷二《将鉴博议诸将赞诗——孙武》,韩国民族文化推进会:《韩国历代文集丛书》第548册,汉城:景仁文化社,1999年,第359页。
② 李时善:《松月斋集》卷四《荷华编·机解》,韩国民族文化推进会:《韩国历代文集丛书》第2313册,汉城:景仁文化社,1997年,第544页。

吏士。"乃欲斩左右队长,王大骇,趣使使勿斩。孙子曰:"臣既受命为将,将在军,君令有所不受。"遂斩队长二人以徇。用其次为队长,复鼓之,妇人左右前后跪起,皆中规矩绳墨,无敢出声。

李时善对孙武教战情景展开详细描述,这些内容原本出自司马迁《史记·孙子列传》,他借此说明自己理解"机解"之说的合理性。从中可知,李时善试图说明孙武实际了解吴王图谋争霸天下,故此而不听从吴王的命令,执意斩杀吴王两爱妃。在此形势下,孙武充分把握了"吴宫教战"美女不听军令这一难得的时机,向吴王展示了自己治军严明。

赵显命(1691—1752)《陈戒兼论事札》对"孙武教战"的书写。赵显命,字稚晦、时晦,号归鹿、鹿翁,丰壤人。他在《陈戒兼论事札》中提出变革弊政的建议。他认为,损害民众的弊政很多,最迫切变革的是实行良役之法。"黄口、白骨"之征是最不公正、最为残酷的,而消除这一弊政,关键在于地方官尽心尽力。地方官尽心尽力,关键在于诸道守臣尽心尽力。各道守臣尽心尽力,关键在于朝廷督察诸道守臣。诸道守臣如果知晓自己会受到惩罚,自然而然督察地方就会尽心尽力。最关键的是在输送锦绣之衣时,查办真正的罪犯。犯罪的诸道大臣及以下官员都以重律加以惩治,那么"黄口、白骨"征纳之事,虽不期望杜绝也会自然杜绝了。赵显命特意援引"孙武教战"之事,强调国家要严厉执法:"昔孙武以兵法说齐王,王以数百宫人,试阵法。孙武斩二队长,援抱鼓之,坐作进退,皆如法。孙武拜曰:'王之兵定矣。'"①赵显命依据"孙武教战"史事,建议国君严厉惩治道臣,就可成功实施良役之法。值得注意的是,赵显命描述的"孙武教战"的具体细节,有的地方与司马迁《史记·孙子列传》所载并不相符。比如,赵显命将"吴王"说成"齐王"。这一明显的史实错误是将"孙膑"误认为"孙武",孙膑曾在齐王面前论兵,且有非凡的表现,但并未奉齐王之命教练女兵。另一个错误是赵显命对孙武训练宫女的数量夸大其词,《史记·孙子列传》明确说是"宫女得百八十人",而赵显命却说"数百人"。

二、"孙武教战"评价

高丽时人崔致远(857—?)点评"孙武教战"之事。崔致远,字孤云,号海云。新罗王子。崔致远在答复《滁州许勋》书信中提及:他得知许勋的妻

---

① 赵显命:《归鹿集》卷十一《陈戒兼论事札》,韩国民族文化推进会:《影印标点韩国文集丛刊》第212册,汉城:景仁文化社,2000年,第429页。

子刘氏夫人将随军出征,他对此非常赞许。崔致远讲到自己经常阅读《魏书》,看到杨大眼武艺绝伦,战功第一。杨大眼的妻子潘夫人善长骑射,在攻战和游猎时戎装在身,与杨大眼并驾齐驱。在远方安营,潘夫人与杨大眼一同坐在军帐,谈笑自如。杨大眼对自己部下说:"此潘将军也。"崔致远一直想见如此之人。不想今日,得此妙才。可以想象,战鼓声声,知音相伴。所在同心,一同奋力。崔致远指明,许勍夫妻二人精诚报国,军队教战必然胜过孙武,解除围困可借陈平之谋:"教战则必欺孙武,解围则可假陈平。"①勉励许勍夫妇努力取得功勋。由此可知,崔致远熟悉"孙武教战"之事,但对"孙武教战"的评价并不是很高。

朝鲜王朝人士中主要有柳成龙(1542—1607)、郭再佑(1552—1617)、车天辂(1556—1615)、朴弘中(1582—1646)、任相元(1638—1697)、李万敷(1664—1732)、丁学樵(1791—1807)、李裕元(1814—1888)对"孙武教战"之事做出各种评价。

柳成龙评价"孙武教战"。他在《与骆参将(尚志)书》中谈论:本国先前军政制度是兵农合一,有战事就调发。现今不习战事,不知旗鼓和器械,所以为敌所乘,着实令人痛心。"前日老爷所教操练之法,以一教十,以十教百,以百教千,甚为切要。虽孙吴复起,其为小邦谋,不过如此矣。"②其中,柳成龙所言"以一教十,以十教百,以百教千",显然是教战之法。"孙吴复起"中的"孙吴"是指孙武、吴起二人。在柳成龙看来,明朝参将骆尚志的教战之法可与孙武教战媲美。而且,"孙武教战"之法值得学习。

郭再佑评价"孙武教战"。他在《庚戌九月日疏》中提及孙武在教战时杀死吴王美姬之事:"昔吴王与孙武试兵也。爱姬失令,孙武斩之,而王不能禁。"并对吴王不怪罪孙武杀姬的原因做出分析:"姬之发笑,其失小矣。而孙武之不受王命,而吴王之不罪孙武者,何也?将有事于战伐,而兵威之不可不立也。"③在他看来,吴王不怪罪孙武的原因是吴王准备进行战争,不得不树立军威。郭再佑借此辩解说,朝廷中老臣的罪责和吴王美姬相比,不啻是天壤之别。主上却不能听为臣所言,大臣们也认为为臣不对,此是为臣请求离职的原因。由此可见,郭再佑在辞职上疏中评论"孙武教战"中孙武杀

---

① 崔致远:《桂苑笔耕集》卷十二《滁州许勍》,韩国民族文化推进会:《影印标点韩国文集丛刊》第1册,汉城:景仁文化社,1996年,第68页。
② 柳成龙:《西厓集》卷九《与骆参将(尚志)书》,韩国民族文化推进会:《影印标点韩国文集丛刊》第52册,汉城:景仁文化社,1990年,第193页。
③ 郭再佑:《忘忧集》卷二《庚戌九月日疏》,韩国民族文化推进会:《影印标点韩国文集丛刊》第58册,汉城:景仁文化社,1996年,第524页。

姬却不被吴王怪罪,是因吴王想树立军威。

车天辂评价"孙武教战"。他曾两度评价"孙武教战"之事:一则是在《训炼院重创上梁文》中评价:"用《春秋》大阅三军,可使即戎。法《周官》大比百夫,为此得隽。臧五卫之师律,罔违孙子之五申。整一国之军声,不愆周王之六步。是皆大者,其可忽诸。"①由此《上梁文》的题目可知,是在训炼院遭受敌人重创修缮之际,发布《上梁文》,宣告于全体将士。采用《春秋》和《周礼》之法,演练三军,选拔英才,告诫训炼院全体将士:"臧五卫之师律,罔违孙子之五申。"值得注意的是,车天辂所言"孙子之五申",是指"孙武教战"时,对吴王宫女"三令五申"强调军令。车天辂希望训炼院的将士严格执行军令,不得违背。并进一步指出,军令很关键,不可忽视。从中可见,车天辂赞赏"孙武教战"重视申明军令。另一则是在《答平壤炼兵千把总刘、屠揭帖》中评论,千总刘光远、把总屠料亲临本城操练士卒,勤奋指挥和训练,教成六千之兵,激励军队衰落的士气,使其变得英勇。"孙武之练,不是过也。"②车天辂赞扬刘千总、屠把总,孙武教战也不过如此。车天辂从侧面评价孙武教战,士气高昂。

朴弘中评价"孙武教战"。他在《论救朴来章疏》中进言,为臣感到最悲伤的是,国家之所以是国家,是因有法纪。法纪犹如人之有血脉,血脉假如不生病,虽然瘦弱,也不会死去。法纪不可紊乱,也是如此。朴弘中援引"司马穰苴杀庄贾"和"孙武斩美姬",举证君王有时也无能为力:"昔者,穰苴违命而戮庄贾,孙武设教而诛宫嫔。庄贾,宠臣也。宫嫔,爱姬也。二君者,挟人主之势,而犹不能禁抑其杀宠臣宠姬者。"③朴弘中评价孙武教战斩杀吴王美姬,不守国家法纪,朴来章类似孙武行为,也应得到君王的宽恕。

任相元评价"孙武教战"。他在《节度使宜春府院君南公墓志铭》中有一首诗歌赞扬南以兴为国捐躯、精忠报国:"佐圣开基泽滋永,其后世美文武并。岁在龙蛇岛夷警,罗州抗旌守我境。殒躯桴鼓鲸波靖,公维其子果而整。既平内难作西屏,强邻猝犯危在顷。兵才一旅公所领,虽有孙吴不得逞。付身烈火明素秉,公之一心星日耿。孰疑公者皆恩幸,不得治兵敌彼惨。宁捐一死逐电影,哀哉其忠千载炳。遗衣所藏傍云岭,摭实志之辞不骋。"诗歌描写了南以兴抗击清人,率领微弱兵力奋起抵抗,最后英勇战死的

---

① 车天辂:《五山集》卷六《训炼院重创上梁文》,韩国民族文化推进会:《影印标点韩国文集丛刊》第61册,汉城:景仁文化社,1996年,第454页。
② 车天辂:《五山集》卷五《答平壤炼兵千把总刘、屠揭帖》,第432页。
③ 朴弘中:《秋山集》卷下《论救朴来章疏》,韩国古典翻译院:《影印标点韩国文集丛刊续》第20册,首尔:古典翻译院,2006年,第226页。

事迹。值得注意的是,任相元以孙武、吴起治兵相比,赞扬南以兴率微弱的兵力阻击清人进犯,即使孙武、吴起也难以实现自己的目的:"兵才一旅公所领,虽有孙吴不得逞。"①在怀念逝者的语境下,任相元侧面评价孙武教战之术无法与南以兴相比。

李万敷评价"孙武教战"。权相一在《观书录》中提及,李万敷曾说,崇尚虚无是老子的喜好,好为夸大之言是庄子的喜好,弃君离亲是杨朱对自己的私爱,悲悯众生是墨子兼爱的体现。评价孙武和吴起的教兵之法:"设为节制之法,以领率其徒,是孙吴之法也。"②由此可知,李万敷评价孙武教战使用的是节制之法。

丁学樵评价"孙武教战"。丁若镛在《兄子学樵墓志铭》中记述,丁学樵,字渔翁,小名封六。六七岁时,已读史书,议论得失。他曾对司马迁《史记·孙子列传》中的"孙武教战"发表评论:"尝论孙武教妇人兵法,疑'右妇人''左妇人',训义难通。而自立其意见,果本义也。观者莫不叹嗟。"③由此可知,丁学樵熟知"孙武教战"之事,但不认同《史记·孙子列传》中的"右妇人"和"左妇人"之说,并对此做了考证。丁若镛指出,丁学樵的考证是真实可信的,所见者因其才识而赞叹。

李裕元评价"孙武教战"。他在《与金镇抚书》中对"孙武教战"杀死吴王美姬之事发表评判:"当场处变,孙子之斩王姬,司马之待庄贾,果无愧矣?"④李裕元以反问方式提出疑问,孙武斩杀美姬,司马穰苴处置庄贾,二人所用之术,只是临场处变的手段。从内心说,其实孙武和司马穰苴心中有愧。而且,所用之术并非经常可以施行,因而孙武、司马穰苴的兵书再也没有提此治军之术。总之,李裕元评价"孙武教战"杀姬时的内心世界,认为孙武心中有愧,本不该杀死吴王两美姬。

三、"孙武治军"赞颂

1. 孙舜孝(1427—1497)赞颂孙武治军威不可当。他在《送朴节度之任序》中评论:"孙武之请宠姬为队长,约束既明,而斩其大笑者。穰苴之愿得

---

① 任相元:《恬轩集》卷三十三《节度使宜春府院君南公墓志铭》,韩国民族文化推进会:《影印标点韩国文集丛刊》第148册,汉城:景仁文化社,1995年,第525页。
② 权相一:《清台先生文集》卷十五《观书录》,韩国民族文化推进会:《韩国历代文集丛书》第258册,汉城:景仁文化社,1999年,第501页。
③ 丁若镛:《与犹堂全书·一集》卷十六《兄子学樵墓志铭》,韩国民族文化推进会:《影印标点韩国文集丛刊》第281册,汉城:景仁文化社,2002年,第356页。
④ 李裕元:《嘉梧稿略》册十一《与金镇抚书》,韩国民族文化推进会:《影印标点韩国文集丛刊》第315册,汉城:景仁文化社,2003年,第425页。

宠臣以监军,乃与庄贾期,日中不至,而斩其后期者。其威不可当也。"①孙舜孝赞颂孙武和司马穰苴,前者敢于处死吴王的宠姬,后者敢于杀死齐王的宠臣。二人治军严厉,可以说是威不可当。

2. 车天辂(1556—1615)赞颂孙武治军严厉。他在《上邢军门谣》中说:"惟我海东,锡壤三韩。幅员千里,历年二百。恪勤侯度,媚于天子。海孽匪茹,鲸鲵鼷突。食困耸鄙,再逞蠚毒。大风青兕,射天以矢。圣皇是膺,出师征之。十万虎士,都督四之。……孙吴皮里,雷霆号令。阪上走丸,熊罴耳耳。指挥群帅,玩寇股掌。式期折棰,折冲樽俎。"此歌谣题名中的"邢军门"是指明朝蓟辽总督邢玠,官至兵部尚书,奉朝廷之命援助朝鲜。"颇牧于比"中的"颇牧"是指廉颇、李牧。此歌谣专门赞扬邢玠率领大军,才能可与廉颇、李牧相比。其中"孙吴皮里,雷霆号令",②特意赞扬邢玠胸中藏有孙武、吴起之术,治军号令严明。值得注意的是,车天辂所说"孙吴皮里",是由"皮里春秋"一语变换而来。如《晋书·褚裒传》:"谯国桓彝见而目之曰:'季野有皮里春秋。'其言外无臧否,而内有所褒贬也。"

3. 郑克后(1577—1658)赞颂孙武治军镇定。他在《送丁令公序》中指出:这里所谈论的镇定,不可改变和移动,不可增加和减少。寒暑转换,日月交替,依然如此,这是上天的镇定。山陵河谷的变迁,大江大河的动荡,依然如此,这是大地的镇定。生死存亡就在眼前,利诱和迫害就在身后,却无所动心,这是人的镇定。因此,尧、舜治理天下,大禹治理洪水,扁鹊、俞跗治疗疾病,孙武、吴起治理军队,镇定都能做到极致:"是故尧舜之治天下,禹之治水,扁俞之治疾,孙吴之治军旅,各极其至,而其必有定者存。"③首当其冲是要镇定,然后才能生存。由此可知,郑克后赞颂孙武治军能做到镇定。

4. 崔有渊(1587—?)赞颂孙武治军教兵。他在《松琴赋》中云:"学七弦之泠泠,余于是焉感发兮。算善鸣于聚灵,孙吴流之善阵兮。仪秦徒之纵横,孰擅名于词垣兮?孰跌宕于笔精?文章伯之李杜兮。"④赋文有言"算善鸣于聚灵,孙吴流之善阵兮",赞颂孙武和吴起"善阵",即善于排兵布阵,治军教兵。

---

① 孙舜孝:《勿斋集》卷一《送朴节度之任序》,韩国民族文化推进会:《韩国历代文集丛书》第3050册,首尔:景仁文化社,2016年,第225页。
② 车天辂:《五山先生文集·续集》卷三《上邢军门谣》,韩国民族文化推进会:《韩国历代文集丛书》第2476册,汉城:景仁文化社,1997年,第527页。
③ 郑克后:《双峰集》卷四《送丁令公序》,韩国古典翻译院:《影印标点韩国文集丛刊续》第18册,首尔:古典翻译院,2006年,第553页。
④ 崔有渊:《玄岩遗稿》卷三《松琴赋》,韩国古典翻译院:《影印标点韩国文集丛刊续》第22册,首尔:古典翻译院,2006年,第541页。

5. 金得臣(1604—1684)赞颂孙武知古阵法。他在《兵家节要跋》中阐述,握奇八阵是由黄帝之师风后所创设,懂其应用者有姜太公、孙武、诸葛亮、李靖寥寥数人:"所谓握奇八阵,风后之所创。则知此法而用之者,太公望、孙武子、诸葛亮、李靖而已,其后则无闻焉。"①"孙武子"是孙武的尊称。金得臣指出,朝鲜向来不熟悉阵法。壬丁年间,明朝将帅前来教以戚继光方营阵法。可是此阵法适合防御倭寇,不适合防御胡人。因此,在战阵中不是通用的良法。丙丁内讧,将帅不了解古阵法和奇正之法,招致惨败。从中可见,金得臣赞扬孙武治军知晓上古阵法。

6. 柳命天(1633—1705)赞颂孙武治军严明。他的诗歌《劳军细柳营二十韵》有言:

> 黑云千阵压边城,烽火甘泉屡报惊。三路催征分宿将,六戎申警点精兵。宸心正轸前茅虑,玉趾亲临细柳营。五百休期臻富庶,后元治化属升平。用兵长策资晁错,笞背奇谋纳贾生。何意狂风吹古月,遽看妖曜动搀抢。尘惊关外扬旐暗,雷动云中控镝鸣。羽檄催飞传急警,虎臣承命许专征。重英可想翱翔苦,大烈元由激励成。天子威仪今枉屈,亚夫军令最分明。传呼始许鸣銮入,敬劳还教按辔行。天驭迟迟驱不疾,军容井井肃无声。初看士卒弓弩满,更见元戎介胄迎。约束霜严人莫犯,指挥风变孰能撄。向来棘灞徒为戏,异代孙吴足并名。匝地欢声喧壁垒,耀天精彩变旗旌。孟津誓众今重睹,涿野亲戎此可京。爱整争夸军势壮,维扬终致塞氛清。怀奇未究当时用,呕血堪怜后代评。阅武即今思猛士,攘修咸仰圣谟宏。②

此诗主要赞颂周亚夫治军严明,即使汉景帝亲临细柳营劳军,也要等到传呼之令才予以放行。汉景帝亲眼看到了汉军军容强壮,军纪严明。诗句"向来棘灞徒为戏,异代孙吴足并名",专门描写棘门军和灞上军治兵如儿戏,诗人赞颂周亚夫治理细柳营之军军纪严明,好比是后世的孙武和吴起,周亚夫名声可与二人比肩。

7. 崔锡恒(1654—1724)赞颂孙武治军有威信。他在策问《问立》中指明,人必有所立。有立志,有立事,有立名。立对于人非常重要,试以经史而

---

① 金得臣:《柏谷集·文集》册六《兵家节要跋》,韩国民族文化推进会:《影印标点韩国文集丛刊》第104册,汉城:景仁文化社,1993年,第166页。
② 柳命天:《退堂集·诗集》卷一《释褐录·劳军细柳营二十韵》,韩国古典翻译院:《影印标点韩国文集丛刊续》第40册,首尔:古典翻译院,2007年,第372页。

论,伏羲之易立诚,鲁左丘明之论立本,可见微妙之旨。孔子立志于学,孟子坚定志向。《尚书》中的立政、立敬,《左传》中的立德、立功和立言,历历可述。崔锡恒援引孙武、商鞅之事,指出孙武杀吴王美姬是树立威信,商鞅城门徙木是树立诚信,他们有志于建立功勋:"孙武斩宫嫔而立威,商鞅徙丈木而立信,亦可谓有志于立事欤。"①

8. 申维翰(1681—1752)赞颂孙武治军整齐。他在《兵制》中叙述,日本风俗本无等级,宫室、车马、衣服、器物,相互逾越,没有制度。一旦名分确定,上下级界限分明。谨慎遵守,不敢怠慢。在出使路上,看见太守以下多是平庸孱弱之人,部下不敢仰视,匍匐前行,听令承命,不失差错。他们带剑监守门户,端坐门内,整夜无疲倦,设茶而侍,顷刻不离。凡有所呼,回应响亮,不用鞭打,事情皆办。夹路观看之人,全部坐在大路之外,小者在前,稍高者在第二行,再高者在后面,依次成队,肃静不动。千里所见,无一人触犯道路的规矩。"其人心俗习,皆如孙武、穰苴之军,此非有礼教而齐之也。国君与各州太守之政,一出兵制。而大小民庶,所见而习之者,一如军法。"②申维翰强调,日本习俗如孙武和司马穰苴治军一样整齐。这种言语的背后流露出对孙武治军的赞颂。在申维翰看来,日本形成这种习俗不是礼教使之整齐,而是日本君主和官长遵循治兵之制的结果。

9. 杨应秀(1700—1767)赞颂孙武治军同甘共苦。他在《宗朱编[下]》中指出:有人评说,古代之兵犹如子弟护卫父兄一般,学习孙武、吴起治军,一定要与士卒同甘共苦,子弟必然接受父兄的恩惠而有所回报。抚慰将士,使他们温暖如春,这种用意不可缺少:"而孙吴之徒,必曰与士卒同甘苦而后可,是子弟必待父兄施恩而后报也。日巡而抚之,三军之士,皆如挟纩,此意也少不得。"③

10. 徐命瑞(1711—1795)赞颂孙武治军寓政于兵。他在《学约总图》中指出,管仲出于当时形势的需要,寓政于兵。后来,孙武等人都是出自这一流派:"管仲寓先王之政于兵,以时世然也。孙武、孙膑、吴起、司马穰苴、白起、廉颇、李牧,皆此流出也。"④

---

① 崔锡恒:《损窝遗稿》卷十二《问立》,韩国民族文化推进会:《影印标点韩国文集丛刊》第169册,汉城:景仁文化社,1998年,第548页。
② 申维翰:《青泉集·续集》卷七《海游闻见杂录[上]·兵制》,韩国民族文化推进会:《韩国历代文集丛书》第3675册,首尔:景仁文化社,2019年,第514页。
③ 杨应秀:《白水编》卷二十八《宗朱编[下]》,韩国民族文化推进会:《韩国历代文集丛书》第1651册,汉城:景仁文化社,1999年,第129页。
④ 徐命瑞:《晚翁集》卷三《学约总图》,韩国民族文化推进会:《韩国历代文集丛书》第3899册,首尔:景仁文化社,2019年,第580页。

11. 金砥行(1716—1774)赞颂孙武指挥才能。他在《答尹季周》书信中叙述:"令行于彼,则折冲捍御击刺斩塞,非不有待于行伍部曲,而其指挥制胜之能,又何尝不在于孙吴、乐毅、韩信、孔明哉?"①金砥行以反问的修辞方式指出,军令施行,比如进攻和防御,击刺和夺旗,都有待于部下去实施,而指挥和取胜的才能何尝不在孙武、吴起、乐毅、韩信、孔明这些人呢?

12. 金熤(1723—1790)赞扬孙武治军巧妙。他在《双四叙》中评论:世俗之人所说的"舞刀乞讨"之游戏,古书并无所载,不知始于何代。从世俗之人的视角观察,只是儿戏而已。从大丈夫角度来看,却体现了孙武、吴起治军的巧妙,以及廉颇、李牧神奇的谋略:"自丈夫观之,孙吴妙用,廉李神机,即此而可得。"②又如痴儿所唱沧浪之歌,孔子之叹。龙马背负河图,周文王依托它,定为治国九法。凡是种种事理,皆有精粗之分,不在于事物的本身,关键在于人如何取用。既然如此,不可因为别人轻视就不选取,因而就其所叙述的方法,名之"双四"。金熤所言孙武的妙用,是指孙武教战时借吴王宫中美女视练兵为儿戏,加以巧妙利用,杀姬教兵,从而证明自己治军的才能。

13. 金载瓚(1746—1827)欣赏孙武的混元之法。他在《帖月露营风骚阵左右中军》中赞扬了古代善用兵者,并提及孙武教战所用的混元之法:"自一而十,自十而百,百而分十,十而分一者,孙武混元之法也。"③在他眼中,孙武教战之法,无论从一到百的集中,还是从百到一的分散,灵活有度。因而,他吸纳孙武混元之法的精髓,将之用于训练诸生。他明确告诉诸生,三次创作诗歌都是中上水平者,担任左中军将,在降仙楼排布阵形。三次创作文赋都是中上水平者,担任右中军将,在留仙观排布阵形。三次创作诗歌和文赋都是中下水平者,在十二栏杆前面扎营,作为殿后。斋长担任队长,管辖诸生,以五步、六步为界限,相互不错乱。疏密如同星斗一样,聚集离散如同风云、飞鸟一般。凡是诸生行坐进退的动作,一切听从中军的指挥。金载瓚这种训练方式反映出他熟知和欣赏孙武的教兵之法,有意识地将之付诸实践行动。

14. 丁若镛(1762—1836)赞颂孙武治军有方。他在《修因山筑城议》中

---

① 金砥行:《密庵集》卷五《答尹季周》,韩国古典翻译院:《影印标点韩国文集丛刊续》第83册,首尔:古典翻译院,2009年,第245页。
② 金熤:《竹下集》卷二十《双四叙》,韩国民族文化推进会:《韩国历代文集丛书》第3665册,首尔:景仁文化社,2019年,第589页。
③ 金载瓚:《海石遗稿》卷八《帖月露营风骚阵左右中军》,韩国民族文化推进会:《影印标点韩国文集丛刊》第259册,汉城:景仁文化社,2001年,第468页。

指明,议论者说藩臬之臣应以野战为职责,若先修山城,则是开启退缩之心,不是善计。这些言论拘泥于古代之事,根本不了解现今的形势。丁若镛进一步强调,历史上的孙武、吴起、韩信、彭越等人都能在野战中建立功勋,是因治军有方。士卒训练有素,兵备完善,平时纪律严明,做好谋划:"古昔孙吴韩彭之等,能成功于野战者,以其士卒素练,兵甲素缮,纪纲素立,规画素定也。"①

15. 赵秀三(1762—1849)赞颂孙武治军遵守约定。他在《号令寓捕蝉》一诗曰:"乌韬马法都脱壳,当今我亦兵家仙。招呼螳臂走下风,指挥貂冠空左联。秋营令严昼寂寥,古柳疏槐生碧烟。孙吴师律在守约,老将治兵痀丈蝉。深谋王翦有投石,尚严程公真直钱。升平日月坐无用,殿帅华衔虚暮年。吾皇不搏上林兔,羽卫千军闲昼眠。森严虎豹念九关,仓猝豺狼忧四边。"②诗歌大意是讲,老将军治军有法,即使在太平时期依然忧虑敌人入侵,所以他总是想方设法进行训练,通过捕蝉方式来训练禁卫军将士。值得注意的是,诗句"孙吴师律在守约,老将治兵痀丈蝉",称颂孙武、吴起治理军队,关键在于遵守约定,驼背年老的将军却能通过捕蝉方式来训练军队。

16. 宋秉璿(1836—1905)赞颂孙武治军气势非同寻常。他在《东游记》中记述:自己直奔正阳,北上行有五里之多,到达一座寺院。他登楼远望,峰峦叠翠,万千之峰,各自呈现本来的面目,犹如蓝田美玉堆积一般,共同相会在天朝之门。"又似孙吴击鼓,阵三军,铁马剑戟,森列左右,其殊状异态,不可备述。"③宋秉璿远眺之下,无数峰峦形成的景观,如同孙武、吴起击鼓,三军布阵一样,气势格外宏大。这种宏大的气势体现在"铁马剑戟,森列左右"这些字眼的描写上,甚至以"不可备述",即不能完全描述,以此来形容孙武治军气势不同寻常。

值得留意的是,在东亚"汉字文化圈"的视野下,不仅朝鲜王朝的诗人对孙子治军艺术进行诗歌创作赞颂,而且日本的文人也以诗歌体裁来赞誉孙子的治军艺术。例如,《日本孙子书知见录》一书抄录了中村经年《绘本孙子童观抄》中石斋诗一首:"举扬正正旗,孙子计尤奇;惊破吴王胆,令严斩爱姬。"④中村经年是日本江户时代知名学者,此首诗歌赞扬了孙子计谋之奇

---

① 丁若镛:《与犹堂全书·一集》卷九《修因山筑城议》,韩国民族文化推进会:《影印标点韩国文集丛刊》第281册,汉城:景仁文化社,2002年,第197页。
② 赵秀三:《秋斋集》卷七《号令寓捕蝉》,韩国民族文化推进会:《影印标点韩国文集丛刊》第271册,汉城:景仁文化社,2001年,第505页。
③ 宋秉璿:《渊斋集》卷二十《东游记》,韩国民族文化推进会:《影印标点韩国文集丛刊》第329册,汉城:景仁文化社,2004年,第338页。
④ 苏桂亮、阿竹仙之助:《日本孙子书知见录》,济南:齐鲁书社,2009年,第54页。

特,同时也描写了孙子操练女兵,法令严明,杀吴王爱姬,使吴王阖闾惊魂失魄。由此可见,孙子的治军艺术之高超,中朝日社会人士对此皆有共识。

第三节 孙武才学认知

一、孙武写作才华

南朝人刘勰《文心雕龙》品评孙武兵书之文采:"孙武兵经,辞如珠玉。"朝鲜王朝人士对孙武写作才华给予了高度评价。

1. 赞扬孙武"简切"的风格。姜沆(1567—1618)在《与辛生书》中谈论了写作问题。他指出,世人评价著述,唐人推崇韩愈、柳宗元,宋人推举苏轼。苏轼最看重六经,而后强调孟子、韩愈的淳朴敦厚风格。他还特地指出:"迁固之雄刚,孙吴之简切,投之所向,无不如意,经学之士尚矣。"①"迁固"是"司马迁、班固"的省称,"孙吴"是"孙武和吴起"的并称。概言之,司马迁、班固的写作风格雄劲刚强,孙武、吴起的写作风格简明真切,深受后学之士的推崇。

2. 赞扬孙武"最是作家"。许筠(1569—1618)《读孙子》高度评价孙武,认为是春秋以来谈兵的第一人:"春秋以来言兵事者,孙武一人而已。"后世用兵者也不能超越其范围,孙武虽不是王者之师,但很奇特:"后世善用兵者,莫能出其度内。虽非王者师,而噫亦奇哉。"他还指明孙武写作才华,关键体现在开合之处,可做到"节节生情"。在先秦诸子中,在"简切明核"方面,韩非子和孙武是最好的作家,"其文有管锁辟阖处,节节生情。先秦诸子文,韩非与孙武最是作家。至其简切明核,则非所及也"。②

3. 赞扬孙武"制作之工"。任相元(1638—1697)《乙卯庆尚左道策问》阐明,先秦时流传下来的古书少,有些值得怀疑。比如《吕氏春秋》,果真不能增减一字?《战国策》果真是天下重要的书?鬼谷子《捭阖》篇很难读懂,为何却能流传下来?邹衍《洪范·五行》虽被秦国采纳,为何不能流传下来?兵家孙武和大儒荀子,二人的主张有天壤之别,他们的创作都很巧妙。有人认为孙武不逊荀子,可是任相元认为这种说法值得怀疑。"孙武之兵家,荀

---

① 姜沆:《睡隐集》卷三《与辛生书》,韩国民族文化推进会:《影印标点韩国文集丛刊》第73册,汉城:景仁文化社,1996年,第66页。
② 许筠:《惺所覆瓿稿》卷十三《读孙子》,韩国民族文化推进会:《韩国历代文集丛书》第3317册,首尔:景仁文化社,2016年,第252页。

卿之大儒,其道天壤,而制作之工,或以为孙不让荀,然欤?"①可见,在有的人看来,孙武"制作之工"显然超越荀子。

4. 赞扬孙武写作水平"最高"。李宜显(1669—1745)在《陶峡丛说》中评说先秦诸子,大概有二十五家:一是《老子》;二是《庄子》;三是《列子》;四是《荀子》;五是《管子》;六是《晏子》;七是《墨子》;八是《邓子》;九是《文子》;十是《尹文子》;十一是《关尹子》;十二是《鹖子》;十三是《鹖冠子》;十四是《子华子》;十五是《亢仓子》;十六是《鬼谷子》;十七是《公孙子》;十八是《商子》;十九是《司马子》;二十是《孙子》;二十一是《吴子》;二十二是《尉缭子》;二十三是《韩子》;二十四是《吕子》;二十五是《屈子》。李宜显指出,著书不流传于世的有很多,兵家著作中孙武写作水平最高:"《司马子》《孙子》《吴子》《尉缭子》,兵家书也。其文孙武最高,吴起、尉缭次之,《司马法》亦简切可喜。"②李宜显评判古代著名兵书《司马法》《孙子》《吴子》《尉缭子》,而对孙武兵书写作水平评价最高。

5. 赞扬孙武写作能力。一则赞扬孙武善于"形之于文"。洪良浩(1724—1802)《四部选要序》评析,柳稚敬收集天下古今之书,将之分为四部,定名为《四部选要》。楚人屈原《离骚》,汉人司马相如之赋,庄子、列子放浪之言,管子、商鞅刑名之术,孙武、吴起奇正之术,贾谊治安策,司马迁之记史,他们将学术以文字准确表述:"楚人之骚,汉人之赋,庄列之放言,管商之刑名,孙吴之奇正,贾太傅之论治,司马氏之记实。各以其学,形之于文。"③从《孙子兵法》来看,《孙子·势篇》体现了奇正变化微妙之处,应用排比、比喻、反问等修辞手法呈现其变化:"声不过五,五声之变,不可胜听也。色不过五,五色之变,不可胜观也。味不过五,五味之变,不可胜尝也。""战势不过奇正,奇正之变,不可胜穷也。奇正相生,如循环之无端,孰能穷之?"④孙武生动形象反映了用兵变化无穷无尽。二则赞扬孙武奇特善辩之才华。洪良浩(1724—1802)《稽古堂记》阐述,因弘扬道学而著文章,比如刘向、韩愈、欧阳修;因著文章而弘扬道学,比如屈原《离骚》,庄子放浪之言,管仲、商鞅、孙武、吴起奇特雄辩之术。贾谊见识高远,司马迁才华出众:"由文章而明道学也,至若屈子之歌骚,庄叟之放言,管商孙吴之奇辩,贾太傅之

---

① 任相元:《恬轩集》卷三十《乙卯庆尚左道策问》,韩国民族文化推进会:《影印标点韩国文集丛刊》第148册,汉城:景仁文化社,1995年,第474页。
② 李宜显:《陶谷集》卷二十八《陶峡丛说》,韩国民族文化推进会:《影印标点韩国文集丛刊》第181册,汉城:景仁文化社,1999年,第446页。
③ 洪良浩:《耳溪集》卷十《四部选要序》,韩国民族文化推进会:《影印标点韩国文集丛刊》第241册,汉城:景仁文化社,2001年,第176页。
④ 杨丙安:《十一家注孙子校理》,第89—90页。

高识,太史公之雄才。"①他们将写作发挥到了极致,其学识通过言语准确展示出来,并非舍弃道学而著空言。值得关注的是,洪良浩赞扬孙武有奇特善辩之才。

6. 赞扬孙武写作奇中有正。李种徽(1731—1797)在《明文奇赏后序》中评说,写作如用兵,用兵如布阵,而布阵关键在于精通奇正之术。《诗经》"正而葩",《商书》"灏灏",《周书》"噩噩",此是正中有正。正中有奇,比如《左氏》"浮夸",《公羊》"简明",《谷梁》"简洁"。司马迁、班固才艺超群,刚健严谨。从孙武、吴起、尉缭、司马穰苴、魏公子无忌,一直到唐李靖长蛇六花阵,都是奇中有正:"孙吴、尉缭、穰苴、魏公子,以至于汉、唐之际,长蛇六花之属,此奇之正也。"②后世才智之士随机应变,自立门户,却不能返璞归真,能守而不能战。李种徽认为,古之善战者,不变化阵形却能成功。此犹如下棋,以高明招数取代不高明招数,只是位置变化而已,不至于转动棋局进行转换。令人感慨的是,有人认为明代文人用奇而又超越了奇,称之为奇中有奇。殊不知,他们向古人学习创作之法却陷于不能灵活变化的境地,好比北宋军队作战时使用方阵一般。李种徽指出,正确的做法是沿袭唐宋写作格局,而不流泛于文风虚弱。合乎秦汉写作规范,但不可流于诡辩,不急不缓,遵守写作规范和奇正变化的规律。如此这样,差不多可成为文坛的孙武和吴起:"沿唐宋之局而无失之弱,驰秦汉之轨而无失诸诡,从容整暇而范驱于奇正之涂,则庶几文苑之孙吴欤!"从中可见,李种徽认为写作应借鉴兵家孙武奇正变化的风格。

7. 赞扬孙武语言精妙。洪直弼(1776—1852)在《答李水使》中提及,当初为抗倭做准备时,曾背诵过《孙子兵法》,并特意对孙武语言做出评判:"善乎!孙子之言曰:'用兵之法,毋恃其不来,恃吾有以待之。毋恃其不攻,恃吾有所不可攻也。'"③其中"善乎孙子之言"表明洪直弼对孙武言语的赞扬,所述孙武之言出自《孙子·九变篇》"用兵之法:无恃其不来,恃吾有以待也;无恃其不攻,恃吾有所不可攻也。"④孙武此言实在精妙,充分体现出有备无患的防卫思想。在抗倭的大背景下,孙子之言使洪直弼感受更加真切。

---

① 洪良浩:《耳溪集》卷十三《稽古堂记》,韩国民族文化推进会:《影印标点韩国文集丛刊》第 241 册,第 216 页。
② 李种徽:《修山集》卷一《明文奇赏后序》,韩国民族文化推进会:《韩国历代文集丛书》第 3661 册,首尔:景仁文化社,2019 年,第 297 页。
③ 洪直弼:《梅山先生文集》卷十六《答李水使》,韩国民族文化推进会:《韩国历代文集丛书》第 1061 册,首尔:景仁文化社,2019 年,第 383 页。
④ 杨丙安:《十一家注孙子校理》,第 175 页。

二、孙武兵学之才

(一) 赞扬孙武才干

尹凤九(1681—1767)赞扬孙武才干。他在《宣武功臣赠左赞成行工曹判书谥忠毅权公神道碑铭》中云:"乃帅西阃,乃判水部。只我除儹,居宠非心。奈我有好,烟霞癖深。释兵辞荣,云水婆娑。公曰制敌,虽事干戈。有死国心,乃言智勇。要知是义,莫大学用。筑斯儒宫,是学是教。舍此奚本,寔公知要。诗称赳赳,曷如公备。武而且文,非孙吴比。"①神道碑文赞扬权公具有文武之才,即使孙武和吴起不可与之相比:"武而且文,非孙吴比。"死者为大,从中可见,尹凤九对孙武才能的赞扬之情。

崔兴远(1705—1786)赞扬孙武才干。他在《祭外舅节度孙公文》中说:"呜呼!惟公之生,气宽且良。孝睦于家,行著于乡。孙吴之才,刘岳之志。"②崔兴远在追悼外舅孙公祭文中赞扬孙公具有孙武、吴起一样的才干。从中可见,崔兴远对孙武才干的赏识之情。

申景浚(1712—1781)赞扬孙武才干。申景浚《古剑铭》记述,自己有短剑一柄,世上相传赵宋名将用过。有人说是狄青之剑,未知果真如此。明朝丙子岁,拥剑者病情危急,潘南朴达夫用上好之银四十锭购买了它。朴达夫是其挚友,解剑相赠,故为己有。有人见到此剑,说它无用,不如菜刀和鸾刀,还可日常生活使用。虽说如此,可是拥有孙武、吴起一样才干之人未被重用,老死于民众中间,世人无不为之惋惜。这柄短剑能流传于世,本来就很幸运:"然而有孙吴之才者不见用,老死钓屠,莫不惜之。而(剑)在世固幸矣。"③由此可见,申景浚对孙武才干的赞扬之情。

许传(1797—1886)赞扬孙武才干。他的诗歌《次自乐堂权公移赠韵》载:"白衣奋义丙丁年,儒将风声一世传。寒旅门墙脚踏地,孙吴材器手擎天。正卿位重三泉下,自乐堂高大岭边。嗟尔遗孙攀诰命,把杯相贺意欢然。"④其中"孙吴"指孙武和吴起。诗歌赞扬权公在"丙丁之乱"中由一介平民成为名

---

① 尹凤九:《屏溪集》卷四十七《宣武功臣赠左赞成行工曹判书谥忠毅权公神道碑铭》,韩国民族文化推进会:《影印标点韩国文集丛刊》第204册,汉城:景仁文化社,2000年,第447页。
② 崔兴远:《百弗庵集》卷十三《祭外舅节度孙公文》,韩国民族文化推进会:《影印标点韩国文集丛刊》第222册,汉城:景仁文化社,2001年,第198页。
③ 申景濬:《旅庵遗稿》卷五《四物铭·古剑铭》,韩国民族文化推进会:《影印标点韩国文集丛刊》第231册,汉城:景仁文化社,2001年,第81页。
④ 许传:《性斋集》卷一《次自乐堂权公移赠韵》,韩国民族文化推进会:《影印标点韩国文集丛刊》第308册,汉城:景仁文化社,2003年,第40页。

闻一世的儒将,虽出自寒门,却能脚踏实地,有孙武、吴起一样的才能见识。诗句"寒旅门墙脚踏地,孙吴材器手擎天"表达对孙武才干的赞扬之情。

(二) 赞扬孙武谋略

白光弘(1522—1556)赞扬孙武谋略。他的《楼船下益州》一诗有言:"大晋方膺浑一机,吴王暴虐浮癸夏。征讨规模在任将,王公神略孙吴亚。受命一笑望吴都,壮气直向牛斗射。长江不是限南北,顺流行师天所借。"诗歌描写吴王残暴酷虐,西晋正好抓住宝贵时机,完成了统一天下大业。诗句"征讨规模在任将,王公神略孙吴亚"①特意点明,灭吴战争的规划重点在于任命将帅,王濬神妙谋略与孙武和吴起相当。由此可知,白光弘对孙武神妙谋略的赞扬之情。

车天辂(1556—1615)赞扬孙武韬略。他在《奉赠邢军门诗》诗序中记载,邢玠部勒水陆大将,作载书,去关帝庙筑坛祭拜,歃血以盟。大破敌人,焚敌千艘战船,沉敌兵于海中。敌人不能支持,海上驻军随之瓦解。指挥胜算皆归邢玠之功。车天辂称赞邢玠:"胸中韬略,暗合孙吴。"②雍容有礼,决胜于千里之外。智谋可以料敌,勇敢可以决机,谁能与其相比。由此可见,车天辂借孙武赞扬邢玠的韬略,侧面显示孙武韬略非同一般。他的一首歌谣——《上邢军门谣》:"青油出塞,赐铁钺而专征。紫气浮关,卷旆旌而振旅。才歌来暮,旋切去思。恭惟维岳降神,实天生德。胸中三略六韬之术数,孙吴暗合之机。"③赞扬邢玠胸中隐藏《三略》《六韬》之术,暗合孙武、吴起神妙之机,也从中流露出车天辂对孙武的赞扬之情。他有一首诗歌《送李提督》:"揣摩雄略动如神,肯让孙吴作后尘。政似顾荣挥羽扇,不妨诸葛戴纶巾。问兵刮寇功无与,击鼓鸣金气益伸。只恨鼎鱼犹假息,几时焦烂待然薪。"④诗歌夸赞提督李如松善于揣摩,有非凡的谋略,行动如神,即使孙武、吴起也望尘莫及。由此可见,车天辂以孙武和李如松相比,折射出对孙武雄伟韬略的赞扬之情。

李埈(1560—1635)赞扬孙武策略。他在《论守城及修德之要疏》中指出,国家平时不爱惜贵爵厚禄,用以培养将帅。一旦有紧急情况,却要顾及

---

① 白光弘:《岐峰集》卷三《楼船下益州》,韩国古典翻译院:《影印标点韩国文集丛刊续》第3册,首尔:古典翻译院,2005年,第257页。
② 车天辂:《五山集·续集》卷三《奉赠邢军门诗》,韩国民族文化推进会:《影印标点韩国文集丛刊》第61册,汉城:景仁文化社,1996年,第523页。
③ 车天辂:《五山集·续集》卷三《上邢军门谣》,韩国民族文化推进会:《影印标点韩国文集丛刊》第61册,第528页。
④ 车天辂:《五山集》卷二《送李提督》,韩国民族文化推进会:《影印标点韩国文集丛刊》第61册,第370页。

个人利害,而不顾及百姓生命。《司马法》若能推行,如此之人应当杀戮。西路山城有可修补之处,而庙堂议论却无坚守之志,使其守城担心逃避敌人。事先未预定计策,如何加以控制守城者。有人认为有可守之城却无防守储备。李埈指出,每城可使用所管辖的五六个城邑人力,就不会缺乏一二个月的粮食。计算实际需要,仍担心粮食难以为继,就将贡物改作粮食,就可采办十万石粮食。战争之时,不讲变通策略,不去考虑预防将来的祸患,这是最常见的事情。坚壁清野是兵家胜算,如果守城之策最终枉费心机,为何平时就有设立险要的告诫? 为何史书以加强城防为美? 古代守城保国不值得学习,难道开启城门迎接敌人才是高明? 入城坚守利害,大概就是这样。李埈认为,即使孙武和吴起出世,他们御敌之策不外乎如此:"虽使孙吴再起,其御敌之策,必不外是。"①

许筠(1569—1618)赞扬孙武计谋。许筠在《吴子》中质疑高似孙之说,孙武全是用奇,吴起几乎都是用正。既然如此,孙武就比不上吴起:"高氏言孙子一乎奇,吴子几乎正。然则(孙)武不及(吴)起乎?"许筠认为,高似孙只是看到吴起书中崇尚礼义,弘扬教化,混杂着《司马法》的言语,因而怀疑吴起用正,实际是吴起故意掩饰:"彼特见(吴)起之书,有尚礼义,明教训,而杂用司马法,故疑之为正。此(吴)起之饰也。"许筠指出,吴起用兵的权谋全部出自孙武,有时别出心裁,掩盖这种痕迹。而孙武计谋深远,吴起兵书中文字所具有的简明切要风格,类似孙武,但略有逊色:"其用兵权略,皆本之(孙)武,而时别出机,抑自掩其迹,均之谓战必胜。而(孙)武之计深矣。其文简切,亦似(孙)武,而少逊之矣。"②

李漵(1579—1624)赞扬孙武智谋。他在《赠资宪大夫吏曹判书兼知经筵义禁府春秋馆成均馆事弘文馆大提学艺文馆大提学行嘉善大夫司宪府大司宪息庵黄公行状》中评说选拔官员崇尚门阀,是朝鲜国积习。选拔文官不可以,选拔武官更不可行:"漵按尚阀之风,是东邦痼习。文官犹不可,况武弁乎。然而贵游之门,骎子劣,动必授钺。"在他看来,如此选拔武官的制度,即使有孙武、吴起一样的智慧,有孟贲、夏育一样的勇敢,也不会被选拔出来:"不然者,虽智如孙吴,勇如贲育,皆不得与焉。"③由此可见,李漵对孙武

---

① 李埈:《苍石先生文集》卷四《论守城及修德之要疏》,韩国民族文化推进会:《韩国历代文集丛书》第 942 册,汉城:景仁文化社,1999 年,第 283 页。
② 许筠:《惺所覆瓿稿》卷十三《吴子》,韩国民族文化推进会:《影印标点韩国文集丛刊》第 74 册,汉城:景仁文化社,1996 年,第 252 页。
③ 黄㦃:《息庵先生文集》卷五《赠资宪大夫吏曹判书兼知经筵义禁府春秋馆成均馆事弘文馆大提学艺文馆大提学行嘉善大夫司宪府大司宪息庵黄公行状》,韩国民族文化推进会:《韩国历代文集丛书》第 3329 册,首尔:景仁文化社,2016 年,第 484 页。

智谋的赞扬之情。

赵备(1616—1659)赞扬孙武军事谋略。他的诗歌《春日县斋述怀百五十韵》有言:"有客颇奇伟,童年胆气粗。十三能击剑,五石解挛弧。……高文窥浑噩,古字辟盘盂。至理论无极,文治忆有虞。霸图羞管乐,戎略驾孙吴。阖辟申韩术,纵横鬼谷符。贯穿经史子,泛滥释仙儒。"从诗歌题名来看,是诗人在县衙倾诉心声。"有客"不是指别人,分明指自己。诗人描述自己志向远大,具有文武之才。诗中"霸图羞管乐,戎略驾孙吴"①句,彰显其才气不同于世俗之人,追求霸业可使管仲、乐毅感到羞愧,军事谋略可与孙武、吴起并驾齐驱,从中折射出诗人对孙武军事谋略的赞扬之情。

申靖夏(1681—1716)赞扬孙武谋略。他在《答李圣瑞书》中指出,诸子百家之文,虽非紧急事务,但必须读。比如《战国策》有雄浑之气,《左传》《国语》有雅洁特点,孙武、吴起的谋略,申不害、韩非的雄辩,都有值得学习之处:"如《战策》之浑雄,《左》《国》之雅洁,孙吴之谋,申韩之辩,各自有可观。"②由此可知,申靖夏对孙武、吴起谋略颇为看重,建议李圣瑞注意学习。

李森焕(1729—1813)赞扬孙武韬略。他在《祭从弟廷藻文》中倾诉自己内心悲痛,堂弟李廷藻入葬,强忍为一言,以此诀别:"人生一世,尽是泡幻耳。贤如颜闵,暴如蹻跖,行如尾己,凶如共兜,勋德如方召,韬略如孙吴,雄勇如羽飞,福泽如汾阳,倾夺如田窦。"李森焕提到一些重要历史人物及其才德,比如孙武和吴起韬略,显然在他的心目中,孙武韬略非同寻常。

李种徽(1731—1797)赞扬孙武谋略。他在《祭伯氏文》中述说,明王在世,大力振兴文治。凡是选士,必以表笺,因而士人多兴起于此。李匡德、林象德等人高视阔步,快速达到了唐宋文人境界。朝鲜国文士莫不趋步向学,自认为很有才能。然而他们才调有限,词藻简陋。春蛇秋蚓,患于冗长。枯柴蒸饼,却无神锋。家君只是选取唐宋杰出人物,孤力奋战于声韵与对偶之间,全从典雅。伯氏继承家学,有超锐之思,高奇之调往往出入于刘禹锡、李商隐中间,清纤洒脱,不可推测其由来,此其天生之才,"比之军机兵法,暗合孙吴者也"。③ 如此才调,屈从考试。世人蒙昧,却不知此。阳春白雪,曲高和寡,此非歌者之罪。李种徽赞扬伯氏才华犹如孙武计谋一样高妙。

---

① 赵备:《桂窝集》卷二《春日县斋述怀百五十韵》,韩国古典翻译院:《影印标点韩国文集丛刊续》第33册,首尔:古典翻译院,2007年,第441页。
② 申靖夏:《恕庵集》卷六《答李圣瑞书》,韩国民族文化推进会:《影印标点韩国文集丛刊》第197册,汉城:景仁文化社,1999年,第294页。
③ 李种徽:《修山集》卷九《祭伯氏文》,韩国民族文化推进会:《韩国历代文集丛书》第3662册,首尔:景仁文化社,2019年,第464页。

金鑢(1766—1821)赞扬孙武谋略。他在《上元俚曲,教李玄同体二十五首,走笔简云楼俞子范》歌词中有言:"没羽箭来打个空,终宵飞石斗屠雄,此中亦寓孙吴意,精锐先埋掌苑东。"①歌词描写双方斗智斗勇,整个夜间试图一比高下,这种活动如真实战场对阵,将精锐之士提前埋伏在掌苑东部。谷里青壮年分开队伍,相聚一起,飞石相斗,名叫便战,也叫石战,执金吾及巡捕厅巡逻加以禁止。由歌词可知,金鑢留意上元节表演的"石战"活动蕴涵着孙武谋略。

金迈淳(1776—1840)赞扬孙武智谋。他在《风栖记》中评论,凡重要人物举动都会影响社会,无论是在何处,都会形成风气。上古时代幽远,无从考证。春秋以降,管仲、晏子高才,张仪、苏秦雄辩,孟贲、夏育勇敢,孙武、吴起、张良、陈平智谋,萧何、曹参、房玄龄、杜如晦功绩:"孙吴良平之智谋,萧曹房杜之勋伐。"②又如屈原和贾谊盘曲郁结之气,公孙弘、卫青显达。富如石崇所筑的金谷园,奢侈如李德裕的平泉庄。清贫动荡,华美旋转,消沉于成百上千年,这与风起寂灭于天空是不一样的。金迈淳在提到历史人物智谋时,首提孙武。由此可见,他对孙武智谋的赞扬之情。

许传(1797—1886)赞扬孙武智谋。他在《县监成公墓谒铭》中记载,成郁镐,字周用,自号冰皋。坟墓在校洞负壬之原,碑铭有言:"邹鲁遗风,孙吴余智。生老泰平,同枢之位。垂示永世,勒于羨隧。"③碑文赞扬成郁镐有"邹鲁遗风,孙吴余智",不仅具有儒家的风度,也具有孙武、吴起一样的智谋。由此可知,许传对孙武智谋的赞扬之情。

朴珪寿(1807—1877)赞扬孙武智谋。他在《尚古图按说十则》中评价"谢安闻符坚入寇"之事,东晋淝水大捷,论者将之归结为侥幸。谢安赌棋之事,有人认为矫情,故而瞧不起。究竟为何不论事理,而只一味追求立论?朴珪寿认为,兵法讲:"兵者,凶器也。"即使有孙武、吴起一样的智谋,孟贲、夏育一样的勇敢,可是成功也不是侥幸得来的:"虽有孙吴之智,贲育之勇,及其成功也,何莫非天幸也。"④兵法又言:"战者,逆德也。"其中权谋和策略

---

① 金鑢:《薄庭遗稿》卷二《艮城春呓集·上元俚曲,教李玄同体二十五首,走笔简云楼俞子范》,韩国民族文化推进会:《影印标点韩国文集丛刊》第289册,汉城:景仁文化社,2002年,第422页。
② 金迈淳:《台山先生文集》卷七《风栖记》,韩国民族文化推进会:《韩国历代文集丛书》第756册,汉城:景仁文化社,1999年,第415页。
③ 许传:《性斋集》卷二十四《县监成公墓谒铭》,韩国民族文化推进会:《影印标点韩国文集丛刊》第308册,汉城:景仁文化社,2003年,第474页。
④ 朴珪寿:《瓛斋先生文集》卷十一《尚古图按说十则》,韩国民族文化推进会:《韩国历代文集丛书》第2617册,景仁文化社,1999年,第520页。

的使用,出奇制胜和诡道取胜之法,早已超过了谢安围棋和漫步之事,怎么可以说是矫情?果真如此,古代之人成功于侥幸,得胜于矫情,不只是谢安一个人而已。由此可见,朴珪寿对孙武智谋的赞扬之情。

(三) 赞扬孙子论兵

许穆(1595—1682)赞扬孙武论兵。他在《文丛序》中赞扬鲁仲连讲道义,不顾生死。解救危难,不居其功。鲁仲连不尊奉秦帝,是战国士人中的第一人。许穆还赞扬孙武和吴起论兵,尤其孙武善于出奇制胜,讲究诡诈之术,变化如神:"孙武、吴起言兵法,(孙)武特凿奇怀诈,因敌变化若神。"①从中可见,许穆对孙武论兵的赞扬之意。

金迈淳(1776—1840)赞扬孙武谈兵。他在《阙余散笔》中指出,溪谷先生说,中国学术多有分歧,我国士人读书,往往称诵"二程"和"朱熹"。中国很多人才不是碌碌无为,不时出现有志之士,实心向学,往往有实际的收获。我国士人只闻程朱之学被世人推重,口说而貌尊,好比垦土播种,长得秀丽而无果实,就可分辨出真假。苍茫大地,那是五谷,那是稗草?自然一清二楚。溪谷先生之言,自然有一定道理。评论本国之人病症,未尝不切中病根。细究他的言语,不免有言过其实之处。姑且舍弃程朱之说、当今之说和本国之说,试以中国上古孔孟之说而言,战国嬴秦之际,天下学术并不全部尊崇孔子,如苏秦、张仪纵横之学,申不害、韩非刑名之学,孙武、吴起谈兵之说,白圭、李悝治田赋之术:"天下之学,何尝尽宗孔氏乎?苏张之纵横,申韩之刑名,孙吴之谈兵,圭悝之治赋。"②学术虽多有分歧,但各人并不全碌碌无为,学术水准并非全在陆象山和王阳明之下:"学术多歧,奚啻千涂万辙。而其人之志趣不碌碌,岂尽出(陆)象山、(王)阳明下哉?"由上可知,金迈淳对孙武谈兵之说颇为赞扬,视为兵家之说的代表。

赵斗淳(1796—1870)赞扬孙武论兵。他的诗歌《次拟陶》有言:"百忧交众务,风雨坐林园。理赋遥希晏,论兵暗合孙。弥纶回盛际,威德倚名门。报佛身心在,之功讵易谖。"③诗歌描写主政者事务繁多,忧心众事。虽在治理赋税,却又遥想姚平仲,论兵暗暗和孙武相合。从中可见,赵斗淳比较仰慕孙武的论兵风采。

---

① 许穆:《记言》卷五《文丛序》,韩国民族文化推进会:《影印标点韩国文集丛刊》第98册,汉城:景仁文化社,1996年,第51页。
② 金迈淳:《台山集》卷十七《阙余散笔·榕村第三》,韩国民族文化推进会:《影印标点韩国文集丛刊》第294册,汉城:景仁文化社,2002年,第594页。
③ 赵斗淳:《心庵遗稿》卷五《次拟陶》,韩国民族文化推进会:《影印标点韩国文集丛刊》第307册,汉城:景仁文化社,2003年,第118页。

（四）赞扬孙武用兵

李穑(1328—1396)赞扬孙武用兵神机妙算。他的诗歌《寄呈郑令公》有言："扫贼威风继铁原,用兵神算逼吴孙。古今俪美真无忝,文武兼才不足言。已致功名悬日月,当令德业照乾坤。老生幸接芳邻久,谩把新诗代庆门。"①诗歌赞扬郑令公继铁原之战后再次横扫敌人,用兵神机妙算,直逼兵家吴起和孙武,反映出诗人李穑对孙武用兵神机妙算的赞赏之情。

金时习(1435—1493)赞扬孙武用兵破竹之势。他的诗歌《椴炭行》有言："椴炭性疏脆,得火少炎炽。才起旋复灭,烹膳淡无味。恰如庸懦人,素无丈夫志。诺诺无一实,营营无一得。居家处事暗,在位常碌碌。不独自虚困,多为众欺谑。敢望柞栎炭,炎炎火星爆。恰如回也质,闻一以知十。又如孙吴兵,破虏如破竹。椴汝须殿后,栎尔盟寒约。"②诗人用"椴炭"比喻平庸懦弱之人,用"栎炭"比喻有才华而又英勇之人。诗歌描写椴木之炭疏松脆弱,遇火很少能燃烧。火焰刚刚燃起,很快就熄灭了。烹治膳食,淡而无味,恰恰如同平庸懦弱之人。居家处事,表现昏庸;居官在位,碌碌无为。不只自己空虚困乏,很多时候被人欺侮戏谑。诗人一心希望自己成为栎木之炭,一遇火星,就会变成烈焰燃烧起来,有颜回一样的本性。"闻一知十",语出《论语·公冶长》："赐(子贡)也何敢望回？(颜)回也闻一以知十,赐也闻一以知二。"犹如孙武、吴起用兵,犹如破竹之势。诗人宣称：如果是椴木,只须列于队伍后面。如果是栎木,就应与严冬在一起。从中可见,金时习赞扬孙子用兵,善于造势。打击敌人,犹如破竹之势。

车天辂(1556—1615)赞扬孙武用兵注重时机。他在《赠陶通判诗序》中说："五柳先生之雅量。国器重龙门之百斛,卿材辣牛梓之千寻。文章推德之绪余,意气负燕之奇节。胸中韬略,孙吴暗合之机。皮里春秋,许郭通明之智。"③该序言有"胸中韬略,孙吴暗合之机"之说,其中所说的"机"是指"神机"。车天辂赞扬陶通判胸中韬略暗合孙武,用兵神机妙算。

金鎏(1571—1648)赞扬孙武用兵深不可测。他在《钦差平辽便宜行事总镇左军都督府都督同知毛公功德碑铭》中赞扬毛文龙,用兵与孙武、吴起并驾齐驱,幽静如同鬼神一样,变化好像风云一般,深不可测："公(毛文龙)

---

① 李穑:《牧隐诗稿》卷三十四《寄呈郑令公》,韩国民族文化推进会:《影印标点韩国文集丛刊》第4册,汉城：景仁文化社,1996年,第490页。

② 金时习:《梅月堂集·诗集》卷十四《溟州日录·椴炭行》,韩国民族文化推进会:《韩国历代文集丛书》第65册,汉城：景仁文化社,1999年,第315页。

③ 车天辂:《五山集》卷五《赠陶通判诗序》,韩国民族文化推进会:《影印标点韩国文集丛刊》第61册,汉城：景仁文化社,1996年,第424页。

之用兵,轶驾孙吴。幽之为鬼神,变之为风云。峙之为山岳,动之为雷霆。捭阖弛张,挥霍翕欻。混混沌沌,莫测其端倪。"①从中可知,金鎏在赞扬毛文龙的同时,显露出对孙武用兵深不可测的赞扬之情。

赵任道(1585—1664)赞扬孙武合变之术。他的诗歌《题郭丈忘忧亭》有言:"烈烈郭兵使,堂堂真丈夫。文章追谢陆,合变迈孙吴。伟绩铭彝鼎,雄风振海隅。功成身自退,从此老江湖。"②诗人赞扬兵使郭丈是堂堂正正的大丈夫,文章著述步谢安和陆游后尘,用兵作战分合变化超越了孙武和吴起。他立下的伟大功勋铸刻在国家礼器上,雄伟气魄震动天下。他建成伟大功业后,又选择主动隐退。由上可知,赵任道赞扬郭兵使分合之术超越孙武,侧面表达诗人对孙武用兵之术的赞扬。

郑斗卿(1597—1673)赞扬孙武用兵。他在《奉送程副总还朝》一诗中说:"程公家世冠中土,初牒灵宗伯休甫。不识曾为汉名将,公后千秋出其上。也是魁梧一丈夫,诗如鲍谢兵孙吴。逆胡猖狂据辽塞,乘槎使者通沧海。海上白波若雪山,手持汉节临三韩。捐躯报主风尘里,横槊赋诗鞍马间。岛中往往军倒戟,公来镇抚不敢蠢。英姿飒爽气雄俊,落日清秋见苍隼。敝邦大夫歌颂公,小子才薄词何工。但把寸心为公说,敝邦君臣方枕戈。日夜常望旄头灭,公到天门报天子。"③诗人赞扬程副总兵出身世家,名冠中原,早期祖先是西周封国的程休甫,后来有汉代名将程不识。千年之后,程副总兵超越其上,是位身形魁梧的大丈夫,文才如同鲍照、谢灵运一样,用兵如同孙武、吴起一样。叛逆的胡人十分猖狂,占据辽地一带边塞。他曾奉命出使,通过茫茫的大海,海上白波如同雪山一样,手持朝廷符节,驾临三韩之地。纷乱之中,程副总兵不怕牺牲,立志报效国家。作战空闲时,横槊赋诗。倭军往往掉转锋戟自相攻击。有程副总兵镇抚,敌人不敢蠢蠢欲动。他英姿飒爽,气度非凡,如同清凉的秋天日落时分见到雄鹰一样。本国士大夫都在歌颂他的功德,诗人自叹才力有限,诗句也不精湛。只是聊表寸心,使其喜悦。本国君臣枕戈待旦,日日夜夜盼望消灭外族入侵者,请他回到天朝向天子汇报。由上可见,诗人盛赞程副总兵用兵如同孙武一样,折射出对孙武用兵仰慕之情。

---

① 金鎏:《北渚集》卷八《钦差平辽便宜行事总镇左军都督府都督同知毛公功德碑铭》,韩国民族文化推进会:《影印标点韩国文集丛刊》第79册,汉城:景仁文化社,1996年,第89页。
② 赵任道:《涧松先生文集·续集》卷一《题郭丈忘忧亭》,韩国民族文化推进会:《韩国历代文集丛书》第827册,汉城:景仁文化社,1999年,第180页。
③ 郑斗卿:《东溟集》卷十《奉送程副总还朝》,韩国民族文化推进会:《影印标点韩国文集丛刊》第100册,汉城:景仁文化社,1996年,第495页。

此外,郑斗卿还赞扬了孙武合变之术。尹新之《东溟集序》评价郑斗卿:"记事似司马子长,论事似战国策,乐府似汉魏,歌行似李杜。五七言绝句近体,都不出初盛唐范围。"郑斗卿诗歌《记行述怀,赠北评事朴德一吉应》:"君有不羁才,且读古人书。须当运筹策,合变期孙吴。岂但草一檄,名并阮元瑜。上下同苦乐,士卒方捐躯。吴起破强秦,卒病吮其疽。李牧灭襜褴,飨士军市租。此道今寂寞,怀古堪长吁。兵马李节度,勇略追穰苴。得君为幕宾,英豪正相须。北马习风雪,北俗轻单于。边城多健儿,膂力如罴貙。少小善控弦,气欲射狼弧。苟能得死力,何患东擒胡。一举斩郅支,宁论捕稽且。功成勒燕然,此乃大丈夫。杜预不跨马,班超本是儒。莫学古使君,但载秦罗敷。"从诗歌题名看,这是一首送别诗。诗人夸赞北评事朴吉应有狂放不羁之才,经常阅读古人之书。"须当运筹策,合变期孙吴。"①诗人勉励他一定运用计谋策略,灵活变化如同孙武、吴起一样。不只是起草檄文,名声可与元瑜相提并论。上下只有同甘共苦,士卒才能为国捐躯。吴起击破强秦,是因能为生病士卒吮吸身上的脓包。李牧灭掉匈奴属国襜褴,是因将集市租税用来犒劳将士。这种治军之道,现今已很少见到。想到古代事情,不免长长叹息。兵马节度使李将军勇敢才略可与司马穰苴媲美。作为幕宾,英豪之杰,正相匹配。北边战马习惯大风大雪,北地风俗向来轻视匈奴单于。边地多出勇健男儿,膂力之大,如罴似貙。少年时就善射,他们具有豪壮之气,用弧弓射天狼。假若能得到他们的全力支持,何必担心不能擒捉东胡首领,一举斩杀郅支单于,更不用说捕捉匈奴稽且王。功成之后,勒功名于燕然山,这是大丈夫英雄本色。杜预从不骑马,班超本是儒生,可他们取得功绩却不平凡。不要学习古代使君,一心想载着美女罗敷归来。由上可知,郑斗卿对孙武分合变化用兵之术的赞扬之情。

尹推(1632—1707)赞扬孙武用兵注重谋划。他在《与罗明邮书》中提醒罗明邮,对方正在布署应对之策,日日夜夜思考计谋,如同孙武、吴起用兵一般:"彼之布置应对之策,日夜谋计,有若孙吴之用兵。"②士人议论只讲正道自信,就会暴露自身所受的伤害。如果进呈奏疏,就不可顾及。如有考虑不周之处,就应从容商议,不可有所欠缺。身在官府,一定要与在家时一样,不因贫富而改变。在官府和家中没有繁简区别。从中可知,尹推看重孙武用兵,注重谋划。

---

① 郑斗卿:《东溟集》卷九《记行述怀,赠北评事朴德一吉应》,韩国民族文化推进会:《影印标点韩国文集丛刊》第 100 册,第 478 页。
② 尹推:《农隐先生遗稿》卷三《与罗明邮书》,韩国民族文化推进会:《韩国历代文集丛书》第 3693 册,首尔:景仁文化社,2019 年,第 260 页。

崔锡恒(1654—1724)赞扬孙子用兵。他在《应旨疏》中谈论志向是做万事的根基。虽是匹夫、低贱之士,如果想实现伟大愿望,一定精诚坚守,刻苦努力。如此这样,才能有所成就。比如白圭志向是追求财富,那么就能节制嗜好,节俭饮食,治理产业如同商鞅推行法令,如同孙武、吴起用兵,最终赢得千金之富:"白圭志乎富,则能忍嗜欲节饮食,治产如商鞅行法,如孙吴用兵,故终致千金。"①从中可知,崔锡恒对白圭志向的欣赏,也对孙武用兵表达了赞赏之情。

姜再恒(1689—1756)赞扬孙武用兵高明。他在《三国论上》中评说曹操铲除英雄豪杰,称雄华夏的原因:"夫(曹)操之智计,殊绝于人,其用兵仿佛孙吴。以小击众,转弱为强,因敌制胜,动中机会,此其所以划除豪杰,独雄华夏者也。"②其中,"因敌制胜"出自《孙子·虚实篇》"兵因敌而制胜"。③姜再恒赞扬曹操智谋出众,用兵如同孙武和吴起一样,侧面反映出他对孙武用兵高明的赞扬之情。

尹愭(1741—1826)赞扬孙武用兵因奇正之术而出名。他在《文体之艰易》中评说,善用兵者有奇有正,知奇而不知正,与知正而不知奇,都有过失。王正之旗,堂堂之阵,体现的是上将的气概。有时如雷霆之击,烈火迅猛,使敌国之人丧魂落魄,此是孙武和吴起独占其名的缘故,而李广和程不识只是各占其一:"而有时乎霆击焱迅,神出鬼没,使敌国夺气而褫魄,则此孙吴所以独擅其名,而李广、程不识所以各得其一者也。"④李广只是用奇,程不识只是用正。文体的艰难容易与此并无任何差异。由此可知,尹愭所谓"霆击焱迅",用来形容用兵的猛烈状态,并赞扬孙武用兵善于使用奇正之术。

南公辙(1760—1840)赞扬孙武用兵不拘成法。他在《史圈序》中有三个很特别的比喻:一是将"君王"比作"将帅";二是将"大臣"比作"士卒";三是将"史书"比作"兵法"。诚如其所言:"夫君者,将也。臣者,士也。史者,兵法也。"特地指出孙武和吴起用兵本来不拘泥于现成的兵法:"孙吴用兵,固不泥法。"⑤只有熟悉兵法之人才会心有所得,因此,史书不可不读。

---

① 崔锡恒:《损窝遗稿》卷六《应旨疏》,韩国民族文化推进会:《影印标点韩国文集丛刊》第169册,汉城:景仁文化社,1998年,第440页。
② 姜再恒:《立斋遗稿》卷十四《三国论上》,韩国民族文化推进会:《影印标点韩国文集丛刊》第210册,汉城:景仁文化社,2000年,第248页。
③ 杨丙安:《十一家注孙子校理》,第124页。
④ 尹愭:《无名子集·文稿》册九《文体之艰易》,韩国民族文化推进会:《影印标点韩国文集丛刊》第256册,汉城:景仁文化社,2001年,第374页。
⑤ 南公辙:《金陵集》卷十一《史圈序》,韩国民族文化推进会:《影印标点韩国文集丛刊》第272册,汉城:景仁文化社,2001年,第216页。

如今圣上推崇尧舜圣人"精一"之学,不看好汉唐时功利之说。对经史四库之书加以考证,全部取之雅正。现今为此圈定书之篇目,岂只喜爱这些篇章,将以此传递心中之法,遗留给后代子孙。以三代秦汉兴盛和衰亡加以劝惩,一则用来劝勉缉善仁德;二则用来明确辨别法度本义,国家亿万之年国运将从此书开始。从上可知,南公辙将"史书"比喻为"兵法",赞扬孙武用兵,不拘泥于固定的兵法。

姜玮(1820—1884)赞扬孙武用兵不畏生死。他在《拟三政救弊策》中指出,有百姓说,不守国法之臣依然如旧。不改苛政,只会杀死百姓。饥饿冻馁会死,迎击敌人是死,遭受盘剥是死。既然是死,不如与官员一起死,也绝不与敌人一同战死。姜玮指出,孙武治兵,命令快如风雨,集聚犹如蜂虫,意志坚如铁壁,孙武、吴起用兵可使士兵不惧生死:"其令也疾如风雨,其集也繁如子蜂,其同心也坚如铁壁,所谓'陷之死地',孙吴之兵也。"①引文"疾如风"出自《孙子·军争篇》"其疾如风"②,"陷之死地"出自《孙子·九地篇》"陷之死地然后生"。③ 由此可知,姜玮赞扬孙武用兵能使士卒不畏生死。

韩章锡(1832—1894)赞扬孙武用兵。他在《三观子自序》指出,太上立德,其次立功,其次立言。有德者一定有言,一定有功。用言弘道,不是君子幸运。言说不准确,不是道义原因。道义不明,不是文教原因。文教与道义不流行,就对事情无益。道义无所不存,儒家宗师孔子和孟子,六经文章很鲜明。禹夏商周时代,辅佐君王著名大臣的言语在典籍中有所呈现。管仲、晏婴治理国家,孙武、吴起用兵之术,申不害、商鞅刑名之说,都在当时得到了验证:"虞夏殷周股肱辅拂之臣,其言皆列于典策。下洎管晏之治国,孙吴之用兵,申商之刑名,亦皆试于当世者也。"④由此可知,韩章锡赞扬孙武用兵之术,是因当时就得到了检验。

金允植(1835—1922)赞扬孙武善于用兵。他在《保任》中论述,尧舜以推举贤人为己任,禹以疏通洪水为己任。积极发挥正确的一面,天下事情才可成功。他特别指出,伊挚、孙武、吴起、共倕、孟贲、夏育、师旷、离朱、比干、史鱼、商汤、周武王、桀、纣,各自发扬他们的品德:"伊挚任道,孙吴任兵,共

---

① 姜玮:《古欢堂收草·文稿》卷四《拟三政救弊策》,韩国民族文化推进会:《影印标点韩国文集丛刊》第318册,汉城:景仁文化社,2003年,第528页。
② 杨丙安:《十一家注孙子校理》,第143页。
③ 杨丙安:《十一家注孙子校理》,第261页。
④ 韩章锡:《眉山先生文集》卷七《三观子自序》,韩国民族文化推进会:《韩国历代文集丛书》第2740册,汉城:景仁文化社,1999年,第308页。

倕任巧,贲育任勇,师旷任聪,离朱任明,比干任忠,史鱼任直,汤武任仁,桀纣任暴。"①结果各不相同,发挥好的方面,可实现天下治理。发挥不好的方面,天下出现混乱。其中,金允植提到"孙吴任兵",赞扬孙武和吴起善于用兵。

曹兢燮(1873—1933)赞扬孙武善于作战。他在《答卞縠明》书信中谈道:舜、周文王、孔子、颜渊、伯夷、柳下惠,本是立德。禹、益、伊尹、姜太公,本是立功。皋陶、傅说、子思、孟子,本是立言。孙武、吴起善于作战,申不害、商鞅善于强国,相当于立功:"孙吴之善战,申商之强国,足以当功矣。"②由此可知,曹兢燮颇为赞扬孙武善于作战,立下功勋。

总之,孙武治兵与用兵的才能,离不开一代代文人的颂扬。金泽荣(1850—1927)在《马伯闲五十寿序》中评论,万事万物都有名称,不能自己称呼自己,需要他人传扬,即使伏羲、尧、舜、禹、汤、周文王、周武王、周公、孔子,如果没有典籍,圣人伟大英明的名声要流传也很艰难。孙武、吴起用兵,也需一代代文人雅士加以传扬:"下至孙吴之兵,养叔之射,师旷之乐,唐举之相,扁鹊之医,僚之丸,秋之奕,伯伦之酒之流,亦莫不待一时文人学士以传。"③

值得注意的是,日本文人也以诗歌形式赞颂孙武用兵艺术的绝妙之处。例如,日本江户时代的木下顺庵(1621—1698)有《孙武》一诗:"破楚危齐事可知,初间已觉用心奇。古来尤物倾人国,先为吴王斩宠姬。"④此诗的前一句彰显了孙武在"破楚危齐"之事表现出高明的用兵艺术,后一句倾述了孙武为吴王治国长远考量,杀其心爱之美姬。此外,野田笛浦《小乔读兵书图》一诗,"脂粉染书书亦妍,春窗读到火攻篇。飞红一阵东风急,忆得吾郎烧贼年。"⑤野田笛浦,生平不详,他的诗中所写"火攻篇",是指《孙子兵法》中的"《火攻篇》",是《孙子兵法》十三篇之一。诗人借东吴美女小乔阅读兵书的这一场景,通过追忆郎君周瑜火攻赤壁和火烧曹军的辉煌战绩,从而表达了诗人对孙子火攻战术的称扬。由此观之,古代日本文人与朝鲜文人对孙武用兵艺术的绝妙之处持赞颂的态度,虽然他们的观察视角有所不同,但表现出的欣赏态度并无二致。

---

① 金允植:《云养集》卷十四《保任》,韩国民族文化推进会:《影印标点韩国文集丛刊》第328册,汉城:景仁文化社,2004年,第485页。
② 曹兢燮:《岩栖集》卷十三《答卞縠明》,韩国民族文化推进会:《影印标点韩国文集丛刊》第350册,汉城:景仁文化社,2005年,第190页。
③ 金泽荣:《韶濩堂集·文集》卷四《马伯闲五十寿序》,韩国民族文化推进会:《影印标点韩国文集丛刊》第347册,首尔:景仁文化社,2005年,第268页。
④ 王福祥:《日本汉诗与中国历史人物典故》,北京:外语教学与研究出版社,1997年,第126页。
⑤ 王福祥:《日本汉诗与中国历史人物典故》,第382—883页。

三、孙武才性贬斥

朝鲜王朝时期,孙武的才智和品性并非总是受人仰慕,还一度出现对其才性批判的现象。这种情形主要反映在以下方面。

(一)贬低孙武才智

金安国(1478—1543)贬低孙武用兵能力。金安国,字国卿,号慕斋,义城人。曾任虎贲卫护军、庆尚道观察使兼兵马水军节度使、知中枢府事兼全罗道观察使、兵马水军节度使、兵曹判书等职。柳希春《慕斋先生集序》称赞之:"以理学巨儒,为世名卿。"金安国之诗《卫将所契轴》:"千年兴运属熙平,四域风尘永不惊。方召有声徒咏雅,孙吴无地可筹兵。湖山累赏杯尊滟,禁卫长闲笑语清。感戴圣恩期报效,共凭缣素寓丹诚。"①诗中"方召"是指西周宣王时中兴贤臣"方叔"与"召虎",指代国家的重臣。诗人赞叹,正值太平盛世之际,天下四方安定无事,国家重臣发出歌颂之声。孙武、吴起这样的将帅也无处筹划用兵,只能不停欣赏湖光山水景色。杯中美酒荡漾,禁军轻闲自在,谈笑说话,心中感激圣上恩德,希望有朝一日报效国家,故此借助书画表达自己的一片赤诚之心。诗人所说孙武无处筹划用兵,表明了诗人对孙武无能为力的委婉批评。

申达道(1576—1631)贬低孙武能力。他在《寇退后陈所怀疏》中进言,用一二万骑兵和步兵占据要塞,临近要津,命令两西之地军粮全部储藏在穷山险僻之地。敌人深入之后,在清川进行拦截,使敌人向前不得进攻,向后无可退之路。不过几十天,可使敌人有来无回。可是,边境官员不能及时筹划,竟使君王遭受流离痛苦,百姓惨遭杀害。申达道直言有军队而没有粮食,即使孙武和吴起也不能有所作为:"有兵而无粮,虽孙吴亦不能为。"②申达道所言"孙吴亦不能为",显然是对孙武能力有所贬低。实际上,孙武并非无计可施,《孙子·作战篇》"因粮于敌",③主张从敌人那里获取粮食。

崔鸣吉(1586—1647)贬低孙武用兵才能。崔鸣吉,字子谦,号迟川、沧浪,全州人。任兵曹判书、大提学。他的诗歌《次郑医愁城韵》有言:"灵台有寇最难平,方寸中蟠百雉城。制胜心君思灌酒,倒戈意卒巧乘醒。极知刘

---

① 金安国:《慕斋集》卷八《卫将所契轴》,韩国民族文化推进会:《影印标点韩国文集丛刊》第 20 册,汉城:景仁文化社,1996 年,第 148 页。
② 申达道:《晚悟先生文集》卷三《寇退后陈所怀疏》,韩国民族文化推进会:《韩国历代文集丛书》第 2247 册,汉城:景仁文化社,1997 年,第 344 页。
③ 杨丙安:《十一家注孙子校理》,第 33 页。

阮虚增级,谁信孙吴善用兵。独有西方钤略秘,本来无住亦无生。"①诗人感叹心中若是有敌寇,是最难平定的。心如方丈之城,似乎有百龙盘踞。心神主宰胜利,却想着饮酒。趁着大醉之时,倒戈的念头一下子就产生了。深知刘伶、阮籍虚假地增添首级,有谁会相信孙武、吴起善于用兵。惟独西方用兵方略隐秘,这其实本来就不存在,也不是从来就这样认为。诗句"谁信孙吴善用兵"表达出诗人贬低孙武用兵的心理。

安献征(1600—1674)贬低孙武智谋。他的诗歌《北征诗赠金进士兼呈许明府百六十一韵》有言:"明吉二州牧,肩舆来问吾。绮席促飞觞,时当月魄殂。谯楼响寒柝,戍垒啼饥乌。维天设关防,八面壮城郛。列镇作藩卫,此邦为根株。官俗习尚陋,羌儿气颇粗。山西李飞将,智略迈孙吴。运筹折遐冲,告后有嘉谟。"②诗人以"山西李飞将,智略迈孙吴",勉励金进士学习飞将军李广,努力让自己的智谋超越孙武和吴起。史书记载李广勇敢有余,智谋不足。安献征却声称李广智谋超越孙武,显然使孙武的智谋水平受到贬低。

金锡胄(1634—1684)贬低孙武用兵才能。他在《古文百选序》中阐述,同族文氏兄弟近来从湖南到京师学习,请他抄录古今之文,方便温习。于是,选取秦汉以来至南宋诸家之文,取其精华,共计百篇,罗列篇目,嘱咐他们:"此犹贯塞之骑,苟有善用乎此者,虽仿佛孙吴如魏武者,犹足以褫其魄,而况下于此者乎?虽弱必强,一战而霸,吾且刮目而俟之。"③金锡胄将秦汉南宋名家之文比作"夺塞的骑兵",如果善于使用,即使如同孙武、吴起用兵的魏武帝曹操,依然可使其丧魂落魄,何况其下水平者,更不待言。使与孙武用兵才能不相上下的曹操丧魂落魄,这种书写隐含了对孙武用兵才能的贬低。

成晚征(1659—1711)贬低孙武神明不测才能。他在《别韩仁夫赠言》中评说,曾子之学不过是每日三省吾身,道不可离人而求。观察这种妙用,只在身心与事物之间实现平易快乐简单,用之不竭。曾子之学体现出的神明不测,并非他人可比:"其为神明不测,又非孙吴良平之可比也。"④"孙吴良平"是指孙武、吴起、张良、陈平,在成晚征看来,曾子的神明不测,这些人

---

① 崔鸣吉:《迟川集》卷一《次郑医愁城韵》,韩国民族文化推进会:《影印标点韩国文集丛刊》第89册,汉城:景仁文化社,1996年,第261页。
② 安献征:《鸥浦集》卷三《北征诗赠金进士兼呈许明府百六十一韵》,韩国古典翻译院:《影印标点韩国文集丛刊续》第28册,首尔:古典翻译院,2006年,第509页。
③ 金锡胄:《息庵遗稿》卷八《古文百选序》,韩国民族文化推进会:《影印标点韩国文集丛刊》第145册,汉城:景仁文化社,1997年,第243页。
④ 成晚征:《秋潭集》卷七《别韩仁夫赠言》,韩国古典翻译院:《影印标点韩国文集丛刊续》第52册,首尔:古典翻译院,2008年,第550页。

根本无法与之相比。成晚征痛心自己过去涉猎多种学问,既未从中获得什么,又未从中知晓道理,使他追悔莫及,因此希望韩仁夫扫除杂书,专意学习曾子之学。从成晚征这番言语中,可察觉他对孙武神明不测的质疑。

崔昌大(1669—1720)贬低孙武智谋。他在《陈北路事宜疏》中指出,行营距离豆江,以极短的时间便可接近。而豆江之水宽处可容纳小船,深度不足数仞,浅处骑兵可以涉水。不结冰之时,本来就难以抵御敌人。何况结冰之后,平地可长驱直入。没有任何的藩篱加以阻挡,在极短的时间就可到达。攻击无军之将极其容易,远方军兵不知如何征召,邻近的军镇之将如何救援,即使有孙武、吴起一样的智谋,孟贲、夏育一样的勇敢,只能坐以受缚:"虽智如孙吴,勇如贲育者,唯有坐受缚耳。"①由此可知,崔昌大心目中的孙武,智谋有限,不能应对入侵的敌人。

尹愭(1741—1826)贬低孙武治军能力。《论近世风习》中评论,忠信教育和重禄赏赐可激励士人。我国俸禄多以斛,少以斗,这种情势使得官员不得不接受贿赂,每每从中取利,以此大其屋,美衣食。既然激励士人,使其广开贿赂与请托之门。使其贪污,却斥责贪污。使其贪婪,却斥责贪婪。使其贿赂,却斥责贿赂。尹愭认为,这种坏风气即使孙武和商鞅也不能禁止:"虽孙武、卫鞅,不能禁也。"②孙武一向以治军严明而著称,尹愭此说显然贬低了孙武治军能力。

金泽荣(1850—1927)贬低孙武才能。他在《万国地志序》评议,古代英雄豪杰争夺王霸之业,少则二三个国家,多则不过六七个国家。然而受形势迷惑,疲于应对。竞争的武器不过是弓箭和戈剑,依然有几十万人死亡。现今强国的土地面积大,多有邻国,集合起来如同云雾一样,分散开来如同风雨一般。即使有孙武、吴起、诸葛亮的才干,也难以预测形势和计谋:"虽孙、吴、诸葛之才,难以尽测其形势谋虑。"③而且,竞争的武器是名枪巨炮,摧山倒岳,天翻地覆,比如普法之战,何止死亡数十万人。由此可知,金泽荣认为孙武不能预测现今的形势和计谋,分明是贬低其才能。

(二)批评孙武的品性

金义贞批评孙武缺乏勇敢的精神。金义贞(1495—1547)《斗鸡赋》描

---

① 崔昌大:《昆仑集》卷七《陈北路事宜疏》,韩国民族文化推进会:《影印标点韩国文集丛刊》第183册,汉城:景仁文化社,1999年,第128页。
② 尹愭:《无名子集》册十《论近世风习》,韩国民族文化推进会:《影印标点韩国文集丛刊》第256册,汉城:景仁文化社,2001年,第419页。
③ 金泽荣:《韶濩堂集·文集》卷二《万国地志序》,韩国民族文化推进会:《影印标点韩国文集丛刊》第347册,首尔:景仁文化社,2005年,第247页。

写:"迫吴越之双角,哄邹鲁之战声。酣秦楚于荆南之战,困刘项于荥阳之兵。当此之时,苏秦何暇约其从,张仪何暇合其衡。仲连何暇却秦军,公子何暇救赵急。孙吴却其勇,乌获羞其力。"①此文赋描写斗鸡场面异常激烈,犹如吴越之战、邹鲁之战、秦楚之战、刘项之战的场面。此时此刻,苏秦来不及合纵,张仪顾不上连横,鲁仲连无暇使秦军退却,魏公子不能救援赵国,孙武和吴起丧失勇敢的精神,大力士乌获对自身力量感到羞愧。

李植(1584—1647)批评孙武狙诈。他在《送闵方伯士尚按关西序》中评说,士人崇尚治国,善治民众。如能治理民众,一定使之统兵。李植举例,齐国管仲寓兵于农,秦国商鞅以耕为战。以至于孙武、吴起狙诈用兵,首先讲究保民和亲民,霸主如此,何况王者之师:"管仲以农寓兵,商君以耕先战,以至孙吴狙诈之兵,莫不先之以保民亲民之说。伯者尚然,况于王师。"②李植所言"孙吴狙诈之兵",显然是对孙武狙诈用兵的批评。

许穆(1595—1682)批评孙武残酷。他在《谈评》中评论,战国之时诸侯王竞相礼贤下士,如说客淳于髡、江乙、希写、齐貌辩、顿弱皆受到诸侯王礼遇。薛烛、风胡二人,以剑侠而闻名诸侯。许穆对司马穰苴、吴起、孙武、尉缭用兵大加挞伐,批评他们杀人盈野,使天下大乱:"用兵,穰苴、吴起、孙武、尉缭,杀人盈野,天下乱矣。"③从中可见,许穆批评孙武用兵残酷,使天下混乱。

金榦(1646—1732)批评孙武权谋之说是邪说。他在《中庸序》中发表看法,异端之说日新月益。蔡清认为,曾经尚文,孟子去世后失其传,出现异端。金榦对此表示质疑。许氏兼通杨、墨之说,恐怕不是如此。由于在孟子时代杨、墨之说不再流行,只有荀子、杨朱的性恶、善恶混之说,庄生、列御寇的虚诞之说,申不害、韩非的刑名之说,包括鬼谷子、孙武、吴起的权谋之说,以及秦汉年间迂腐怪诞之士的神仙炼丹之说:"鬼谷、孙吴权谋之说,秦汉间迂怪之士、神仙黄白之说。"④金榦指出凡是蛊惑民众,不是圣人道统的学说,统统都是异端:"凡一切惑世诬民,非圣人之道而别为一端者皆是也。"由此可见,在金榦眼中,孙武权谋之说是异端邪说,应受到批判。

---

① 金义贞:《潜庵逸稿》卷一《斗鸡赋》,韩国民族文化推进会:《影印标点韩国文集丛刊》第26册,汉城:景仁文化社,1996年,第371页。
② 李植:《泽堂集》卷九《送闵方伯士尚按关西序》,韩国民族文化推进会:《影印标点韩国文集丛刊》第88册,汉城:景仁文化社,1996年,第150页。
③ 许穆:《记言》卷一《上篇·学·谈评》,韩国民族文化推进会:《影印标点韩国文集丛刊》第98册,汉城:景仁文化社,1996年,第31页。
④ 金榦:《厚斋集》卷三十一《中庸序》,韩国民族文化推进会:《影印标点韩国文集丛刊》第155册,汉城:景仁文化社,1997年,第572页。

李溆(1662—1723)批评孙武"颇僻诡邪"。他在《论老子兼论庄子》中评说,凡中正平常之道,属阳。凡颇僻诡邪之道,属阴。仁义礼乐,属阳。杂霸权数,属阴。因此,伏羲、炎帝、黄帝、尧、舜、禹、汤、周文王、周武王、周公、孔子、颜渊、曾子、子思、孟子、周敦颐、程颢、张载、朱熹之道,属阳。而孙武和吴起在内的诸家之学,为阴:"老佛、鬼谷、孙吴、管商、申韩、庄列、黄石、马迁及诸人之学,阴也。"而且,阳是以德取人,阴是以能取人。"取人以德,阳也。取人以能,阴也。"①由此可知,李溆批评,孙武才学属阴,是"颇僻诡邪"之道。

李德寿(1673—1744)批评孙武诡变出奇。他在《颂己赋》中倾诉:"谩役志而弊神,文固所以载道兮。谅有德则有言,既余悔之已晚兮。庶今后而反之,湔华藻之旧习兮。求大中之所宜,百家杂然而并进兮。信亡羊之多歧,申韩挟其刑名兮。孙吴骋其谲奇,彼兼爱与为我兮。匪大道之攸存,道自然而为教兮。"②赋文强调文以载道之义,后悔自己为志向驱使。百家之学,混杂所学。李德寿特别提及"孙吴骋其谲奇",批评孙武、吴起诡变出奇,不弘扬大道,不取法自然。

尹衡老(1702—1782)批评孙武谲诈害民。尹衡老《先进》提及,孔子曰:"子路使民,后世之管商。"尹衡老对之评说:"按子路使民,以向义为言,非若孙吴之以谲诈陷民。"③尹衡老认为,子路治理民众,使其崇尚仁义,不同于孙武和吴起谲诈害民。

徐命瑞(1711—1795)批评孙武之学是洪水猛兽。他在《学约总图》中评说,老子最接近儒家,几乎近于上智,暗藏机关。弊端是发展出法家、名家的刻薄和求实。佛道把知觉作为感性,去除外部引诱为体悟,于是发展为绝弃人伦的教旨。老子近乎杨朱之为我,佛家近乎墨子之兼爱。许行综合老佛、杨墨、刑名,依托于儒家。九流中的三大流派胜于洪水猛兽:"九流即管商、孙吴、杨墨也,三氏最甚于洪水猛兽矣。"④由此说来,徐命瑞将孙武之学视为洪水猛兽。

沈定镇(1725—1786)批评孙武之学是异端。他在《勉从侄健永说》中

---

① 李溆:《弘道遗稿》卷八《论老子兼论庄子》,韩国古典翻译院:《影印标点韩国文集丛刊续》第54册,首尔:古典翻译院,2008年,第280页。
② 李德寿:《西堂私载》卷四《颂己赋》,韩国民族文化推进会:《影印标点韩国文集丛刊》第186册,汉城:景仁文化社,1999年,第266页。
③ 尹衡:《戒惧庵集》卷六《论语·先进》,韩国民族文化推进会:《韩国历代文集丛书》第3673册,首尔:景仁文化社,2019年,第157页。
④ 徐命瑞:《晚翁集》卷三《学约总图》,韩国民族文化推进会:《韩国历代文集丛书》第3899册,首尔:景仁文化社,2019年,第579页。

指出,侄儿有高尚品德,早年立志学习治国之道,似有所得。后来分别数年,开始迷恋仙家、佛家、兵家、卜筮之术。沈定镇劝他说:"夫兵家卜筮术而已,呼啸风云如孙吴。知来覆射如京房、郭璞,未足道也。岂如圣人所谓师与卜哉!"①学习兵家与占卜之术,叱咤风云,如同孙武、吴起一样。学习射覆,如同京房、郭璞一样,都不值得称道。在他看来,学习异端之学,不仅无益于心,而且会丧身破家:"攻乎异端者,非徒无益于心,小则灾夫身,大则亡其家,必然之理也,可不惧哉!"如因奇异而有所为,那么圣人早已率先垂范:"若以其异焉者为可为,则圣人当先之矣。"由此可知,沈定镇对孙武之学的严厉批判。

正祖(1752—1800)批评孙武权谋之说。正祖在《中庸序》指出,自从仁义之道失传,怪异之学喧嚣已久。申不害、韩非的功利之说,孙武、吴起的权谋之学,庄子、列子的虚无之说,邹衍、张仪的纵横之学,以及神仙方士的炼丹之说,都是离经叛道之说:"申韩之功利,孙吴之权谋,庄列之谬悠诞诡,衍仪之纵横捭阖。以至方士迂诞之说,神仙黄白之术,安往非害道畔经之论?"②由此可知,正祖对孙武权谋之说的批评之声。

洪奭周(1774—1842)批评孙武崇尚权术。他在《公谷合选序》中阐述,先秦典籍保存至今,寥寥可数。庄子和列子驰骋于虚无,管仲和商鞅专意于功利,申不害和韩非研究刑名,孙武和吴起崇尚权谋,荀卿多辩驳,吕览近乎诬陷,这些都不合乎先王之道,只有《三传》可佐助圣人经典。值得注意的是,洪奭周批评"孙吴尚权谋",③不合乎先王仁义之道。此外,洪奭周《订老》记述,吴幼清曾言:老子说"反者,道之动",故其所为大概与人之所见相反,而使人不可测知,因此,借八个相反之说来隐喻,最终归宿是"柔胜刚,弱胜强"六个字。有人学习孙武、吴起之说,使用权术,陷人于死地:"孙吴之徒,用其权术,陷人于死。"④他人不能不对之有所评议,认为都是源于老子之意。这种立说不能说是没有弊病,因此而受启发。因其言而又疑其心,有些过分。洪奭周认为,老子出生在春秋后期,厌倦天下争夺祸患,因而立言皆忠厚、谦卑、恬淡、寡欲,并不是真想以阴谋胜人。从考评之语来看,孙武

---

① 沈定镇:《霁轩集》卷三《勉从侄健永说》,韩国古典翻译院:《影印标点韩国文集丛刊续》第89册,首尔:古典翻译院,2009年,第64—65页。
② 正祖:《弘斋全书》卷八十二《经史讲义》十九《中庸序》,韩国民族文化推进会:《影印标点韩国文集丛刊》第264册,汉城:景仁文化社,2001年,第210页。
③ 洪奭周:《渊泉集》卷十八《公谷合选序》,韩国民族文化推进会:《影印标点韩国文集丛刊》第293册,汉城:景仁文化社,2002年,第392页。
④ 洪奭周:《渊泉集》卷四十《订老》,韩国民族文化推进会:《影印标点韩国文集丛刊》第294册,第176页。

的权术备受批评。

李恒老(1792—1868)批评孙武尚功利。他在《答崔用九》书信中指出,左丘明误记孔子之言:"陈恒弑君,民之不与者半。以鲁之众,加齐之半,可克也。"李恒老认为,此说不能体现堂堂正正讨伐贼人之义,反而算是孙武、吴起、苏秦、张仪的功利之计:"果如此言,则此非正名讨贼之堂堂大义,而反作算功谋利之琐琐私计,是不过孙吴苏张之为耳。"①孔子在沐浴后请求讨伐陈恒这一举动,并不是为了个人名声。只知声讨之义,而不知处事之方,未免是有暴虎冯河之勇,而不是慎战谋成之道。从中可见,李恒老眼中,孙武之术是功利之术,受人轻视。

李震相(1818—1886)批评孙子攻战之说。他在《祀忧生易言辨》中评论,战国末期功利之说日益兴盛,李悝田利之说,白圭水利之说,孙武、吴起攻战之说,苏秦、张仪纵横之说,申不害、韩非刑名之说,都认为可创立不朽的功业:"李悝以土利,白圭以水利,孙吴以战伐,仪秦以从横,申韩以刑名,皆以为可致不世之功业。"②孟子独自主张仁义之说,排斥宋牼弃利之说,鄙视管仲的功利之说。而孟子学说不能流行,于是天下大乱,这些国家最终被秦所灭。从中可见,李震相对孟子之说的赞誉,对孙武攻战之说的批评。

郭钟锡(1846—1919)批评孙武欺骗诱惑。他在《上寒州李先生》书表中指出,学习孙武、吴起之说,跟着欺骗和诱惑,用奇正权变之术扰乱社会,以纵横阖捭之术引诱:"而孙吴辈从而诳诱,挠之以奇正之权,引之以阖捭之机。"③这种愚蠢迷茫的见识,不去考虑是非曲直,不顾现实,欢欣鼓舞而追随。他批评自己许多年来被这种学说蒙蔽,神疲气馁,像在睡梦中为山鬼所迷惑,一边呻吟,一边说梦话,猛然回过头来。显而易见,郭钟锡对孙武学说有成见,批评孙武之说欺骗诱惑。

李南珪(1855—1907)批评孙武权变之术。他在《书增解孙武子后》中评说,戴溪评论孙武之说,权谋超过仁义。他甚至援引孔子之说进行辩驳,此虽说不是后世权谋之"权",但对于临事处变是一样的。孔子所说的"权",随时适宜,得经典要妙,合乎于道,圣人不得已使用。孙武所讲的"权",是借"权"的名义,施展个人智慧,违背经典,违反道义:"孙子之权,借

---

① 李恒老:《华西集》卷六《答崔用九》,韩国民族文化推进会:《影印标点韩国文集丛刊》第304册,汉城:景仁文化社,2003年,第178页。
② 李震相:《寒洲集》卷三十一《祀忧生易言辨》,韩国民族文化推进会:《影印标点韩国文集丛刊》第318册,汉城:景仁文化社,2003年,第140页。
③ 郭钟锡:《俛宇集》卷十《上寒州李先生》,韩国民族文化推进会:《影印标点韩国文集丛刊》第340册,汉城:景仁文化社,2004年,第227页。

权之名,以骋私智,反于经而离于道。"①与圣人之"权"相比,孙武之"权"截然不同。由此可知,李南珪批评孙武之权变,认为它的本质是离经叛道。

朝鲜王朝社会人士贬低孙武才性的极端表现是,视孙武为"懦夫"和"懦将",其说主要有两位代表人士。

朴祥(1474—1530)视孙武为"懦夫"。他的诗歌《李陵送苏子卿还汉七言排律三十韵庭试魁》有云:"陵也于人已矣乎,请摅冤郁达皇都。微才早负排穿柳,壮志元矜小弃繻。弓马本期夷猃虏,箕裘那肯忝前图。登坛魏阙承铁钺,极目阴山抚辘轳。初指浚稽吹战角,直捣姑衍引威弧。同行卫霍皆骁帅,眇视孙吴是懦夫。驱策健儿齐踊跃,奔披骄子夺枝梧。安知命薄仍奇数,忽到功隳失献俘。"诗人以李陵送别苏武归汉为背景,倾诉李陵作为将帅的命运有巨大的转折。由战功赫赫转变为失败被俘者。诗句"同行卫霍皆骁帅,眇视孙吴是懦夫",②描写与李陵一同出征的卫青、霍去病是骁勇的将帅,他们轻视孙武、吴起,认为孙武、吴起是懦夫。自然而然,朴祥塑造孙武为"懦夫"。

申纬(1769—1845)视孙武为"懦将"。他的诗歌《次韵戴君天翁紫霞墨竹歌》有言:"紫霞高才雄一世,万钟千驷看如云。书画逼古俱妙悟,独于墨竹逾七分。从古万物归绘素,墨竹善画曾未闻。宋有文同以能鸣,子瞻神笔几夺真。荃花偃松俱下风,唯有二子墨竹奇绝可位神。子昂李衎何足道,紫霞墨竹今见亲。体不胜衣把椽笔,挥洒胸中之成竹。观者堵立惊四邻,既能画又能书。诗则胜于书与画,不意天壤之间有此人。握豪濡墨若有鬼物相,疾风暴雨,翥凤奔虎迭相向。孙吴不敢试韬略,贲育亦为失倔强。"③诗人赞扬戴天翁的书法和绘画水平一流,绘画墨竹,堪称一绝,作诗非同凡响。戴天翁绘画时神采飞扬,挥毫泼墨,犹如盘旋飞舞的凤凰和飞奔的猛虎,相向而来,甚至孙武、吴起也不敢使用韬略,孟贲和夏育也失去了刚强勇气。诗人分明把孙武塑造成了"懦将"。

值得注意的是,朴祥塑造孙武为"懦夫",以及申纬塑造孙武为"懦将",这种写法并非凭空捏造,而是有所凭借。孙武的兵书《孙子兵法》毫不讳言逃跑,主张形势不利条件下可以"逃"和"避",从而保存自己的实

---

① 李南珪:《修堂遗集》册七《书增解孙武子后》,韩国民族文化推进会:《影印标点韩国文集丛刊》第 349 册,首尔:景仁文化社,2005 年,第 523 页。
② 朴祥:《讷斋集》卷七《李陵送苏子卿还汉七言排律三十韵庭试魁》,韩国民族文化推进会:《影印标点韩国文集丛刊》第 18 册,汉城:景仁文化社,1996 年,第 532 页。
③ 申纬:《警修堂全稿》册二十七《覆瓿集四·次韵戴君天翁紫霞墨竹歌》,韩国民族文化推进会:《影印标点韩国文集丛刊》第 291 册,汉城:景仁文化社,2002 年,第 592 页。

力。《孙子·谋攻篇》有言:"用兵之法:十则围之,五则攻之,倍则分之,敌则能战之,少则能逃之,不若则能避之。"①在儒家士人看来,"逃"和"避"是可耻的行为,是懦夫行为。而在孙武的眼中,首先考虑的是利害,不是伦理道德。

---

① 杨丙安:《十一家注孙子校理》,第52—55页。

第二章　朝鲜王朝孙子兵学传播

第一节　孙子兵学传播版本类型

孙子兵学对朝鲜王朝社会影响深远,而孙子兵学文献版本的传播对之推动功不可没。目前,学界对朝鲜王朝孙子兵学文献版本问题有所关注,主要成果有吴九龙《韩国李氏王朝铜活字本十一家注孙子探微》、苏桂亮《国外〈孙子兵法〉文献之研究》,以及吴如嵩、苏桂亮主编的《孙子兵学大辞典》,这些成果对朝鲜王朝时期孙子兵学传播的特定版本、若干版本及其产生时间作出考证。① 学界对朝鲜王朝孙子兵学传播文献版本虽有梳理,但未从官方版本、私家版本、外来版本分类研究。此外,域外汉籍《韩国文集丛刊》和《韩国历代文集丛书》的整理与出版,为研究朝鲜王朝孙子兵学传播的文献版本提供了新资料。因此,有必要从版本分类和新资料出发,重新对之梳理,使其分类更清晰,内容更丰富。

一、官方版本

1.《孙子注解》校正本。金安国(1478—1543)《南原君神道碑铭》记载,梁诚之"校进《医方类聚》《孙子注解》等书"。② 梁诚之(1415—1482)官至大提学。那么,梁氏何时校正《孙子注解》?《南原君政案》记述,庚辰(1460)正月,(梁诚之)进嘉善大夫。未几,同知春秋馆。"是月,校正《孙子注解》"。③ 由此可

---

① 吴九龙:《韩国李氏王朝铜活字本十一家注孙子探微》,中国孙子兵法研究会编:《孙子兵法与和谐世界:第八届孙子兵法国际研讨会论文集》,第411—415页。苏桂亮:《国外〈孙子兵法〉文献之研究》,中国孙子兵法研究会编:《孙子兵法与和谐世界:第八届孙子兵法国际研讨会论文集》,第416—430页。吴如嵩、苏桂亮主编:《孙子兵学大辞典》,第763页。
② 梁诚之:《讷斋集》卷六《南原君神道碑铭》,韩国民族文化推进会:《影印标点韩国文集丛刊》第9册,汉城:景仁文化社,1996年,第376页。
③ 梁诚之:《讷斋集》卷六《南原君政案》,韩国民族文化推进会:《影印标点韩国文集丛刊》第9册,第363页。

知,梁诚之校正《孙子注解》是在 1460 年。而梁诚之《遗事》记载时间更为具体:"庚辰二月,(世祖)命宋处宽、梁诚之等,校正《孙子注解》。"①梁诚之校正《孙子注解》是在庚辰(1460)二月,接受世祖(1417—1468)李瑈之命,宋处宽、梁诚之对原有《孙子注解》本进行校正,于是诞生了《孙子注解》校正本。

2.《孙吴兵法》本。许穆(1595—1682)《清士列传·金时习》记述,学士崔致云称赞金时习(1435—1493)"奇才",为之起名。鲁陵王退位后,金时习焚烧书籍,逃亡而去,避身寺庙。金时习早得大名,遭遇变故,逃世绝俗,佯狂自隐。他曾自述:"十三,通经史百家,磊落慷慨。十九,学《孙吴兵法》。"②金时习曾研习《孙吴兵法》,这个版本是官方通行《孙子兵法》版本。

3.《救难玄机》本。李玄锡(1647—1703)曾熟读《救难玄机》中的《孙子兵法》。李玄锡,字夏瑞,号游斋,全州人。《论诚斋易传疏》记述,他儿时从岭南之书见到了《经济大成》之书,想必一定记载经世致用之学,于是搜集所列书目阅读。其一,是邵康节《皇极经世》。其二,是宋儒杨万里《诚斋易传》。其三,是真德秀《大学衍义》。其四,是明儒臣丘濬《大学衍义补》。其五,是元名儒马端临《文献通考》。其六至其八,是明儒臣唐顺之《荆川稗编》《左编》《右编》。其九,是"《救难玄机》者,亦集古兵家书,如黄石公《素书》、孙武子书、诸葛亮《心书》、宋人许洞所著《虎钤经》、皇明名将戚继光所编《练兵实纪》。凡五书,而合成一帙,名之以《救乱玄机》者也。凡此诸书,具在玉署,故臣得以逐编熟观"。③ 其中,"孙武子书"即《孙子兵法》。由此可知,《救难玄机》一书是古兵书合辑本,是由《素书》《孙子兵法》《心书》《虎钤经》《练兵实纪》构成,此书收藏官署。李玄锡曾逐一阅读,直到熟悉为止。

4.《孙武子》本。这一版本信息来自丁若镛一首诗歌。丁若镛《读孙武子》一诗有言:"人生如远客,终岁在路歧。六经本可乐,九流思遍窥。慷慨读兵书,万古期一驰。此意良已淫,掩卷一长噫。豪士不可近,恐以我为资。庸人不可近,恐以我为师。超然得孤迈,庶慰我所思。天地无常设,道德无常尊。运化微且徐,谁能察其源。神龙奋其首,泇泽愁鲲鲕。百鬼骋中馗,

---

① 梁诚之:《讷斋集》卷六《遗事》,韩国民族文化推进会:《影印标点韩国文集丛刊》第9册,第379页。
② 许穆:《记言》卷十一《清士列传·金时习》,韩国民族文化推进会:《影印标点韩国文集丛刊》第98册,汉城:景仁文化社,1996年,第72页。
③ 李玄锡:《游斋集》卷十三《论诚斋易传疏》,韩国民族文化推进会:《影印标点韩国文集丛刊》第156册,汉城:景仁文化社,1997年,第493—494页。

溟渤生朝暾。理然时有诎,恐汝离寨屯。安心履名教,此乐何可言。"①诗歌题名表明诗人所读兵书是《孙武子》,即《孙子兵法》。诗句"慷慨读兵书,万古期一驰"反映出诗人胸怀壮志,热情学习《孙子兵法》,准备在疆场上大显身手。

二、私家版本

1.《孙子兵法》净本。安重观(1683—1752)《孙子十三篇去注序》叙述,学习经史之余,涉猎兵家之书,考评兵书优劣。他指出,现今大多数人推崇《武经七书》。《六韬》《三略》虽说姜太公创作,但"其言鄙诈,要非佐王之道"。《司马法》《尉缭子》《吴子兵法》"间亦多伪,未必一出于其人"。《李卫公问对》是北宋进士阮逸假托之作。总之,此六部兵书总是存在这样或那样的问题。惟独对《孙子兵法》情有独钟,反复参证,认定此书出自孙武的手笔:"反复参伍,观其为术独至,修辞古奇,决知其自(孙)武出而有不可诬者矣。"从中可见,安重观对孙武创作《孙子兵法》坚信不疑,评价孙武是"战国之雄。而其论兵之要,不过曰诡道而已,则是固仁义之所羞而制节之所讳也。"②认为孙武是战国时代英雄豪杰,其兵学核心思想是"诡道",此是仁义之士羞耻和忌讳的。并阐明《孙子兵法》把用兵灵活变化发挥到极致,习兵法者都应以之为师。孙膑、韩信、赵充国、诸葛亮援引兵法之言基本上出自《孙子兵法》。天下人尊奉曹操对《孙子兵法》的注解,其实是盲目推崇。他分析,曹操注解《孙子兵法》极其简略,不愿尽力,另撰《新书》。这分明是奸雄曹操想表现个人智慧和见识,担心被孙武掠美。此后,杜牧、梅尧臣等众多注家,自认为阐释《孙子兵法》很清楚。

安重观又指出,曹操用兵之术与孙武相仿佛,注解虽简略,但绝非一般文人可与之比肩。他叹息,朝鲜居于偏僻之地,迄今未见到曹操《孙子略解》。在他眼中,《孙子兵法》旨义可做到融会贯通,根本不必诸家阐发。诸家注说中曹操注解最有价值,却不能全部彰显其才华,而其他各家之说实属多余。因而,决定删除各家注解,只保留《孙子兵法》原文,便于阅读:"余故净写十三篇,绌去诸注,合为一册,以便观览。"他喜爱孙武兵书真实可信,将兵家变化之术阐发到极致:"盖亦喜其书之独真,而要以尽兵家之

---

① 丁若镛:《与犹堂全书·一集》卷一《读孙武子》,韩国民族文化推进会:《影印标点韩国文集丛刊》第281册,汉城:景仁文化社,2002年,第15页。
② 安重观:《悔窝集》卷四《孙子十三篇去注序》,韩国古典翻译院:《影印标点韩国文集丛刊续》第65册,首尔:古典翻译院,2008年,第320页。

变已也。"①从版本学考察,去除各家注解的《孙子兵法》,自然属于"净本"。何谓"净本"？净本是指誊写清楚的定本。安重观全部剔除《孙子兵法》注家之说,只保留《孙子兵法》原文,这样阅读《孙子兵法》,就不受诸家之说干扰,便于领会《孙子兵法》真义,经安重观之手,产生了《孙子兵法》净本。

2. 《孙武子精选》本。李种徽《孙武子精选序》指出,治兵是先王安定天下法术,不可用来威慑和炫耀。善谈兵者的宗旨是不战而胜,自从司马穰苴、尉缭子、吴起出世,皆是如此。孙武之言:"善用兵者,屈人之兵而非战,拔人之城而非攻。"又曰:"见胜不过众人之所知,非善之善者也。战胜而天下曰善,非善之善者也。""善战者之胜也,无智名,无勇功。"前者出自《孙子·谋攻篇》"善用兵者,屈人之兵而非战也,拔人之城而非攻也。"②后者出自《孙子·形篇》"见胜不过众人之所知,非善之善者也;战胜而天下曰善,非善之善者也。"③"善战者之胜也,无智名,无勇功。"④李种徽赞扬孙武不战而胜思想是最好的,此表现往往不为人知晓,可以说是孙武完全掌握了不战而胜之术。他警示,世上自负其才学者,往往凭借果敢之气,私下阅读《孙子兵法》,便想有朝一日应用孙武之术,等待天下大乱,这种心机颇为不善。此种人对孙武用兵之术探赜钩深,莫不是出于计谋、诡诈、倾轧之意,读之于口,熟记在心,自然与之同化。秦汉以来,号称名将者,很少以功名善终,这是因为不能深入领悟《孙子兵法》,只是泛泛学习而已。

李种徽援引唐代将军侯君集学习兵法佐证。侯希望李靖将用兵奇妙之术传授给他,李靖认为此人必将反叛。后来,侯君集果然死于叛乱。由此可知,奸诈小人不可能掌握《孙子兵法》,而只追求所谓的"智名"和"勇功",未尝不覆灭国家,自身遭遇祸难。李种徽早年喜欢兵家之书,对《孙子兵法》十三篇有删节。"余少喜观兵家书,于《孙子》尤喜其文简而意切,法奇而理正。抄其切要为一卷,而篇章句读,皆有删节,以便考阅焉。"⑤删节《孙子兵法》,保留最关键内容,方便参考阅读。李种徽感慨,圣人用兵出于万不得已。太平无事之时,就要对兵法有所讲读、琢磨、研究,以备不时之需,这是圣人的本意。现今阅读孙武兵书,虽说千变万化,但宗旨却不能超出这一限度。身为统帅不必计较"智名"和"勇功",不战而胜可使天下人从心理上臣

---

① 安重观:《悔窝集》卷四《孙子十三篇去注序》,韩国古典翻译院:《影印标点韩国文集丛刊续》第65册,第321页。
② 杨丙安:《十一家注孙子校理》,第50—51页。
③ 杨丙安:《十一家注孙子校理》,第73页。
④ 杨丙安:《十一家注孙子校理》,第74页。
⑤ 李种徽:《修山集》卷二《孙武子精选序》,韩国民族文化推进会:《影印标点韩国文集丛刊》第247册,汉城:景仁文化社,2001年,第307页。

服,这是上将既定的谋略。阅读《孙武子精选》,不可不知。李种徽通过删节《孙子兵法》,编定了《孙武子精选》。

3.《孙武子》写本。这一版本信息来自任天常《孙武子写本跋》。任天常(1754—?),字玄道,号穷悟,丰川人。《孙武子写本跋》对兵事先以设问,后以反问方式回答:一是"天下无兵可乎?不可也"。二是"不可则不知兵,其可乎不乎?"专门批评"治世无所用兵,儒者不言兵"的言论,反复质问。例如,一是"管蔡之乱,何起乎成周?"二是"夹谷之会,何事乎武备?"三是"诸葛何用乎八阵?而祁山之师,四出五出六出,又何为也?"四是"使天下而无兵革之事则已,不幸而有之,则举天下不知兵,其将属之谁乎?"五是"将扫境内之众,属诸一武勇之徒而已乎?"他断言,天下不得不用兵,士人也不可不知兵。古代论兵闻名天下者共有十多家,阅读这些兵书发现,有的是伪说,杂乱无序;有的是空言,不切实际。只有孙武、吴起兵书文辞古拙,而孙武兵书简洁和完备超越了吴起:"余于读经史之暇,置几上而展阅之,或赝而杂,或徒言而不可用。惟孙子武、吴子起,其为文古,而其言简而备,而武又雄于起者也。"①在任天常心目中,孙武用兵之术虽不足与仁义之兵相比,但其"奇权密机,出入神鬼,用是而战,可无敌于天下",此是孙武破楚入郢的原因。太平之世谈论用兵,被视为好事之徒。可是,有朝一日,天下变乱,有谁愿意冒此名声有所作为?他用生活之理比喻:孝子侍奉父母,凡是平时所需的,无所不备。即使药石之类,也要预先准备好,这不是因为父母生病,而是因为孝子迫切的爱惧之心,考虑事情非常周到,想尽一切办法侍奉父母。他对此精辟总结:"孝子不可以不知医,志士不可以不知兵。"然而,用兵之事本来并不轻易,汉武帝轻易用兵而天下疲弊,赵括轻易用兵而三军被坑杀。因而,孙武说:"不尽知用兵之害者,不能尽知用兵之利。"此句出自《孙子·作战篇》,强调统兵者应知晓用兵的利与害。任天常对此悲叹,难道用兵之事可以轻易视之吗?任天常《孙武子写本跋》对用兵高度重视,但并未说《孙武子写本》就是自己的作品。

值得注意的是,安锡徽提及安锡任曾手写《孙子兵法》。安锡徽(1718—1774),字叔华,号雪桥、完阳、卓异,顺兴人。《书季华手写孙武书后》指出:"爱奇好壮,已是用兵之大忌。"考察《周易》,以水喻兵,用兵打仗不是确定不变,为何相信故纸堆所说的胜败之理。在安锡徽眼中,诗人喜欢兵学,但不可应用。睥睨长风飞云、歌咏大好山河则可。季华不仅喜欢作

---

① 任天常:《穷悟集》卷六《孙武子写本跋》,韩国古典翻译院:《影印标点韩国文集丛刊续》第103册,汉城:古典翻译院,2000年,第340页。

诗，而且喜欢论兵。手抄《孙子兵法》，常常带在身边。"吾弟季华好读书，年少有诗声，近好为兵谈，手写孙武书。"①安锡儆所言"吾弟季华"，就是安锡任。这从丁范祖诗歌《宿横邑次安季华赠韵》注解可知晓，季华是其字，锡任是其名。安锡儆指出，以他人观察安锡任，不经意间表现出诗人的气度，谈兵与杜牧、梅尧臣并未有何不同，诗歌淡荡有逸气，如烟洲月渚，如春水方长。安锡任亲手抄写《孙子兵法》，就是《孙子兵法》写本。何谓写本？写本是指成书时按照手写形式流传的古籍，由于其既不是刻本、活字本，也不是稿本，依据其他的版本录写的抄本，称之为写本。

4.《孙子精言》本。韩章锡《散书目录》记载："《诸子精言》七卷，选诸子文最粹而不背于道者，各有小跋以系之。今佚不传，只存跋三十四篇。"②值得注意的是，《诸子精言》包含《孙子精言》，此是从遗存的《诸子精言跋》得到的信息。洪奭周(1774—1842)，字成伯，号渊泉，丰山人。他在《孙子精言跋》中述说，作为一介书生，原本并不学习兵家之说，曾听说并记住《司马法》"军容不入国，国容不入军"言辞。但认为"国容"有时可以进入军中，比如轻裘缓带、雅歌投壶之举。而"军容"绝对不可进入国中，盛气凌人，只争胜负，庙堂之上讨论用兵打仗行动，是多么不吉利。但不得不承认孙武兵家地位之高、影响力之大："孙武子世所称兵家之祖。"两千年以来，"良将策士，得其只字，无不奉为圭臬"。他特意提到最为欣赏《孙子兵法》的一句话："余独爱其一言曰：'善战者之胜也，无智名，无勇功。'"此言原本出自《孙子·形篇》。③ 大意是说，善战者的胜利没有智慧的名声，没有勇敢的功勋。他警示世人正视兵家之说的危害性。自古以来，被称为智慧之士的那些人祸国殃身，未尝不是起始于追求功名的想法，孙武这一认识岂是战国时代那些人所能相比？使人钦佩的是，孙武能得志于伍子胥、文种、范蠡、伯嚭生活的时代，超然于外，脱离祸患，确实是有一定原因的。最后，洪奭周谦虚地说，不懂兵家之学，只是选取了前人极力称赞的孙武之言，把这些经典名句置于诸子中："余既不习兵家语，姑掇其盛称于前志者，得若干言以班于诸子之间。"④因而，有了《孙子精言》本。这一版本只是摘录《孙子兵法》一些经典名句，将其汇集在一起，实质上是孙武的语录本。

---

① 安锡儆：《雪桥集》卷五《书季华手写孙武书后》，韩国民族文化推进会：《影印标点韩国文集丛刊》第233册，汉城：景仁文化社，2001年，第520页。
② 韩章锡：《散书目录》，洪奭周：《渊泉集》，韩国民族文化推进会：《影印标点韩国文集丛刊》第293册，汉城：景仁文化社，2002年，第6页。
③ 杨丙安：《十一家注孙子校理》，第74页。
④ 洪奭周：《渊泉集》卷二十一《诸子精言跋》，韩国民族文化推进会：《影印标点韩国文集丛刊》第293册，第475页。

5.《孙武子注》本。姜玮(1820—1884),又名姜性澔、姜浩,字韦玉、仲武,号古欢堂、秋琴子,晋州人。姜尧善《古欢堂收草·跋》记述,姜玮先生因经术和文章闻名京师,游览极广,曾远到中国上海。交游亦广,年迈之时,姜尧善和同道一起为他编定著书。姜玮撰有《古欢堂诗文》若干卷及《三政策》一卷。"他如《经纬合璧》《孙武子注》等书,道之明晦,兵之吉凶,关楗甚重,先君子精神所寓,实在于是。"①姜尧善感慨,先世君子怀宝遁世,而后世君子为其发声,安慰其当年穷困情怀,为其抒发胸中底蕴,垂名声于后世,并不是因先世君子权势和名位打动人心。后世之人读此文集,必定为诸君子用心编辑整理所感动。据姜尧善《古欢堂收草跋》一文发现,姜玮著有《孙武子注》一书。

6.《孙武子注评》本。金泽荣(1850—1927)《秋琴子传》记载,秋琴子为人刚毅果断,学问研究不守前人之说:"皆以自得为功,不肯守前人之成说。"有一天,游览金刚山,坐在室中,参禅数日,忽有所悟,起座而舞,于是涉猎佛教典籍。玩世不恭,宠辱皆忘,公卿贵人,使人拜见,虽表面上应承,但等其上门时悄悄隐去。喜欢饮酒谈笑,作诗好议论时事,俯仰于世,当时被视为诗人,与李黄中、李象秀齐名,有《古欢堂集》刊行。另外,"有《庸学解》《孙武子注评》之属藏于家"。② 秋琴子是对姜玮的尊称,由此可知,姜玮遗著有《孙武子注评》一书。

7.《批评孙武子》本。李建昌(1852—1898)《姜古欢批评孙武子跋》记述,自己曾为姜古欢居士诗文作序。从姜古欢去世后,感到文雅之道寂寞。师友创作,言谈议论,种种曲折,无从了解。当初作序确实未曾留意治国之道,近来对三教之源流和古今人物事迹颇有探究,不时心口相辨,有所收获,有所不解,感叹无人欣赏。忽然记起有人曾与自己谈论,却一时想不起来,依俙如梦。现今思之,却是姜古欢居士提说此事。李建昌指出,"《经纬合璧》《孙武子批评》二书,为居士外集。"③姜居士在世时,未曾见到其书。如今他的后人请求为此书作序,阅读之后,颇为感慨,往往难以了解事情的对错,姜居士评论事情总无遗意。仔细思考其言语,却不能加以演绎。此二书往往有所启发,快速阅读,慢慢背诵,击节长叹。有时默默思考,又仿佛与神

---

① 姜玮:《古欢堂收草·文稿》卷三《跋》,韩国民族文化推进会:《影印标点韩国文集丛刊》第318册,汉城:景仁文化社,2003年,第517页。
② 金泽荣:《韶濩堂集·文集》卷九《秋琴子传》,韩国民族文化推进会:《影印标点韩国文集丛刊》第347册,首尔:景仁文化社,2005年,第337页。
③ 李建昌:《明美堂集》卷二十《姜古欢批评孙武子跋》,韩国民族文化推进会:《影印标点韩国文集丛刊》第349册,首尔:景仁文化社,2005年,第298页。

灵契合,可以说是又见到了姜居士。书中精粗与巨细,现今与过去已截然不同。"辄书此意,跋于《孙武子》之后,如与居士相酬酢,他人固不喻也。"由序言可知,《孙武子批评》这一版本,作者显然是姜古欢,就是姜玮(字古欢)。从书名看,是姜古欢对《孙子兵法》所做的批阅和评价。至于具体内容,《姜古欢批评孙武子跋》并无涉及。从李建昌的序言来看,对之评价颇高。

值得留意的是,上述的《孙武子注》《孙武子注评》《批评孙武子》皆出自姜玮之手,是同书异名,还是异书异名,待考。

8.《增解孙武子》本。李南珪(1855—1907),字符八,号汕左、修堂,韩山人。《书增解孙武子后》有云:"余既序此书,抑有一二可辨者。"①由此可知,李南珪为《增解孙武子》一书作序,援引南宋人戴溪对《孙子兵法》评论:"权谋之用,过于仁义。"换言之,《孙子兵法》权谋之术的使用,远远超过仁义之术的使用。引述孔子"未可与权之权"之言进行辩驳:孔子虽不是后世所说的"权谋之权",但对于事情灵活处置却是相同的。李南珪称赞孔子所说的"权",随时随地灵活变化,"得经之要妙而合于道,圣人不得已则用之"。对孙武所说的"权"持批评态度:"借权之名,以骋私智,反于经而离于道。"因而,圣人之"权"是万不得已,不得不使用。孔子和孙武所说的"权"不可相提并论。虽然在言语上有时造成问题,但必须要辨别清楚。孙武探讨间谍使用方法时,有这样说法:"伊挚在夏,吕牙在商。"此说出自《孙子·用间篇》。伊挚是指伊尹;吕牙是指姜尚。刘寅注解其说:"此皆圣人之事,孙子借之以明用间之道。"郑友贤的注解以反问方式强调二人在成就商汤、周武王功业时贡献特别大:"汤不得伊,不能悉夏王之恶。伊不在夏,不能就汤之美。武不得吕,不能审商王之罪。吕不在商,不能成武之德。非此二人者,不能立应天顺人吊民伐罪之仁义,非为间于夏商而何?"李南珪对此不屑一顾,认为这种"借此明彼"的说法本来就不恰当。刘寅、郑友贤却要为孙武想方设法来掩饰,刘寅之说尚且存疑,郑友贤之说却是武断之言。郑友贤之说如同后世权奸之臣广置腹心之人,用来伺察君王一举一动,纯粹依附尊贵和权奸,是鹰犬之人所作所为。这样置汤武、伊吕于何种境地,如何才能体现"顺天应人"之义?如何体现"吊民伐罪"之义?诬陷圣人,再也没有比这种行径丑陋的,然而对圣人有何损害?这些本来没必要辨别,只因有些人推崇孙武谋略,只保留刘寅注解而去掉郑友贤注解,是不公平的。由此看来,

---

① 李南珪:《修堂遗集》册七《书增解孙武子后》,韩国民族文化推进会:《影印标点韩国文集丛刊》第349册,首尔:景仁文化社,2005年,第523页。

《增解孙武子》这一版本，是在先前固有刘寅《孙子兵法》注解之外，另外增加郑友贤的注解。

三、外来版本

1.《武经七书》本。丁若镛《小学珠串》提到《武经七书》："七书者，武学之经传也。一曰《孙子》；二曰《吴子》；三曰《六韬》；四曰《三略》；五曰《司马法》；六曰《尉缭子》；七曰《李卫公》。"①并对《武经七书》编撰情况作出介绍。《孙子》是由吴国孙武所著；《吴子》是由吴起所著；《六韬》是姜太公编撰的兵法；《三略》是黄石公传授的兵法；《司马法》是齐威王时编纂的兵书；《尉缭子》是梁惠王时尉缭所著；《李卫公》是由唐代李靖所著。丁若镛考证《武经七书》的名称和来历："七书之名，出晁公武《读书志》。宋元丰中，始定武学七书。"同时提到当时还有儒家七书之说："国制以《易》《诗》《书》《论》《孟》《中庸》《大学》，为七书。"

2.《孙武子直解》本。丁若镛《经世遗表》记载了武科考试程序。其中，《孙子兵法》作为考试科目之一："阵练之法，试之以《兵学指南》。将兵之法，《孙武子》《三略》中，科试其一。"考试方法如同文人科试之法："《孙武子》《三略》中，抽试其一，面讲六十字。"参加考试兵学文义的三考官，各问一条。"举子必引《李卫公问答》及刘寅《直解》，或《将鉴》中事以对之。"②其中，所谓"刘寅《直解》"，具体是指"《孙武子直解》"。例如，考官提问，孙子曰："择人而任势，于古何征？"参加考试的武举子回答："合淝之战，曹操使张辽、李典出战，使乐进坚守，此所谓择人而任势也。"如此这样考三条内容，最后以笔谈形式做出总结。这些武举子所讲之书显然是兵书成文而已。考官文案上放置《孙子兵法》注解之书，犹如文科考试中的讲法。丁若镛指出："唯《孙武子》《三略》《李卫公》三书，最为要切，其余皆可傍通而已。武选之士，不能遍通，故条例唯用三书。"在问对过程中，如果参试的武举子能够援引他书，考官理应提高成绩等级。由上可见，在当时武科考试中，刘寅《孙武子直解》颇受朝廷重视，是武举子必读兵学书目之一。朝鲜外来的兵学书籍，并非只局限于孙子兵学方面。杨雨蕾《传入朝鲜清代禁毁书籍一览表》所列传入朝鲜的明代兵学书籍有：王鸣鹤辑《登坛必究》、李守锜《督戎疏纪》、李克家辑《戎事类占》、李盘《金汤（借箸）十二筹》、黄道周辑《广百

---

① 丁若镛：《与犹堂全书·一集》卷二十五《小学珠串·七之类·七书》，韩国民族文化推进会：《影印标点韩国文集丛刊》第281册，首尔：景仁文化社，2005年，第554页。
② 丁若镛：《与犹堂全书·五集》卷十五《经世遗表·夏官修制·武科》，韩国民族文化推进会：《影印标点韩国文集丛刊》第285册，第296页。

将传》、茅元仪辑《武备志》。① 以此略窥一斑。而孙子兵学文献外来版本，虽说数量有限，但对朝鲜人士吸引力颇大，背后显露出仰慕中华文化的情怀。《孙武子直解》对特定人群影响鲜明，如武科参试者需参考学习。

总之，朝鲜王朝时期，《孙子兵法》传播版本多种多样。从版本来源看，分为三类：一是官方版本；二是私家版本；三是外来版本。其中，官方版本：一是《孙子注解》校正本；二是《孙吴兵法》本；三是《救难玄机》本；四是《孙武子》本。私家版本：一是《孙子兵法》净本；二是《孙武子精选》本；三是《孙武子》写本；四是《孙子精言》本；五是《孙武子注》本；六是《孙武子注评》本；七是《批评孙武子》本；八是《增解孙武子》本。外来版本：一是《武经七书》本；二是《孙武子直解》本。

表 2-1 朝鲜王朝孙子兵学传播的重要版本及分类

序号	版本名称	作者	时间	资料出处	备注
1	《孙子注解》及其校正本	宋处宽、梁诚之	世祖在位时	《讷斋集》卷六《遗事》	官方版本
2	《孙吴兵法》本	不详	不详	《记言》卷十一《清士列传·金时习》	官方版本
3	《孙武子》本	不详	不详	《与犹堂全书·一集》卷一《读孙武子》	官方版本
4	《孙子兵法》净本	安重观	不详	《悔窝集》卷四《孙子十三篇去注序》	私家版本
5	《孙武子精选》本	李种徽	不详	《修山集》卷二《孙武子精选序》	私家版本
6	《孙武子》写本	安锡任	不详	《雪桥集》卷五《书季华手写孙武书后》	私家版本
7	《孙子精言》本	洪奭周	不详	《渊泉集》卷二十一《诸子精言跋》	私家版本
8	《孙武子注》本	姜玮	不详	《古欢堂收草·文稿》卷三《跋》	私家版本
9	《孙武子注评》本	姜玮	不详	《韶濩堂集·文集》卷九《秋琴子传》	私家版本

---

① 杨雨蕾：《燕行与中朝文化关系》，上海：上海辞书出版社，2011 年，第 128 页。

续表

序号	版本名称	作者	时间	资料出处	备注
10	《批评孙武子》本	姜玮	不详	《明美堂集》卷二十《姜古欢批评孙武子跋》	私家版本
11	《增解孙武子》本	李南珪	不详	《修堂遗集》册七《书增解孙武子后》	私家版本
12	《武经七书》本	北宋官方	北宋	《与犹堂全书·一集》卷二十五《小学珠串·七之类·七书》	外来版本
13	《孙武子直解》本	刘寅	明代	《与犹堂全书·五集》卷十五《经世遗表·夏官修制·武科》	外来版本

第二节　孙子兵学传播主流版本

《孙子兵法》有时又称为《孙武子》。张混(1759—1828)《平生志》提到清代最重要的一百部书籍,其中提到的兵书有四部:《孙武子》《素书》《三略》《将鉴》。① 而且,《孙武子》作为兵书,排在最前,可见其重要性。"《孙武子》"即"《孙子兵法》"。

一、《孙子兵法》的流布

(一)自述学习《孙子兵法》

崔岦(1539—1612)回忆与李桢一起学习《孙子兵法》。崔岦《赠别李桢从郑梦与令公赴京》一诗有言:"国朝丹青谁出群,安可度后李将军。山水平远是余事,御容绘成泣嗣君。二孝伯仲世其名,今之存者孙阿桢。昔余遇之乱离际,始任戴冠艺已成。冬裘夏葛不时换,此不能为切身患。为人挥洒风烟生,有酒即倾醉不乱。年少相戏号无肠,不知其中坚且刚。余为太守邀馆置,心取有在非专长。班氏文章孙子略,愿从之学如嗜欲。嗟余屡踬甘转蓬,能使斯人忘桂玉。吏曹郑公同余爱,谈笑得之形骸外。奉使今为万里

---

① 张混:《而已广集》卷十四《平生志》,韩国民族文化推进会:《影印标点韩国文集丛刊》第270册,汉城:景仁文化社,2001年,第580页。

行,托将弓刀逐车盖。"①

此是一首送别诗,描写李桢是位丹青高手,画人物肖像栩栩如生。诗人述说离乱之时与他相识相知。赞扬李桢性格豪爽,性情刚毅。回忆自己担任太守时,曾开馆邀请李桢。诗人诉说自己心中有追求,但无专长。"班氏文章孙子略,愿从之学如嗜欲。"班固文章、孙武用兵之术,崔岦十分愿意向李桢学习,好比个人爱好。由此可知,李桢多才多艺。

南九万(1629—1711)归乡后学习《孙子兵法》。南九万《赦归游龟山僧舍,次叔父下示韵》一诗曰:"放赦恩纶自日边,归来乡里却依然。竹林苍翠添今夕,橘井芳香似去年。何恨身名无闻后,且携孙子足娱前。闲时正好开黄卷,不独樽中有圣贤。"②诗中"孙子"和"黄卷"相呼应,故知此"孙子"应为"《孙子兵法》"。诗歌描写诗人被赦免归家后的心景和情景,一切皆如往昔一样,表明了诗人淡泊明志的人生态度。不必怨恨死后的默默无闻,况且可携带《孙子兵法》自娱自乐。诗人认为,闲暇时正好学习古兵书《孙子兵法》,不独乎饮酒有圣贤之人,而且书中也有圣贤之人。诗人有《孙子兵法》相伴,生活不因赦归乡而感到寂寞。

申体仁(1731—1812)《读书谬录》记载了早年学习《孙子兵法》情形。他从小跟随前辈学习科举文章,十九岁时,自认读书太少,自己作品不值得一读,撤掉笔墨,用力阅读韩愈文章千遍。明年,阅读《尚书》千遍,文笔构思略微长进,一心妄想写文章。接着读庄子、司马迁、班固、柳宗元、欧阳修、苏轼的文章,以及楚辞、汉赋,还有唐代李白、杜甫诗作,日日夜夜背诵,甚至阅读《孙子兵法》等兵书:"李、杜唐音诸诗家,日夕讽诵歌咏,傍及《孙子》《吴子》《刘子》,贾谊《新书》、《汲冢》诸书,旁究遍览。"③其中"《孙子》",即"《孙子兵法》"。值得注意的是,申体仁为提高写作水平而学习《孙子兵法》。

(二)记述他人知晓《孙子兵法》

李舜臣(1545—1598)知晓《孙子兵法》。李舜臣,字汝谐,谥忠武,德水人。洪直弼(1776—1852)《权忠壮公实记序》记载,东国遭受惨烈兵灾,莫过"龙蛇之变"。当时,都元帅权公战于陆上,统制使李公(李舜臣)战于海上,他们功勋最大,国史都有记载。"李公少从武选,洞贯穰苴、孙武、握奇诸

---

① 崔岦:《简易集》卷八《还京录·赠别李桢从郑梦与令公赴京》,韩国民族文化推进会:《影印标点韩国文集丛刊》第 49 册,汉城:景仁文化社,1999 年,第 478 页。
② 南九万:《药泉集》第二《赦归游龟山僧舍次叔父下示韵》,韩国民族文化推进会:《影印标点韩国文集丛刊》第 131 册,汉城:景仁文化社,1996 年,第 443 页。
③ 申体仁:《晦屏集》卷六《读书谬录》,韩国民族文化推进会:《韩国历代文集丛书》第 1026 册,汉城:景仁文化社,1999 年,第 279 页。

书,其临机制胜,固有所蓄积也。"①"穰苴、孙武、握奇诸书"具体是指《司马法》《孙子兵法》《握奇经》等书。由此可知,李舜臣临机决胜本来是有兵学素养,年少之时,由武科入选,精通《司马法》《孙子兵法》《握奇经》诸兵书。权公虽是相门之子,遵守绳墨,推崇经术,晚年成为朝廷命官。一朝天下大乱,神智飚发,批亢捣虚,动合机宜,建立不朽功勋。

权韐(1562—1631)知晓《孙子兵法》。权撼(1713—1770)《五代祖宗簿寺主簿府君墓志铭》记载,五代先祖权韐,字汝明,号草楼,安东人。长于作诗,放荡不羁。"喜读《韬钤》《阴符》《孙武子》诸编,宏中澈外,汇廓博辨。"②其中,《韬钤》是《六韬》与《玉钤篇》的合称;《孙武子》是《孙子兵法》另外称谓。当时兵部尚书李贵因权韐通晓兵家之说,有将帅之才,因设立武学教授而推荐权韐补任此职。

祖总兵知晓《孙子兵法》。李忔(1568—1630)诗歌《又次星山韵》有言:"元老胸藏孙子法,将军家有祖生风。由来将相交欢日,应奏戎庭大捷功。"③"孙子法"是"《孙子兵法》"省称,根据所附小字注解,可知诗人赞扬的对象是祖总兵,赞扬他胸中隐隐然藏有《孙子兵法》,出生将军世家,有祖上之风。诗人赞叹,自古以来,将帅和宰相只要相互团结,就可奏响胜利的凯歌。

吴知事知晓《孙子兵法》。赵翼(1579—1655)挽诗《挽吴知事》有言:"仡仡临戎日,桓桓老将名。尊年逾七秩,枢府列孤卿。绪业归孙子,文章动洛京。世间奚所憾,瞑目就佳城。"④诗歌追忆吴知事治军威武,后来成为台府重要官员。"绪业归孙子,文章动洛京。"诗句揭示吴知事最初事业发展与《孙子兵法》分不开,这是因他学习《孙子兵法》成为武官。他的文章写得也好,名闻京城。可以说文武全才,一生没有留下遗憾。

金应河(1580—1619)知晓《孙子兵法》。金应河,字景义,安东人。身高八尺,膂力过人,射技绝伦。十八岁杀暴虎,后任宣川郡守。万历皇帝派都督刘綎征发川蜀辽蓟之兵征讨建州女真。朝鲜以姜弘立为元帅,金景瑞为副帅,金应河领左营兵。诸军冒进,结果战败,金应河力战而死,死时依然

---

① 洪直弼:《梅山集》卷二十七《权忠壮公实记序》,韩国民族文化推进会:《影印标点韩国文集丛刊》第 296 册,汉城:景仁文化社,2002 年,第 24 页。
② 权撼:《震溟先生文集》卷九《五代祖宗簿寺主簿府君墓志铭》,韩国民族文化推进会:《韩国历代文集丛书》第 3006 册,汉城:景仁文化社,1999 年,第 597 页。
③ 李忔:《雪汀先生文集》卷二《又次星山韵》,韩国民族文化推进会:《韩国历代文集丛书》第 646 册,汉城:景仁文化社,1999 年,第 491 页。
④ 赵翼:《浦渚集》卷一《挽吴知事》,韩国民族文化推进会:《影印标点韩国文集丛刊》第 85 册,汉城:景仁文化社,1996 年,第 32 页。

手握长剑,倚树而立。沈东龟(1594—1660)《哀金将军长篇次安圣观韵》一诗云:"铁城之山高万丈,孕出将军精爽姿。昂昂妙年气已雄,况复才略人中奇。结发射柳君东门,俯视长安豪杰儿。精通九流揖孙子,艺穷百中凌由基。明时挺质本非偶,半世韬光甘自痴。英名忽入本兵选,相公清鉴谁能窥。雷公初拂紫霓气,伯乐更纵青云羁。铜章载向玉塞绾,铁骑几蹴金河驰。西山蔚有丈人风,北极谁将天柱支。"①诗歌描写金应河英姿威武,是人中奇才。其中诗句"精通九流揖孙子,艺穷百中凌由基",赞扬金应河才华非同凡响,"九流"是指儒家、道家、阴阳家、法家、名家、墨家、纵横家、杂家、农家九家学派,"由基"是古代神射手养由基。诗句夸赞金应河精通九家学派,同时推重《孙子兵法》。射技胜过百发百中的养由基。诗人痛心金应河与强敌交战而死,使国家痛失栋梁之材。

任义伯(1605—1667)知晓《孙子兵法》。任义伯,又名任柱国,字季方、晚闲,号今是堂,丰川人。任堃(1640—1724)《先考今是堂府君行状》记载,父亲任义伯在公私往来应酬之余,手不释书,从性理儒书、诸家词翰和历代史籍,都要记诵。"旁及兵家,取《三略》改分章,与《孙武子》《武侯心书》,合为一册以观之。"②由此可知,任义伯读书广泛,涉猎兵家之书,并对《三略》分章改编,将《三略》《孙子兵法》《武侯心书》整编为一册,方便阅读学习。

宋时烈(1607—1689)知晓《孙子兵法》。尹行恁(1762—1801)《濠梁、舟村两先生旌闾序》记载:"宋文正公在野,讲修攘之计,外人不得闻。"其中"宋文正公"是指"宋时烈"。"舟村"先生是指梁曼,平山府人。当时宋时烈正学习研究驱除外敌之计,曾以十策进言。"宋文正公又荐桀骜扛鼎之士数辈,日夜读《孙武子》。"③由此可知,宋时烈留心时事,积极推荐武艺高强之士,日日学习《孙子兵法》。宋时烈经常叹息:"丈夫当奋拳张距,饮月支而系中行。"有时放声大哭,哭声穿越山谷,只有舟村知晓,对此一无所泄。

柳赫然(1616—1680)知晓《孙子兵法》。柳赫然,字晦尔,号野堂,晋州人。吴始万(1647—1700)《挽章》有言:"圣朝悬金日,师中得儁材。平生孙武略,余事子昂才。宿望银台峻,威名玉帐开。三朝仗忠节,八座领河魁。

---

① 沈东龟:《晴峰集》卷五《哀金将军长篇次安圣观韵》,韩国民族文化推进会:《韩国历代文集丛书》第3889册,首尔:景仁文化社,2019年,第376页。
② 任堃:《水村集》卷十一《先考今是堂府君行状》,韩国民族文化推进会:《影印标点韩国文集丛刊》第149册,汉城:景仁文化社,1997年,第260页。
③ 尹行恁:《硕斋稿》卷十一《濠梁、舟村两先生旌闾序》,韩国民族文化推进会:《影印标点韩国文集丛刊》第287册,汉城:景仁文化社,2002年,第187页。

忽罢青蛇梦,翻罹白豜灾。风惊大树折,雨泣一军哀。尺剑空留咏,长城奈自颓。亨衢星纪转,阴谷日光回。优谋分宸翰,追恩赠上台。十年移兆宅,知有此时来。"①挽诗描述国家通过武科考试方式,使军队得到了优秀将帅柳赫然。他一生学习孙武用兵方略,有唐人陈子昂一样的才华,曾是朝廷要员和军队统帅,后蒙冤而死,清白方才昭示于天下。诗人点明柳赫然一生注重学习《孙子兵法》用兵方略。

申曼(1620—1669)知晓《孙子兵法》。申曼,字曼倩,号舟村,平山人。尹行恁(1762—1801)《赠吏曹判书申公谥状》记载,甲申(1644)三月,申曼得知崇祯帝朱由检死讯,大哭,绝意人间之事,不奉清历,不书版籍。凡从燕地来的物品,虽是毫芥,未尝近身。"尝读《孙武子》,得其大旨。"②由此可知,申曼对《孙子兵法》旨义有一定程度了解,能理解此书大要。每每磨砥宝剑哭泣说:"异日若编行伍,提剑入蓟门。当饮月支而系中行,尚不得北首胡庭。男儿死耳,岂苟活耶。"

金昌翕(1653—1722)知晓《孙子兵法》。金昌翕,字子益,号三渊、洛诵,安东人。《遗事》记载,赵明履(1697—1756)是金昌翕弟子,曾了解乃师对卜筮、算术很下工夫,不知对天文、地志、律吕、医药、兵法何如?先生回答,天文不能全部深究,只是了解先儒所说的星度、二十八宿和三垣,地志只能辨别十三省界限,律吕略微知晓,医学之理因看视疾病,故此粗略通晓。至于兵法,"《孙子》外未见他书"。③ 此是金先生对赵明履所问"兵法何如"之对答,表明金昌翕只是知晓《孙子兵法》而已。他又问金先生对时务了解如何?先生回答,至于用兵、租赋、法制沿袭变革,不能了解。赵明履认为,这是金先生谦辞,专心致志,广为比喻,这种表现可证明其学识渊博:"先生之答,罔非谦辞,而其玩心博侬之实,即亦可见矣。"

李万秀(1658—1711)知晓《孙子兵法》。李万秀,字君实,号素斋,延安人。李万敷(1664—1732)《伯氏素斋公墓志铭》记载,伯父李万秀不留意社会事务,一有时间就读书。启蒙之后,尽弃旧学,酷爱古文,发奋用功,追求广泛,精深广博,没有边际。凡起居饮食,娱乐旅行,愤悲忧戚,触发内心,都要作文记述。"尤好左氏、太史氏、列御寇、庄周、孙武论兵、屈子离骚,各咀

---

① 柳赫然:《野堂遗稿》卷四《挽章[吴始万]》,韩国民族文化推进会:《影印标点韩国文集丛刊》第122册,汉城:景仁文化社,1996年,第369页。
② 尹行恁:《硕斋稿》卷十九《赠吏曹判书申公谥状》,韩国民族文化推进会:《影印标点韩国文集丛刊》第288册,汉城:景仁文化社,2002年,第354页。
③ 金昌翕:《三渊集》卷三十二《遗事[赵明履]》,国民族文化推进会:《影印标点韩国文集丛刊》第167册,汉城:景仁文化社,1998年,第294页。

其英,以取裁于文公,而纵武于眉山。"①由此可知,李万秀除喜欢《左传》《史记》《列子》《庄子》《离骚》外,还特别喜读孙武论兵,由此推断他知晓《孙子兵法》。

李献庆(1719—1791)知晓《孙子兵法》。李献庆,又名李星庆,字梦瑞,号艮翁、玄圃,全州人。李升镇《家庭闻见录》记载,李献庆,判书公赐名星庆,后避真宗之讳,改名献庆。"府君尝取兵书《孙武子》《三略》等篇,时时披阅。曰:'钱谷甲兵,亦儒者事,不可不知。'"②根据李升镇亲眼所见,李献庆常常披阅《孙子兵法》,并且教导家人,儒学之士也应懂得"钱谷甲兵"之事。

尚德容知晓《孙子兵法》。洪奭周(1774—1842)《尚德翁述》记载,尚得容,字若能,自号德翁。凭借弓矢技艺,获取科第。任宣传官、花梁镇金使之职,至武官从三品。"顾甚喜书籍,间辄诵《易》《论语》及《六韬》、孙武书。天文筹数,略通其大要。"③其中,"孙武书"是指《孙子兵法》。可见,尚德容喜欢《孙子兵法》,一有时间就要背诵。

此外,尹镌(1617—1680)提出《孙子兵法》教育贵族化的倡议,建议官员子弟接受《孙子兵法》教育。尹镌,又名尹鑴,字希仲,号白湖、夏轩,南原人。他在《应旨疏》中指出,古有庶子之官,中古有郎卫之职,管理士大夫子弟,以仁德和才艺教导,拱卫王室;应仿效这一制度,收录京城内外大小官员子弟,汇编成册,归总府统辖,从中挑选优秀者,称之总府郎。天下有奇异之才及上书可用者,汇集于此。如汉代待诏金马门,使之轮番守卫。"不分文武,讲之以《孝经》《大学》《司马》《孙武》等书、弓马车乘等技,以备宿卫之任、巡徼京师之职。"④其中,"《孙武》"是"《孙子兵法》"的简称。尹镌建议,不分文武,都要讲解《孙子兵法》,考察才艺晋升,选择优秀者担任郎僚,出任地方官。既可逐渐恢复祖宗五卫之制,也可广收人材以备缓急之用。

值得注意的是,朝鲜王朝《孙子兵法》传播曾出现"张冠李戴"的现象。例如,李书九把《孙子兵法》说成《三略》,便是明证。李书九(1754—1825),

---

① 李万敷:《息山集》卷二十一《伯氏素斋公墓志铭》,韩国民族文化推进会:《影印标点韩国文集丛刊》第178册,汉城:景仁文化社,1998年,第439页。
② 李献庆:《艮翁集》卷二十四《家庭闻见录[李升镇]》,韩国民族文化推进会:《影印标点韩国文集丛刊》第234册,汉城:景仁文化社,2001年,第503页。
③ 洪奭周:《渊泉集》卷三十二《尚德翁述》,韩国民族文化推进会:《影印标点韩国文集丛刊》第294册,汉城:景仁文化社,2002年,第39页。
④ 尹镌:《白湖集》卷六《应旨疏》,韩国民族文化推进会:《影印标点韩国文集丛刊》第123册,汉城:景仁文化社,1996年,第99页。

又名李甲庆,字洛瑞,号惕斋,全州人。他创作《拟唐李愬雪夜破蔡州露布》有言:

> 臣愬身统貔貅,志翦蛇豕。慭间谍而离楚,励降将而平秦。虏在目中,类饥鹰之厉爪。兵顿城下,奈狡兔之藏踪。姑相进取之机,未售廓清之愿。然而天地助顺,神人协几。鲁阳挥戈,羲和返咸池之日。汉皇提剑,飞廉借睢水之风。于时白帝巡方,玄冥按节。阵云惨而夜冷,兵气凝而霰飘。溟鹏败毛,洒弓刀而添皓。玉龙残甲,映山河而同辉。铁衣寒侵,健儿愁枕戈之梦。金衔冰结,班马寂腾槽之嘶。斯乃效陈平之六奇,仿孙武之三略。入虎穴而先得,兵贵无声。待蚌鹬而相持,吾宁斗智。①

李书九草拟露布,充分发挥想象力,"斯乃效陈平之六奇,仿孙武之三略"一句描述李愬仿效汉代陈平六出妙计,模仿孙武得到神机妙算。此用兵之道如同入虎穴得虎子,贵在无声无息中实现自己的想法。显而易见,李书九未学过《孙子兵法》。道听途说,张冠李戴,他把《三略》说成孙武的兵书,大错特错。这种现象正是传播学中所指认的"从众心理"所导致的,李书九对《孙子兵法》实际内容并不了解,但参与了《孙子兵法》传播的潮流。

二、《孙吴兵法》的流布

(一) 学习《孙吴兵法》的情景

徐居正(1420—1488)自述知晓《孙吴兵法》。徐居正,字刚中、子元,号四佳亭,达城人。徐居正《寄咸吉道巡察使康参判同年》一诗有言:"南宫独坐卅年强,碌碌无成鬓已霜。事业君应镌碧简,功名愧我缩黄杨。胸中岂乏孙吴略,世上虚传驾李狂。二十年前交道在,相思日日几回肠。"②诗人诉说独处南宫碌碌无为,虚度年华。可是,他胸中并不缺乏《孙吴兵法》用兵韬略,社会上却流传他与李白一样狂妄。

闵宁(1447—1504)习学《孙吴兵法》。闵宁,字子安,骊兴人。金安国(1478—1543)《故通训大夫三陟府使闵君墓碣铭》记载,闵宁鄙视文人,有投笔从戎的志向。他学习骑马射箭,学习《孙吴兵法》:"鄙文墨琐屑事,慨

---

① 李书九:《惕斋集》卷九《拟唐李愬雪夜破蔡州露布》,韩国民族文化推进会:《影印标点韩国文集丛刊》第 270 册,汉城:景仁文化社,2001 年,第 212 页。
② 徐居正:《四佳集·诗集》卷九《寄咸吉道巡察使康参判同年》,韩国民族文化推进会:《影印标点韩国文集丛刊》第 10 册,汉城:景仁文化社,1996 年,第 344 页。

然有投笔之志。则学驰马,好弓矢,窥《孙吴兵法》,无不能也。"①不久,中成化癸卯(1483)武科。

李季仝(1450—1506)熟悉《孙吴兵法》。徐居正诗歌《送永安道李节度》吟咏:"姓名曾已覆金瓯,建节辕门尚黑头。心上《六韬》蟠虎豹,腰间双剑吼龙虯。筹边已熟孙吴策,出塞终成卫霍谋。从此九重宽北顾,长城万里复何求。"②此是一首送别诗,赞扬永安道节度李季仝威名远扬,性格豪迈。筹划边境事务,早已熟悉了《孙吴兵法》用兵韬略,远出边塞,最终达成卫青、霍去病一样的计谋。

柳辰仝(1497—1561)涉猎《孙吴兵法》。柳辰仝,字叔春,号竹堂,晋州人。任判书、圣节使。洪良浩(1724—1802)《工曹判书柳公谥状》记载,柳辰仝,不重章句,务明大义。不喜吟咏,诗风清正,书法古朴,擅长画竹,涉猎《孙吴兵法》:"笔法有古意,兼工画竹,傍治孙吴书,射必命中。"③当时人称其文武赛吉甫,以元帅之职期之,在北关专心军政,首刊小学等书,作为敦化之本。

李恒(1499—1576)学习《孙吴兵法》。李恒,字恒之,号一斋,星州人。许晔(1517—1580)《祭一斋李先生文》记载,李恒是朴松堂弟子,少年时学习《孙吴兵法》,勇敢有气力:"矫矫莫当,少习孙吴。长乃就学,勇敢强力。"④

赵应忱(1515—1585)喜爱《孙吴兵法》。赵应忱,字季亨,林川人。宋时烈(1607—1689)《龟城府使赵公墓表》记载,赵应忱,兄弟四人,皆以文才显名,惟有他喜爱《孙吴兵法》:"公独悦孙吴法,始盖以门荫入仕,竟从武科发身,即除宣传官。"⑤又任南阳主官,后为龟城府使。

林芸(1517—1572)学习《孙吴兵法》。林芸,字彦成,号瞻慕堂、芦洞散人,恩津人。任副司直。李俌《碣铭》记载,林芸年少豪迈,"好大略,学《孙吴兵法》"。⑥

许潜早年喜爱《孙吴兵法》。许潜,生卒年不详,字景亮,号寒泉,阳川

---

① 金安国:《慕斋集》卷十二《故通训大夫三陟府使闵君墓碣铭》,韩国民族文化推进会:《影印标点韩国文集丛刊》第 20 册,汉城:景仁文化社,1996 年,第 234 页。
② 徐居正:《四佳集·诗集》卷四十五《送永安道李节度》,韩国民族文化推进会:《影印标点韩国文集丛刊》第 11 册,第 47 页。
③ 洪良浩:《耳溪集》卷三十八《工曹判书柳公谥状》,韩国民族文化推进会:《影印标点韩国文集丛刊》第 242 册,汉城:景仁文化社,2001 年,第 124 页。
④ 许晔:《祭一斋李先生文》,韩国民族文化推进会:《影印标点韩国文集丛刊》第 36 册,汉城:景仁文化社,1996 年,第 548 页。
⑤ 宋时烈:《宋子大全》卷一百九十三《龟城府使赵公墓表》,韩国民族文化推进会:《影印标点韩国文集丛刊》第 114 册,汉城:景仁文化社,1993 年,第 354 页。
⑥ 林芸:《瞻慕堂集》卷三《碣铭》,韩国民族文化推进会:《影印标点韩国文集丛刊》第 36 册,汉城:景仁文化社,1996 年,第 533 页。

人。任开城府留守。沈喜寿(1548—1622)诗歌《挽许知事》:"弱冠粗豪侠窟行,薄云高义动秦城。嬉游早悦孙吴略,检束终齐李杜名。合浦还珠前史贵,寿春留犊后人惊。褒嘉宠典矜衰世,不是家荣是国荣。"①挽诗中"嬉游早悦孙吴略,检束终齐李杜名"之句,描写许潜早年喜爱《孙吴兵法》用兵方略。后来潜心文学,约束自己行为,终使才华可与李白、杜甫齐名。

朴汝龙(1548—1619)学习《孙吴兵法》。朴汝龙,字松崖,庆州人。朴弘中(1582—1646)《叔父司纸公墓版》记载,朴汝龙少年时学习《孙吴兵法》,后中武科,担任边疆的武官:"少学孙吴,不事生产,蹭蹬科第,终于节镇。边州豪杰,至今思之。"②

金士贞(1552—1620)学习《孙吴兵法》。金士贞,字正叔,号后松斋,安东人。丁范祖(1723—1801)《后松斋金公墓碣铭》记载,金士贞少年时学习诸子百家,涉猎《孙吴兵法》:"少卓荦有气,读尽经史百家书。旁及孙吴法,究极其妙,然不肯屑屑为进取计。"③

李福男(1555—1597)学习《孙吴兵法》。李福男,字绥甫,羽溪人。任全罗道兵马节度使。张经世(1547—1615)《赠判书李公诔辞》记载,万历二十五年(1597)八月十六日,倭贼攻陷南原,明副总兵杨元逃回本国,全罗道兵马节度使李福男战死。朝鲜朝廷嘉奖,赠兵曹判书褒扬。李福男是前朝名将李薿之后,慷慨有大志,最初不愿识字,前去学习《孙吴兵法》,略通兵书大义:"初学书,不竟去,师孙吴法,通其大义。"④平生立志为国捐躯,每次阅读张巡、岳飞、文天祥的传记,必掩卷哭泣。诗文有气略,谈论古今成败,酣畅淋漓。后中武举,为宣传官、锦城通判。

朴弘长(1558—1598)学习《孙吴兵法》。朴弘长,字士任,务安人。出身武官。黄汝一(1556—1622)《祭朴大丘文》记述,朴弘长有奇气,长大后有搏击大鹏志向。人一见之,便知奇男子。留心跃马试剑,折节隐逸之士。识字有限,胸中以《孙吴兵法》作为根本:"书仅记事而胸本孙吴,射绝中戟而手兼龚黄。"⑤有百夫不当之勇,北伐时,宿将委以治兵重任。

---

① 沈喜寿:《一松集》卷二《挽许知事》,韩国民族文化推进会:《影印标点韩国文集丛刊》第57册,汉城:景仁文化社,1996年,第199页。
② 朴弘中:《秋山集》卷下《叔父司纸公墓版》,韩国古典翻译院:《影印标点韩国文集丛刊续》第20册,首尔:古典翻译院,2006年,第229页。
③ 丁范祖:《海左集》卷二十九《后松斋金公墓碣铭》,韩国民族文化推进会:《影印标点韩国文集丛刊》第240册,汉城:景仁文化社,2001年,第8页。
④ 张经世:《沙村集》卷四《赠判书李公诔辞》,韩国古典翻译院:《影印标点韩国文集丛刊续》第6册,首尔:古典翻译院,2006年,第56页。
⑤ 黄汝一:《海月集》卷八《祭朴大丘文》,韩国古典翻译院:《影印标点韩国文集丛刊续》第10册,首尔:古典翻译院,2005年,第128页。

吴克成(1559—1617)阅读《孙吴兵法》。吴克成，英阳人。中武科，任县监。壬辰之乱，赴李舜臣军，立有功勋。柳致皜(1800—1862)《明皋书院奉安文》记述，强寇进犯京城，吴克成出身平民，有峥嵘风度，阅读《孙吴兵法》，进献计策，谈论用兵之事："读孙吴诀，慕真杲卿。驰书将相，献策论兵。"①

郑敏得(1577—1597)学习《孙吴兵法》。郑敏得，字子久，晋州人。任都总府都事。任宪晦(1811—1876)《都事郑公神位坛碑》记载，郑敏得，相貌奇伟，文笔超人，众人以"千里驹"视之。胸怀报国之志，学习《孙吴兵法》："常有慷慨报国意，从事孙吴。"②十九岁，中武科，任都总都事。丁酉倭变，闻南原被围，情况紧急，奔赴协助防将李福男，英勇战死。

金景瑞(？—1624)喜爱阅读《孙吴兵法》。金景瑞，又名金应瑞，字圣甫，金海人。任副元帅。洪良浩(1724—1802)《副元帅金将军景瑞传》记载，金景瑞是新罗名将之后，英勇异常，能飞越房屋。长大以后，"好读孙吴书，习骑射"。③ 其中"孙吴书"是指"《孙吴兵法》"。癸未(1583)，中武科，授边境之职，筑城防御后金。

卞时敏(1579—1633)学习《孙吴兵法》。宋时烈《庆兴府使卞公行状》记载，卞时敏，字士讷，草溪人。十九岁时，逢遇倭乱，为避兵难，措置周详审密，全家赖之，安然无恙。学习《孙吴兵法》，后中武科："然公从此蹉过失学，遂从事孙吴说。二十五，登武科及第。"④

赵克善(1595—1658)阅读《孙吴兵法》。赵克善，字有诸，号冶谷，汉阳人。任温阳郡守。《目官》记载，宋谦父有诗曰："世人尽知穴在山，岂知穴在方寸间。好山好水世不欠，苟非其人寻不见。"赵克善感悟，掩卷长思，此书所言，莫不在"修阴德"三个字。听石谷公说，阴阳家认为有阴功可延长寿命，吉人自然无灾祸。想到宋祈编竹使蚂蚁渡河，于是科举考试第一。相人认为积阴德很重要，宋景公三句话，使荧惑竟然迁徙一度，天文在于阴德。至于医药，凡以诚义感动神灵，便获奇效，传记所载不计其数。曾读过《孙吴兵法》《司马法》，大多依据仁义建立学说："又尝见兵家者流如孙吴书、司马

---

① 吴克成：《问月堂集》卷四《明皋书院奉安文》，韩国古典翻译院：《影印标点韩国文集丛刊续》第10册，首尔：古典翻译院，2005年，第528页。
② 任宪晦：《鼓山集》卷十一《都事郑公神位坛碑》，韩国民族文化推进会：《影印标点韩国文集丛刊》第314册，汉城：景仁文化社，2003年，第265页。
③ 洪良浩：《耳溪集》卷十八《副元帅金将军景瑞传》，韩国民族文化推进会：《影印标点韩国文集丛刊》第241册，汉城：景仁文化社，2001年，第320页。
④ 宋时烈：《宋子大全》卷二百十《庆兴府使卞公行状》，韩国民族文化推进会：《影印标点韩国文集丛刊》第115册，汉城：景仁文化社，1993年，第103页。

法,率皆依仁义为说。"①赵克善认为,天文、地理、阴阳、兵法、相术,全部以修德为根本。只要讲究修德,何必苦心费力学习百家之艺?虽然这样,但修阴德者不可有意为之,有意去做便是有私心。

郑祥龙学习《孙吴兵法》。宋时烈(1607—1689)《兵曹佐郎郑公墓表》记载,郑叔周(1607—1665),字子桢,迎日人。风流有大志,即使达官要人,心知其不善,必唾弃而去。他儿子祥麟、祥龙同年中进士,郑祥龙学《孙吴兵法》,后为军营之将:"尝犯凶焰,上疏谪去,人谓极肖,今为缮工监奉事。季业孙吴,今为营将。"

朴承任(1608—1670)学习《孙吴兵法》。朴承任,字子重,号南溪,密阳人。李𦂅(1680—1746)《承议郎朴公墓碣》记载,朴承任"多读古人书,泛滥诸家,尤闲于孙吴法"。丙子胡乱,权井吉从关东勤王,在路上遇到朴承任,问他计策。朴承任建议,现今城中苦待援兵,龙津渡有训局仓,仓中有六七柜火药,可紧急派人取之。另派一支军队登上黔丹山,为疑兵,树立旗帜,不断放炮,敌人必定撤掉包围。乘此时机派遣轻锐从东门进入,那么敌人锐气就会受挫,而可鼓舞我军士气。可是权井吉并未采用他的计策,结果失败,有识之士感到痛心。

柳炳然(1625—1681)学习《孙吴兵法》。柳炳然,字文叔,晋州人。宋时烈《南兵使赠判书柳公神道碑铭》记载,兵使柳炳然,字文叔。早年学习《孙吴兵法》,中武科:"早业孙吴,捷仁庙戊子科。"②历任宣传官、都总府都事等职。

李玄逸(1627—1704)喜爱学习《孙吴兵法》。李玄逸(1627—1704),字翼昇,号葛庵、南岳,载宁人。任吏曹参判。李栽(1657—1730)《先府君家传》记载,家父李玄逸,闲居以学,玩味经史,尤其喜爱《孙吴兵法》,探究古人用兵随机应变的微妙之处:"而尤喜看孙吴韬略,考究古人临机制变之义。"③十八岁时,认识浮泛的弊病,于是留意下工夫。作箴言自警,戒除急惰,戒除游玩,戒除不专,戒除好动,戒除自大,省察日常生活,追求实际,杜绝空言。

金得鲁学习《孙吴兵法》。金楺(1653—1719)《祭家侄得鲁文》记述,吾兄弟三人,伯仲两家之子。数年来,各有科场之庆,前途显赫,遗憾最小者却

---

① 赵克善:《冶谷集》卷十《三官记·目官》,韩国民族文化推进会:《韩国历代文集丛书》第715册,汉城:景仁文化社,1999年,第257页。
② 宋时烈:《宋子大全》卷一百七十《南兵使赠判书柳公神道碑铭》,韩国民族文化推进会:《影印标点韩国文集丛刊》第113册,汉城:景仁文化社,1993年,第575页。
③ 李逸玄:《葛庵集·附录》卷四《先府君家传》,韩国民族文化推进会:《影印标点韩国文集丛刊》第128册,汉城:景仁文化社,1996年,第572页。

无此殊荣。去年春天,金得鲁登虎榜,凭借武科晋升,世人以国之干城期许,希望光大门户。金得鲁相貌英俊,技艺精妙,心怀坦诚,个性聪明而又敏捷。对名将用兵和《孙吴兵法》等书了如指掌:"历代名将用兵节度,暨《六韬》《三略》《司马》《孙吴》《尉缭》《卫公》之书,亦靡不历历指掌。"①观其志向,不愿以世俗武士看待自己。

洪世泰(1653—1725)阅读《孙吴兵法》。洪世泰,字道长,号沧浪、柳下,南阳人。任金正。洪世泰《塞下曲·寄申评事》一诗有言:"镜城西北尽黄榆,绝塞无尘夜月孤。细酌葡萄千斛酒,每烧红烛读孙吴。"②诗歌描写镜城西北一带长满了黄榆树,整个边塞夜间一片孤寂。诗人慢慢品尝着葡萄美酒,每每点燃红蜡烛,夜间阅读《孙吴兵法》。

赵正万(1656—1739)曾习《孙吴兵法》。赵正万,又名赵申祥,字定而,号寤斋,林川人。任参判。赵正万《读孙吴子》一诗有言:"偏邦僻在海东隅,南接莱蛮北近胡。自笑书生多慷慨,县斋寒夜读孙吴。"③诗人感叹国家地处偏僻,南北皆有强敌。自嘲一介书生慷慨有气度,寒冷之夜在县衙阅读《孙吴兵法》。

朴昌润(1658—1721)学习《孙吴兵法》。朴昌润,字德而,泰安人。任黄海水使。丁范祖(1723—1801)《节度使朴公墓碑铭》记载,朴昌润相貌奇伟,讲义气,不拘小节。小时候抚摸佩刀,声称以此斩尽小人头颅。长大后,愤怒胡虏有天下。曾赋诗一首曰:"宇宙无男子,中原帝单于。所以穷山夜,务观读孙吴。"④居深山之中,夜间阅读《孙吴兵法》。后投笔从戎,练习骑射,登虎榜,历任宣传官、五卫将、禁军将、御营将。

申善溥(1667—1744)喜爱《孙吴兵法》。申善溥,字天如,高灵人。申景浚(1712—1781)《本生祖考进士公墓志铭》记载,申善溥,早年有远行修道之志,喜欢阅读《青霞子丹诀》。青霞子,中原人,申善溥后得到青霞子整部书,探求其奥义,尝试修炼丹:"不可谓天下无是理也。"另喜爱《孙吴兵法》:"又悦孙吴书,攻守营阵,奇正合散。"⑤

---

① 金楺:《俭斋集》卷二十二《祭家侄得鲁文》,韩国古典翻译院:《影印标点韩国文集丛刊续》第50册,首尔:古典翻译院,2007年,第461页。
② 洪世泰:《柳下集》卷六《塞下曲·寄申评事》,韩国民族文化推进会:《影印标点韩国文集丛刊》第167册,汉城:景仁文化社,1998年,第410页。
③ 赵正万:《寤斋集》卷一《读孙吴子》,韩国古典翻译院:《影印标点韩国文集丛刊续》第51册,首尔:古典翻译院,2008年,第429页。
④ 丁范祖:《海左集》卷二十五《节度使朴公墓碑铭》,韩国民族文化推进会:《影印标点韩国文集丛刊》第240册,汉城:景仁文化社,2001年,第505页。
⑤ 申景濬:《旅庵遗稿》卷十二《本生祖考进士公墓志铭》,韩国民族文化推进会:《影印标点韩国文集丛刊》第231册,汉城:景仁文化社,2001年,第159页。

李遂良(1673—1735)喜爱阅读《孙吴兵法》。李遂良,字善甫,全州人。任左别将。黄景源(1709—1787)《输忠竭诚扬武功臣资宪大夫平安道兵马节度使完春君赠崇政大夫议政府左赞成兼判义禁府事忠襄李公墓碣铭》记载,李遂良,中武科,补宣传官,后为全罗左道水军虞候。居三年,出为德川郡守,改长兴都护府使,迁统制使虞候,又出守渭原郡。身长八尺有余,美须髯,好义气,临危果敢,虽赴汤火在所不避,喜爱阅读《孙吴兵法》:"尝喜读孙吴兵法。语人曰:'用兵莫如孙吴。为将者,不可以不读也。'"①平时杜门谢客,整晚饮酒围棋,从不谈说用武与时事。有人问他,笑着说:"犬马之劳,不足称也。"

李夏坤(1677—1724)读过《孙吴兵法》。李夏坤,字载大,号澹轩,庆州人。任副率。李夏坤《闲居述怀用山月晓仍在林风凉不绝为韵》一诗有言:"自古英豪士,遁世恐不深。非无经济才,甘心卧山林。浮云视富贵,孰能挽退心。不有匪熊猎,太公老渭浔。少小有壮志,破浪乘长风。击剑读孙吴,龙虎蟠心胸。十载云林下,吃蔬不嫌穷。中宵卧斗屋,吐气成长虹。"②诗人以英雄豪杰为喻,描写他们甘于隐居生活。同时吐露自己心声,少年时代已立下壮志。"击剑读孙吴,龙虎蟠心胸",点明诗人既练剑,又阅读《孙吴兵法》,胸中蕴藏龙腾虎跃之气。生活虽贫苦,但气如长虹。

李东遇(1691—1772)学习《孙吴兵法》。李东遇,字遇正、佑正,号南浦,丹阳人。崔益铉(1833—1906)《教授李公墓表》记载,李东遇,生活俭朴,学习刻苦,曾涉猎《孙吴兵法》:"涉猎孙吴,贯穿经史。"③他经常说,与其广泛阅览一无所得,不如专门研究小学四子,更切近简易。

李义渊(1692—1724)学习《孙吴兵法》。李义渊,字方叔,号有是堂,全州人。任宪晦(1811—1876)《统制使李公墓碣铭》记载,李义渊,长大后,开始学习《孙吴兵法》:"慨然为养,从事孙吴。癸巳登武科。"④以名家子投笔从戎,有勇力,能跳越三牛,军门竞相荐引,除训练主簿,历任判官、都总。

孟天瑞(1693—1748)夜间学习《孙吴兵法》。孟天瑞,字元征,新昌人。

---

① 黄景源:《江汉集》卷十九《输忠竭诚扬武功臣资宪大夫平安道兵马节度使完春君赠崇政大夫议政府左赞成兼判义禁府事忠襄李公墓碣铭》,韩国民族文化推进会:《影印标点韩国文集丛刊》第224册,汉城:景仁文化社,2001年,第391页。
② 李夏坤:《头陀草》册八《闲居述怀用山月晓仍在林风凉不绝为韵》,韩国民族文化推进会:《影印标点韩国文集丛刊》第191册,汉城:景仁文化社,1999年,第332页。
③ 崔益铉:《勉庵集》卷三十一《教授李公墓表》,韩国民族文化推进会:《影印标点韩国文集丛刊》第326册,汉城:景仁文化社,2004年,第177页。
④ 任宪晦:《鼓山集》卷十一《统制使李公墓碣铭》,韩国民族文化推进会:《影印标点韩国文集丛刊》第314册,汉城:景仁文化社,2003年,第270页。

宋德相(1710—1783)《孟君墓碣铭》记载,孟天瑞,立志宏扬武学,夜间阅读《孙吴兵法》,白天练习骑马射箭:"吾当业弓马,以继先武。自是夜读孙吴,昼肄骑射,期必以成功。"①屡次参加武举不中,自叹命也。

南有容(1698—1773)习读《孙吴兵法》。南有容,字德哉,号雷渊、少华,宜宁人。任大提学。南有容《赠庶从叔汉纶子游》一诗有言:"四十年来太落魄,平生得钱不买田。饭粥三秋未充腹,雕弓挂壁剑在匣。妻子山中共茅屋,良骥伏枥志未已。丈夫宁能事耕牧,春风系马大堤村。大堤女儿红映肉,遥夜沉沉动清酌。放歌一曲梅花白。羞将怀抱向人说,醉后新诗空满目。怜尔摧残和尔诗,欲言少壮仍叹息。试看锐首岂长困,会见扶摇展鹏翼。我有孙吴古兵书,一部且向晴窗读。"②诗人自述堂叔子游年少,负气使酒,学书不成,以武士侍奉各路诸侯,颇为得志。曾南到济州,北到庆源,从东到西,无所不往,不肯一日安居。现今落魄,来游碧城,停留数月。诗人悲伤他年老气衰,穷途末路,故做诗赠送他。"我有孙吴古兵书,一部且向晴窗读",诗人直言自己有古兵书《孙吴兵法》,总在阳光明媚的窗下阅读。激励堂叔努力振作精神,积极应对人生困境。

金显行(1700—1753)用功学习《孙吴兵法》。金显行,字德夫、达夫,号杏湖,安东人。金谨行(1713—1784)《伯氏监役府君行状》记载,伯父金显行博览群书,极力搜寻地志奇书,加以涉猎,格外留意《孙吴兵法》与医书,亲手抄写:"尤致意于孙吴、岐黄之书,手自抄誊,积成卷秩,以备翻阅。"③作品丰富,有《经世杂编》数千言,陈述个人见识。

权载运(1701—1778)喜爱学习《孙吴兵法》。权载运,字景厚,号丽泽斋,安东人。权凤章《行状》记载,权载运,未成年从事吏役,出入公门,做事敬谨,过殿牌和校门必快速行走,同事讥笑他,但从未改变自己的仪度。精通易学,喜爱《孙吴兵法》:"于书无不览,而尤精易学,且喜孙吴之术。"④

金鼎运学习《孙吴兵法》。宋明钦(1705—1768)《金陕川呈文》记载,已故陕川郡守金鼎运,是副提学金松崖之孙,是李相国之婿,有才识,高风节。喜爱读书,无书不读,通晓《孙吴兵法》:"性好书,无所不读,孙吴、星历,亦

---

① 宋德相:《果庵集》卷十一《孟君墓碣铭》,韩国民族文化推进会:《影印标点韩国文集丛刊》第229册,汉城:景仁文化社,2001年,第214页。
② 南有容:《雷渊集》卷一《赠庶从叔汉纶子游》,韩国民族文化推进会:《影印标点韩国文集丛刊》第217册,汉城:景仁文化社,2000年,第27页。
③ 金谨行:《庸斋集》卷十五《伯氏监役府君行状》,韩国古典翻译院:《影印标点韩国文集丛刊续》第81册,首尔:古典翻译院,2009年,第532页。
④ 权载运:《丽泽斋遗稿》卷五《行状》,韩国古典翻译院:《影印标点韩国文集丛刊续》第78册,首尔:古典翻译院,2009年,第213页。

皆旁通。"①气宇宏深,人不测其内里。

尹镁悄悄学习《孙吴兵法》。黄景源《明陪臣传》记载,宋时烈受君王尊重,尹镁怏怏不得志,日夜制造流言蜚语。尹镁有表兄名叫尹鐄,有烈士之风,不参加科举考试,愤怒明朝被清室所灭,暗地学习《孙吴兵法》,提出讨伐清廷策略:"崇祯末,不应贡举。忿明室为清所破,乃阴习《孙吴兵法》,为伐清策以自见。"②

申韶(1715—1755)喜爱《孙吴兵法》。申韶,字成甫、成父,号涵一斋,平山人。任圣周(1711—1788)《处士申公墓志铭》记载,申韶早年喜爱《孙吴兵法》,粗略通晓兵书大要:"早悦孙吴,略涉大旨。"③后不再阅读,然而对关防、城池、钱谷、兵农之事,经常用心揣摩。认为国家不注意防守和治理京城是失策,他的言说"凿凿如指掌"。

李镇衡(1723—1781)学习《孙吴兵法》。李镇衡,字平仲,全州人。任礼曹判书。洪直弼(1776—1852)《礼曹参判赠吏曹判书李公墓志铭》记载,李镇衡发愤学习,废寝忘食,才艺进步很快。他通晓经史、阴阳术数与《孙吴兵法》:"淹贯经史,旁通阴阳术数及孙吴之书。"④

成大中(1732—1809)学习《孙吴兵法》。成大中,字士执,号青城、醇斋、东湖,昌宁人。任云山郡守。成大中《高沙堡遇江界老妓巫云书赠》一诗有言:"读罢孙吴谩引卮,壮心虚负勒燕碑。白头偶过临江戍,闲听云婆咏出师。"⑤诗句"读罢孙吴谩引卮,壮心虚负勒燕碑",描述诗人读完《孙吴兵法》,开始悠然自得饮酒,叹息自己辜负早年勒功名于燕然山的雄心壮志。

姜伯瞻早年喜欢《孙吴兵法》。姜伯瞻,生卒不详,武士出身。朴永锡(1734—1801)《姜伯瞻挽》一诗有言:"早悦孙吴短后衣,志要荣养计何违。高悬古剑身全老,独抱瑶琴和自稀。雨露春濡心惕惕,松楸岁暮梦依依。嗟君事定皆宜谏,执绋潸然感德辉。"此挽诗描写姜伯瞻早年喜欢《孙吴兵法》,本来要养护身体,可是行为却总是违背个人心愿。朴永锡《代崔君瑞祭

---

① 宋明钦:《栎泉集》卷十三《金陕川呈文》,韩国民族文化推进会:《影印标点韩国文集丛刊》第 221 册,汉城:景仁文化社,2001 年,第 270 页。
② 黄景源:《江汉集》卷三十二《明陪臣传[六]宋时烈》,韩国民族文化推进会:《影印标点韩国文集丛刊》第 225 册,汉城:景仁文化社,2001 年,第 84 页。
③ 任圣周:《鹿门集》卷二十四《处士申公墓志铭》,韩国民族文化推进会:《影印标点韩国文集丛刊》第 228 册,汉城:景仁文化社,2001 年,第 515 页。
④ 洪直弼:《梅山集》卷四十《礼曹参判赠吏曹判书李公墓志铭》,韩国民族文化推进会:《影印标点韩国文集丛刊》第 296 册,汉城:景仁文化社,2002 年,第 304 页。
⑤ 成大中:《青城集》卷三《高沙堡遇江界老妓巫云书赠》,韩国民族文化推进会:《影印标点韩国文集丛刊》第 248 册,汉城:景仁文化社,2001 年,第 399 页。

姜伯瞻文》记载,其兄武士,适合学习韬钤之术。晚有经传之癖,饥不辍,病不休,颇得狂士之名,不改所好。

权翩学习《孙吴兵法》。宋秉璇(1836—1905)《琴斋权公墓表》记载,权翩(1740—1805),字尔翼,号琴斋。气度豪爽,早年喜爱《孙吴兵法》,有东汉名将马援一样的志向:"早悦孙吴,弓马为事,慨然有马伏波之志。"①

梁垸(1744—1816)学习《孙吴兵法》。梁垸,字季深,南原人。任庆尚左道水军节度使。李恒老(1792—1868)《庆尚左道水军节度使梁公墓碣铭》:梁垸,出身武学世家,仰慕郤縠风度,努力学习《周易》精微之学,又深究兵书,对九军八阵六花诸法,神解绝伦,尝著《握奇》《图说》,成年负盛名。铭文曰:"文武梁公,健庙荩臣。箕裘孙吴,羹墙羲文。孰为利疚,孰为威惕。我操如冰,我介如石。"②碑铭之文夸赞梁垸能文能武,"箕裘孙吴",继承祖先事业,学习《孙吴兵法》。

洪仁谟(1755—1812)学习《孙吴兵法》。洪仁谟,又名洪大荣,字而寿,号足睡堂,丰山人。洪奭周(1774—1842)《先考右副承旨赠领议政府君家状》记载,家父洪仁谟,专心学问,对于经史诸子以及《孙吴兵法》等书都要诵读:"专意古人之学,自经史、诸子、歌诗、古文,以及阴阳、时日、卜筮、医药、孙吴、老佛之书,无所不诵读,唯不观风水家书耳。"③

李仁行(1758—1833)的家叔曾习《孙吴兵法》。李仁行,真宝人,字公宅,号新野。任世子翊卫司翊卫。李仁行《赠别金启凤》一诗有言:"伧夫百无能,斑窥惟文字。摈处浿江北,章甫越所弃。独有乃家叔,时问孙吴事。童子亦渭人,泛若驹脱辔。今春有何思,请受曾史二。岂不竭两端,进学须渐次。才能卞趋向,未遽醒醉寐。远客忽言旋,谓汝须勿喟。归求有余师,所贵先立志。人生会相逢,他辰刮目视。"④其中,诗句"独有乃家叔,时问孙吴事",描述诗人家叔不时前来询问《孙吴兵法》问题,侧面说明李仁行和他的家叔通晓《孙吴兵法》。

诸景彧(1760—1812)学习《孙吴兵法》。诸景彧,又名诸敬彧,字漆原,号敬植、景植。宋穉圭(1759—1838)《赠统制使诸公行状》记载,诸景彧力

---

① 宋秉璇:《渊斋集》卷四十二《琴斋权公墓表》,韩国民族文化推进会:《影印标点韩国文集丛刊》第330册,汉城:景仁文化社,2004年,第305页。
② 李恒老:《华西集》卷二十八《庆尚左道水军节度使梁公墓碣铭》,韩国民族文化推进会:《影印标点韩国文集丛刊》第305册,汉城:景仁文化社,2003年,第233—234页。
③ 洪奭周:《渊泉集》卷三十五《先考右副承旨赠领议政府君家状》,韩国民族文化推进会:《影印标点韩国文集丛刊》第294册,汉城:景仁文化社,2002年,第96页。
④ 李仁行:《新野集》卷二《赠别金启凤》,韩国民族文化推进会:《韩国历代文集丛书》第1751册,汉城:景仁文化社,1999年,第445页。

战而死,返柩之日,军校敬服忠义精神,莫不痛哭,以挽诗哀之:"边河箭雨作前锋,将幕深情父子同,早识孙吴恢壮韬,终看巡远立孤忠。"①挽诗描写诸景或早年学习《孙吴兵法》,胸中有恢弘的韬略。

赵秀三(1762—1849)学习《孙吴兵法》。赵秀三,又名赵景潍,字芝园、子翼,号秋斋、经畹,汉阳人。任司马卫将。赵秀三《陇城杂咏》一诗有言:"四境奢奔趋,三军时大呼。青冥下铁钺,白鬓捧箪壶。西塞副元帅,东方一腐儒。相逢未从去,愧我读孙吴。"②诗人叹息自己未能跟随副元帅前去,为自己曾读过《孙吴兵法》而感到惭愧。此外,《我有》一诗有言:"我有四脚局,战陈观乎此。胜败两朽心,杀活一弹指。少读孙吴书,粗窥奇正理。不过争人先,祸端从中起。纷纭一扫后,寥寥返太始。不着信为高,余亦袖手子。"③诗句"少读孙吴书,粗窥奇正理",描述诗人少年时读过《孙吴兵法》,大体领略兵书中的奇正原理。

李益培(1767—1829)学习《孙吴兵法》。李益培,字汝受,号晚螯,全州人。任副知密直司事。任宪晦(1811—1876)《金枢李公行状》记载,李益培在成年后,学习《孙吴兵法》,射技超强:"及冠,从事孙吴说,射艺绝伦。"④正祖时,担任勇卫,极当时之选。中武科,赴殿试,以过失被削名。后重新试射,得中,恢复旧榜。

李是远(1789—1866)狱中学习《孙吴兵法》。李是远,字子直,号沙矶,全州人。李是远《庚子三月,在请室凡十六日。同囚有洪中军墇,权监察致和,皆能诗。又有外人和之,纸墨遂多,总名请室唱和》一诗有言:"穉白即是好事者,与我一见心则泻。萍水逢着蓬莱上,好风吹送圜扉下。厕溷墙壁随笔砚,周旋有若郎同舍。清兴恼人眠不得,二旬良会真天借。书读孙吴已晓达,诗学陶谢何萧洒。莲舟老仙喜绝倒,不意秀句出弓马。长篇磊落结心交,他日话柄秉烛夜。"⑤诗人提及狱中结识中军洪墇、监察权致和,上天给予了很好机会,使之相聚。"书读孙吴已晓达,诗学陶谢何萧洒",诗句描述

---

① 宋穉圭:《刚斋集》卷十二《赠统制使诸公行状》,韩国民族文化推进会:《影印标点韩国文集丛刊》第271册,汉城:景仁文化社,2001年,第283页。
② 赵秀三:《秋斋集》卷二《陇城杂咏》,韩国民族文化推进会:《韩国历代文集丛书》第769册,汉城:景仁文化社,1999年,第385页。
③ 赵秀三:《秋斋集》卷三《我有》,韩国民族文化推进会:《韩国历代文集丛书》第769册,第409页。
④ 任宪晦:《鼓山集》卷十七《金枢李公行状》,韩国民族文化推进会:《影印标点韩国文集丛刊》第314册,汉城:景仁文化社,2003年,第394页。
⑤ 李是远:《沙矶集》册一《庚子三月,在请室凡十六日。同囚有洪中军墇、权监察致和,皆能诗。又有外人和之,纸墨遂多,总名请室唱和》,韩国民族文化推进会:《影印标点韩国文集丛刊》第302册,汉城:景仁文化社,2003年,第44页。

三人一起阅读《孙吴兵法》,已通晓明白其义。学习陶渊明、谢安诗歌,是多么地清高脱俗。

李显稷(1795—1876)学习《孙吴兵法》。李显稷,字伯衡,庆州人。任统制使。许传(1797—1886)《工曹判书李公谥状》记载,李显稷,喜好读书,除了《孙吴兵法》之外,还有史书和诸子百家无不涉及:"雅好看书,孙吴之外,历代史乘、诸子百家,无不博洽。"①他对古今治乱,人物臧否,了如指掌。

金进洙(1797—1865)夜间学习《孙吴兵法》。金进洙,字稚高,号莲坡、碧芦斋,庆州人。担任护军。金进洙《题李长津壁上》一诗有言:"花朝阴冷似萧辰,嫩絮欺风懒上茵。燕子归来山欲雨,梧桐帘外碧全身。边城归纳玉麟符,迭在箱笼旧战襦。燕颔虎头浑不改,挑灯犹自读孙吴。"②其中诗句"燕颔虎头浑不改,挑灯犹自读孙吴",描写其人长有"燕颔虎头"般相貌,全然没有改变封侯的志向,依然挑灯夜读《孙吴兵法》。

具完植喜爱《孙吴兵法》。具完植(1825—1891),字蔺汝,号渼山,绫城人。任御营厅中军副总管、兵曹参判。韩章锡(1832—1894)《兵曹参判具公神道碑铭》记载,壬申(1872)之难,天下大变,文武百官,惊慌失措。具完植鞠躬尽瘁,坚贞不变。涉猎诸子百家之学,尤其喜爱《左传》和《孙吴兵法》:"略涉百家,尤好《左氏传》《孙吴兵法》,二十七举谒圣武科。"③有一次,具完植向统使李膺绪借书,一天后便归还主人,李统使惊讶还书迅速,试着询问书中问题,结果分毫不差。李统使很吃惊,认为是国士,极力推荐。后来,具完植担任宣传官、守门将等官职。

金允植(1835—1922)早年喜欢《孙吴兵法》。金允植,字洵卿,号云养、苏川,清风人。金允植《书赠无极子崔基南》一诗有言:"早悦孙吴晚悦禅,北方豪杰莫之先。白头倾盖嗟何暮,他日犹留翰墨缘。"④诗人金允植述说自己早年喜欢《孙吴兵法》,晚年却喜欢禅学,即使北方地区豪杰也不能与之争先。

曹华承(1843—1897)学习《孙吴兵法》。曹华承,字星老,号杜溪,昌宁人。张福枢(1815—1900)《都事昌宁曹君墓碣铭》记载,曹华承立志显扬门

---

① 许传:《性斋集》卷三十二《工曹判书李公谥状》,韩国民族文化推进会:《影印标点韩国文集丛刊》第308册,汉城:景仁文化社,2003年,第626页。
② 金进洙:《莲坡诗钞》卷上《题李长津壁上》,韩国民族文化推进会:《影印标点韩国文集丛刊》第306册,汉城:景仁文化社,2003年,第235页。
③ 韩章锡:《眉山集》卷十一《兵曹参判具公神道碑铭》,韩国民族文化推进会:《韩国历代文集丛书》第2742册,汉城:景仁文化社,1999年,第388页。
④ 金允植:《云养集·续集》卷一《书赠无极子崔基南》,韩国民族文化推进会:《影印标点韩国文集丛刊》第328册,汉城:景仁文化社,2004年,第547页。

庭,早年从事科举,屡受挫折,学业更加精益求精,对《孙吴兵法》和算术之学也有涉猎:"至孙、吴之法,京、郭之《易》,算数经纬之文,涉猎而举有之。"①

崔源肃(1854—1923)学习《孙吴兵法》。崔源肃,字衡权,号新溪、南坡,全州人。曹兢燮(1873—1933)《中枢院议官崔公墓碣铭》记载,全州崔氏在固城和晋州之中,往往以儒术扬名于世。崔源肃,跟随宿儒朴晚醒学习,被嘉奖。他经常叹息国家屡弱,是因文教虚弱,特别留意《孙吴兵法》学习:"常叹国瘁由文弱,颇留心孙吴书。"②至京城,拜访当时宰相,宰相对他很看重,劝他从武途发迹。后来登武科,升任副司果。

李南珪(1855—1907)学习《孙吴兵法》。李南珪,字符八,号汕左、修堂,韩山人。任刑曹参议。《太空歌序》记载,在山泽间,李南珪一人安静阅读《孙吴兵法》:"葛巾野服,萧然坐一室,读孙吴书,排棋作八阵势。"③或盥手焚香,默默玩味河图洛书。夜间漫步庭中,倚杖观看天象,分明是一位隐逸君子。

柳麟锡(1842—1915)自述众人一起学习《孙吴兵法》。《答具》记述,据己观察,对现今不满者大有人在,不胜叹息愤懑。尊座和诸公屹然不动,令人倍增志气。当时仲春时节,尊体多似如此:"《春秋》一部,《孙吴》诸篇,大读上下,百倍激昂否,不禁神专。"④诗人不禁回想起仲春时节,自己与志同道合之士大声阅读《孙吴兵法》诸篇章,气氛慷慨激昂,精神专注。

(二)学习《孙吴兵法》的心理

金时习(1435—1493)《述怀》一诗有言:"壮志桑弧射四方,东丘千里负青箱。欲参周孔明仁义,又学孙吴事戚扬。运到苏秦悬相印,命穷正则赋骚章。如今落魄无才思,曳杖行歌类楚狂。"⑤诗句"欲参周孔明仁义,又学孙吴事戚扬",表明金时习既想学习周公和孔子儒学,弘扬仁义之道。又想学习《孙吴兵法》,立功勋扬名于疆场。表达了一种矛盾的心理。

沈彦光(1487—1540)强调兵家计谋离不开《孙吴兵法》的学习。沈彦光,字士烱,号渔村,三陟人。沈彦光《题部将契轴》一诗有言:"兵家筹画学

---

① 张福枢:《四未轩集》卷十《都事昌宁曹君墓碣铭》,韩国民族文化推进会:《影印标点韩国文集丛刊》第316册,汉城:景仁文化社,2004年,第506页。
② 曹兢燮:《岩栖集》卷三十一《中枢院议官崔公墓碣铭》,韩国民族文化推进会:《韩国历代文集丛书》第1380册,汉城:景仁文化社,1999年,第478页。
③ 李南珪:《修堂遗集》册六《太空歌序》,韩国民族文化推进会:《影印标点韩国文集丛刊》第349册,首尔:景仁文化社,2005年,第481页。
④ 柳麟锡:《毅庵集》卷十三《答具》,韩国民族文化推进会:《影印标点韩国文集丛刊》第337册,汉城:景仁文化社,2004年,第356—357页。
⑤ 金时习:《梅月堂集·诗集》卷一《壮志》,韩国民族文化推进会:《影印标点韩国文集丛刊》第13册,汉城:景仁文化社,1996年,第99页。

孙吴,禀气山河作丈夫。只把韬钤犹卫国,宁随矢艜幸全躯。他年勋业归钟万,此日风标上画图。离合人间俱白首,誓同鹣鲽义相扶。"①此是一首送别诗,诗句"兵家筹划学孙吴,禀气山河作丈夫",强调兵家计谋应学习《孙吴兵法》,激励下属契轴气壮山河,成为大丈夫,建功立业,流名青史。

李滉(1501—1570)倡导精深学习《孙吴兵法》。李滉,字景浩、季浩,号退溪、退陶、陶叟、陶翁,真宝人。任丰基郡守。李滉《再送诗板,必求至精,真可谓好事,但恐拙句不足以副厚望耳。然后篇改难字为应字,自谓深得意趣,非君再送,何得此耶。古人云"得句喜于得官",岂不信哉。且君于文雅,留意致精如此,若于兵法亦能如此,则其斫树何止构一亭而已。故以此戏为绝句,并上博一笑》一诗有言:"知君学剑久无成,文雅如今要极精。若学孙吴能似此,奇谋何止构溪亭。"②从诗歌题名看,诗人和友人金绥之相互切磋诗句。诗人有感于友人作诗特别用功,讲究精深。于是和他戏言,如果友人学习《孙吴兵法》,与作诗追求文雅一样精深,那么所学到的计谋远远不只是构建一个濯清亭。由此知之,诗人倡导学习《孙吴兵法》要精深,不能浅尝辄止。

沈喜寿委婉批评金应河未学《孙吴兵法》用兵妙策。沈喜寿(1548—1622)《挽金将军》一诗云:"休道东川濊貊卑,山西劲气盛于斯。胚胎始挺惟馨质,长养终归最健儿。力挽千牛无敌勇,胸藏万甲有余奇。孙吴秘诀何常习,廉蔺雄机庶或窥。混迹韬钤淹白屋,发身科第近丹墀。"③诗中"孙吴秘诀"指《孙吴兵法》用兵妙策。诗人追忆将军金应河英勇无敌,胸怀百万之兵。虽未曾学过《孙吴兵法》用兵妙策,差不多也窥见廉颇、蔺相如奇妙计谋。

李埈倡议武人要崇尚《孙吴兵法》。李埈(1560—1635),字叔平,号苍石、酉溪,兴阳人。任副提学。李埈《丰润雨中书怀呈月沙、苔泉两使案下》一诗有言:"胡元尚恨存余习,圣代还惭袭旧污。经训世皆排洛建,兜铃人务尚孙吴。衰麻比比啖鸡臇,泥塑家家事觋巫。桑操寥寥歌烈妇,苞

---

① 沈彦光:《渔村先生文集》卷二《题部将契轴》,韩国民族文化推进会:《韩国历代文集丛书》第41册,汉城:景仁文化社,1999年,第123页。
② 李滉:《退溪集·外集》卷一《再送诗板,必求至精,真可谓好事,但恐拙句不足以副厚望耳。然后篇改难字为应字,自谓深得意趣,非君再送,何得此耶。古人云"得句喜于得官",岂不信哉。且君于文雅,留意致精如此,若于兵法亦能如此,则其斫树何止构一亭而已。故以此戏为绝句,并上博一笑》,韩国民族文化推进会:《影印标点韩国文集丛刊》第31册,汉城:景仁文化社,1996年,第54页。
③ 沈喜寿:《一松先生文集·遗稿·挽金将军》,韩国民族文化推进会:《韩国历代文集丛书》第2265册,汉城:景仁文化社,1997年,第349页。

苴汩汩有贪夫。"①其中,诗句"经训世皆排洛建,兜铃人务尚孙吴",描述经术之世排斥曹操父子,武士一定要崇尚《孙吴兵法》。

申达道(1576—1631)打算学习《孙吴兵法》。申达道,字亨甫,号晚悟,鹅洲人。任掌令。申达道《咏怀奉呈伯氏兼示晋甫》一诗有言:"业文还愧老无成,拟学孙吴致太平。给饷已令妻制阃,攻愁更用酒为兵。逸锋永戢谁乘衅,怒寇投降自竖旌。从此天君端拱坐,区区何事筑长城。"②其中的诗句"业文还愧老无成,拟学孙吴致太平",描写诗人惭愧自己年老而事业文章一无所成,打算学习《孙吴兵法》创造天下太平的局面。

金锡胄(1634—1684)对学习《孙吴兵法》感到惭愧。金锡胄,字斯百,号息庵、节斋、趾斋,清风人。任右相。金锡胄《抱川倅洪君》一诗有言:"一束春山菜,多情却饷吾。文无真自罪,惭愧学孙吴。"③诗歌描写抱川之卒洪受滗用春山野菜招待诗人,诗人却无法答谢他,对自己学习《孙吴兵法》感到惭愧,作为新到任的御营军官,却无法报答他的一片恩情。

金昌翕(1653—1722)劝说友人阅读《孙吴兵法》。金昌翕,字子益,号三渊、洛诵,安东人。金昌翕《送申叔开赴北幕》一诗有言:"东风无边陇上草,白雪如何古塞门。乐民楼上望龙江,明波龙鳞五彩纹。胡姬笑掷杨柳鞭,壮士迎劝葡萄樽。时清到幕无简书,边事亦岂全无虞。武库霜台寄疎衿,投壶击筑半清娱。释博应须问烽火,明烛时可观孙吴。黄云西北六镇去,豆江滚滚森黑榆。山河势极却偏窄,男儿心壮反悲吁。从军有歌歌望胡,此曲未可和吹芦。指点先春过江碑,方见古人不畏胡。请君更抚白塔桥,书记书记郑公乎。"④诗人提醒申叔,边关不会永久太平无事,不仅仅是平时进行"投壶击筑"娱乐活动。而且"释博应须问烽火,明烛时可观孙吴",表达诗人对申叔的劝诫之意,放下围棋时,应关注军国事务。在烛光明亮的夜晚,用心阅读《孙吴兵法》。诗文折射出忧患意识,以及对申叔寄予厚望之情。

赵龟命设想人人学习《孙吴兵法》。赵龟命(1693—1737),字锡汝、宝汝,号东溪、乾川,丰壤人。任世子翊卫司侍直。其《兵学大成序》陈述,现今

---

① 李埈:《苍石集》卷一《丰润雨中书怀呈月沙、苔泉两使案下》,韩国民族文化推进会:《影印标点韩国文集丛刊》第64册,汉城:景仁文化社,1996年,第228页。
② 申达道:《晚悟集》卷一《咏怀奉呈伯氏兼示晋甫》,韩国民族文化推进会:《韩国历代文集丛书》第2247册,汉城:景仁文化社,1997年,第315页。
③ 金锡胄:《息庵遗稿》卷五《抱川倅洪君》,韩国民族文化推进会:《影印标点韩国文集丛刊》第145册,汉城:景仁文化社,1997年,第181页。
④ 金昌翕:《三渊集·拾遗》卷二《送申叔开赴北幕》,韩国民族文化推进会:《影印标点韩国文集丛刊》第166册,汉城:景仁文化社,1998年,第235页。

观览柳重临《兵学大成》,依然对学者有重要意义。辑集之勤,首尾具备。梳理之精,枝叶分明。中间附录注疏,对怀疑和隐晦之处有所阐发,很下工夫,既专也深。其父柳知枢因行医而出名,治痘之术神奇,救活很多人。有人认为柳重临研究战阵杀伐之术,有悖于先人之义。赵龟命却认为《兵学大成》广泛流传于世,人人都学《孙吴兵法》,就可威慑和降附外来的敌人:"夫止戈为武,上战无与战。使是书大行于世,而人习孙吴,即北虏之猾,南夷之诈,庶几畏威归服。"①"北虏"是指清朝,"南夷"是指倭人。

南有容希望外甥习武时学习《孙吴兵法》。南有容(1698—1773)《云甥晬日卜命文》:"上遇明君,下抚烝黎。轩车甚炜,章服是维。官荣禄厚,气和神夷。父母孔显,乡党有辉。凡此文功,简册是稽。尔尚执此,黼黻是裨。古人学艺,各视禀姿。随陆绛灌,并有功施。孙吴韬略,博通靡遗。忠信鞠旅,大运神机。射法剑术,车攻骑驰。惟敌是求,诞宣武威。诛斩叛亡,奏功神祇。王室永赖,百福来归。"②此是南有容为外甥周岁占卜命运之文,期望外甥文能治国安邦,光耀祖先。武能诛灭叛亡,保卫国家安全。其中,特别强调学习《孙吴兵法》:"孙吴韬略,博通靡遗。"

(三)《孙吴兵法》的影响

金锡胄(1634—1684)指出《孙吴兵法》是流传很久远的一部兵书。《行军须知序》回顾了不同时期流传的兵书。首先,提到的是《孙吴兵法》。金锡胄认为,诸葛亮《心书》与《李卫公问对》相当于后世《孙吴兵法》,"自古为兵家之言者,孙吴尚矣。如诸葛武侯之心书,李卫公之问对,即后世之孙吴"。③ 其次,是宋仁宗命令枢臣曾公亮等人编撰《武经总要》。其次,是明嘉隆年间戚继光《纪效新书》,言兵者"取以为宗师"。再次,是《兵学指南》。壬丁倭难,通晓兵机者,"取戚氏新书,撮其操炼之要",改编而成,国家开设武厅讲授。最后,是《行军须知》。金锡胄指明,《兵学指南》容易学习,而他想寻求兵书中最迫切要紧者讲授。后从《武经总要》中得到《行军须知》,不知是何代之人辑录,错综在《武经总要》中,囊括百家子史而成。以医家为喻,《兵学指南》是汤液丸散炮炙之方,而《行军须知》是《虞抟或问》《李梃提纲》之类。以星历家为喻,《兵学指南》是测算之术,而《行军须知》是司马迁

---

① 赵龟命:《东溪集》卷一《兵学大成序》,韩国民族文化推进会:《影印标点韩国文集丛刊》第215册,汉城:景仁文化社,2000年,第19页。
② 南有容:《雷渊集》卷一《云甥晬日卜命文》,韩国民族文化推进会:《影印标点韩国文集丛刊》第217册,汉城:景仁文化社,2000年,第17页。
③ 金锡胄:《息庵遗稿》卷八《行军须知序》,韩国民族文化推进会:《影印标点韩国文集丛刊》第145册,汉城:景仁文化社,1997年,第245页。

《天官书》、许衡《历议》之类。以礼家为喻,《兵学指南》是礼仪程序之目,而《行军须知》是《大戴》《小戴》《明堂》《礼运》之类。对比文质,内外兼备。私塾刊印之余,聚集工匠印出数百本,与《兵学指南》刊布朝廷内外,便于讲习。由此可知,《孙吴兵法》早期影响比较大,以致后来它之外的其他兵书受到朝鲜王朝重视。

朴趾源诗歌描写《孙吴兵法》受众广泛。朴趾源(1737—1805),字美仲,号燕岩,潘南人。任晋州镇管兵马节制都尉。朴趾源《赠左苏山人》一诗咏叹:"孙吴人皆读,背水知者寡。"①诗中"孙吴"显然指兵书,而不是指孙武和吴起,因而可知,"孙吴"是"《孙吴兵法》"的省称。"孙吴人皆读",这一说法固然属夸大其词,但从侧面反映《孙吴兵法》很受欢迎,读者众多。

不可忽略的是,学习《孙吴兵法》成效并非显著。成海应(1760—1839)借陶澍之口,指出善于学习《孙吴兵法》者凤毛麟角。《题陶澍云汀集后》记载,侄子成佑游览燕地时,与陶渊明第五十九代孙陶澍比较熟悉。陶澍居住江西,以善作诗而名扬四海。他仰慕王渔洋,自号云汀。陶澍称颂平定"教匪"诗歌:"几人善读孙吴书,不如且看《循良传》。"②陶澍认为,熟读《孙吴兵法》者,凤毛麟角。与其这样,尚且不如学习《汉书·循吏传》。成海应指出,陶澍诗句的涵义很合自己心意。"教匪"③叛乱分明是贪官污吏引发的。可是,循吏此类官员极其难得。西汉崇尚吏事,考察《汉书·循吏传》,只有文翁等七人,还有赵广汉等五六人,虽因理政而出名,但都崇尚用刑威猛。对酷吏而言,威猛更是远超循吏。治理社会的确需要循吏,但不易得到。考察他们的政绩,不过是为官廉洁,真诚对待民众而已。范晔《后汉书》记载,皇甫规平定羌族叛乱后,在奏书中说:"力求猛敌,不如清平;勤明吴孙,未若奉法。"成海应推断陶澍诗句源于此,边地官员应注意这一说法。认真学习《孙吴兵法》,不如奉公守法。成海应对待孙子兵学的态度不仅受陶澍的影响,而且受《汉书》影响。由此可以感受到中华文化对朝鲜人士潜移默化的影响。

三、《武经七书》的流布

《孙子兵法》居《武经七书》之首,《武经七书》是孙子兵学传播的一个重要典籍,在朝鲜王朝居于重要地位。

---

① 朴趾源:《燕岩集》卷四《赠左苏山人》,韩国民族文化推进会:《影印标点韩国文集丛刊》第252册,汉城:景仁文化社,2001年,第89页。
② 成海应:《研经斋全集·续集》册十一《题陶澍云汀集后》,韩国民族文化推进会:《影印标点韩国文集丛刊》第279册,汉城:景仁文化社,2001年,第238页。
③ 指嘉庆十八年(1813)林清、李文成天理教起义。

(一)《武经七书》的学习情景

武学堂讲解《武经七书》。申翊全(1605—1660),字汝万,号东江、花川,平山人。任副修撰。申翊全《武试即事》一诗有言:"连旬祇役射夫场,郊树金飙飒已凉。两两分曹看满月,人人支左慕穿杨。铜壶漏下飞驺急,画鼓声中举帜忙。堪笑腐儒还忝座,强将韬略试洸洸。"①诗歌题名揭示诗人在临场之终讲解《武经七书》。诗歌重点描写诗人在武学堂观看射箭比试,诗人以谦虚的口吻说自己是一介腐儒,勉强将《武经七书》的用兵韬略讲解给武士。

朴敬祉(1610—1669)阅读《武经七书》。李光庭(1674—1756)《左尹朴公行状》记载,朴敬祉,字亨甫,密阳人。为官清正,调理繁简,游刃有余。正风俗,劝农桑,修军政。革除弊政,事不烦扰,军民喜悦,奸吏不敢舞文弄墨。一有空闲,阅读《武经七书》《史记》等书,借鉴古人得失成败,自我反省,处置事情,果断不疑:"公退暇,必涉猎《武经》《史记》诸书,参考古人贤愚得失,以自省饬,措诸事而无疑。"②他任三道水军统制使,为官有政绩;去世后,军民追思,刻石记德。

夏霖雨(1628—1688)阅读《武经七书》。夏霖雨,字洪润,号大明遗武,达城人。夏时赞(1750—1828)《从高祖御侮将军行庆兴镇管阿吾地兵马万户府君行状》记载,夏霖雨加冠礼时,和奉事公一起到洛城,在慕华馆比赛骑射技艺。骑曹从堂上经过时看到夏霖雨,与其谈论,认为雄壮,并赠诗给他:"乃祖敷文教,孱孙读《武经》。霜凝腰镞冷,秋尽匣龙鸣。赳赳千夫长,堂堂四弟兄。天门挂虎榜,第一唱君名。"③从骑曹之诗可知,夏霖雨的祖上重视文教,而夏霖雨阅读《武经七书》。骑曹勉励夏霖雨参加武科考试夺冠,因此事夏霖雨声名远播。

李玄逸(1627—1704)阅读《武经七书》。《年谱》记载,庚辰(1640),李玄逸十四岁时随从判书公在府西石保村躲避兵难,学习之余,寻求兵书《孙吴兵法》《武经七书》《将鉴》学习,并对其融会贯通:"读书之暇,旁求《孙吴兵法》《武经》《将鉴》等书,会通领略。"④

---

① 申翊全:《东江遗集》卷七《武试即事》,韩国民族文化推进会:《影印标点韩国文集丛刊》第 105 册,汉城:景仁文化社,1993 年,第 34 页。
② 李光庭:《讷隐集》卷十六《左尹朴公行状》,韩国民族文化推进会:《影印标点韩国文集丛刊》第 187 册,汉城:景仁文化社,1999 年,第 426 页。
③ 夏时赞:《悦庵先生文集》卷五《从高祖御侮将军行庆兴镇管阿吾地兵马万户府君行状》,韩国民族文化推进会:《韩国历代文集丛书》第 2717 册,汉城:景仁文化社,1999 年,第 286 页。
④ 李玄逸:《葛庵集·附录》卷一《年谱》,韩国民族文化推进会:《影印标点韩国文集丛刊》第 128 册,汉城:景仁文化社,1996 年,第 510 页。

尹拯(1629—1714)劝勉李森(1677—1735)勤奋阅读《武经七书》。尹拯在《答李森》书信中说,自己希望李森自爱,行事谨慎,尽心尽力,报答主上恩德。此外,劝勉李森:"年尚少,如《小学》《论语》及《武经》诸书,不可不勤读也。"①尹拯所言"《武经》"乃"《武经七书》"之简称。他告诫李森趁年少要勤奋阅读包括《武经七书》在内的书籍,不可恃才傲人,招来妒忌。不可贪图进取,招来耻辱。此不是老生常谈,而是要更加警惕和畏惧。从书信内容推断,尹拯熟悉并看重《武经七书》。后来,李森担任高级武官:"英宗己酉,李森以训将拜兵判。"不得不说,此种经历的背后某种程度是受尹拯指点的影响。

李益秘(1674—1751)闭门阅读《武经七书》。蔡济恭(1720—1799)《赠资宪大夫兵曹判书行输忠竭诚扬武功臣嘉义大夫平安道兵马节度使全阳君李公神道碑铭》记载,李益秘,字闻远,全义人。十五六岁时,博通经史。肃宗朝癸未,被劝说以武学进身,登武科,耻于拜谒求官。"归旧里,闭户读《武经》诸书。"②由此知之,李益秘回家乡,闭门阅读《武经七书》。后来,被任命为宣传官,担任平海郡守、竹山府使、全州营将等职。

郑广运(1707—1756)研习《武经七书》。李瀷(1681—1763)《司成郑公墓志铭》记载,郑广运,字德而,海州望族。性格坚贞,不为贵戚强权所辱。作官尽节,居家重德。他曾在墙壁书写文天祥《正气歌》,并说:"男儿一死,到此亦荣矣。"朝廷推荐将帅之才,于是收集《武经七书》研习,说此可使事业发达,不会带来耻辱。"朝有将才之荐则聚《武经》而习之,曰:'有闻无实耻也。'"③

许乘(1769—1814)借读《武经七书》。许乘,又名许馹,字锡汝、锡余、洛瑞,号顾顾子,阳川人。洪奭周(1774—1842)《书许乘传后》记载,许乘与己是同僚,关系很好。洪奭周曾把他介绍给洪侍郎,又推荐给徐尚书。徐尚书与他交谈,感到吃惊。命人准备二斗羹和二大碗饮食,结果风卷残云,全部吃光。徐尚书笑着说,怎么吃这么多。他回答说,有时能吃数斗,有时只吃三匙也不饥饿。徐尚书说,壮士本应如此。徐尚书又问是否读过兵书?他说,少年时学儒学,未来得及读兵书。徐尚书对洪奭周说:"君为我借之兵

---

① 尹拯:《明斋遗稿》卷二十五《答李森》,韩国民族文化推进会:《影印标点韩国文集丛刊》第 136 册,汉城:景仁文化社,1996 年,第 21 页。
② 蔡济恭:《樊岩集》卷四十五《赠资宪大夫兵曹判书行输忠竭诚扬武功臣嘉义大夫平安道兵马节度使全阳君李公神道碑铭》,韩国民族文化推进会:《影印标点韩国文集丛刊》第 236 册,汉城:景仁文化社,2001 年,第 339 页。
③ 李瀷:《星湖全集》卷六十五《司成郑公墓志铭》,韩国民族文化推进会:《影印标点韩国文集丛刊》第 200 册,汉城:景仁文化社,1999 年,第 114 页。

书。"洪奭周回答:"唯。""翌日送《武经七书》及《将鉴》。旬余而归之,后与之言,尽能道其要领,如素所熟者。"①由此知之,徐尚书嘱咐洪奭周借兵书给许乘,于是便借书给他,其中就有《武经七书》和《将鉴》两兵书。十多天后许乘就把二书归还。在后来的交谈中,洪奭周发现许乘能在极短的时间内掌握兵书要领,如同平时熟悉一般。洪奭周借给许乘兵书有《武经七书》,并就兵书内容测试许乘,从侧面说明,洪奭周对《武经七书》也很熟悉。

朴允默(1771—1849)无意中阅读《武经七书》。朴允默,又名朴趾默,字士执,号存斋,密阳人。朴允默《好静说》评说,人生而安静是天性,人之心灵至空至灵,如止水明镜。壬辰(1832)春,他在华城幕府,当时相公已回府第,屏退军吏,营中空无一人。簿牒烦杂之事不见于眼前,呼唤喧嚣不入于耳。只听到老槐树和柳树的上上下下都是鸟鸣虫叫声。他扶着书案而坐,茫然若有所失,恰好发现书案上有《法华经》和《武经七书》,随手抽出,随意阅读,觉得很有趣,不知不觉,夕阳西下:"案头适有《法华经》及《武经》若干卷而已,信手抽之,随意读之,亦觉有趣,不知日之将夕。"②并评价二书,《法华经》以静为本,《武经七书》以动为用。一动一静,虽然好似自相矛盾,然而择取大要,无不适宜。

洪直弼(1776—1852)经常阅读《武经七书》。洪直弼,又名洪兢弼,字伯应、伯临,号梅山、鹭湖,南阳人。他在《答金乐丰》书信中讲述,昔日曾登上没云台,阅读《郑运碑》,想象其时,慷慨流涕。一心想要效仿,可是却无机会,身边人颇有感触。郑运(1543—1592),字昌辰,河东人。抗倭战役,鹿岛万户郑运以死效命,对李舜臣说,公若出战,愿作先锋。李舜臣率战舰四十多艘结集闲山岛,让他率游击之军登岸烧毁倭人闾舍。敌人见朝鲜军队突然前来,一时登船想逃跑,结果与李舜臣相遇大洋中,李舜臣率诸军进击敌船,火筒火箭乘风齐发,焚毁敌人战船三十多艘。郑运英勇作战,中弹而死。洪直弼感慨地说:"饮马长城之窟,洗兵交河之源。虽罔能追躅古人,常读《武经》诸书,以作用兵制胜之资。"③洪直弼钦佩郑运的英雄事迹,感叹自己虽不能效仿前人,但经常阅读《武经七书》,以此作为用兵制胜的资本。

洪直弼(1776—1852)劝勉庆恒运读《武经七书》。洪直弼在《答庆恒

---

① 洪奭周:《渊泉集》卷二十《书许乘传后》,韩国民族文化推进会:《影印标点韩国文集丛刊》第293册,汉城:景仁文化社,2002年,第466页。
② 朴允默:《存斋集》卷二十四《好静说》,韩国民族文化推进会:《影印标点韩国文集丛刊》第292册,汉城:景仁文化社,2002年,第474页。
③ 洪直弼:《梅山集》卷二十一《答金乐丰》,韩国民族文化推进会:《影印标点韩国文集丛刊》第295册,汉城:景仁文化社,2002年,第502页。

运》书信中说,现今身边凡是三品职位管理城障,自有职责,思考好的计谋,为国家折冲御侮。国家总有缓急之时,应严密加强守备,谨慎对待烽火,如目中有敌。处理政事虽受形势限制,本很难尽力,一定以"思艰图易,素具应卒"为八字符。"公余必读《武经》诸书,常使龙韬虎略,森罗心目。"①洪直弼劝勉庆恒运工作之余一定要读《武经七书》,使用兵韬略隐藏心中。闲暇之日率军镇子弟练习骑射,推心置腹,以亲上死长之义教导他们。洪直弼很欣赏《武经七书》,极力向庆恒运推荐。庆恒运,生卒年不详,曾任察访之职,担任堂下将官。他与洪直弼有交集,大致来说,他们生活同一时代。庆恒运从军事业的背后,似乎有洪直弼的影响。

朝鲜国王注重考核《武经七书》的讲解,对讲解《武经七书》不通达者给予惩罚和警告。《承政院日记》记载,吴载绍以兵曹之言传达:"今日武臣宾厅武经讲书时,武臣兼宣传官朴顺阳,《孙武子》不通。部将崔范重,《三略》不通。御营把总郑汝坤,《三略》不通。并推考警责,何如?"令曰:"依。"②由此知之,武官朴顺阳、崔范重、郑汝坤因《武经七书》讲解不达标准而受到处罚和警告。

(二) 对待《武经七书》的态度

1. 讲解《武经七书》培养武学人才。郑琢(1526—1605)《高丽大将军郑顗立祠议》记述,成川府使郑述遵奉圣旨,在本府境内选择适合之地创立武学,请求祭祀前代忠烈——高丽大将军郑顗,以慈州副使崔春命配享。现依本府之辞,启请朝廷赐匾额以示奖掖之意,使地方尊奉,定时以香火祭祀,军民聚集,宣讲《武经七书》,激励忠义之气,不但成川府如此,更多地方将受影响:"有时奉以香火,荐之苹藻,登降拜跪。武士时聚,军民亦集。讲以《武经》,练以武艺。忠义激励,感通斯速。朝廷有心,四方咸劝。瞻聆所及,自然作兴,非但成川一府为然也。"③以此奖掖,必能培育人才,振奋士气,对将来讨贼复仇一定会有裨益。

倡议地方书院以《武经七书》培养武学人才。赵宪(1544—1592)《辨师诬兼论学政疏》指出,凡有书院的州县应广泛寻访德行著名不急于名利者,上报监司,征召为书院山长。选择儒生中晓达文理、不烦教诲者,使其安居修业。设立乡校分为四房,东一房叫进德斋,选取安静通达有才器者,使一

---

① 洪直弼:《梅山集》卷二十一《答庆恒运》,韩国民族文化推进会:《影印标点韩国文集丛刊》第 295 册,第 502 页。
② 《承政院日记》第 1373 册,英祖五十二年一月十一日,第 105a 页。
③ 郑琢:《药圃集》卷三《高丽大将军郑顗立祠议》,韩国民族文化推进会:《影印标点韩国文集丛刊》第 39 册,汉城:景仁文化社,1996 年,第 472 页。

心向善,不断努力,潜修默养,气魄磊落,可成远大之器者居住。西一房叫修业斋,选取安心教导之人,各做一事,如治民治兵、水利算数。民众中才智杰出能做好一种事情者,略知伦理,可阅读《武经七书》《小学》,有力气同仇敌忾者,了解赋税之事,能治理田地者,不被奸吏迷惑,能知医术救人活命者居住:"凡民俊秀而能治一事者,小知人伦而可读《武经》《小学》。奋其膂力,以敌王所忾者。能解出赋而出赋治田,不惑于奸胥者,能晓针药而活人性命者居之。"①东二房叫卫道斋,取自孟子所说闲则学习圣王之道、朱子所言志道斋之义。凡是事奉双亲能尽诚心恭敬、丧葬祭祀讲究礼仪、不被僧巫邪说迷惑者,在外尊敬长官上级谦恭自理者,景仰先圣、学道仰慕圣贤者居住。西二房叫养正斋,取自《周易》蒙以养正之义,选择十三四岁聪明敏捷,不怕艰苦有远大志向者居住。

2. 武科考试与《武经七书》。鲁认(1566—1622)《华东科制》记载,武科初试,首先,比试三百斤劲弓、六两铁箭,远射二百步。其次,比试骑射,五发五中。其次,在五百步之内比试八钱木箭。再次,比试骑马发枪,三发三中。再次,比试马上击球,能发能中。最后,试讲《礼》《易》《春秋》《尚书》任一种及《武经七书》,能通晓者则被录取:"讲《四书》中一书及《武经七书》,能通者取之。"②此后,参加会试,如初试格规。

科举取士试讲《武经七书》。李惟泰(1607—1684)《同月初九日登对》记载,承旨南龙翼、工曹佐郎李翔一同入侍。主上说,武科考试一定背诵经书,而文科考试缺乏武技考察是不公正的,何况此时人人都习武。大臣李某说,现今早晚有变,若是人人习武,虽说躲避祸乱,但也可人人出力。大臣提议科举考试,试讲《四书》《三经》和《武经七书》:"至《四书》《三经》《武经七书》临讲云云。"③主上说:"此文武科也,此必可为之举也。"至于所说五卫等等,大臣李某说,一定要恢复此法,只有这样才能治理好国家,然而一定要从宗亲和士大夫开始,才可推行,主上说确实如此。至于五卫轮番之时设场取才,选取二三人直接参加殿试,主上说:"此最好。"

文科取士通过试讲《武经七书》发现文武全才。李惟泰《己亥封事》记述,考察国家典章,武科取士讲经书,文科取士无取武艺。文臣试射规定,无

---

① 赵宪:《重峰集》卷五《辨师诬兼论学政疏》,韩国民族文化推进会:《影印标点韩国文集丛刊》第54册,汉城:景仁文化社,1990年,第247页。
② 鲁认:《锦溪集》卷三《华东科制》,韩国民族文化推进会:《影印标点韩国文集丛刊》第71册,汉城:景仁文化社,1996年,第214页。
③ 李惟泰:《草庐集》卷五《同月初九日登对》,韩国民族文化推进会:《影印标点韩国文集丛刊》第118册,汉城:景仁文化社,1993年,第137页。

异儿童游戏,原因是需要平时认真训练。现今之计是在文科讲经撰文外,另设射帿技艺。《周礼》司马所论取士兴盛,又可看到。《周礼》泽宫之法也可施行今日。后世聚集人才之法莫过于科举,凡是馆学、校生、荫官中有文武全才者,每到招录年份,都要亲自试讲儒家经典与兵书。凡是文武才能合格者,准许参加殿试:"臣意以为馆学校生荫官有文武之才者,每式年设科时《四书》《三经》《武经七书》皆临讲。武才二技入格者,直赴殿试。"①如此儒生就会努力从事射御,就可从中任用文武全才之人。

贡举要考《武经七书》。《贡举私议》指出,武科取士应分弓马之技和《武经七书》两科目,善长弓马之技者不愿考《武经七书》可以,精通《武经七书》不愿考弓马之技者可以,或是二者都考也可以:"武举则分弓马及《武经》为二科,有善弓马而不愿经者许之,有通于经而不愿弓马者亦许之,或愿两兼亦许之。"②首先,测试弓马之技。其次,测试《武经七书》,不用讲解书中策略,考官只提问书中大义,士人能以口对和书写者则可,考官通过考察是否通晓兵书大义来确定等级,善长骑射者可补充将校之官。

试讲《武经七书》的准备程序。李德懋(1741—1793)《先考积城县监府君年谱[上]》记载了准备程序:"一依《武经》讲时,训炼院差备官例,呼名官,亦以检书官,分定,各差备。前期一日,自本阁单望单子,修整入启。制时,入门官、收券官,以检书。"③这些具体程序是《武经七书》试讲前的准备,由训炼院确定呼名官和检书官,确定参试者名单,提前一天把参试者名单汇总上报。到考试时,入门官要查看证件。

武科考试讲解《孙子兵法》的具体案例。丁若镛《武科》详细记载了武科考试程序。在考试年份的立秋之日,上报举子名状。秋分之日,参加州试。州试考三场,测试两种才艺。其中,阵法考《兵学指南》,治军考《孙子兵法》或《三略》:"阵练之法,试之以《兵学指南》。将兵之法,《孙武子》《三略》中,科试其一。"具体做法是《孙子兵法》和《三略》抽取其中一种,当面讲解六十字:"《孙武子》《三略》中,抽试其一。面讲六十字,如上法。"④对兵

---

① 李惟泰:《草庐集》卷二《疏·己亥封事》,韩国民族文化推进会:《影印标点韩国文集丛刊》第118册,第61页。
② 李瀷:《星湖全集》卷四十四《杂著·贡举私议》,韩国民族文化推进会:《影印标点韩国文集丛刊》第199册,汉城:景仁文化社,1999年,第312页。
③ 李德懋:《青庄馆全书》卷七十《附录[上]·先考积城县监府君年谱[上]》,韩国民族文化推进会:《影印标点韩国文集丛刊》第259册,汉城:景仁文化社,2001年,第286页。
④ 丁若镛:《与犹堂全书·五集》十五卷《经世遗表·夏官修制·武科》,韩国民族文化推进会:《影印标点韩国文集丛刊》第285册,汉城:景仁文化社,2002年,第296页。

书文义的考查,三位主考官各问一条,举子要援引《李卫公问答》及《刘寅直解》,或是《将鉴》所讲的事例来回答。例如,主考官提问:"《孙子》曰:'择人而任势,于古何征?'"举子回答:"合淝之战,曹操使张辽、李典出战,使乐进坚守,此所谓择人而任势也。"其中,"择人而任势"①出自《孙子·势篇》,强调选择合适之人,随心所欲造势。这样考查三条后,以笔谈形式汇总。举子所讲之书只有经文,而主考官的文案上放置带有注解的兵书。丁若镛强调《武经七书》最重要的是《孙子兵法》《三略》《李卫公问对》三部兵书,其余兵书大体了解则可:"《武经七书》之名,出晁公武《读书志》。然其中唯《孙武子》《三略》《李卫公》三书,最为要切,其余皆可傍通而已。"由于武选之士很难全部通晓,故而条例上只用三部兵书。然而实际问对中如有参试者能援引其他兵书,考官应提高相应成绩的等级。

三场考试完毕,又开一场,测试阵法、兵法、武备,讲解算学、律令二书。所考阵法讲《兵学指南》,所试之法完全依照州试之法。所考兵法是《孙子兵法》和《三略》,与州试之法相同:"兵法者,《孙武子》《三略》也,其试法一依州试。"所考武备是考备御之策,考官从《备御考》中抽问一条,命出小的题目,并给笔札,举子直接当面回答并书写,不过百余字。三考官各出一签,如上面之法。此《备御考》是由丁若镛所辑录。卫满以降,凡是东方攻伐之事,汇编一书,汇集关防、器用之说,以及国家军制沿革,武士不可不讲此书。例如,以问对的方式,主考官询问:"李提督于平壤之战,解其一角以开走路,其得失何如?"举人回答:"孙子曰:'归师勿遏,围师必阙,穷寇勿迫。'提督之法,出于是也。然倭兵之出平壤,不可曰归师也。将屠黄州、躏开城,以巢于汉阳,此岂归师乎? 天兵初渡鸭江,分其一枝,自萨水入海,与黄海道诸军合势,伏兵以伺其归,然后以大兵压平壤,小解一角,败于黄州,不亦善乎?"②其中,举子援引《孙子》之言"归师勿遏,围师必阙,穷寇勿迫",③出自《孙子·军争篇》,强调两军相争之时,注意趋利避害。

任适(1685—1728)《漂人问答》记载,曾有中华人士询问朝鲜使者,武科也有初试、会试吗? 武科规定如何? 测试十八般武艺吗? 另有程规吗? 一起试讲《武经》吗? 朝鲜人士回答是,武科中举之后,参加会试,第一场讲解《武经七书》,作三篇有关《武经七书》的文章:"武举,登科后上京都会试。

---

① 杨丙安:《十一家注孙子校理》,第 98 页。
② 丁若镛:《与犹堂全书·五集》十五卷《经世遗表·夏官修制·武科》,韩国民族文化推进会:《影印标点韩国文集丛刊》第 285 册,第 297 页。
③ 杨丙安:《十一家注孙子校理》,第 157—159 页。

武科第一场,讲《武经》后,作《武经》题目三篇。"①第二场,演练武艺。第三场,比试射技。

国家优待通晓《武经七书》者。李瀷《与郑汝逸论农圃问答》讲述:"州郡每年试艺,文能通《小学》《论》《孟》,武能善骑射或通《武经》者。"②地方州郡每年进行考试,如其在文化上通晓《小学》《论语》《孟子》,在武学上善长骑射,或是通晓《武经七书》,使其接纳朝廷赐予的五年之贡,由官府传递其主人,作卷宗交付,其主人不得参与分享。

不独乎此,试讲《武经七书》存在徇私舞弊的现象。魏伯珪(1727—1798)《政弦新谱·武选》记载,近年来武科选举尤其不讲国法,徇私舞弊,不一而足。例如,富人不知射技而雇用善射者代替,不知兵书者贿赂善讲者代替:"手不知操弓而货善射者代之,目不知武书而赂善讲者代之。"贫穷者得到等级,在唱榜后,将等级转卖富人。种种舞弊很难一一列举。高官不仅不加禁止,还从旁协助。比如试讲《武经七书》,首先没有人数定额,先放一榜,没有一个选拔是公平公正的:"如《武经》讲,则没数先容一榜,无一人公道。"③魏伯珪叹息,以如此方法来选拔将帅,如何防守边境? 如何任用将帅?

3. 推举人才与《武经七书》。李瀷《大司宪黄公行状》记载,黄𨌆(1544—1616)指出:"今武士多不解文字,兵阵规模,未能略窥。宾厅讲书,亦归虚文,须令着实讲读。"李瀷考证之,这是由于武厅讲读制度名存实亡,为将帅者,茫然不知如何布阵,发布号令,只凭小校口授,根本无法指望军队灵活变化。因而,需采用前人之说,推荐人选,偏将和裨将根据各自才艺大小,军队将帅依据《武经七书》,如同儒学之士精通经术一样推荐。中举者和推荐者要得到奖励,恢复先前的讲读之法,没有才能者被淘汰,推荐者实行连坐,不必担心得不到真正的武学人才:"若用前说登荐多少之规,褊裨以技艺,将任以《武经》,如儒士经术之荐。其登荐多者先得,亦复宾厅讲读之法,不能者汰去,荐主连坐,则宁有不得人之忧哉?"④这种方法不只对武学者有益,而且对于文臣选拔也大有好处。

金万英(1624—1671)建议讲论《武经七书》。他在《万言疏》中陈述,古

---

① 任适:《老隐集》卷三《漂人问答》,韩国古典翻译院:《影印标点韩国文集丛刊续》第66册,首尔:古典翻译院,2008年,第395页。
② 李瀷:《星湖全集》卷十二《与郑汝逸论农圃问答》,韩国民族文化推进会:《影印标点韩国文集丛刊》第198册,汉城:景仁文化社,1999年,第266页。
③ 魏伯珪:《存斋集》卷十九《政弦新谱·武选》,韩国民族文化推进会:《影印标点韩国文集丛刊》第243册,汉城:景仁文化社,2001年,第407页。
④ 李瀷:《星湖全集》卷六十六《大司宪黄公行状》,韩国民族文化推进会:《影印标点韩国文集丛刊》第200册,第134页。

今兵家深得大将之体。希望上自高官,下至士人,不论文武官员,选择器量深重有威仪者,不问出身高低,轮流聚集兵曹,宣讲《武经七书》:"轮番计日,会于兵曹,讲论《武经》。"①讲论《武经七书》这一做法,可使上自三代下到宋元时期兵家胜败和将道得失了然于心。中国山川和外国道路的险要形势,以及本国地形要害都心中有数。地方守令和边将都要在兵曹试讲《武经七书》,合格后才可任命派遣:"守令边将署经之时,兵曹以《武经》试讲而遣之。"国家下令全国,如有奇艺之士隐居山泽中,不问出身贵贱,有远大志向,有富国才能而不能发挥者,郡县用力寻访,向兵曹汇报,测试其才智,宣讲《武经七书》,如能通晓,可量材破格使用。如才干非凡,未来得及锻炼,留在本曹,培养其才能,估量才能大小,各有所用。

教授《武经七书》。李玄逸(1627—1704)《三辞吏曹参判及兼带仍陈大本急务疏》记述,先前在京师以选择将帅和训习武臣劝谏殿下,不事先培育人才,却要人才茂盛,势必有所不能。今日缺乏人才,是因平时不注重培养所致。如今帅臣不是没有忠诚、英勇、坚毅之人和通晓行军布阵之人,应审慎选择和差遣立下功劳之人。管理军务既招收有非凡才智,也要有陈辞慷慨之人。设立学官,仿效程子学制训导和教诲武臣,用《武经七书》《资治通鉴》《左传》《论语》教育他们,使其知晓礼仪和用兵之术,使其博古通今,才可作为军事将帅:"置立学官,略仿程子学制中训诲武臣之规,授以《武经》《通鉴》及《论语》《左传》等书,使知尊君亲上之义、兵谋师律之要,俟其识通古今才堪统领。"②然后,根据各自才能大小授予官职,那么他们可以知章法和治军政,以待急时使用。

李瀷建议破格使用通晓《武经七书》者。李瀷(1681—1763)《论兵制》指出,军队名号多样,亦是害事,应以家户等第为伍,去掉各种名号。所任将帅必使士人为之,使之练习武艺。精心训练可用之人,从队长、哨长至把总、千总,如有出众之才,可升为镇堡之官,或补入京营,无所不可。文官崇尚门阀,已是不适合,何况行军用武。对于通晓《武经七书》者应破格使用:"又或博通《武经》者,宜不次召用。"现今大将只凭口舌指使,很是可笑。坐作击刺本非为将之事,营垒进退,一无所知,何况窥测敌人和灵活应变。李瀷因而提议,武将应效仿"经筵讲学",每月举行一次,使三公主持:"以人主之尊,亦必有经筵讲学,武将岂独阙焉?宜使逐月一讲,

---

① 金万英:《南圃先生文集》卷八《万言疏》,韩国民族文化推进会:《韩国历代文集丛书》第467册,汉城:景仁文化社,1999年,第370页。
② 李玄逸:《葛庵集》卷四《三辞吏曹参判及兼带仍陈大本急务疏》,韩国民族文化推进会:《影印标点韩国文集丛刊》第127册,汉城:景仁文化社,1996年,第437页。

而令三公主之。"①或是人主招致,亲加访察,用武之道必将兴盛。

柳重教(1832—1893)建议将通晓《武经七书》者举荐于朝廷。《三政策》指出,每年二月、十月进行一次检阅,命令各地队长率领部属遵守约束,一定优加犒劳,能偿付辛劳,民众高兴前往。教导他们射击,练习旗鼓之法和坐作进退动作,或比试武艺,或比试力气。对于出类拔萃者赐予军爵,其次者奖赏钱帛;最下等给予处罚,使其感到羞耻,处罚不必太重,只令为优异者服务一天,那么成为乡里的耻辱了。在定额之外,有超越一般民众才能,通晓《武经七书》,以及有特殊才能者,下令把他们推荐给朝廷:"又其原额之外,若或有大民之能通《武经》及别有技艺者,亦令荐之于朝。"②将其作为有用之才,民众尚武风气就会逐渐形成。

4.《武经七书》与巫觋之说不同。李恒福(1556—1618)《论处置叶靖国启》指出,当初叶靖国请求留下本意,本为仙家之术,因难于启齿,转而以练兵之说为幌子。他的所为不过是先前布阵操练之法,又略微粗浅,不值得学习。而他屡屡进言,称为奇术,不过是祈祝神降,依附人身,变弱为强之术。让人听之感到荒诞不经,令人茫然,如同巫觋之说。大略是设立天地人三坛,上面布设日月星辰之位,中间设名山大川诸神之位,下面设历代名将之位。糊纸为幡,树立旗枪,列兵四隅,乘夜虔诚祷告,长久才能见效,认为这是古代名将显现神灵,会降临到士兵身上,使弱者变得强壮,可力举数百斤,行走如奔马等。如果相信如此言论,那么古今流传的《武经七书》所讲事情很多,为何却无一件提及这样的事情:"信如此言,则古今《武经》,其说甚多,而一不及此。"③天朝名将又无一言应用此术取得实际成效。由此知之,其言没有实据可验证,不值得深入辩解。

(三)《武经七书》的注解情形

李穑(1328—1396)曾想注解《武经七书》。李穑,字颖叔,号牧隐,韩山人。他《用前韵》一诗有言:"思入虚无太极前,焚香细读白云篇。茶余小鼎卷飞雨,岁久破衫多断绵。世上无才宜手缩,书中有味只心传。何时更下浯溪笔,欲注《武经》师李筌。"④诗人感慨,世上无才之人应敛手退缩,书中美

---

① 李瀷:《星湖全集》卷四十六《论兵制》,韩国民族文化推进会:《影印标点韩国文集丛刊》第 199 册,汉城:景仁文化社,1999 年,第 339 页。
② 柳重教:《省斋集》卷四十四《柯下散笔·三政策》,韩国民族文化推进会:《影印标点韩国文集丛刊》第 324 册,汉城:景仁文化社,2004 年,第 419 页。
③ 李恒福:《白沙集·别集》卷二《论处置叶靖国启》,韩国民族文化推进会:《影印标点韩国文集丛刊》第 62 册,汉城:景仁文化社,1996 年,第 352 页。
④ 李穑:《牧隐稿·牧隐诗稿》卷六《用前韵》,韩国民族文化推进会:《影印标点韩国文集丛刊》第 4 册,汉城:景仁文化社,1996 年,第 28 页。

好滋味只能通过心灵传递。他想学习唐人李筌注解兵书,前去注解《武经七书》,但又不知何时才能下定决心。为何李穑学习李筌?是因李筌不仅研习道教,而且是一位隐士。他与李穑有相似的人生经历,李筌曾注解《孙子兵法》,因而李穑要仿效李筌。

世祖(1417—1468)主持注解《武经七书》。成海应(1760—1839)《东国兵书》记载,朝鲜流传下的兵书有"《武经七书要解》",是由朝鲜世祖主持编纂:"世祖纂次,有世祖御制序,崔恒跋。"①世祖亲自为此书作序,崔恒为之写跋。

权揽(1416—1465)曾注解《武经七书》。申叔舟(1417—1475)《输忠卫社协策靖难同德佐翼功臣大匡辅国崇禄大夫议政府左议政监春秋馆事世子傅吉昌府院君翼平赠谥权公神道碑》记载,权揽,字正卿。年幼好读书,宏达博雅,志向远大,多有奇策。负笈遍寻名山古迹,与韩浚一起驻留读书,著文章,不事官宦。三十五岁时,依然潇洒磊落,喜欢远游,有人劝他参加科第,一举连中三魁。"今上(世祖)方潜邸,受命注《武经》。公为侍从,上知有大才,待之极款。"②由此知之,世祖为太子时,权揽奉命注解《武经七书》。

柳得恭(1749—1807)校理《武经七书》。柳得恭,字惠甫、惠风,号泠斋、泠庵、古芸堂,文化人。任奎章阁检书。柳得恭《南营校武经,次修来访,吹笛命酒》一诗有言:"孙吴佛老竟何心,山鸟山花且一寻。上已清明新酒海,东西卫尉旧词林。千钟已办巍峨醉,双笛能为慷慨吟。二十年来书局老,南营柳色又春深。"③诗歌的题名表明诗人在军营中校理《武经七书》,友人前来拜访,于是他和友人一起饮酒歌唱。友人劝说他对《孙吴兵法》不要太在意,要留意欣赏美丽的风光。友人相聚,分为高兴,诗人不知不觉微微有醉意,猛然之间发现又是一年春来到。感慨时光易逝,不知不觉在书局中度过二十多个春秋。

馆人请求李仁行(1758—1833)订正《武经七书》读音和句读。《西迁录[上]》记载,上之二年壬戌(1802),五月二日,"馆人出示《武经七书》,要我订正音读。军旅之事,诚所未学,但于食未化时,时加翻阅,不害为旁通之方,故姑置案上"。④由此可知,当时馆人请求李仁行帮助校正《武经七书》

---

① 成海应:《研经斋全集·外集》卷五十八《兰室谭丛·东国兵书》,韩国民族文化推进会:《影印标点韩国文集丛刊》第278册,汉城:景仁文化社,2001年,第60页。
② 申叔舟:《保闲斋集》卷十七《输忠卫社协策靖难同德佐翼功臣大匡辅国崇禄大夫议政府左议政监春秋馆事世子傅吉昌府院君翼平赠谥权公神道碑》,韩国民族文化推进会:《影印标点韩国文集丛刊》第10册,汉城:景仁文化社,1996年,第150页。
③ 柳得恭:《泠斋集》卷五《南营校武经次修来访吹笛命酒》,韩国民族文化推进会:《影印标点韩国文集丛刊》第260册,汉城:景仁文化社,2001年,第86页。
④ 李仁行:《新野先生文集》卷十二《西迁录[上]》,韩国民族文化推进会:《韩国历代文集丛书》第1749册,汉城:景仁文化社,2001年,第668页。

的读音和句读。李仁行自认为对兵学之事并不了解,在未了解之前将它消化吸收,不时翻阅它,不妨作为旁通之法,暂且把此书放在书案之上。

成海应叹息无人校正《武经七书》错讹。成海应(1760—1839),字龙汝,号研经斋、兰室,昌宁人。中进士,任检书官。成海应《和金肃川》一诗有言:"常谓飞腾树铁钺,岂知牢落卧岩阿。谈兵水榭游仍远,投辖山家意转加。药谱只应消寂寞,《武经》谁复校残讹。天寒白屋稀烟火,金石声声岁暮歌。"①诗人回想当年追求英武的志向,在游览山水时一起谈论用兵之事。当时主人十分好客,意气风发。诗人叹息药谱只是用来消除个人寂寞,可是《武经七书》的错讹又有谁来校正。叹息人生境遇贫寒,感叹年岁已暮,对此已是有心无力。

(四)《武经七书》的社会影响

李稷(1362—1431)宣称将帅通晓《武经七书》,便无人敢侮辱自己的国家。李稷《次镜城板上韵》一诗云:"高秋眺望郡城头,露冷风凄塞雾收。将达七书谁敢侮,场登百谷可宽忧。东南海阔乾坤拆,西北山多道里悠。最喜遐陬成礼俗,青衿敬迓使臣游。"②其中,"将达七书"之"七书",显然是指"《武经七书》"。诗歌描写秋天边塞凄凉景色,诗人叹息将帅若是通晓《武经七书》,有谁敢前来侮辱国家。场地上百谷丰收,可缓解心中忧愁。诗歌表明诗人忧国忧民之情,侧面反映当时将帅真正通晓《武经七书》者不多,结果使得国家东南海疆受到敌人入侵。但这只是一时的社会现象,安重观(1683—1752)指出,社会上崇尚《武经七书》,它的传播最为兴盛。《孙子十三篇去注序》:"世之所尚,唯《六韬》《三略》等七书,号为《武经》者为最盛。"③

李瀷(1681—1763)对《武经七书》编纂做解说。《军政书》记载,军政之书古代有一百八十二家,后渐删取。至宋元丰年间,"以《孙子》《吴子》《司马法》《李卫公问对》《尉缭子》《三略》《六韬》颁之武学,令习之,号'七书',今行《武经七书》是也。"④李瀷指出,《武经七书》在流传过程中或许存在后人假托之词,但流传不泯灭验证了内容的真实性:"近而流传不泯。若果虚

---

① 成海应:《研经斋全集》卷四《和金肃川》,韩国民族文化推进会:《影印标点韩国文集丛刊》第273册,汉城:景仁文化社,2001年,第76页。
② 李稷:《亨斋集》卷三《次镜城板上韵》,韩国民族文化推进会:《影印标点韩国文集丛刊》第7册,汉城:景仁文化社,1996年,第545页。
③ 安重观:《悔窝集》卷四《孙子十三篇去注序》,韩国古典翻译院:《影印标点韩国文集丛刊续》第65册,首尔:古典翻译院,2008年,第320页。
④ 李瀷:《星湖先生文集》卷十七《军政书》,韩国民族文化推进会:《韩国历代文集丛书》第273册,汉城:景仁文化社,1999年,第80页。

荡无实,岂不在删去之中。"此外,李裕元(1814—1888)《玉磬觚剩记》介绍了《武经七书》篇目及编纂情况:"《六韬》文、武、龙、豹、虎、犬,《三略》上、中、下。宋元丰中,合《孙子》十三篇、《吴子》六篇、《尉缭子》二十四篇、《司马兵法》、《李卫公问对》,名为《武经七书》。"①综上所见,《武经七书》是由《孙子兵法》《吴子兵法》《司马法》《李卫公问对》《尉缭子》《三略》《六韬》七部兵书组成,具体成书时间是在北宋神宗元丰年间,此后传到朝鲜半岛。

金熤(1723—1790)指出,《武经七书》无呼风唤雨、役使鬼神之法。他在奏议《禁异端杂术议》中指出,凡是学说,不是圣贤之道,就是旁门左道:"道而非圣贤之道,则皆左道也。"并提出禁止左道的建议:"左道不禁,则斯道不明。凡诸异端杂术,非圣贤之道,皆在当禁之科。"理由之一是《遁甲》之术是黄巾军和白莲教所用之术,是糟粕:"《遁甲》之法,黄巾贼、白莲教之所自出,而我东今古未闻有行此术者。假使其书或有传来者,必不过断烂糟粕之余,无以寻究其真诀,无一人讲其术而行之者耶。"理由之二是《遁甲》之术并非用兵之法:"而若曰《遁甲》出于兵法,破字本于卜筮,则亦未知其必然也。"他反驳道:"《武经七书》何尝有呼风兴雨、役鬼唤神之法也?"②金熤认为,《武经七书》不同于《遁甲》之术,《遁甲》是邪道之术,理应加以禁止。

第三节 孙子兵学传播主要模式

一、御赐孙子书籍

1. 朝鲜宣祖赐予裴三益《孙子兵法》。裴三益(1534—1588),字汝友,号临渊斋,兴海人。《年谱》记载,明神宗万历十二年(1584),裴三益五十一岁。二月,官拜龙骧卫副护军。"十二月,内赐《孙子》《吴子》《阵书》《阵说》诸书。"③其中,"《孙子》"是"《孙子兵法》"简称,《吴子》是"《吴子兵法》"简称。从赐予时间推知,这些兵书是由朝鲜宣祖李昖(1552—1608)赐

---

① 李裕元:《嘉梧稿略》册十四《玉磬觚剩记》,韩国民族文化推进会:《影印标点韩国文集丛刊》第 315 册,汉城:景仁文化社,2003 年,第 550 页。
② 金熤:《竹下集》卷十一《禁异端杂术议》,韩国民族文化推进会:《影印标点韩国文集丛刊》第 240 册,汉城:景仁文化社,2001 年,第 416 页。
③ 裴三益:《临渊斋集》卷五《年谱》,韩国古典翻译院:《影印标点韩国文集丛刊续》第 4 册,首尔:古典翻译院,2005 年,第 287 页。

予。所赐予的《孙子兵法》《吴子兵法》《阵法》《阵说》,皆是兵书。为何宣祖赐予裴三益兵书? 由于当时有人推荐裴三益,认为他有将帅之才,因而,"上乃赐兵家诸书"。裴三益读了这些兵书后,与人谈论:"用兵有道,至于临机策应,正不在古人糟粕也。"认为用兵打仗有一定方法,对于随机应变,完全不在于古人留下的陈腐之说。

2. 朝鲜宣祖赐予林悌《孙吴兵法》。林悌(1549—1587),字子顺,号白湖、枫江、啸痴、碧山、谦斋,罗州人。晚年入弘文馆。《记林白湖语》中说,东国有林悌,豪杰之士。少年以能诗而闻名,号白湖子。既登科第,不守仕宦。跨宝剑,骑骏马,游于关塞之上。"喜谈兵,意气爽然,视一世寂寂如无人。"林悌《向高兴》一诗有言:"鞍马三边髀肉消,一麾今复出南州。腰间符印官荣大,橐里孙吴宠赐优。冰雨满船江汉夕,断鸿嘶月海山秋。清时台阁多英妙,关外应须定远侯。"①诗人述说,长时间骑马出入边关,大腿髀肉不断减少。一声令下,现今去守护南州。腰间藏着官员符印,感觉格外荣耀。包袱中藏有《孙吴兵法》,这是国君的恩宠赏赐。诗人引以为荣的是,国君赏赐丰厚,其中包括《孙吴兵法》。值得注意的是,《孙吴兵法》即《孙子兵法》和《吴子兵法》。林悌(1549—1587)生卒时间介于明宗在位(1545—1567)和宣祖在位(1567—1608)期间。有鉴于明宗时林悌年纪尚轻,受此恩遇的可能性不大。而宣祖有赐兵书的惯例,由此可断,是宣祖赐予了林悌《孙吴兵法》。

3. 朝鲜宣祖赐予宋时范《孙吴兵法》。许穆(1595—1682)《壶山君宋公墓碑》记载,仁祖时功臣壶山君宋时范,字希文。他膂力过人,最初被授宣传官,心里不大乐意。他说:"读书不成名,执戟侍陛楯可羞。"当时北部边境不安定,朝廷选拔才勇之士。"李相国恒福荐于上,上特赐弓矢、《孙吴兵法》以奖之。"②由此知之,相国李恒福(1556—1618)向朝鲜国君推荐了宋时范,朝鲜国君特意赐予宋时范弓箭和《孙吴兵法》,以此嘉奖他,对他寄予厚望。李恒福是朝鲜宣祖(1552—1608)和光海君(1575—1641)之时重要文臣,曾任领议政。由此推测,赐予宋时范《孙吴兵法》可能是宣祖,也可能是光海君。但从李恒福资历考察,宣祖的可能性更大些。

4. 朝鲜正祖赐予丁若镛《孙子兵法》。丁若镛《重熙堂上,谒退而有作》一诗有言:"九门深处御筵开,便服雍容引草莱。红药栏头初曳履,石榴花下

---

① 林悌:《林白湖集》卷三《向高兴》,韩国民族文化推进会:《影印标点韩国文集丛刊》第58册,汉城:景仁文化社,1996年,第309页。
② 许穆:《记言·别集》卷二十《壶山君宋公墓碑》,韩国民族文化推进会:《影印标点韩国文集丛刊》第99册,汉城:景仁文化社,1996年,第226页。

更传杯。要看酒户催鲸饮,敕赐兵书奖骏材。李泌归山知几日,君恩浩荡意难裁。"①诗歌描写九门深宫举行盛大宫廷宴会,诗人很荣幸被主上召见。诗句"要看酒户催鲸饮,敕赐兵书奖骏材",描写了主上盛情款待,并下令赏赐兵书,嘉奖才智杰出之人。诗歌注解交待了宴会时间和赏赐情形,1787年"六月也,时赐酒一碗,又赐兵书,令习阵图"。遗憾的是,正祖赏赐何种兵书,诗文和注解皆未明说。值得注意的是,接受兵书赏赐的具体人数目也不清楚,显然不是特定人员的赏赐,而是多人接受赏赐。不可忽略的是,赐予兵书包含《孙子兵法》,历来是通行的做法。另有其他史实可佐证,丁若镛《劝武》倡议培养尚武之风,庭试、别试及兵营都试都要如此,主政者给以激励。以八种技艺选拔武学人才:"一曰铁箭;二曰木箭;三曰片箭;四曰贯革;五曰强弩;六曰骑刍;七曰鸟铳;八曰《武经》。以此八技,选士以习之可也。"②值得注意的是,其中"《武经》"是指《武经七书》"。换言之,第八种技艺考查的是《武经七书》。完成比试后,要对成绩优异者加以奖赏:"赏赐之物,角弓、镞矢、片箭、帐箙、箭筒、臂韝之外,扇子、梳儿及《武经七书》《兵学指南》,无所不可。"其中赏赐之物有兵书,正如丁若镛所言有《武经七书》和《兵学指南》。《武经七书》包含七部兵书,居于首位是《孙子兵法》。由此看来,御赐兵书中《孙子兵法》向来是首选。

赐予兵书是特殊的恩遇。《承政院日记》记载,具宅奎曰:"臣之五代祖,亦为兼司仆矣。"上曰:"卑贱之任,何为之耶?"具宅奎曰:"出身赴北方。宣庙朝,封兵书赐送,实异恩也。"③由此知之,宣祖赐予左副承旨具宅奎五代之祖兵书,至于何种兵书,其言不详,但具宅奎强调赐予兵书是一种特殊的恩遇。

二、讲论孙子兵学

朝鲜君王重视讲解《孙子兵法》,以正祖为代表。《承政院日记》记载,上曰:讲员以次呼名进讲。吴毅常讲《孙武子》……李晢讲《孙武子》……李星会讲《孙武子》,郑殷诚讲《孙武子》……洪龙健讲《孙武子》,金处纯讲《孙武子》,赵云履讲《孙武子》……赵义镇讲《孙武子》。④ 而《孙武子》是《孙子

---

① 丁若镛:《与犹堂全书·一集》卷一《重熙堂上谒退而有作》,韩国民族文化推进会:《影印标点韩国文集丛刊》第281册,汉城:景仁文化社,2002年,第17—18页。
② 丁若镛:《与犹堂全书·五集》卷二十三《牧民心书·兵典六条·劝武》,韩国民族文化推进会:《影印标点韩国文集丛刊》第285册,第499页。
③ 《承政院日记》第897册,英祖十五年九月一日,第4b页。
④ 《承政院日记》第1490册,正祖五年七月十八日,第25a—25b页。

兵法》另一称谓。由《承政院日记》可知,朝鲜宫内已有多人讲解《孙子兵法》,正祖也参与了讲解活动。

（一）讲解《孙吴兵法》培养将才

吴始寿(1632—1681)《札记》评论,古代治理国家,天下一旦有变,一定注意将帅选拔。选拔原则首要是以才干和智慧,弓马之技则为其次,因而,从未听说孙武、吴起、管仲、诸葛亮因弓马之技而知名。因而"以三厅时任及曾经武士,讲试《孙吴》,背讲而能通文义者,抄录成案。阃帅边将,率皆以此除授"。① 其中,"《孙吴》"是"《孙吴兵法》"之略称,三厅长官和以往武士试讲《孙吴兵法》,背诵讲解并通晓《孙吴兵法》文义者,记录在案,作为将来选拔将帅的人选。如此这样,将领莫不学习军务,通晓孙武、吴起用兵方略,良将之才必由此而产生。做不到精通兵法,最终难以担负大将之责。在吴始寿看来,讲解兵书之规定,确实不可迟缓:"向所谓兵书试讲之规,何可缓也?"②

吴始寿还特意指出,柳成龙发现李舜臣是将才,正是通过讲解背诵兵书。柳成龙担任丞旨时,他早晚经过某个住所,都能听到有人在读书,无日不是如此,久而久之,深为奇怪。柳成龙召见此人与之交谈,发现他精通兵书,性格坚毅沉着,敢作敢为,知其是大用之才。壬辰之乱,力荐此人。此人建立中兴第一功勋,他就是忠武公李舜臣。"以(李)舜臣间世之英豪,诵读兵书,夜以继日,然后得为东国之名将。"至于李舜臣诵读何种兵书？吴始寿并未明说。后世学者的研究成果已揭示李舜臣对《孙子兵法》的灵活应用。③ 毋庸置疑,李舜臣"诵读兵书",其中包含"《孙子兵法》"。吴始寿认为,李舜臣尚且如此勤奋读兵书,况且不及李舜臣万分之一者。因而,"试讲兵书为择将之急务"。他希望国君不可忽视讲解《孙子兵法》这一大事。

（二）讲论孙子兵学情形

1. 徐居正酷爱讲解《孙吴兵法》。徐居正《广宁道中》一诗:"间山万古郁苍苍,广宁九月飞清霜。边马揔肥秋草健,边人弓箭腰辉光。由来此镇号精强,控御东北何堂堂。何物胡儿双眼碧,年年敢尔为跳梁。圣皇中兴自神武,将军六韬筹策良。曾闻薄伐举义师,复道系颈来戎王。吾生跌荡真狂

---

① 吴始寿:《水村集》卷五《札记》,韩国民族文化推进会:《影印标点韩国文集丛刊》第143册,汉城:景仁文化社,1995年,第111页。
② 吴始寿:《水村集》卷五《札记》,韩国民族文化推进会:《影印标点韩国文集丛刊》第143册,第112页。
③ ［韩］金世昂:《李舜臣提督的战略战术的研究：以孙子兵法和关连性为中心》,韩国庆南大学1998年硕士论文。

儒,中年酷嗜谈孙吴。三表五饵不足说,勇欲为国平昆吾。呜呼志大竟无成,功名碌碌华发生。圣明天子要人才,会必树立麟麒名。"①其中"孙吴"是指"《孙吴兵法》"。诗歌描写秋天景色苍茫,广宁镇地势险要,尚武之气很浓郁。然后,诗人笔锋一转,感叹自己一生漂泊。而诗句"吾生跌荡真狂儒,中年酷嗜谈孙吴"描述了诗人命运坎坷,作为一介儒生很是狂妄,中年时酷爱谈论《孙吴兵法》,更不必说贾谊的"三表五饵"之策,他一心想为国家报仇雪耻。可叹的是,早生华发,功业无成。他衷心希望国君能广纳贤才,自己一定创立非凡功业。由此可知,徐居正酷爱讲论《孙吴兵法》,想建功立业。

2. 杨德禄热衷谈论《孙吴兵法》。李时恒(1672—1736)《悔轩杨公行状》记载,杨德禄(1553—1635),字景绥,号悔轩,中和人。折节力学,足不窥户。经史之书,微辞奥旨,条分缕析。虽为少年,俨然大儒。每次乡闱之选都是优等,乡人期望他能高中,而他对此不屑一顾,曾说:"世间男子事,不至于举子业。"广泛阅读诸子之书,比如庄子、老子的玄妙,苏秦、张仪的捭阖,管仲、商鞅的权术,无不贯通。相比之下,杨德禄尤其喜爱《孙吴兵法》,谈论起来,神采飞扬:"而尤悦孙吴之术,通透于戎阵韬钤。抵掌谈论,英气风生。"②"孙吴之术"是指孙武、吴起用兵之术,二人用兵之术汇集于《孙吴兵法》。

3. 李益之经常谈论《孙吴兵法》。李惟泰(1607—1684)《亡弟通仕郎李公墓表》记载,他的弟弟李益之(1610—1665),又名惟益,庆州人。世传之业,没有废弃。自从明清之际发生变乱以来,李益之慷慨陈言:"男儿此时为大明一死可也。""口谈孙吴,手执弧矢。言及天下事,未尝不奋臂大呼,至于流涕。傍人见之,以为骇然。"③由此可见,李益之不仅表明愿为明朝捐躯的决心,而且谈论《孙吴兵法》,举臂大呼,这些举动令人吃惊。在朝鲜王朝被迫尊奉清王朝的背景下,李益之表现出威武不屈的气概。

4. 车礼亮讲论《孙吴兵法》。车礼亮(1610—1641),字汝明,号凤泉,延安人。成大中(1732—1809)《黄一皓等七义士传》记载,车礼亮形貌奇伟,勇力过人,崇尚气节,嗜好《左氏春秋》,拜白以忠为师。有人劝他考取功名,车礼亮说,以章句求功名不是大丈夫之事。他的老师深感吃惊,便把女儿嫁

---

① 徐居正:《四佳集·诗集》卷七《广宁道中》,韩国民族文化推进会:《影印标点韩国文集丛刊》第10册,汉城:景仁文化社,1996年,第321页。
② 李时恒:《和隐集》卷七《悔轩杨公行状》,韩国古典翻译院:《影印标点韩国文集丛刊续》第57册,首尔:古典翻译院,2008年,第521页。
③ 李惟泰:《草庐集》卷二十二《亡弟通仕郎李公墓表》,韩国民族文化推进会:《影印标点韩国文集丛刊》第118册,汉城:景仁文化社,1993年,第446页。

给他。车礼亮"常谓建房梗夏而邻我,必螫我以自张。乃选乡党宗族之健者,讲孙吴,习骑射"。① 车礼亮认为,建州女真作梗华夏,又邻近自己的国家,必然会危害自己的国家。于是,车礼亮选拔本宗族健壮者,一面为之讲解《孙吴兵法》,一面练习骑兵和射箭。由此知之,车礼亮讲读《孙吴兵法》的举动,意在防范女真入侵。

5. 卢启祯讲读《孙吴兵法》。卢启祯(1695—1755),字国休,号竹月轩,安康人。蔡济恭(1720—1799)《嘉义大夫庆尚左道兵马节度使卢公墓碣铭》记载,卢启祯,英祖元年乙巳(1725),中武科。亲戚友人祝贺,卢启祯神情严肃地说,此是迫不得已。他置身破屋之中,生活虽清贫,但每天讲读《孙吴兵法》:"自是牢守岭南敝庐,益取孙吴书日讲读。粗粝不继,如不知也。"②由此可知,卢启祯生活艰苦,但讲读《孙吴兵法》很用功。

6. 金洸讲论《武经七书》。尹光绍(1708—1786)《统制使金公墓碣铭》记载,金洸(1697—1742),字武伯,安东人。官拜忠清兵马使。当时的军队长久不训练,军伍人员假冒,器械缺乏。他叹息,此是把军队交给敌人。他以军法约束部下,部众小心翼翼。操练时,兵器、衣甲、旌旗为之一变,淘汰老弱,选拔精锐。"饬励军校,讲《武经》,试射艺。"③他严格命令各级军官讲习《武经七书》,比试射技。金洸亲自参加比试,军队士气高涨,大街小巷知晓他能治理军队,按抚使褒奖,朝廷赐予骏马。

7. 金墺讲论《孙吴兵法》。洪直弼(1776—1852)《兵使金公神道碑铭》记载,金墺历任要职,在朝任内禁将、御营别将中军。朝外任益山郡守、永兴中军、清州营将、庆尚左水使兵使。他奋不顾身,仿效卧薪尝胆,讲读《孙吴兵法》:"以薪胆之义,讲孙吴之术,蓄锐待时,仰赞圣志。"④其中"孙吴之术",是指"《孙吴兵法》用兵之术"。由此知之,金墺自我激励,讲论《孙吴兵法》,等待时机,想实现辅助主上建功立业的志向。

(三) 讲论孙子兵学存在的问题

讲论孙子兵学虽一度成为朝鲜社会的风尚,可是在现实中会流于形式。黄暹(1544—1616),字景明,号息庵、遯庵,昌原人。《息庵先生年谱》记载,

---

① 成大中:《青城先生文集》卷七《黄一皓等七义士传》,韩国民族文化推进会:《韩国历代文集丛书》第 2733 册,汉城:景仁文化社,1999 年,第 487 页。
② 蔡济恭:《樊岩集》卷五十《嘉义大夫庆尚左道兵马节度使卢公墓碣铭》,韩国民族文化推进会:《影印标点韩国文集丛刊》第 236 册,汉城:景仁文化社,2001 年,第 437 页。
③ 尹光绍:《素谷遗稿》卷七《统制使金公墓碣铭》,韩国民族文化推进会:《影印标点韩国文集丛刊》第 223 册,汉城:景仁文化社,2001 年,第 192 页。
④ 洪直弼:《梅山集》卷三十三《兵使金公神道碑铭》,韩国民族文化推进会:《影印标点韩国文集丛刊》第 296 册,汉城:景仁文化社,2002 年,第 136 页。

黄暹六十三岁,官拜大司谏,借入侍之机进言:"今之武士,只务武业,不知文字,兵书阵书,不能窥见。宾厅讲书,亦归虚文。……须令着实讲读,时时论难。用兵奇正,推衍其法。"①黄暹所说"用兵奇正",正是《孙子兵法》的用兵之术,诚如《孙子·势篇》:"战势不过奇正,奇正之变,不可胜穷也。"②他并且指出,武士讲论兵书已然流于形式。建议讲论兵书,要实实在在,经常进行辩论诘难,推演《孙子兵法》奇正之术。这一建议得到了宣祖的认可:"上令本曹施行。"

金宗直(1431—1492)目睹武士讲论《武经七书》,错误百出。金宗直,字季昷,号占毕斋,善山人。金宗直《三月十六日扈从慕华馆观试武士四首》一诗有言:"少年不读圣贤书,驰马试剑送居诸。今日天威仅咫尺,如箝在口惭冠裾。纷纷黄石与吴子,既失句读混鲁鱼。足记姓名姑试可,一鸣且戒黔之驴。"③由诗歌题名可知金宗直跟随国君到慕华馆,参加武士讲论《武经七书》,他亲身感受了讲论《武经七书》的场面,痛心武士不读圣贤之书,却总是驰马试剑。当他们面对主上时,噤若寒蝉。在宣讲黄石公《三略》和《吴子兵法》时,错误百出。诗人叹息,他们的水平只能记姓名,想要一鸣惊人,就要戒除黔之驴的愚蠢。

有的武官对讲读孙子兵学,不热心、不积极。例如,金昌翕笔下的北门书记不热心讲读《孙子兵法》。金昌翕(1653—1722)《书记》一诗有言:"北门书记问奚为,到日先愁返日迟。虎帐懒评孙武法,鲸灯勤续放翁诗。经营内职嚚新点,宠佐中权蔑旧规。换面去来何所干,徒闻费涕别胡姬。"④其中,"孙武法"是指孙武兵法,即"《孙子兵法》"。诗歌描写北门书记对军务不大关心,虽身在军营,但对《孙子兵法》讲读不大热心,而是在明亮耀眼的烛光之下,努力接续陆游的诗歌。

又如,有儒学背景的幕府官员不爱讲读孙子兵学。申靖夏(1681—1716)《新作书丌题背》一诗云:"截木成丌整不偏,咿唔还在戟门边。堪咍幕里新从事,不讲孙吴对圣贤。"⑤诗人在新制作的书丌背部题诗,感叹制作

---

① 黄暹:《息庵集》卷五《息庵先生年谱》,韩国古典翻译院:《影印标点韩国文集丛刊续》第5册,首尔:古典翻译院,2005年,第495页。
② 杨丙安:《十一家注孙子校理》,第89页。
③ 金宗直:《占毕斋集》卷二十《三月十六日扈从慕华馆观试武士四首》,韩国民族文化推进会:《影印标点韩国文集丛刊》第12册,汉城:景仁文化社,1988年,第365页。
④ 金昌翕:《三渊集·拾遗》卷十《书记》,韩国民族文化推进会:《影印标点韩国文集丛刊》第166册,汉城:景仁文化社,1998年,第390页。
⑤ 申靖夏:《恕庵集》卷四《新作书丌题背》,韩国民族文化推进会:《影印标点韩国文集丛刊》第197册,汉城:景仁文化社,1997年,第258页。

书丌的不容易。军门旁边传来朗朗读书声,令诗人叹息的是,幕府新来的官员不爱讲读《孙吴兵法》,只喜欢儒家圣贤之说。

（四）处罚讲解孙子兵学不合格者

讲解《孙子兵法》不畅通者被警告问责。《承政院日记》记载,安廷玹,以兵曹言启曰:"今正月十一日武臣宾厅武经讲书时,宣传官柳命源,《孙武子》第三卷不通……并依定式推考,何如?"①传曰:"允。"又如申耆,以兵曹言启曰:"今四月十一日,武臣宾厅武经讲书时……掌苑署别提金昌信,《孙武子》第三卷不通,并依法典,推考警责,何如?"②传曰:"允。"再如李祖承,以兵曹言启曰:"今七月十一日武臣宾厅武经讲书时……部将白仁喆,《孙武子》第二卷不通,并依定式,推考警责,何如?"③传曰:"允。"另如金履乔,以兵曹言启曰:"今七月十一日,武臣宾厅武经讲书时,都总府经历柳相奎、宣传官柳兴源,《孙武子》第二卷不通,依定式,并推考警责,何如?"④传曰:"允。"由上可知,朝鲜王朝国君对于讲解《孙子兵法》不通顺者,有明确的惩罚制度,加以惩戒。由兵曹长官进奏,国君批准,这一制度意在督促武官认真对待《孙子兵法》的讲论活动。

三、诵读孙子兵书

诵读孙子兵书,有两种方式:一是背诵《孙子兵法》。《承政院日记》记载,上曰:"昨日召见具鼎焕,使诵《孙武子》,其为人亦可用矣。着实用之,可也。"⑤兵曹判书金尚鲁曰:"臣昨日闻之,其能诵兵书者贵矣。近来无如此武士矣。"上曰:"王者惜人才,速为复职,可也。"由此知之,具鼎焕因能背诵《孙子兵法》,受到英祖的赏识,官复原职。《承政院日记》记载,田光洙进伏。上曰:"读何书?"光洙曰:"《孙武子》。"⑥上曰:"诵之否。"光洙诵之。……李应赫进伏。上曰:"汝何书?"应赫曰:"《孙武子》。"上曰:"能诵耶?"应赫诵之。由此可知,英祖考察田光洙和李应赫的兵书背诵情况,二人皆能背诵《孙子兵法》。

二是朗读《孙子兵法》。《承政院日记》记载,金泰身,"读《孙武子》自千里馈粮,止举矣"。朴载大,"读《孙武子》自法者曲制,止主用也"。⑦《承政

---

① 《承政院日记》第1698册,正祖十六年一月十一日,第49b页。
② 《承政院日记》第1702册,正祖十六年四月十一日,第55b页。
③ 《承政院日记》第1707册,正祖十六年七月十一日,第47b页。
④ 《承政院日记》第1914册,纯祖六年七月十一日,第44b页。
⑤ 《承政院日记》第1040册,英祖二十五年二月二十六日,第168a页。
⑥ 《承政院日记》第1149册,英祖三十三年十月二十五日,第139a页。
⑦ 《承政院日记》第1161册,英祖三十四年十月九日,第36a页。

院日记》记载,武经讲官"李哲培进读《孙武子》",①上曰:"多读矣。"由此知之,朝鲜国君有时当面让武官朗读《孙子兵法》,或长或短。有时还提出具体要求,比如英祖要求李哲培多读《孙子兵法》。

四、刊行孙子书籍

(一) 刊印《武经七书》

其一,为兴武学,成汝信建议刊印《武经七书》。成汝信(1546—1632)《上武学御史请立武成王庙书》评说,文武之事,不可偏废。非文则武不长,非武则文不固。"壬辰之乱、丁酉之祸,惨不忍言。"仰赖祖上神武威灵,得以海晏河清。新设武学,加以劝督,此是当今之急务,也是巩固国家安全重要之法。朝鲜"三面受敌,四隅要冲,非武则难可一日安枕"。大乱之余,国事未定,敌情难测,用武之道,不可轻视。

成汝信指出,兵家传授之法是兵书,兵书之中以太公《六韬》影响巨大,后来所出兵书大多吸收了太公兵书的优点:"《三略》因之而转换;八阵仿之而推演;孙、吴之简切;英、卫之奇正,莫不由是而祖述之。""孙"是指孙武兵书"《孙子兵法》"。成汝信并认为《孙子兵法》的简切风格是学习了太公《六韬》。他认定设立武成王庙并祭祀是可行的。诸葛亮和岳飞是忠臣,他们的用兵智慧,后学之士皆可为师,配享武成王庙,作为武士精神的皈依。首先,设立武学堂和武成王庙,以诸葛亮和岳飞配享,使武士习文,懂得礼仪。其次,优待武学人才,提供良好条件。再次,刊印《武经七书》等兵学书籍:"印《通鉴》《将鉴》《武经》等书,使之兼学兵书。"②又次,选拔品行和才能卓越者担任武学教师。最后,教习骑射和击刺,教导其忠诚主长,献身国家。无事之时一起学习,有事之时赴敌作战,努力培养十年,就会人才辈出。

其二,为了培养武学人才而刊印《武经七书》。柳赫然(1616—1680)建议刊印《武经七书》。《遗事》记载,柳赫然以李浣的劝武厅规定,劝勉士族学习射击技艺。遵照李时白的建议,防备仓猝之间军队无统领的祸患,建议刊印《武经七书》:"印《武经》以广教炼,定鸣镝除镞八寸之规,以便射夫。"③由此可知,柳赫然建议刊印《武经七书》,推广学习使用,加强兵学人才储备。

---

① 《承政院日记》第1292册,英祖四十五年五月二日,第8b页。
② 成汝信:《浮查集》卷三《上武学御史请立武成王庙书》,韩国民族文化推进会:《影印标点韩国文集丛刊》第56册,汉城:景仁文化社,1996年,第95页。
③ 柳赫然:《野堂遗稿》卷三《遗事》,韩国民族文化推进会:《影印标点韩国文集丛刊》第122册,汉城:景仁文化社,1996年,第348页。

其三,壬辰倭乱后,朝鲜大量刊印《武经七书》。柳楫(1585—1651),字用汝,号白石,文化人。任参谋。柳楫在《问国势炽如炎火之道》中指出,自从与倭国交战以来,大量印刷《武经七书》:"惟我国家一自兵兴之后,《武经七书》,刊行内外。"①值得注意的是,此是柳楫策问场合所言,其言不虚,壬辰倭乱极大推动了《武经七书》的广泛流布。

(二)刊行《孙子兵法》

除国家层面刊印孙子兵学书籍外,高尚颜建议抄写《孙吴兵法》以教导将领。权相一《行状》记载,高尚颜(1553—1623),字思勿,开州人。他曾向柳成龙上书御倭八策,言辞恳切,所言皆是要务:一是"屯兵边郡,以捍外而卫内"。二是"卑辞约和,以图济师而益备"。三是"厚赂行长,以探贼情"。四是"采银关北,以佐国用"。五是"括马牧场,以资战士"。六是"作铁鞭梗,以代杀手"。七是"抄孙吴书,以教诸将"。② 八是"用火攻策,以隶敌人"。值得注意的是,高尚颜第七条策略是传抄《孙吴兵法》,以此教导军队各个将领。

肃宗时,禁卫营报告,以铸造铅字印刷了《孙子兵法》15册。《承政院日记》记载,禁卫营启曰:"本营,曾以铸字印出《孙武子》矣,今才毕役。故五件十五册,别为妆䌙封进之意,敢启。"③传曰:"知道。"

此外,蔡济恭奉国君之命,精心选定百部作品,其中列入《孙子兵法》。蔡济恭(1720—1799),字伯规,号樊岩、樊翁,平康人。任兵判。《御定千古百选议》记述,蔡济恭奉圣谕,检点笔墨之事,有意选取作品,名为《千古百选》。选取之书有著名经文诸子、文章大家及异端之书。每一流派、每一大家,约定只选二三种,以百种之数为标准。人言人殊,想听取众人意见。列出的书目和名家有"《易》、《书》、《礼》、《春秋》、《战国策》、《论语》、《孟子》、《中庸》、《大学》、《孝经》、《老子》、《庄子》、《管子》、《列子》、《荀子》、《孙武子》、佛经、《参同契》、韩婴、陆贾、贾谊、司马迁、董仲舒、刘向、班彪、班固、诸葛亮、杜预、韩愈、柳宗元、陆贽、李翱、欧阳修、苏洵、苏轼、苏辙、王安石、曾巩、濂溪、康节、横渠、明道、伊川、朱子。"④此外,他强调:"如有当入而遗者,添入亦可。"《千古百选》书目中"《孙武子》"指的是"《孙子兵法》"。

---

① 柳楫:《白石遗稿》卷七《问国势炽如炎火之道》,韩国古典翻译院:《影印标点韩国文集丛刊续》第22册,首尔:古典翻译院,2006年,第152页。
② 高尚颜:《泰村集》卷六《行状》,韩国民族文化推进会:《影印标点韩国文集丛刊》第59册,汉城:景仁文化社,1996年,第289页。
③ 《承政院日记》第310册,肃宗十一年八月一日,第55a页。
④ 蔡济恭:《樊岩集》卷二十九《御定千古百选议》,韩国民族文化推进会:《影印标点韩国文集丛刊》第235册,汉城:景仁文化社,2001年,第564页。

值得注意的是,在《千古百选》初选名单上,《孙子兵法》是唯一被列入的兵书。由此可知,在蔡济恭的心目中,《孙子兵法》的地位非同一般。

五、孙子兵学与武科取士

朝鲜的武科取士之制始自高丽,但实施是在朝鲜王朝。李学逵(1770—1835)《武科》记载,武科取士,中国有武进士科目,东邦始见于高丽恭让王二年(1345)。都评议使司进奏,文武二科不可偏废:"本朝(朝鲜王朝)只取文科,不取武科,故武艺成材者少。请于寅申己亥年设科,取人如文科仪。取通兵书精武艺者,永为恒式。今以子午卯酉年,并文科试取。"①设立武科取士的缘由,是因单纯文科取士,造成武学人才匮乏。为了平衡国家对于人才的需要,设立了武科取士,考察的标准是通晓兵书,精通武艺。

早期武科取士,试讲兵书比较容易。卞季良(1369—1430)提及朝鲜世宗对武科取士有自己想法。《世宗实录》记载,十一年己酉(1429),世宗指出,武科进士赐牌,赐华盖,赐宴饮和游街,与文科进士并无区别。然而此是太宗所立之法,不可轻易改变。世宗提议,武科取才"只讲四书二经,如何"?卞季良建议:"武科之异于甲士者,但以讲兵书也。然不过粗通三四书而已,如此而与文科无异。故士皆舍文就武,今使讲四书一经则可矣。"②可知,当时试讲兵书要求粗略知晓,比较容易。以至许多人不愿学文而愿意学武。所以,卞季良建议武科考试应有所改变,但不易太难,建议只讲"四书一经"。

武科试讲兵书成为惯例。申钦(1566—1628)《山中独言》记载,朝鲜王朝选拔人才有三种途径:一是文科取士;二是武科取士;三是恩荫世袭。文科取士试之以文,讲之以经。"武科则试之以弓马,讲之以兵书。"③武科取士显然不仅有技艺考试,而且有兵书试讲。这种选拔人才制度,二百年来没有改变。

武科诸生要学《孙吴兵法》。朴泰汉(1664—1697)《文武课试之制》记载,"已中武科者,各于其邑,从自愿处于武学堂,或于其家,习《孝经》《论语》。又分所能,或学孙吴、太公诸书及古来智将事迹,或习骑射诸艺及古今

---

① 李学逵:《洛下生集》册二十《东事日知·武科》,韩国民族文化推进会:《影印标点韩国文集丛刊》第290册,汉城:景仁文化社,2002年,第605页。
② 卞季良:《春亭集·续集》卷四《世宗实录》,韩国民族文化推进会:《影印标点韩国文集丛刊》第8册,汉城:景仁文化社,1996年,第242页。
③ 申钦:《象村稿》卷五十三《漫稿》第四《山中独言》,韩国民族文化推进会:《影印标点韩国文集丛刊》第72册,汉城:景仁文化社,1996年,第355页。

勇士事迹"。① 其中,"孙吴、太公诸书",是指《孙吴兵法》和《六韬》"。凡是考中武科者,要么在武学堂,要么在家中,根据自己的擅长,学习《孙吴兵法》《六韬》及用兵之事。

徐庆昌(1758—1813)建议武学取士重点试讲《六韬》和《孙子兵法》。徐庆昌《武备说》科讲条指出,国家武科取人之法专用射技,不过是一人之敌。有的人精通兵法,但不娴熟射技,就不能在国家危急时为国效力。而兵法超过射技不只百倍,对于精通兵法者应留任,对御敌取胜有好处。

并且,武科取士试讲兵书不过当面讲解一章而已,这与不讲无多大的区别。应效仿文科讲经之例,背诵并讲解《武经七书》。如精通兵法,允许直接参加殿试,这样有志之士一定会在《武经七书》下工夫。如果全部讲解《武经七书》,就会出现"博而不精"的弊病。因而,他建议只讲《六韬》《孙子兵法》,背讲三处,这对于精通兵法却不娴熟射技者开辟了一条效忠国家的路径。

此外,徐庆昌建议训局选取人才背诵和试讲《孙子兵法》。《武备说》取才条指出,壬辰之乱后,各营军制皆用哨司。设营之初,不得不以《兵学指南》为要目。可是,《兵学指南》对治兵而言,犹如药方和医书的关系,如使学医之人只是口诵药方,而对治病投放药剂的先后,一定漠然无知,不是真正学医之人。劝人学医,就一定教之医书,观察学习成效。训局试讲,有才艺者专讲《兵学指南》,不涉及其他兵书,无异劝人学医,只背药方,却不教医书。训局把善讲《兵学指南》为有才艺者,由来已久。但要区分类别,作为取才标准。兵书用《孙武子》一书,背讲三处,而能晓解,然后允许差遣。显而易见,徐庆昌认为,选取武学人才不应只把《兵学指南》作为标准,而应重视《孙子兵法》,需要背诵、讲解《孙子兵法》。他建议这一做法进一步扩大,行伍之人都可讲解《孙子兵法》。

武科考试讲解《孙子兵法》和《三略》。丁若镛《选科举之规二》记载,武科初试,三场完成。开场考试,"讲兵书、算书、律书",所讲"兵书,《孙武子》《三略》也"。② 其中,"《孙武子》"即"《孙子兵法》"。由此可知,武科考试规定讲解兵书有《孙子兵法》。《治选之额》评说,以武科而言,勇健跳跃,挽强穿坚,以此自胜于一人,豪杰以此为羞耻。"胸蕴孙吴之略,心布韩彭之算。卧辀之谋,足以破敌。穿札之射,终不成技者,又不可胜数,若是者皆在

---

① 朴泰汉:《朴正字遗稿》卷二《文武课试之制》,韩国古典翻译院:《影印标点韩国文集丛刊续》第55册,首尔:古典翻译院,2008年,第224—225页。
② 丁若镛:《与犹堂全书·五集》卷十五《春官修制·选科举之规二》,韩国民族文化推进会:《影印标点韩国文集丛刊》第285册,汉城:景仁文化社,2002年,第290页。

所弃乎？"①丁若镛强调，武科绝不能只考武技，尤其对那些胸中隐藏孙武、吴起的用兵方略，心中有韩信、彭越一样的谋略，如同卧在辎车上的孙膑，足以破强敌者。对于试射而言，最终不能射穿凯甲，不能由此而将这些人拒之门外。因此，试讲兵书《孙子兵法》和《三略》，观察其智谋及应变能力。

由上可知，朝鲜王朝武科取士考察兵书是通行惯例，但讲解的兵书的程式却始终处于变化之中，而长期以来《孙子兵法》受到特别关注，成为测试兵书的重点要求。

六、孙子兵学与诗歌题咏

朴粲圭《四名子诗集序》阐明，诗歌最能体现人的真性情："泻出性情，披露天真"，"无过乎诗焉"。

（一）题咏孙武

1. 赞扬孙武用尽心机创立功勋。金宗直《亨斋诗集序》记载，李稷（1362—1431），"无书不读，闳乎中而肆乎外。其为诗文，优游浑厚"。李稷《奉次章天使诗韵》有言："当今廊庙登伊周，区区燕蓟徒尚武。孙吴卫霍罄深衷，好谋直欲收奇功。大化东渐遍雨露，拜手老幼欢呼同。誓将一心奉明训，反复小辈奚足论。"②诗人赞扬天朝有伊尹、周公一样的大臣，燕蓟之地推崇尚武之风。孙武、吴起、卫青、霍去病用尽心机，喜欢计谋，只想立下奇特功勋。

2. 赞扬孙武的忧患意识。徐居正《太虚亭集序》记载，崔恒（1409—1474）"博极群书，涵养精熟"，"集文章之大成，独步当时"。崔恒《贺平北歌》一诗有言："箕甸舆图广，尧天覆冒深。鲸涛收鲽海，狼燧息鲲岑。蕞尔连螗臂，狺然逞兽心。万全神算运，一怒睿谟沉。裴李膺推毂，孙吴悉枕金。元凶俄授首，余丑尽寒心。貔貅穷窟穴，枭獍绝飞潜。捷书来自朔，庆声暨于南。"③诗中"裴李"，是指唐代裴度（765—839）和李愬（773—821），二者都是唐代名将，裴度督率诸将平定淮西之乱，李愬一举攻克三十年失控的蔡州城。"枕金"指以兵器、甲胄为卧席，形容时刻保持警惕之心，随时准备迎敌。诗句"裴李膺推毂，孙吴悉枕金"，描述了裴度、李愬一心想着将帅之事，

---

① 丁若镛：《与犹堂全书·五集》卷十五《春官修制·治选之额》，韩国民族文化推进会：《影印标点韩国文集丛刊》第 285 册，第 292 页。
② 李稷：《亨斋诗集》卷一《奉次章天使诗韵》，韩国民族文化推进会：《影印标点韩国文集丛刊》第 7 册，汉城：景仁文化社，1996 年，第 534 页。
③ 崔恒：《太虚亭集·诗集》卷一《贺北平歌十三韵》，韩国民族文化推进会：《影印标点韩国文集丛刊》第 9 册，汉城：景仁文化社，1996 年，第 162 页。

孙武、吴起卧席却不解除兵甲,准备随时迎战敌人。二人的忧患意识溢于言表。

3. 赞扬孙武论兵之才。徐居正之诗《奉送洪节度之镇四首》有言:"将门生将早箕裘,万里青云得意秋。花县忆曾留异绩,柳营今复运良筹。气雄虎旅三千队,令肃龙骧万斛舟。南顾君王宽圣虑,姓名从此入金瓯。"诗人赞誉洪节度出身将门,早早继承祖上事业,如今正是青云万里,得志之时。他的诗文"韩信旌旗谢朓篇,一身文武两能全。谈兵自可孙吴齿,报国端能卫霍肩"①还提到了孙武。诗中"谢朓"(464—499),南朝齐人,擅长诗赋。李白《酬殷明佐见赠五云裘歌》:"我吟谢朓诗上语,朔风飒飒吹飞雨。"诗人赞扬洪节度,仿佛韩信领兵,又如谢朓创作诗篇。文武双全,谈论用兵可与孙武、吴起比肩,报效国家可与卫青、霍去病媲美。有朝一日,麒麟阁上画上他的图像。

4. 诗人立志成为孙武。沈彦光(1487—1540)《定州次唐学士韵》一诗有言:"同来壮士最雄州,文武当时第一流。节拟古人元不让,才方前哲更谁优。孙吴已许行间识,颇牧犹从禁里求。帷幄他年先借着,书生未必少嘉猷。"②诗中"借着"当为"借箸"。唐人杜牧《河湟》之诗有言:"元载相公曾借箸,宪宗皇帝亦留神。"诗人赞扬豪壮之人一同来到最雄伟的州郡,身怀文武之道,当时已属第一流。气节仿效古人,当仁不让,才华可与前代贤良可比。立志成为孙武、吴起一样的兵家。

5. 诗人自嘲如孙武喜好用兵。李安讷(1571—1637)《奉谢月沙相公用前韵见寄》:"一城风雨近清明,寥落三年病马卿。阙状正甘加厚谴,褒恩曾忝奏虚名。谁知管乐能经国,自笑孙吴好用兵。多谢诗坛老盟主,彩笺时寄慰幽情。"③此诗写给李廷龟,诗人描写临近清明时节整座城市遭受风雨。咏叹有谁知道管仲和乐毅能治理国家,自嘲如孙武、吴起一样喜欢用兵打仗。

6. 评价诸葛亮用兵与孙武相差甚远。曹文秀(1590—1647)《江湖行》

---

① 徐居正:《四佳诗集》卷二十一《奉送洪节度之镇四首》,韩国民族文化推进会:《韩国历代文集丛书》第52册,汉城:景仁文化社,1999年,第453页。
② 沈彦光:《渔村集》卷四《西征稿·诗·定州次唐学士韵》,韩国民族文化推进会:《韩国历代文集丛书》第41册,汉城:景仁文化社,1999年,第144页。
③ 李安讷:《东岳先生文集》卷十二《江都录·奉谢月沙相公用前韵见寄》,韩国民族文化推进会:《韩国历代文集丛书》第701册,汉城:景仁文化社,1999年,第217页。又见李廷龟:《月沙集》卷十四《废逐录·再用前韵赠东岳二首》,韩国民族文化推进会:《影印标点韩国文集丛刊》第69册,汉城:景仁文化社,1996年,第342页:"一城风雨近清明,寥落三年病马卿。阙状政甘加厚谴,褒恩曾忝奏虚名。谁怜管乐能经国,自笑孙吴好用兵。多谢诗坛老盟主,彩笺时寄慰幽情。"但这两首诗的内容略有差别,前者正甘,后者作政甘,后者更合事理。

一诗有言:"君虽不饮且酤我,醉后华笺为余扫。词锋往往杂利钝,武侯自与孙吴远。一觞一咏聊寄耳,余事相期保岁晚。江湖有忧亦有乐,此乐莫教忧相属。"①诗人述说,友人虽不喜好饮酒,却喜欢和我一起饮酒。友人大醉之后为我题诗,一扫而尽。词锋好坏往往混杂在一起,诸葛亮与孙武、吴起相差很远。一杯酒,一首诗,聊寄个人情怀,相互希望保重。

7. 痛心边疆缺乏孙武之才。金友伋(1574—1643),字士益,自号秋潭,光山人。《行状》赞扬金友伋"诗文雅洁,又长于歌篇,寓兴据景,多发于忠义"。具序《秋潭文集序》:"诗出于性情,关于时运。"②金友伋《夜吟》一诗有言:"不堪看剑气,中夜独凭栏。边鄙无孙武,朝家有子兰。虫吟四壁破,月吐半山明。萧瑟兼悲愤,无端涕泪泛。"③诗人以"夜吟"为题,诗人夜中无法入眠,不忍心看宝剑精光之气,独自凭栏,痛心边疆缺少孙武一样的人才,痛恨朝中有子兰一样的奸佞。

8. 赞扬孙武机变之术。李晚秀(1752—1820),字成仲,自号屐翁,延安人。任兵曹佐郎、兵曹参知、大司成、大司谏,拜兵曹判书。洪景叛乱,攻陷嘉山,进犯安州。民不知兵,中外惊骇。李晚秀激励士民,整饬军队,人心赖以底定。他作诗:"遇境随笔,惟求会心。无诡奇雕绘之态,意致冲远。"李晚秀《题靖清北雅后》一诗有言:"新安城外螭首丰,盖马山前京观丛。潢流滔天竟归东,日星昭揭廓浑埲。千官稽首贺櫜弓,至治玄默不言功。巷有高士大国风,平淮雅歌声摩空。大明常武旨义通,尉缭孙武机变穷。巨匠肯比吴下蒙,弘璧可以周序充。偾军老臣发如葱,百回讽读心神融。不图文章至斯工,储养圣化齐穹窿。"④诗中有"螭首"之说,螭是古时传说的蛟龙,装饰碑首,便为螭首,显得高贵。"京观"是炫耀武功,胜利者聚集敌尸,封土筑冢。"弘璧"是国宝。《尚书·顾命》记载,周康王继承八件国宝:"赤刀、大训、弘璧、琬琰在西序;大玉、夷玉、天球、河图在东序。"诗歌描写新安城外石碑螭首高大,盖马山前京观众多。诗人感慨,最好的治理是清静无为。村巷有大国高士之风,平定淮地的雅歌回响在长空。通晓《大明》《常武》的旨义,穷尽尉缭、孙武的随机应变。

---

① 曹文秀:《雪汀诗集》卷二《江湖行寄疏庵、泽堂、玄谷同游三君子》,韩国民族文化推进会:《韩国历代文集丛书》第 3107 册,首尔:景仁文化社,2016 年,第 372 页。
② 具序:《秋潭文集序》,金友伋:《秋潭先生文集》,韩国民族文化推进会:《韩国历代文集丛书》第 2220 册,汉城:景仁文化社,1997 年,第 3 页。
③ 金友伋:《秋潭文集》卷六《夜吟》,韩国民族文化推进会:《韩国历代文集丛书》第 2220 册,第 134 页。
④ 李晚秀:《屐园遗稿》卷一《题靖清北雅后》,韩国民族文化推进会:《影印标点韩国文集丛刊》第 268 册,汉城:景仁文化社,2001 年,第 38 页。

(二）题咏学习孙子兵学情形

朝鲜王朝诗人题咏学习孙子兵学的诗歌,可从三方面考察。

1. 从多个视角描写学习孙子兵学的动机。

其一,学习《孙子兵法》效命疆场。金时习（1435—1493）,字悦卿,号梅月堂。江陵人。遁迹山林,穷饿以死,著有《梅月堂文集》。李珥《金时习传》记载,金时习"托迹缁门,僧名雪岑。累变其号,曰清寒子,曰东峰,曰碧山清隐,曰赘世翁,曰梅月堂"。李山海《梅月堂集序》评述金时习:"其为诗也,本诸性情,形于吟咏,故不事锻炼绣绘,而自然成章。"金时习《壮志》一诗有言:"壮志桑弧射四方,东丘千里负青箱。欲参周孔明仁义,又学孙吴事威扬。运到苏秦悬相印,命穷正则赋骚章。如今落魄无才思,曳杖行歌类楚狂。"①诗人倾诉自己少年时代有远大志向,以桑木为弓,射天地四方。唐人李白《上安州裴刺史书》:"士生则桑弧蓬矢,射乎四方。"诗人描述自己不远千里拜师求学,探究周公、孔子之学,光大仁义之道。又想学习《孙吴兵法》效命疆场。好运来临时,可像苏秦一样悬佩六国相印。命运不佳时,可创作词赋和诗章。李珥《金时习传》记载,金时习虽不得志,"终不能屈志,放旷如旧,值月夜。喜诵离骚经,诵罢必哭"。

其二,掌握《孙子兵法》用兵谋略。徐居正《进〈三国史节要〉笺》:"国可灭,史不可灭。""今为鉴,而古亦为鉴。""善吾师,而恶亦吾师。"徐居正《寄咸吉道巡察使康参判同年》一诗有言:"南宫独坐四年强,碌碌无成鬓已霜。事业君应镌碧简,功名愧我缩黄杨。胸中岂乏孙吴略,世上虚传贺李狂。二十年前交道在,相思日日几回肠。"②诗歌题名中的"康参判"是指"康孝文",由徐居正另一首诗歌题名《寄咸吉道副元戎康同年孝文》加以推断。诗人忆起自己在南宫孤独度过的四年时光,一事无成。他激励巡察使康孝文,创立功业,留名青史。倾诉自己追求功名,很是惭愧。心中从不缺乏《孙吴兵法》用兵谋略,社会上流传着李贺狂妄并不真实。

此外,徐居正《送永安道李节度三首》一诗有言:"姓名曾已覆金瓯,建节辕门尚黑头。心上六韬蟠虎豹,腰间双剑吼龙虬。筹边已熟孙吴策,出塞终成卫霍谋。从此九重宽北顾,长城万里复何求。"③诗人称赞李节度的姓

---

① 金时习:《梅月堂集·诗集》卷一《壮志》,韩国民族文化推进会:《影印标点韩国文集丛刊》第13册,汉城:景仁文化社,1996年,第99页。
② 徐居正:《四佳诗集》卷九《寄咸吉道巡察使康参判同年》,韩国民族文化推进会:《韩国历代文集丛书》第51册,汉城:景仁文化社,1999年,第344页。
③ 徐居正:《四佳诗集》卷四十五《送永安道李节度三首》,韩国民族文化推进会:《韩国历代文集丛书》第52册,第47页。

名刻在了金盂,年轻时就已节制军营。心上记挂《六韬》,如龙虎一样萦绕心间。腰间悬挂宝剑,如飞龙一样吼叫。筹划边境事务,早已熟悉《孙吴兵法》用兵策略,出守边塞成就了卫青、霍去病的谋略。从此之后,缓解了朝廷对北方的忧虑,万里长城还有什么用处。

沈彦光(1487—1540),字士炯,号渔村,三陟人。中进士,拜礼曹佐郎,迁兵曹佐郎。拜成均馆大司成、兵曹参判。李之濂《行状》记载,沈彦光"尤长于诗,雅健富丽,自成一家"。沈彦光《题部将契轴》一诗有言:"兵家筹画学孙吴,禀气山河作丈夫。只把韬钤犹卫国,宁随矢儋幸全躯。他年勋业归钟万,此日风标上画图。离合人间俱白首,誓同鹡鸰义相扶。"①诗人劝说部将契轴,兵家谋略应学习《孙吴兵法》,禀承天地山河精华之气,有大丈夫作为。一心应用兵家谋略保卫国家,伴随矢石侥幸保全自己性命。以往建立的功勋得到优厚的俸禄,今日追求的风尚是标名麒麟阁。

吴始万(1647—?),曾任修撰、大司谏,他的诗歌《挽章》:"圣朝悬金日,师中得俊材。平生孙武略,余事子昂才。宿望银台峻,威名玉帐开。三朝仗忠节,八座领河魁。忽罢青蛇梦,翻罹白狖灾。风惊大树折,雨泣一军哀。尺剑空留咏,长城奈自颓。亨衢星纪转,阴谷日光回。优谏分宸翰,追恩赠上台。十年移兆宅,知有此时来。"②诗人陈述,圣明之朝悬金榜之日,军中得到了卓越人才。此生精通孙武的计略,即《孙子兵法》的谋略。职事之外又表现出陈子昂一样的才华。素负重望,使得银台司纲纪严格。威名卓著,担当主帅之任。因坏人作梗而中断梦想,刚刚翻身,又遭白狸之灾。狂风突起,大树折断,全军将士悲伤,泪如雨下。只留下三尺之剑,使人咏叹不已。自坏长城,令人无奈。

2. 从多个视角描写学习孙子兵学场景。

其一,追忆军营学习《孙吴兵法》。李安讷(1571—1637),字子敏,号东岳,德水人。拜北道兵马评事,历刑、户、礼三曹佐郎,擢拜吉州牧使,出为洪州牧使,后为咸镜道观察使。金尚宪《神道碑铭并序》赞扬李安讷"为诗沉思精意,蕴蓄以发之,犹恐不完美","篇篇锻炼,如千百首选一首,尤工于近体"。李安讷有诗《释王寺》:"禅翁释王寺,古帖听天堂。忽喜寻真界,偏忘驻异乡。诗中工部圣,酒后翰林狂。一笑平生事,临溪了夕阳。玉帐孙吴法,金闺鲍谢文。鼓喧青海月,旗飏黑山云。老衲惊初见,禅龛惬旧闻。悠

---

① 沈彦光:《渔村集》卷二《诗·题部将契轴》,韩国民族文化推进会:《韩国历代文集丛书》第41册,汉城:景仁文化社,1999年,第123页。
② 柳赫然:《野堂遗稿》卷四《附录·挽章》,韩国民族文化推进会:《影印标点韩国文集丛刊》第122册,汉城:景仁文化社,1996年,第369页。

悠百年计,一夜对云云。"①诗人述说,在释王寺遇到了一位老僧,听他讲古帖佛语,高兴自己忽然寻找到了仙境。作诗如杜甫一样聪慧,酒后像李白一样痴狂。诗人追忆自己曾在军营学习《孙吴兵法》,在朝廷之上创作鲍照和谢灵运一样的诗歌。其实,李安讷少年时就曾学过《孙吴兵法》。李安讷《次韵赠郑秀才》之诗有言:"朔雪漫天岁欲阑,峡村羁思转凄酸。少年曾学孙吴法,盛世谁登李杜坛。罪戾在身严谴重,功名无命壮心残。逢君莫怪留长语,佳士他乡见面难。"②诗人描写,北方漫天大雪飞舞,一年岁月即将过完。思绪停留在峡村,渐渐转向悲痛辛酸。少年时代就曾学习《孙吴兵法》。盛世时代,有谁如李白、杜甫一样显名于诗坛。李安讷所言"郑秀才"是指郑致和,从另一首诗歌可知,他的《赠郑秀才致和》:"文翼元臣宅撰年,中台容祖费陶甄。两家子弟吾偏忝,三代公卿汝又贤。"③

其二,夜间学习《孙吴兵法》。洪世泰(1653—1725),字道长,号沧浪、柳下,唐城人。选补吏文学官,升槐院制述官。《自序》:"读经史外,诸子百家,无不遍览。""窃谓诗者,出于性情,达乎声音,讽之自然,有神动天随之妙者,斯为至矣。"洪世泰有诗《塞下曲,寄申评事》:"镜城西北尽黄榆,绝塞无尘夜月孤。细酌葡萄千斛酒,每烧红烛读孙吴。"④诗中的"尘",意为"风尘"。《汉书·终军传》:"边境时有风尘之警,臣宣被坚执锐,当矢石,启前行。"诗人述说,镜城的西北到处生长着黄榆树。度越边塞,却没有一点风尘之警。月明之夜,非常孤独。每天傍晚,便点燃红色蜡烛,慢慢斟上葡萄美酒,开始阅读《孙吴兵法》。

赵正万(1656—1739),字定而,号寤斋,林川人。任罗州牧使、清州牧使、水原府使。朴弼周《行状》记载,水原为畿辅重镇,有八千兵马,兵器多不堪使用。赵正万善于治兵,旗甲鲜明,弓强剑利,军容改观。戊申之乱,赵正万出兵发挥了重大作用。赵正万"尤长于诗","信意放笔,俊逸汪洋。风发泉涌,随地异态"。赵正万之诗《读孙吴子》:"偏邦僻在海东隅,南接莱蛮北近胡。自笑书生多慷慨,县斋寒夜读孙吴。"⑤诗人以阅读《孙吴兵法》为题,

---

① 李安讷:《东岳先生文集》卷十九《咸营录·释王寺赠慧熙长老谨用帖中故听天沈相国韵》,韩国民族文化推进会:《韩国历代文集丛书》第701册,汉城:景仁文化社,1999年,第359页。
② 李安讷:《东岳先生文集》卷十七《东迁录下·次韵赠郑秀才》,韩国民族文化推进会:《韩国历代文集丛书》第701册,第295页。
③ 李安讷:《东岳先生文集》卷十七《东迁录下·赠郑秀才致和》,韩国民族文化推进会:《韩国历代文集丛书》第701册,第300页。
④ 洪世泰:《柳下集》卷六《塞下曲寄申评事》,韩国民族文化推进会:《影印标点韩国文集丛刊》第167册,汉城:景仁文化社,1998年,第410页。
⑤ 赵正万:《寤斋集》卷一《诗孙吴子》,韩国古典翻译院:《影印标点韩国文集丛刊续》第51册,首尔:古典翻译院,2008年,第429页。

描写了朝鲜国地处偏僻,在大海东部之一角,南面接壤蛮夷,北面靠近胡人。诗人自嘲,一介书生偏偏如此慷慨激昂,寒冬夜里在县衙屋斋中阅读《孙吴兵法》。可见,诗人具有深深的忧患意识,勤奋学习《孙吴兵法》,立志报效国家。

其三,既学击剑,又学《孙吴兵法》。李夏坤(1677—1724),字载大,号澹轩,庆州人。朴永元《祖妣赠淑夫人庆州李氏墓志》记载,(李)"夏坤进士,官翊卫司副率"。《澹轩哀辞甲辰》记载:"先生名家子,早负才器,以经济自期。既博极群书,于治兵理财当世之务,靡不周通贯穿。"李夏坤之诗《闲居述怀用山月晓仍在林风凉不绝为韵》:"少小有壮志,破浪乘长风。击剑读孙吴,龙虎蟠心胸。十载云林下,吃蔬不嫌穷。中宵卧斗屋,吐气成长虹。"①诗歌描写诗人少年怀有雄心壮志,愿乘万里长风,劈波斩浪。他既学习击剑,又阅读《孙吴兵法》。心胸之中,龙踞虎盘。

其四,坐在城楼上学习《孙吴兵法》。丁范祖《领议政谥文肃蔡公神道碑铭并序》赞扬蔡济恭之"诗亦典硕豪畅,浑浑有盛世之音"。蔡济恭(1720—1799)之诗《城津》:"蓬岛苍苍远色浑,扶桑万里莽开轩。星河烛海群龙动,沆瀣摇城百雉翻。六镇风沙凋鬓发,一年鞍马尽乾坤。高楼坐阅《孙吴》传,熏歇金炉蜡见根。"②诗歌描写诗人远望蓬岛,苍苍茫茫,海天一色。东方万里,如同拉下的帷幕,一片草莽。天空银河如同点点烛光。大海之中,群龙跳跃,沆瀣一气,准备摇翻百雉之城。六镇掀起狂风巨沙,自己的鬓发开始凋零,一年之中要到天下各地出征。诗人端坐在高高的城楼,阅读流传下来的《孙吴兵法》,直到金色香炉的烟火歇灭,蜡烛烧到根的底部。

其五,随身携带《孙吴兵法》学习。蔡济恭《阿耳镇用铁堂峡韵》之诗云:"杰壁四环拱,其上飞鸟绝。刻画浮云顶,坚城镕白铁。大江束成襟,华夷地脉裂。民力创线路,四月斳冰雪。关防始有得,徇谯我颜悦。标岩戴受降,万古立不折。但使兵食足,何有搀抢灭。袖中《孙吴》传,腔血长时热。"③诗中"搀抢"亦作"搀枪",彗星名。古代以"搀抢"为妖星,主兵祸。刘向《说苑·辨物》:"搀抢、彗孛、旬始、枉矢、蚩尤之旗,皆五星盈缩之所生也。"诗人描述了阿耳镇雄伟的气象,有非同一般的城墙,四面拱卫。城上飞

---

① 李夏坤:《头陀草》册八《闲居述怀用山月晓仍在林风凉不绝为韵》,韩国民族文化推进会:《影印标点韩国文集丛刊》第191册,汉城:景仁文化社,1999年,第332页。
② 蔡济恭:《樊岩集》卷八《载笔录·城津》,韩国民族文化推进会:《影印标点韩国文集丛刊》第235册,汉城:景仁文化社,2001年,第173页。
③ 蔡济恭:《樊岩集》卷十二《关西录·阿耳镇用铁堂峡韵》,韩国民族文化推进会:《影印标点韩国文集丛刊》第235册,第228页。

鸟断绝,城楼顶部雕饰如在浮云之中,坚固的城防如同白铁铸成一般。诗人巡行谯地,内心喜悦,感慨往昔,只接受敌人的投降,万古屹立,从不屈服。只要军粮充足,何必担忧不能扫灭祸乱。自己随身携带流传下来的《孙吴兵法》,心中满腔热血,长时间沸腾。

其六,学完《孙吴兵法》之后饮酒。成大中(1732—1812),字士执,号青城,又号醇斋,昌宁人。任司宪府持平掌令、五卫将。赵寅永《青城集序》赞扬成大中:"根柢六经,总括百家。"成大中之诗《高沙堡遇江界老妓巫云书赠》曰:"读罢《孙吴》谩引卮,壮心虚负勒燕碑。白头偶过临江戍,闲听云婆咏出师。"①诗人述说读罢《孙吴兵法》后,随兴饮酒。痛心自己白白辜负了昔日立碑燕然山的雄心壮志,年岁大了偶然经过临江的戍地,空闲时候听到歌妓咏唱出师的乐曲。

3. 从多个角度描述对待孙子兵学的心态。

其一,早年喜爱《孙子兵法》。李恒(1499—1576),字恒之,号一斋,星州人。拜义盈库主簿、司宪府台官。吏曹参判李阳元(1526—1592)为李恒所撰《挽词》:"早悦孙吴志武功,虎头韬策擅名雄。新心忽悟横渠勇,道气浑消昇毂风。三极究穷超物表,百年教洽化南中。职縻未赴三千会,回首空惭絮酒丰。"②诗人描述李恒早年喜欢《孙吴兵法》,立志建立卓越武功。头形似虎,擅长兵家韬略,是位很出名的英雄。有一天,心中忽然醒悟,认识到张载学习儒学的果断,勇于追求理学精神。诗中"横渠勇"是指张载喜爱谈论军事,得到范仲淹规劝,对他说:"儒者自有名教,何事于兵?"勉励他读《中庸》,在儒学上下工夫,张载于是回家苦读《中庸》。

沈喜寿(1548—1622),字伯惧,号一松,水雷累人。历任备边司郎、左议政、吏曹判书、户曹判书、大提学。沈喜寿之诗《挽许知事》有言:"弱冠粗豪侠窟行,薄云高义动秦城。嬉游早悦孙吴略,检束终齐李杜名。合浦还珠前史贵,寿春留犊后人惊。褒嘉宠典矜衰世,不是家荣是国荣。"③诗歌题名中的"许知事"是指许潜,诗歌描述许潜未成年时举止豪爽,行走在侠士云集之地。义薄云天,震动秦城。他早年嬉游喜爱《孙吴兵法》用兵之术,后来约束自身行止,最终与李白、杜甫齐名。在合浦时,为官清廉,政绩卓著,为世人

---

① 成大中:《青城集》卷三《高沙堡遇江界老妓巫云书赠》,韩国民族文化推进会:《影印标点韩国文集丛刊》第 248 册,汉城:景仁文化社,2001 年,第 399 页。
② 李恒:《一斋集》附录《挽词》,韩国民族文化推进会:《影印标点韩国文集丛刊》第 28 册,汉城:景仁文化社,1996 年,第 447 页。
③ 沈喜寿:《一松集》卷二《挽许知事》,韩国民族文化推进会:《影印标点韩国文集丛刊》第 57 册,汉城:景仁文化社,1996 年,第 199 页。

看重。在寿春为官清廉,令后人吃惊。衰落之世,得到朝廷的嘉奖和尊宠。这分明不是一个家族的荣耀,而是国家的荣耀。

其二,渴望学习《孙吴兵法》。李海寿(1536—1599),字大仲,号药圃、敬斋,全义人。任工、礼、兵曹佐郎,以及工、兵曹参议,出任黄海道观察使。李海寿《再和前韵》一诗有言:"但得孙吴第一流,蛮方匪茹不深忧。百年羞辱非难洒,一片山河亦易收。耕凿会看归乐业,烟尘无复入边愁。三军司命由来重,谁为吾王一借筹。"①诗中所言"三军司命",是指统帅。《孙子·作战篇》:"知兵之将,生民之司命,国家安危之主也。"②诗人真情流露出,只要学到《孙吴兵法》第一流的用兵艺术,就不必深深忧虑南方的蛮族,百年屈辱并非难以洗雪,失去的大好山河也易于收复。诗人无限深情地说,三军统帅从来就很重要,有谁能为君王做出宏伟的谋划。

其三,惋惜未曾学习《孙吴兵法》。沈喜寿(1548—1622)《挽金将军》之诗有言:"休道东川㺚貊卑,山西劲气盛于斯。胚胎始挺惟馨质,长养终归最健儿。力挽千牛无敌勇,胸藏万甲有余奇。孙吴秘诀何常习,廉蔺雄机庶或窥。混迹韬钤淹白屋,发身科第近丹墀。宣城符印边虞棘,辽塞干戈杀运滋。奴贼横行凡几载,王师薄伐此其时。朝廷震叠戎衣怒,经理竞严战角吹。两帅皆忧移檄急,三军还恐执酋迟。助防忠愤嗟谁夺,主阃奸谋誓莫知。宝剑穿肠膏错落,强弧射面血淋漓。"③从诗歌的题名来看,金将军是金应河。他曾担任营将,与少数民族争战中英勇战死。④ 诗人先是赞扬金应河,不要说东川的㺚貊是低贱的,山西的刚直之气正兴于此。婴儿时就有优秀的禀赋,好好养护终归是最为勇健的男儿。他的力气之大,能拉动千牛。英勇无敌,胸中藏有千军。他未曾学过《孙吴兵法》用兵秘诀,或许看过廉颇和蔺相如的智慧计谋。

其四,庆幸学习了《孙吴兵法》。金锡冑(1634—1684),字斯百,号息庵,清风人。金万基《右议政清城府院君金公墓志铭》记载,金锡冑"博观群书,旁及天文、历象、算数、兵家语"。中进士第一名,移司宪府持平。授兵曹

---

① 李海寿:《药圃遗稿》卷四《松都杂咏·再和前韵》,韩国民族文化推进会:《影印标点韩国文集丛刊》第 46 册,汉城:景仁文化社,1996 年,第 62 页。
② 杨丙安:《十一家注孙子校理》,第 39 页。
③ 沈喜寿:《一松集遗稿·挽金将军》,韩国民族文化推进会:《影印标点韩国文集丛刊》第 57 册,汉城:景仁文化社,1996 年,第 349 页。
④ 宋英耇:《瓢翁遗稿》卷二《挽金将军》,韩国古典翻译院:《影印标点韩国文集丛刊续》第 9 册,首尔:古典翻译院,2005 年,第 196 页:"皇帝四十七年春,薄伐奴酋命将帅。我国曾荷再造恩,二万兵因檄征起。将军脱颖为营将,人不知其死所矣。披甲上马渡江去,战阵无勇其心愧。"

佐郎,擢授守御使,后拜兵曹判书,为御营大将。他的诗歌"雅健奇杰,自辟堂奥"。金锡胄《抱川卒洪君,饷以文无一束,诗以谢之。时有新除御营之命》一诗有言:"一束春山菜,多情却饷吾。文无真自罪,惭愧学孙吴。"①值得注意的是,诗歌中的"惭愧"一词,不作"感到羞耻"之义解释,而作"多谢、难得、侥幸"之义,如唐王绩《过酒家》:"来时长道贳,惭愧酒家胡。"诗歌描写金锡胄新到御营任职,有抱川军卒洪受浣感情十分真挚,用春山的一束野菜招待自己,而自己身无分文。幸运的是,自己学了《孙吴兵法》。

其五,功名来自《孙吴兵法》学习。辛梦参(1648—1711),字省三,号一庵,灵山人。辛梦参长年隐居。《行状》记载辛梦参,"杜门养志,讲究经典,自放于江山鱼鸟之乡","尤喜朱子退陶书,虽忧患流离之中,手不释卷"。辛梦参之诗《平海从叔挽》有言:"鹫岭屹一境,维灵降吾辛。淑气多所钟,英特有几人。孝悌作家则,忠义百世珍。叔兮复肧胎,居然膺祥臻。功名虽孙吴,志尚是儒淳。"②此诗是悼念堂叔辛平海的一首挽诗,诗人描写鹫岭屹立在一境之内,上天之灵,降下辛氏。汇聚很多温和之气,才智超群。辛氏把孝悌作为家训,世代珍惜忠义。堂叔是一个好胚胎,获取功名虽然是通过《孙吴兵法》,但理想却是做一名淳儒。

其六,痛心武官不学《孙子兵法》。金昌翕(1653—1722),字子益,号三渊。癸丑中进士,著有《三渊集》。其诗格法雅健,一洗程式之陋。金昌翕读《中庸》之书,恍然有所感悟,去先前所好,专意于儒学,深得训人之道。其言曰:"读书有死活。"要使册子义理,移在吾心,方为活法。对书本探讨虽精,而掩卷不与吾心相关,却是死法。他在《书记》一诗中写道:"北门书记问奚为,到日先愁返日迟。虎帐懒评孙武法,鲸灯勤续放翁诗。经营内职嚚新点,宠佐中权蔑旧规。换面去来何所干,徒闻费涕别胡姬。"③诗中"虎帐",是指军营,唐代王建诗歌《寄汴州令狐相公》:"三军江口拥双旌,虎帐长开自教兵。"诗文的"胡姬",是指胡人酒店中的卖酒女。汉辛延年《羽林郎》:"依倚将军势,调笑酒家胡。胡姬年十五,春日独当垆。"诗人金昌翕借北门书记这一人物形象,倾述自己对官宦生涯的痛恨。试问北门书记究竟做了什么,任职之初就开始发愁何时方能返回,身在军营之中却不愿谈论《孙子

---

① 金锡胄:《息庵遗稿》卷五《抱川卒洪君,饷以文无一束,诗以谢之。时有新除御营之命》,韩国民族文化推进会:《影印标点韩国文集丛刊》第145册,汉城:景仁文化社,1997年,第181页。
② 辛梦参:《一庵先生文集》卷一《平海从叔挽》,韩国民族文化推进会:《韩国文集历代丛书》第1703册,汉城:景仁文化社,1999年,第232页。
③ 金昌翕:《三渊集·拾遗》卷十《书记》,韩国民族文化推进会:《影印标点韩国文集丛刊》第166册,汉城:景仁文化社,1998年,第390页。

兵法》,而是夜间点燃鲸灯,努力接续陆游诗作。诗人痛心北门书记所作所为,来来去去总在改变本来的面目,这实际与胡姬道别之情并无区别,白白浪费个人的感情。

其七,劝学《孙吴兵法》。金昌翕(1653—1722)《送申叔开赴北幕》一诗云:"乐民楼上望龙江,明波龙鳞五彩纹。胡姬笑掷杨柳鞭,壮士迎劝葡萄樽。时清到幕无简书,边事亦岂全无虞。武库霜台寄疏袊,投壶击筑半清娱。释博应须问烽火,明烛时可观孙吴。"①从诗歌题名来看,诗人送别申叔到北方军府。诗歌描写,乐民楼上,可望见大江如长龙一般,明亮的水波如龙鳞一样,具有五彩花纹。胡姬一面笑着,一面用柳鞭掷打。勇壮的将士,礼貌地劝说喝尽杯中的葡萄酒。太平时代军府无重要的文书,边境的事情怎能无一点防备。武库和御史台文人,投壶和击筑多半为了清心娱乐。诗人叮嘱郑公,放下围棋时,应过问军情。灯烛辉煌时,可观看《孙吴兵法》。表明诗人在太平时期的忧患意识非常强烈。

其八,批评幕府从事不学《孙吴兵法》。申靖夏(1681—1716),字正甫,号恕庵,平山人。拜兵曹参议、兵曹参知,为汉城右尹。李瀷《汉城府判尹申公墓碣铭并序》记载,申靖夏"除江华留守,殚心守御之备。创伏波楼、射潮堂、镇海寺,置甲。串上下仓,储峙谷数万石。上开天囟以泄气,设大炮,造巨舰"。申靖夏之诗《新作书丌题背》:"截木成丌整不偏,咿唔还在戟门边。堪咳幕里新从事,不讲孙吴对圣贤。"②诗人述说,截取木材,做成书丌,虽然看起来完整,却有些歪斜。军门两旁,传来读书之声。令人惊异的是,幕府新来的从事,不去讲习《孙吴兵法》,而是崇拜儒家的圣贤之人。

(三)题咏孙子兵学应用的情形

1. 自述应用《孙吴兵法》。宋时烈(1607—1689),字圣赉,号英甫、尤庵、尤斋,恩津人。朝鲜中期著名学者,中状元,声名远播,任吏曹判事,后因党争,流配到济州,半路被赐死。宋时烈《次康节首尾吟韵》:"尤翁非是爱吟诗,夷考中诚明子时。一大清虚诚妙耳,孙吴佛老尽奴之。订顽既是清人事,明道尝非龙女衣。孟与伊夷论未定,尤翁非是爱吟诗。"③崔慎《华阳闻见录》指明了此诗产生的地点和背景:"在巨济谪所。《次康节首尾吟韵》第

---

① 金昌翕:《三渊集·拾遗》卷二《送申叔开赴北幕》,韩国民族文化推进会:《影印标点韩国文集丛刊》第166册,第235页。
② 申靖夏:《恕菴集》卷四《新作书丌题背》,韩国民族文化推进会:《影印标点韩国文集丛刊》第197册,汉城:景仁文化社,1999年,第258页。
③ 宋时烈:《宋子大全》卷四《次康节首尾吟韵》,韩国民族文化推进会:《影印标点韩国文集丛刊》第108册,汉城:景仁文化社,1993年,第173页。

八韵《送晦锡诗》,方自言尤翁非是爱吟诗也。"诗人自称尤翁,他并不喜爱吟诗。但他认为诗歌揭示内心真情和表达志向,清静虚无本来是一大妙事,即使孙武、吴起、佛家、道家,也可役使他们。

2. 使用《孙吴兵法》奇正之术。任相元(1638—1697),字公辅,号恬轩,丰川人。历任刑、工、兵参判,兼世子副宾客,迁议政府右参赞。任守干《先府君墓志》记载,任相元"平生不喜矜饰,一任真率"。任相元《杂诗》有言:"七国各吞噬,师旅无时休。奇正孙吴劲,阖辟苏张谋。干戈日相寻,川水血争流。腾腾筑杵声,惨惨击柝愁。哀此孑遗者,文武所勤忧。王室一东迁,百六入春秋。圣人力不及,厉阶由建侯。"①诗人以战国七雄纷争来抒发自己的感情,七国相互吞并,军人无休息之时。兵家孙子、吴起使用奇正之术进行较量,纵横家苏秦、张仪使用纵横捭阖游说之术进行谋划。战争接连不断,鲜血如大江之水一样奔流。诗文反映出诗人渴望和平的心声。

3. 僧人应用《孙子兵法》。申维翰(1681—1752),字周伯,号青泉,江南江都人。他擅长诗作,闻名内外,作品有《青泉集》《青泉先生续集》《海游录》。他曾讲述了岭南僧人南鹏追述祖师松云的事迹,前来京城乞求作诗,得到许多公卿大夫的相助,诗人申维翰因此缘故,以《次轴中韵》为题,赋诗一首:"忆曾炮矢簌东溟,禅伯披云搏怒鲸。鼓角旌旗孙武法,袈裟巾拂释迦灵。掀髯豹穴孤忠仗,沥血龙墀两疏并。见说摧魔有般若,金刚宝剑岂容腥。"②诗人根据岭南僧人的讲述,以诗歌形式追忆松云抗敌英勇表现,东海之上,战斗激烈。炮声隆隆,箭簌乱飞,高僧松云与凶恶敌人英勇地搏斗。"鼓角""旌旗"是军队的指挥号令,"鼓角旌旗孙武法",诗人以此描述松云应用《孙子兵法》指挥军队作战,诗中"袈裟""巾拂"是僧人的装饰,松云身穿僧衣,有佛主神灵的保佑。他在虎豹之穴,启口张须,全靠一片孤胆忠心。他在坛场滴血,一次上奏疏两篇。他告知消灭恶魔,要有奇妙智慧。金刚力士的宝剑,怎么能容忍丑恶的存在。在诗人眼中,松云虽是一名僧人,但嫉恶如仇,智勇双全,不论战场,还是国家事务,敢与一切敌人和丑恶现象作斗争。

(四)题咏对孙子兵学的感悟

1. 儒生也学《孙吴兵法》。任元浚《四佳集序》曰:"文莫难乎诗,诗乃文

---

① 任相元:《恬轩集》卷三《杂诗》,韩国民族文化推进会:《影印标点韩国文集丛刊》第148册,汉城:景仁文化社,1995年,第127页。
② 申维翰:《青泉集》卷二《岭南僧南鹏携其祖师松云事迹乞诗都下,得公卿大人题墨已多,余于是有宿缘,次轴中韵》,韩国民族文化推进会:《影印标点韩国文集丛刊》第200册,汉城:景仁文化社,1999年,第261页。

之精者。"徐居正创作诗歌,"清新豪迈,雅丽和平,备诸家而成一大家"。其人有诗《再用前韵》:"莫道腐儒无奇术,少年孙吴粗已读。圯下早授黄石书,胸中六韬自可乐。噫嘻胡尘暗朔漠,黄屋北狩归不得。中原多事方抢攘,豺虎噬吞掀地轴。新皇龙飞布天威,大将鹰扬袭高爵。手挽银潢洗妖氛,四海已免填丘壑。呜呼丈夫志有在,岂但雌伏诗书阃。我欲一献平戎策,凯还燕山喧鼓角。"①诗人感慨,不要以为迂腐的儒生无奇妙之术,少年时代就已粗略阅读《孙吴兵法》。圯下老人黄石公早已传授《三略》,胸中已熟知太公《六韬》,自己感到无比快乐。诗人悲叹,胡人兵马扬起的沙尘,使北方变得一片昏暗。君王不能前去北方狩猎,中原纷乱正值多事之秋。豺狼恶虎相互吞并,掀翻大地。总之,面对敌人的疯狂,诗人自述有兵学之才,渴望得到重用。

2.《孙吴兵法》雄伟奇特。郑士龙(1491—1570),字云卿,别号湖阴,东莱人。官拜吏曹判书、兵曹判书、大提学等职。吴希孟《朝天日录序》记载,郑士龙"为诗温而厚,和而平"。郑士龙之诗《题遁斋诗稿后》有言:"心追古作足为师,适用从来贵达辞。王谢家风皆俊快,孙吴兵法自雄奇。石中至宝谁当剖,岩底幽兰不冀知。回首词场篇什富,几人高造到君诗。"②诗中的"王谢",是指六朝望族琅琊王氏和陈郡谢氏,语出《南史·侯景传》:"请娶于王谢,帝曰:'王谢门高非偶,可于朱张以下访之。'"从诗歌题名来看,抒发了诗人阅读《遁斋诗稿》的感受。他心中向往古人的作品,认为皆可效法学习,而实际上历来看重的是准确言辞。东晋王氏和谢氏的家风皆有洒脱的特点,《孙吴兵法》自身有雄伟奇特之风格。诗人感慨,石中隐藏的珍宝,谁来剖开;岩谷底部生长的幽兰,恬静文雅,不希望被人知晓。以此来赞扬了友人诗作的水平之高,却不被人赏识。

3.《孙吴兵法》文义深微。崔岦(1539—1612),字立之,号简易、东皋,通川人。任江陵府使,精通易学。张维《简易文集序》记载,"诗律亦矫健有致,得黄、陈句法。"崔岦之诗《次五山感事韵二首》云:"无论力量戴山鳌,也负长风万里涛。即事孙吴书尚晦,平生稷契志空高。同灾敢伐先忧突,未割谁奇不折刀。归见古人应有日,可能犹着大夫袍。"③诗人描述,不论戴山鳌

---

① 徐居正:《四佳诗集》卷二《再用前韵》,韩国民族文化推进会:《韩国历代文集丛书》第51册,汉城:景仁文化社,1999年,第254页。
② 郑士龙:《湖阴杂稿》卷五《题遁斋诗稿后》,韩国民族文化推进会:《影印标点韩国文集丛刊》第25册,汉城:景仁文化社,1996年,第144页。
③ 崔岦:《简易堂文集》卷七《松都录·次五山感事韵二首》,韩国民族文化推进会:《韩国历代文集丛书》第909册,汉城:景仁文化社,1999年,第445页。

力量有多大,面对狂风和万里波涛,坚定背负着仙山。诗人感叹,学习《孙吴兵法》,发现此书有隐晦之处。平生立志学习稷和契,是多么空阔迂远。面对共同的灾难,敢于杀伐,首先担忧的是突发事情。没有宰割时,谁会惊奇这是一把不会折断的宝刀。诗人崔岦提及友人五山先生对《孙子兵法》研究精深,自己勉强读过此书,发现注家对《孙子兵法》有曲解之处:"五山博学余力,尤深于《孙子》等书。余亦尝见其书,注家皆误解。"①崔岦慨叹,世人不善用兵,恐怕与之有一定缘故:"世之不善用兵,未必不由于此。每以为叹,故及之。"

4.《孙吴兵法》兵不厌诈。裴龙吉(1556—1609),字明瑞,兴海人。中进士,官拜艺文检阅。柳致明《行状》:"壬辰,岛夷发乱。鹤峰金先生招谕一路",裴龙吉为副将,诸郡义兵聚合,声势稍振。第二年,金公战死沙场,裴龙吉因病罢兵。裴龙吉曾说:"兵不患小,患不精。不患不精,患无将。"裴龙吉《统军亭次韵　十首》有言:"统军要在识群情,债帅何心只点名。兵到孙吴不厌诈,韬称文武贵持平。风云龙虎威曾壮,奇正纵横势若惊。此法不传今已久,西山死去更谁明。"②诗人阐明,带兵关键在于了解部下心理。至于债帅,根本不关心治军,只想着点名,克扣军饷。谈兵离不开《孙吴兵法》,要讲求兵不厌诈。用兵韬略贵在合理使用文武之道。风从虎,龙从云,当年多么威武壮观,奇正之术的应用,纵横家的气势,使人感到震惊。令人惋惜的是,此种治兵之道现已不再流传。自从西山先生去世后,有谁知晓这种治兵之道呵!"债帅"之说见《旧唐书·高瑀传》:"及(高)瑀之拜,以内外公议,搢绅相庆曰:'韦公作相,债帅鲜矣!'"唐大历年间,政治腐败。凡命将帅,必先行贿,禁军将校想为将帅,若家财不足,则向富户借贷。成为将帅后,大肆搜刮民脂民膏偿还,因而被称为债帅。

5. 守边者务必崇尚《孙吴兵法》。李埈(1560—1635),字叔平,号苍石,兴阳人。拜承政院承旨、副提学。李埈之诗《丰润雨中书怀,呈月沙、苔泉两使案下》:"经训世皆排洛建,兜铃人务尚孙吴。衰麻比比啖鸡臛,泥塑家家事觋巫。桑操寥寥歌烈妇,苞苴汩汩有贪夫。封疆或入蛮夷界,城市多居释老徒。"③"兜铃人"是指驻守边关者。明人梵琦《居庸关》一诗有:"渠答自

---

① 崔岦:《简易堂文集》卷七《松都录·次五山感事韵》,韩国民族文化推进会:《韩国历代文集丛书》第 909 册,第 445 页。
② 裴龙吉:《琴易堂文集》卷一《统军亭次韵十首》,韩国民族文化推进会:《韩国历代文集丛书》第 1704 册,汉城:景仁文化社,1999 年,第 22 页。
③ 李埈:《苍石先生文集》卷一《丰润雨中书怀,呈月沙、苔泉两使案下》,韩国民族文化推进会:《韩国历代文集丛书》第 942 册,汉城:景仁文化社,1999 年,第 228 页。

今收战马,兜铃无复置边烽。"诗人李垵倾诉内心世界,注解经义的时代,排斥的是洛阳建安时期的文人。驻守边关者务必崇尚《孙吴兵法》,不可使国破家亡,祭亡灵,国土沦落少数民族之手。

6. 《孙吴兵法》是永久之师。金世濂(1593—1646),字道源,号东溟,善山人。授兵曹佐郎,拜司谏院司谏、承政院承旨刑曹参议、兵曹参知、参议大司谏、吏曹参议,授咸镜道观察使。许穆《文康公金公行状》:"世濂为郎,见其为人有才,且于进讲时,亦见其真学士样子。""于诗婉蓄雄远,深得盛唐体格。"金世濂《赠军官四首》中第三首诗歌,反映出他对《孙吴兵法》的评价:"奉命有能否,但问所从谁。既得金与李,白也才实奇。士为知己死,宿昔钦风期。临行不辞险,许往宁避危。万户非小官,玉浦当南陲。解印付军吏,促装趁行麾。长弓插象服,楛矢何参差。雄弧孰敢控,夹路观英姿。我读百将传,孙吴千载师。射亦一人敌,所贵敦书诗。公今正妙年,富贵同摘髭。"①诗人赞扬万户白士哲性格正直,能不能接受命令,关键看跟从的是谁。和金光立、李俊望在一起,白士哲的才干很奇特。万户之职不是小官职,负责镇守南部边境的重地玉浦。有谁能拉开这雄伟的弓箭,行人夹道观看他的英姿。诗人感慨万千,自己曾经读过《百将传》,发现《孙吴兵法》是用兵者的永久之师。他劝勉白士哲,射箭只能战胜一人,应推崇典籍诗书。

7. 禁止《孙吴兵法》却带来战乱。蔡彭胤(1669—1731),字仲耆,号希庵、恩窝,平康人。蔡彭胤曾任襄州太守,有诗为证。崔成大(1691—?)《邑中吏家,有故蔡襄州手写诗屏,览而感题》:"六尺素纸屏,八叠银钩字。偶得闾阎中,张看府堂里。词丽笔亦豪,惊问题者谁。云有故太守,姓蔡字仲耆。"蔡彭胤《书赠敦诗》其五有言:"治安长策是元龟,直说文章亦我师。孙吴大辟中原垒,进退三军在鼓旗。"②诗人赞扬贾谊《治安策》是治理国家值得借鉴的策略,坦白直率的文章值得自己学习。即使禁止《孙吴兵法》,而中原地区战乱却是不断出现,三军进退的关键在于将帅指挥号令。而在诗歌的末尾标注"抄治安策"之语,说明诗人在抄写贾谊《治安策》时,心中产生的一番心理感触。

8. 《孙吴兵法》用兵韬略最为奇特。李德寿(1673—1744),字仁老,号蘖溪、西堂,全义人。除大司宪,拜兵曹参判,典文衡。"凡于六经百家,无不探赜,而尤深究易学。"李德寿之诗《挽申统制使》:"春秋元凯癖,韬略孙吴

---

① 金世濂:《东溟集》卷四《赠军官四首》,韩国民族文化推进会:《影印标点韩国文集丛刊》第 95 册,汉城:景仁文化社,1996 年,第 191 页。
② 蔡彭胤:《希庵集》卷十一《书赠敦诗》,韩国民族文化推进会:《影印标点韩国文集丛刊》第 182 册,汉城:景仁文化社,1999 年,第 222 页。

奇。望系干城重,名应草木知。捐躯曾素志,乘化奄平时。忧国倾河泪,公亡运属危。华阀麟台焕,魁姿虎榜推。撼来山不动,应处电方驰。英略今谁在,浮生尽足悲。清操妨远算,先见验胡儿。"①诗人述说,杜预(字符凯)有喜爱《春秋左传》的癖好,用兵韬略如《孙吴兵法》一样出奇。申统制威望很高,是国之干城,他的名字草木皆知。平生志向是为国捐躯,如平时一样顺其自然。诗人感叹,申统制对敌如泰山一样不动摇,应对事情如闪电一样迅速,有谁如他一样有英雄才略。

9.《孙吴兵法》未必可使功业建成。李匡德(1690—1748),字圣赖,号冠阳,全州人。为御史,按察湖南道。等他回归时,清州贼起,三南大震,又遭为监司。仍赴湖南,上疏陈便宜之策,请以一方之兵,委任自己,湖南军民大举欢呼。不久都元帅军奏捷,南地悉平。李建昌《冠阳公事略》记载:"公为诗文,清刚类其为人。"李匡德之诗《与望气王朔论相》:"诏书新置大司马,汉庭群儿自相贵。平阳戚客争里拜,陇西家声士欲讳。英雄半世好身手,老去惟带不平气。当时斗印太轻视,百战胡沙箭如猬。孙吴未必使成功,枉托兵家洞玄纬。人生命薄可奈何,世远高皇解衣衣。苍山老石竟虚碎,白马胡将浪见畏。"②诗歌描述诏书下达,刚刚设立大司马。汉庭之上,一群小儿自相尊贵。平阳戚里争着拜见贵客,陇西之家避讳自己是将士。做了半世的英雄,显示了真本事。老去之时,心中却带有不平之气。当时轻视小小官印,与胡人在沙漠中激战无数次,箭射得如刺猬一般。诗人叹息,即使孙武、吴起也未必建成功业,假托兵家的名义,洞悉天文,奈何人生命运浅薄。

10. 书生也有《孙吴兵法》。蔡济恭(1720—1799)《坡谷八景·鹭津私操》:"鹅鹳飞声阵色横,鹭梁朝日万旗明。书生亦有《孙吴》传,莫笑虚窗夜雨檠。"③诗人观看鹭津景色,发现鹅鹳之禽高声飞翔,如同列阵。鹭梁朝贺之日,旗帜无数,分外鲜明。一介书生也有流传下来的《孙吴兵法》。夜间下雨,不要嘲笑窗前空无一人,原来他正在矫正弓弩。总之,诗文表明诗人喜爱兵学与好武的情怀。

11. 武人难识《孙吴兵法》妙处。尹愭(1741—1826),字敬夫,号无名

---

① 李德寿:《西堂私载》卷二《挽申统制使》,韩国民族文化推进会:《影印标点韩国文集丛刊》第 186 册,汉城:景仁文化社,1999 年,第 162 页。
② 李匡德:《冠阳集》卷二《与望气王朔论相》,韩国民族文化推进会:《影印标点韩国文集丛刊》第 209 册,汉城:景仁文化社,2000 年,第 369 页。
③ 蔡济恭:《樊岩集》卷三《坡谷八景·鹭津私操》,韩国民族文化推进会:《影印标点韩国文集丛刊》第 235 册,汉城:景仁文化社,2001 年,第 82 页。

子,坡平人。他的诗歌有言:"少年文武殿中间,诵读难疑上赐颜。日射黄金熙政榜,胪传玉笋侍臣班。韎韦岂识孙吴妙,帖括皆愁易礼艰。躬睹盛仪还自笑,迂儒戎服鬓毛斑。"①其中,"韎韦"是武人的服饰,指代武官。《周礼·春官·司服》:"凡兵事,韦弁服。"郑玄注:"韦弁,以韎韦为弁。"诗人描述熙政堂的情景,少年站立在宫殿中间,两边是文武官员,背诵、朗读、问难、答疑,皇上很是喜悦。太阳照射着黄灿灿的熙政榜,君王传下命令,侍臣班列。武官如何能识得《孙吴兵法》妙处,科举帖经考生发愁《易》《礼》难懂。

12.《孙吴兵法》取诈用兵。申绰(1760—1828),字在中,号石泉,平山人。申绰《上李姨兄》记述,南正和,字养心。博学通明,喜好文学,著《说文新义》,对天文历算之学深有研究。他曾出示椒园之诗,曰:"天地生久道术裂,后来儒门看自别。狙诈孙吴祖兵制,险刻申商述治世。"②"椒园"是指李忠翊(1744—1816),字虞臣,号椒园、水观居士、瀑布庵主人,全州人。《汉书·诸侯王表序》:"秦据势胜之地,骋狙诈之兵,蚕食山东,一切取胜。"颜师古注引应劭曰:"狙,伺也。因间伺隙出兵也。"《椒园诗》揭示出一个重要道理,天地经历长久,学术出现分裂。后来儒家之学也有很大区别。伺机取诈的孙武和吴起的用兵方法却受到后世之人学习,阴险刻薄的申不害、商鞅却讲述治国之术。

综而论之,朝鲜王朝孙子兵学传播模式具有多元性。讲论孙子兵学最为盛行,武科研修孙子兵学对实现武官人生梦想有巨大驱动力。此外,"伪造国书"虽说不能作为传播模式来看待,却是孙子兵学传播中一个特殊现象。朴趾源(1737—1805)《热河日记》记载,罗约国书记录了乾隆四十四年(1779)十二月,假鞑上书说,陛下统治中原之地,为万乘之王。方圆数千里,疆土超过数万里,欲望依然不满足。陛下亲率六军精锐,往来水泽之间,相遇贺兰山下,举鞭问平安,马上论天下。云沙万里,虎跳龙跃,也是一雄一雌之时。战无双赢,福不双至,不如罢兵休战,消解百姓痛苦,消除军兵艰难。为臣年年进贡,代代称臣。"不然则论文而有孔圣、孟贤之经术,语武而有太公、孙子之韬略,宁肯多让于中国哉?"③

赵译官到东方将与别单修好,他在序班中得此书信,夜间给朴趾源看。

---

① 尹愭:《无名子集》册三《亲临熙政堂,设文武臣殿讲,余以入直骑郎侍卫,偶占一律》,韩国民族文化推进会:《影印标点韩国文集丛刊》第256册,汉城:景仁文化社,2001年,第74页。
② 申绰:《石泉遗稿》卷三《上李姨兄》,韩国民族文化推进会:《影印标点韩国文集丛刊》第279册,汉城:景仁文化社,2001年,第559页。
③ 朴趾源:《燕岩集》卷十四《热河日记·口外异闻》,韩国民族文化推进会:《影印标点韩国文集丛刊》第252册,汉城:景仁文化社,2001年,第297页。

书状官也问朴趾源是否看到罗约国书,此是天下大事,令人惶恐。朴趾源认为,天下大事姑且舍此,只怕天下原本就无罗约国。二十年前,朴趾源曾在别单见到类似文书,宣称黄极鞑子悖慢之书。先辈们围坐一起阅读,深深担忧北方,有人说将取代清之统治。今见此书,好像内容并无增减。序班之辈皆是江南浅薄之人,寄居他乡,模仿创作此类狂妄之语,以此赚取我译官银两。别单所说之事,皆道听途说。书状官认为确实如此。

由上可知,朴趾源辨别出罗约国假鞑上书,纯属序班之人伪造,意图是赚取银两。值得关注的是,伪造者言语中有"语武而有太公、孙子之韬略,宁肯多让于中国哉?"一则表明伪造者深知孙子兵学影响力之大,故此假借《孙子兵法》名头来恐吓清朝廷。二则表明伪造者熟悉了解《孙子兵法》。

第三章　朝鲜王朝孙子兵学研究

《孙子兵法》具有重要的研究价值,朝鲜王朝人士对之十分重视。例如车天辂对《孙子兵法》就深有研究。崔岦(1539—1612)诗歌《次五山感事韵二首》:"无论力量戴山鳌,也负长风万里涛。即事孙吴书尚晦,平生稷契志空高。同灾敢伐先忧突,未割谁奇不折刀。归见古人应有日,可能犹着大夫袍。"①诗歌题名中的"五山"是指车天辂(1556—1615),诗人以神话传说中的"戴山鳌"为喻,表达了不畏艰难险阻的意志。他本想学习用兵之术,可是《孙吴兵法》依然有隐晦不易解之处。自己平生希望成为稷、契一样的人物,志向高远却难实现。境遇相同,担心做事突兀。未宰割之时谁会惊奇钢刀不会折断。用不了多久就与古人相见于九泉之下,那时依然可能身穿大夫之袍。此外,此首诗歌注解包含了一个重要信息:"五山博学余力,尤深于《孙子》等书。余亦尝见其书,注家皆误解。"其中"《孙子》"是"《孙子兵法》"的简称。由此可知,车天辂学识渊博,尤其对《孙子兵法》等书有精深研究。诗人崔岦钻研过《孙子兵法》,发现注家曲解《孙子兵法》。

金景进对《孙子兵法》颇有研究。吴长(1565—1617)《金景进送〈孙子〉一篇口占一绝》有言:"艰危须藉济时才,自古英雄在草莱。堪笑故人何许者,数篇《孙子》送山来。"②诗歌大意说,艰难危险时需救世之才,自古英雄出自民间。可笑的是不知如何赞许老朋友,数篇《孙子兵法》研究成果送上山来。由诗歌的题名可知"孙子"是书名,"数篇《孙子》"应是金景进研究孙子兵学新成果。金景进是民间一位有才华者,对孙子兵学颇有研究,后来任洪阳牧守之职。诗歌还从侧面表明诗人通晓《孙子兵法》,隐居在山上,故此老朋友多次送《孙子兵法》研究成果与之切磋。

李公惠对《孙吴兵法》也有研究。任叔英(1576—1623)《谢赞画使李公

---

① 崔岦:《简易集》卷七《松都录·次五山感事韵二首》,韩国民族文化推进会:《影印标点韩国文集丛刊》第49册,汉城:景仁文化社,1999年,第445页。
② 吴长:《思湖集》卷一《金景进送〈孙子〉一篇口占一绝》,韩国古典翻译院:《影印标点韩国文集丛刊续》第13册,首尔:古典翻译院,2006年,第401页。

惠诗启》赞叹玄圃和赤城美景:"未游玄圃,先看白璧之光。不到赤城,已赏丹霞之气。"再如赞美李公惠才华卓越:"周诗六义百篇,造鲍谢之工。晋国三军七德,究孙吴之略。"①诗人描述李公惠"究孙吴之略",对《孙吴兵法》颇有研究。

李命采(1656—1721)对孙子兵学颇有研究。李命采,字圣亮,号拙庵,碧珍人。官拜司宪府持平。郑宗鲁(1738—1816)《拙庵李公墓碣铭》记载,李命采为人廉洁耿直,从不掠取他人之物。衣冠整洁,闺门齐整,读书一目十行,"如天文、地理、孙吴、庄老等书,皆究极其趣"。②"究极其趣"是指对事物蕴涵的趣味深入研究。"孙吴、庄老等书,皆究极其趣"之说,表明李命采对《孙吴兵法》颇有研究。他宣称:"词章非士君子堂堂事业。"后来成为南岳先生李玄逸的入室弟子,而李玄逸则是精通《孙子兵法》的大家。

文德龟(1667—1718)对孙子兵学亦有研究。沈尚鼎(1680—1721)挽诗呈现文德龟(1667—1718)研究孙子兵学的情形。沈尚鼎悼念文德龟诗歌《文清安挽》:"名士江南富昔闻,丹渊近日又空群。平时解读孙吴法,季世能为秦汉文。林鹿射回冲急雪,岛驹骑出矫浮云。区区斗大清安县,那得奇才展半分。"③此首诗歌赞扬文德龟文武全才,小小清安县不足以施展才华。文德龟展现出非凡的才华,描写他最经典的一句是"平时解读孙吴法,季世能为秦汉文"。诗中"平时"和"季世"遥相呼应,"孙吴法"是指"《孙吴兵法》"。这一诗句描写文德龟太平时注意研究孙子兵学,乱世之时能创作秦汉时代风格的作品。

第一节　探讨孙子兵学

一、经筵与孙子兵学

经筵是君王讲论百家之学特设的御前讲席。经筵之制起源于汉唐,朝鲜君王仿效此制。朝鲜君臣研讨孙子兵学有时也在经筵场合进行,从经筵

---

① 任叔英:《疏庵集》卷六《谢赞画使李公惠诗启》,韩国民族文化推进会:《影印标点韩国文集丛刊》第83册,汉城:景仁文化社,1996年,第465页。
② 郑宗鲁:《立斋集》卷三十六《拙庵李公墓碣铭》,韩国民族文化推进会:《影印标点韩国文集丛刊》第254册,汉城:景仁文化社,2001年,第96页。
③ 沈尚鼎:《梦悟斋集》卷三《文清安挽》,韩国古典翻译院:《影印标点韩国文集丛刊续》第62册,首尔:古典翻译院,2008年,第225页。

的记录可管窥朝鲜君臣探讨孙子兵学的情景。

1. 尚震在经筵场合探讨孙子兵学。尚震(1493—1564),字起夫,号松岘、向日堂、泛虚亭,木川人。曾任平安道观察使、右参赞等职。他的作品《经筵论陈边情勿使轻动启》题名有"经筵"二字,说明其产生于"经筵"之场合。尚震特别指出,主上认为倭船深入大洋之中,不令军兵穷追,是仁者之心。备边司认为,从南方漂流来的倭船应全歼不留。众议已定,不敢明说。对方若是进犯边境,示以兵威,反击可行。若是水路追赶四十多里,此是危险的做法。若不追逐,海岛居民恐有抢劫发生,所以近海可追击。近来金胤鼎上疏极言南方困弊和士卒疲劳,与臣下之意相似。征兵搜讨倭贼,使民众不得耕作;若是不能抓获,士卒疲劳困乏。如果倭人入侵,不立即进兵,只是轻出骚扰,等待我军疲劳,然后大举进犯,那该如何对付。尚震建议,应加强边防的防卫,敌人就不敢轻易侵犯:"兵法:'不恃其不攻,恃吾所以待之。'必使边圉防备牢固,则岂能易犯乎?"①其中的兵法之语出自《孙子·九变篇》:"无恃其不攻,恃吾有所不可攻也。"②二者虽在文字上略有出入,但其思想内涵一致。尚震这一建议体现了孙武"有备无患"的防卫思想,并指出金万户和兵水使应当殊死作战,若是到了窘急之处,可派遣助防将。听到小的事变就派助防将,这是轻举妄动。无事之日应加强防备,而不是穷追不舍,深得王者之大体。主上回复,倭人果真进犯边境就应消灭,一见到倭人漂流之船,就追到大洋,徒劳无益。由此观之,尚震在"经筵"场合探讨了《孙子兵法》"有备无患"的思想,其目的是加强海上防卫。

2. 柳希春在经筵场合探讨《孙子兵法》。柳希春(1513—1577),字仁仲,号眉岩、涟溪,善山人。《经筵日记》记载,癸酉(1573)二月初五,上(宣祖)曰:"仁、信、智、勇、严,阙一不可为将,是谁语?"柳希春回答:"孙武及岳飞语也。"③从严格的意义来讲,应是岳飞之语。可是,岳飞又是从《孙子兵法》学来的,诚如《孙子·计篇》:"将者,智、信、仁、勇、严也。"④孙武将"智"排在第一位,而岳飞则将"仁"排在了第一位。

3. 孝宗在经筵场合探讨孙子兵学。柳赫然(1616—1680),中武科,任御营大将、训练大将。《遗事》记载,朝鲜孝宗(1619—1659)李淏"屡下教

---

① 尚震:《泛虚亭集》卷三《经筵论陈边情勿使轻动启》,韩国民族文化推进会:《影印标点韩国文集丛刊》第 26 册,汉城:景仁文化社,1996 年,第 61 页。
② 杨丙安:《十一家注孙子校理》,第 175 页。
③ 柳希春:《眉岩集》卷十六《经筵日记》,韩国民族文化推进会:《影印标点韩国文集丛刊》第 34 册,汉城:景仁文化社,1996 年,第 462 页。
④ 杨丙安:《十一家注孙子校理》,第 7 页。

于筵席",①指令柳赫然筹划军务,注意御营和禁卫营的建设,罢除军队岁抄制度,节省国家开支。每支部队创立一支骑兵,便于紧急时运输军粮和器械。鉴于骑兵难以制服林中的步兵,孝宗下令西路种植榆树、柳树、枣树、栗树。此外,"以兵无选锋,北申束伍抄骁之制"。② 值得注意的是,这一制度隐含了孙武"兵无选锋"的思想,出自《孙子·地形篇》:"将不能料敌,以少合众,以弱击强,兵无选锋,曰北。"③孙建民指出,孙武"选锋"之说备受兵家重视。"选锋"的主张涵盖了精兵思想和兵力高效配置,决定了战斗力的超常发挥。常以"选锋"激励己方士气、挫敌锐气。④ 可见,孝宗申明军纪,选拔精锐,意在激励士气、挫败敌人锐气。他在南方搜集密阳之铜,整顿载宁铁矿,用于兵器冶炼。制造并装备五层火炮的火攻之车,作为火攻器具。经李浣劝说,制定武厅制度,劝勉读书人学习射艺。遵从李时白的倡议,注意选拔军队将领,以备仓猝时有可依靠的将帅。孝宗还下令"印《武经》以广教练,定鸣镝,除镞八寸之规,以便射夫"。其中《武经》是"《武经七书》"的省称,《武经七书》首当其冲的是《孙子兵法》,这种举措不仅可以促进孙子兵学传播,而且强化将帅的培养。

　　孝宗锐意进取,卧薪尝胆,仰仗李浣和柳赫然。这两人相处很好,早晚在一起,一心一意报答主上的恩德。孝宗一心想洗雪国耻,很是眷顾二人。可是,他们却援引"量敌度力"⑤之义,斟酌其说。值得注意的是,李、柳二人"量敌度力"之说,出自《孙子·形篇》:"兵法:一曰度,二曰量,三曰数,四曰称,五曰胜。地生度,度生量,量生数,数生称,称生胜。"⑥具体而言,就是估算敌我双方的国土面积,推算双方的资源总量,计算双方的兵源数量,比较双方的实力,由此推断胜负。对于朝鲜王朝而言,当时显然并不具备报仇雪耻的实力。李、柳二人因熟悉《孙子兵法》,所以依据《孙子·形篇》思想,结合实际情况,探讨了洗雪国耻的不可行性。

　　李浣告诫柳赫然不要轻易在孝宗面前显露英武,柳对之深为佩服。故此孝宗郑重其事,不轻举妄动。每当柳、李二人不在一起时,李浣便派人观

---

① 柳赫然:《野堂遗稿》卷三《遗事》,韩国民族文化推进会:《影印标点韩国文集丛刊》第122册,汉城:景仁文化社,1996年,第348页。
② 柳赫然:《野堂遗稿》卷三《遗事》,韩国民族文化推进会:《影印标点韩国文集丛刊》第122册,第348页。
③ 杨丙安:《十一家注孙子校理》,第224页。
④ 孙建民:《论孙子"选锋"思想及其现代意义》,《济南大学学报》2001年第3期。
⑤ 柳赫然:《野堂遗稿》卷三《遗事》,韩国民族文化推进会:《影印标点韩国文集丛刊》第122册,第344页。
⑥ 杨丙安:《十一家注孙子校理》,第77—78页。

察柳赫然,发现柳公早已穿上朝服,做好准备。柳赫然有时也派人观察李浣,发现李公也是如此。二人曾一起宿卫王宫,提防秘密侦探。李浣有一次穿上戎服,举烛巡逻。柳赫然早已蒙上虎皮,隐藏在城墙旁边。李浣大吃一惊,隐藏者莫非是柳公? 由此认为李的计谋比自己强多了。二人经常夜里以木偶为兵,排列六花阵对垒,排兵布阵极为精通。孝宗听后欣喜地说,再也不必担心了。李浣揣摩孝宗想观看二人排兵布阵,对柳赫然说:"知而为不知,欺君也。若欲不欺,必分左右锋。指日兴师,将奈何?"他担心孝宗一时冲动,兴兵雪耻。二人提前做好了准备。果然,孝宗询问此事,柳赫然于是回答:"臣等不过因兵书,兵以变化为神。既不知此,不可谓知也。"①他只说凭借兵书知晓,强调用兵以灵活变化为神奇。柳赫然所言"兵书"正是"《孙子兵法》",诚如《孙子·虚实篇》:"兵无常势,水无常形,能因敌变化而取胜者,谓之神。"②柳赫然没有直接引用《孙子兵法》,而是做了提炼概括。尽管如此,孝宗依然认为柳赫然并未吐露真言。

4. 李玄逸在经筵场合探讨孙子兵学。李玄逸(1627—1704),字翼升,号葛庵、南岳,曾任兵曹参判,载宁人。他尤其喜爱阅读《孙子兵法》:"博通诸史百氏之书,尤喜看孙吴兵略。"③《经筵讲义》记述,壬申(1692)六月二十日,李玄逸被肃宗李焞召见应对,侍读官李元龄、检讨官柳栽讲解《通鉴纲目》和《梁武帝纪》,当讲到韦叡、曹景宗在钟离大破北魏军队时,李玄逸进奏说,六朝偏安江东,兵力虚弱,常被北方人打败。"今(韦)叡以一书生,能却贼如此。孙武子所谓'将者,国之辅也。辅周则国必兴,辅缺则国必亡者'。此之谓也。"④其中,李玄逸援引孙武子之言,出自《孙子·谋攻篇》"夫将者,国之辅也,辅周则国必强,辅隙则国必弱。"⑤比较引文与《孙子兵法》文本,可以发现二者略有不同。李玄逸意在强调军队统帅关系到一个国家的兴亡,而孙子强调军队统帅关系到一个国家的强弱。显而易见,李玄逸强调的程度比孙武更深刻。李玄逸鉴于朝鲜军力比较虚弱的现实,对孙武之说做出了新阐发,背后的用意是提醒君王重视将帅的选拔和任用。李玄逸进一步指出韦叡和曹景宗二人志同道合,故此梁武帝知其必胜。凡做事

---

① 柳赫然:《野堂遗稿》卷三《遗事》,韩国民族文化推进会:《影印标点韩国文集丛刊》第 122 册,第 345 页。
② 杨丙安:《十一家注孙子校理》,第 125 页。
③ 权斗寅:《行状》,李玄逸:《葛庵集·附录》卷二《行状》,韩国民族文化推进会:《影印标点韩国文集丛刊》第 128 册,汉城:景仁文化社,1999 年,第 539 页。
④ 李玄逸:《葛庵集》卷七《经筵讲义》,韩国民族文化推进会:《韩国文集丛刊》第 127 册,第 504 页。
⑤ 杨丙安:《十一家注孙子校理》,第 56 页。

情,团结则可成功,不团结就会失败。不只军队如此,朝廷之上众人团结,做事就会和谐。众目睽睽,相互之间不团结,做事一定会失败,肃宗对此很是赞同。

5. 纯祖召见武官宣讲《孙子兵法》。洪敬谟(1774—1851)《景贤堂召对记》记载,纯祖亲临景贤堂,值班的武臣一起宣讲《武经七书》。宣传官、守门将、部将等依次进入,讲解《武经七书》诸篇,当然少不了《孙子兵法》,因为它居《武经七书》之首。而此次宣讲《武经七书》,参加的人数相当可观。值得注意的是,此次宣讲是纯祖亲自召见武官,当面问答,参加者有行左承旨李义甲、右承旨金相休、假注书郑礼容、记注官洪宅柱、别兼春秋官洪敬谟。

二、策问与孙子兵学

策问是古代帝王殿试以应对形式而考试的一种文体,包括出题和应试两部分。考试内容以经义、政事为主,朝鲜王朝重视策问,有时也会探讨孙子兵学问题。

1. 柳楫与策问。柳楫(1585—1651),字用汝,号白石,文化人。任燊树道察访。策问《问国势炽如炎火之道》所提问题的内容,"兵家胜算,不过曰奇与正而已。"①向黄帝学习与应用"奇正",以奇制胜,以正御敌。孟子向滕文公提议筑城凿池,竭尽忠诚不要逃离,是坚守社稷之"正"。孔子教导子路临事而惧,好谋而成,惧是计谋,这是治理三军之"正"吗?如躲避风雨寒暑,是行军之"正"。而石白之风、蔡州之雪,有机可乘,天时果真有"奇"吗?如跨越山川驻营列阵属于用兵之"正",潓沱之水、钱塘之湖,有机可乘,地利是有"奇"吗?太公《六韬》和黄石公《三略》,何者为"正"?何者为"奇"?陈平六出奇计,五年成功;孔明八阵用武,七擒孟获。二人策略,谁用"奇",谁用"正"?孙膑用智,斫木举火;韩信行军,囊沙断水,可以之探讨"奇正"吗?雅歌投壶,登楼长啸,各有变通策略,也有"奇正"可以探讨吗?自从我国战争兴起,"《武经七书》,刊行内外。兵谋阵法,靡不讲究,而终不见奇正之效者"。②借助天时地利,难道不是借助"奇"吗?"奇正"之术只合于古代应用,不合于当今应用吗?当今"岛夷"入侵,"山戎"挑衅,这些祸患迫在眉睫。可是,寻求克服时艰策略如同涉江水一样艰险。仰天察地,一举一动,

---

① 柳楫:《白石遗稿》卷七《问国势炽如炎火之道》,韩国古典翻译院:《影印标点韩国文集丛刊续》第22册,首尔:古典翻译院,2006年,第152页。

② 柳楫:《白石遗稿》卷七《问国势炽如炎火之道》,韩国古典翻译院:《影印标点韩国文集丛刊续》第22册,第152页。

事关"奇正"。如今国家形势犹如炎炎烈火一般,应以何种办法加以处置?

此一策问所提的"奇正"问题涉及多个层面,主要围绕兵家"奇正"之术发散开来,对兵家"奇正"问题的认识,困惑重重。"奇正"本是孙子兵学的一个重要命题,《孙子·势篇》:"战势不过奇正,奇正之变,不可胜穷也。"① 此策问的背景清晰,外患严重。"岛夷"入侵,"山戎"挑衅,国家安全受到严重威胁。国内虽然出现尚武之风,但对兵家"奇正"之术的应用成效并不显著。

柳楫对此策问的应答很有见地。他在开始时先是倾诉内心,表明勇气,不甘一生平庸,谈兵十年,总想检讨一下。鉴于君王对兵家"奇正"之术的困惑不解。首先,他对兵家"奇正"的认定发表了看法:"用兵取胜之道,有奇有正。"何谓"正"?"方而止之之谓也。"何谓"奇"?"圆而转之之谓也。"其次,进一步说明奇正之术的变化。进攻和后退有固定的法则,坐与起,止与行,也有固定的法则。使敌不可进犯,是用"正"之术。往来无定形,出没无定时,使敌不可测,是用"奇"之术。再次,分析"奇正"之术的作用。没有所谓的"正",行军会失去纪律,会带来灭亡的祸患。没有所谓的"奇",争夺利益时会行动不当,会带来失败和灭亡的祸患。最后,他分析现实中使用"奇正"之术存在的问题。只知用"正"之术,不知用"奇"之术,犹如胶柱鼓瑟。只知用"奇"之术,不知用"正"之术,犹如刻舟求剑。

并且,他阐释了古人对奇正之术的灵活应用。古代善用兵者观察天时,审察地利,可用"正"之术,则以此胜之。可用"奇"之术,则以此取之。"正"之术与"奇"之术可相互转化,所谓"正中有奇,奇中有正。或正或奇,循环为用。决机风生,应变云合。夫然后方可谓得奇正之用,而可以司三军之命也"。② 柳楫所谓"正中有奇,奇中有正。或正或奇,循环为用"之说,显然是在《孙子·势篇》"奇正相生,如循环之无端,孰能穷之"③的基础上演绎而来的。

此外,强调"奇正"之术使用的关键在于心灵巧妙。"奇正"之术虽有其法,但"奇正"之用必在其心。没有巧妙的心灵,只拘泥于医书,是天下愚医的表现。没有巧妙的心灵,只关注良将处事,是庸将所作所为。不可依赖"奇正"之术,不可依赖天时地利,不可依赖"奇正"相生,真正可依赖的是良将。有良将用"奇"之术,用"正"之术,无不准确。一言以蔽之,以"奇正"之

---

① 杨丙安:《十一家注孙子校理》,第89页。
② 柳楫:《白石遗稿》卷七《问国势炽如炎火之道》,韩国古典翻译院:《影印标点韩国文集丛刊续》第22册,第153页。
③ 杨丙安:《十一家注孙子校理》,第90页。

术制敌而敌可制,以"奇正"之术固国而国可固。

不仅如此,他还回顾了"奇正"之术的由来,援引古代典籍考辨问题。例如,《易》曰:"丈人吉。"《兵法》曰:"多算胜。"他所援引的"《兵法》"指"《孙子兵法》",诚如《孙子·计篇》:"多算胜,少算不胜,而况于无算乎?"①考察上古时代,黄帝开始制作兵器,以天地风云为四正阵,以鸟蛇龙虎为四奇阵。"奇正"之术由来已久,因"奇"而制胜,以"正"而御敌,必有其人。事情久远,不能辨识。孔子教导仲由临事而惧,好谋而成。孟子禀告滕文公,筑城凿池宁死也不离去。两位圣贤的训导不可比作兵家的"奇正"之术。至于行三军之"正",也不例外。风雨必避,寒暑必违,行军之"正"。风飞石臼,李宝成功。雪拥蔡州,李愬奏捷。不是天时有"奇",而是乘之者有"奇"之术。相度山川,置营列阵,是用兵之"正"。滹沱之水,刘秀可渡。钱塘大潮,一箭而退。非地利之"奇",而是乘之者有"奇"之术。太公《六韬》,并非无"奇"之术。黄石《三略》,并非无"正"之术,不可用彼"正"此"奇"来评论两家兵书。陈平辅佐刘邦五年建立帝业,孔明七纵七擒。陈平六出奇计,孔明八阵之策,发挥"奇正"之术的妙用,王佐之才不可和美玉相比。道傍斫木,孙膑之智。水上囊沙,韩信之策。临机制胜,不也算是"奇"之术使用吗?蔡遵雅歌投壶应对敌人,刘琨登楼长啸使敌退却,是以静制动。总之,"奇正"之术都是可以使用的。

再者,他指出当今问题是缺乏治世平乱的真正人才。天下太平二百多年,变乱产生于疏忽之间。时至今日,尚未平定战乱。外敌虎视眈眈,危在旦夕。训练行军的方法有《武经七书》已经足够:"《武经七书》,刊行内外,则训其行师之方者,可谓尽矣。"②用兵计谋和阵法,只要天天研究,就可掌握:"兵谋阵法,朝讲夕究,则习其用兵之道者,可谓悉矣。"制敌之法、御侮之策不会超出这些。可是,未有克敌之功,是因现今缺乏平定战乱的人才。对于天时地利,难道无可乘之"奇"?对于"奇正"之术,难道只适合于古代,而不适合于当今?现今的天时也是古代的天时,现今的地利也是古代的地利。现今的"奇正"之术也是古代的"奇正"之术。天时、地利和"奇正"之术,古今并无根本的区别,当今无人平乱制敌,不敢辨别是非曲折。若是得到合适之人,就能得天时地利,就能正确使用奇正之术。得不到良将,刊行《武经七书》只是讲述章句,讲求计谋只是学习空言。"奇正"之术使用最终也见不

---

① 杨丙安:《十一家注孙子校理》,第20页。
② 柳楫:《白石遗稿》卷七《问国势炽如炎火之道》,韩国古典翻译院:《影印标点韩国文集丛刊续》第22册,第154页。

到成效,这些不足担忧。听说建造宫殿,工师全权负责。雕琢美玉,玉工负责完成。周文王得到南仲的辅佐,可应对多事之秋。周宣王得到召虎,任用治理国事。得到南仲这样的贤才一心一意任用,选择召虎一样的良才赋予重任,天时自然相助,地利自然发挥。"堂堂之阵,正正之旗",①在使用"正"之术收到成效。其中,柳楫所言"堂堂之阵,正正之旗"来自《孙子·军争篇》"无邀正正之旗,勿击堂堂之陈"。② 伏险之兵,乘利之卒,会在用"奇"之术彰显功效。风云雷雨暴发在呼吸之间,龙蛇虎豹出现在瞬息之时,何敌不克?何贼不散?国家自然会有金汤之固。

在对策的末尾,柳楫希望君王学习古代识才和用才之道。当今可作将帅者不是没有,得到并任用确实很难。古有周文王的圣明,然后才有姜太公的任用。有汉高祖刘邦的贤良,然后才有张良被任用。主上用文王得到太公的方法寻求人才,用汉高祖任用张良的方法任用人才,大山沟壑中的垂钓和击筑之徒有谁敢说自己是太公、张良一样的人才而未被征召任用!

从应答内容看,柳楫吸纳孙子兵学思想精华,多次明引和暗引《孙子兵法》,对孙武"奇正"术语与"奇正"之术的应用做出阐释,不乏真知灼见。最精彩之处是强调"奇正"之术真正发挥功效关键在于不可缺少真正的人才。柳楫学以致用,比较圆满地回答了现实中困扰君王的"奇正"问题。由于国家缺乏治世平乱的人才,尽管有先进的军事理论和认真的军事训练,但未显现出"奇正"之术使用的良好效果。从中可见,柳辑抓住了解决"奇正"之术使用的主要矛盾。

2. 郑幹与策问记录。郑幹(1692—1757),又名郑权,字道中、道直,号鸣皋,迎日人。任通政大夫。郑幹记录下的策问并不完整,只有策题,而无对策。《策问》指出的问题,东西二林俱是古人设险之地,现今既已修筑西林,那么东林迁移棘城不是有利之计。现今若再修筑东林,那么西林不可守,以成辅车相依之势。有人说西林城低,又有窥视的山峰,是不可守之地,怎样才可防守? 义州、左岘之间龙川有龙骨山城,铁山有云暗山城。有人说,山城在偏僻之处,可作避兵之地,不可为御贼之地,更不必说龙、云二城:"凡城之在山者,一并毁撤,以应兵书'置死置亡'之术可也。"③所言"兵书'置

---

① 柳楫:《白石遗稿》卷七《问国势炽如炎火之道》,韩国古典翻译院:《影印标点韩国文集丛刊续》第 22 册,第 154 页。
② 杨丙安:《十一家注孙子校理》,第 152 页。
③ 郑幹:《鸣皋集·续集》卷三《策问》,韩国古典翻译院:《影印标点韩国文集丛刊续》第 71 册,首尔:古典翻译院,2009 年,第 560 页。

死置亡'之术",实际是《孙子·九地篇》"投之亡地然后存,陷之死地然后生"①的省略性说法,依据孙子兵学原理建议毁坏和撤除山城防守。有人说,唐代因高丽栖于山城,成为难胜之都,已荒废的山城应重新修筑,未修筑的山城应加以修筑,不应撤去已设立的藩篱。现在不知如何处置?诸生既在西部之地,平时对此一定关注,未知关防之外,还有何卫国御贼之道?

令人惋惜的是,郑幹记录的策问无相应的对策内容。尽管如此,管中窥豹,策问涉及《孙子兵法》"死地"创设问题的探讨,所谓"置死置亡"之说。如何理解认识这一主张?虽说是依据孙子兵学原理建议而毁坏和撤除山城防守,但不能不顾及朝鲜半岛特殊的地理环境,盲目学习和应用《孙子兵法》的兵学原理。毁撤山城之后,并不能把军队置于"无所往者"的"死地"。

3. 徐滢修与策问。徐滢修(1749—1824),字幼清、汝琳,号明皋、五如,达城人。策问《握奇经对》提出的问题是:"今所传《蔡氏阵图》,所谓牝牡、冲方、罘置、雁行之目,乃八阵之所不见,《握奇》之所未载。蔡氏何从而得之?而朱子所谓'千古一快者',其指是欤?"

徐滢修对答,天下事情在人心处置,阵法也是如此。"夫阵,以势立,以利动,以分合为变者也。故其疾如风,其徐如林,其侵掠如火,其凝重如山。其无穷如天地,其不渴如江海。"②其中,他反复征引《孙子兵法》说明阵法,一是引用《孙子·军争篇》"以利动,以分合为变者",③说明阵法变化的原理。二是引用《孙子·军争篇》"其疾如风,其徐如林,侵掠如火,不动如山",④形容阵法变化多种多样。三是引用《孙子·势篇》"善出奇者,无穷如天地,不竭如江河",⑤表明阵法变化的形势是无穷无尽的。一言以蔽之,握奇阵的变化之术在于人心而已。内外轻重,阴阳刚柔,彼此虚实,主客先后,都以人心为主导。

徐滢修强调治军之事莫重于军阵,军阵之制始于《握奇》。黄帝受命之初,顺从煞气,创作兵法。奇偶相错,变化莫测,洞察上天的积卒法象,开启万世用兵之利。握机阵法的应用,始于西晋名将马隆:"观于古今兵书如《六韬》《三略》《孙武》《吴子》等书,但详其用兵之神权秘机,而其于阵法则一不

---

① 杨丙安:《十一家注孙子校理》,第261页。
② 徐滢修:《明皋全集》卷十二《握奇经对》,韩国民族文化推进会:《影印标点韩国文集丛刊》第261册,汉城:景仁文化社,2001年,第260页。
③ 杨丙安:《十一家注孙子校理》,第142页。
④ 杨丙安:《十一家注孙子校理》,第143—144页。
⑤ 杨丙安:《十一家注孙子校理》,第88页。

概见者,以有《握奇经》传在焉。"①徐滢修指出,古今流传的一些兵书包括《孙子兵法》在内,对用兵制胜奥妙有详尽的阐释,而对阵法一概不论,是因有《握奇经》的流传。习兵者相互秘密传授,创作兵法者不敢相互重复。到汉武帝时,获得《握奇经》的流传真本,"而爱重宝惜,必欲与六经并行,如天地之有阴阳寒暑"。汉武帝命令丞相公孙弘、大司马霍光注解,白虎观教练阵法。如无汉武帝的诚心诚意,《握奇经》就不会流传千年。诸葛亮行军用兵推演《握奇经》余绪,担心后世无传习之人,于是在沔阳鱼腹浦以石相聚,形如握奇兵阵。后来,唐顺之《武编》所载《握奇经》,与诸葛亮演绎的《握奇经》,在经传、文图之间,相互混杂、脉络不分。因而,兵家认为握奇阵是九军之阵,八阵为八八之阵。殊不知,握奇阵和八阵皆出于井田制,从外围看,以八言之,则为八阵。从三纵三横言,则为九军,原本并非两种阵法。

朱熹称赞《握奇经》,蔡氏所说《阵图》是因未见到八阵以及《握奇经》的记载。三代之后,学术纷乱。经术之士认为,搜狩为多余之事。武士之辈认为,说理是陈腐之见,《握奇经》自然无人阐释清楚,只有朱门之学以通晓大体和切合适用为主。蔡季通推演六十四阵图,朱熹后来提及此事,倘若见之,可谓千古一快事。然而,蔡氏图解不再流传。世上伪托蔡氏窃取唐人裴颇称扬的牝牡、冲方、罘罝、雁行阵目穿凿附会。《握奇经》关键不外乎心法。张良儒者气象,知晓《握奇经》大旨要诀。诸葛亮心法正大光明,契合《握奇经》的阃奥,不可诬陷。蔡氏《八阵图解》真伪混杂,朱熹所谓"千古一快"之事,反而成"千古一恨"之事。幸逢圣朝将《握奇经》注解阐发,与诸葛亮的演绎合编为一书,逐节批注,讲明源流,有助于六艺之学,有助于著述之道,将之发扬光大。

徐滢修策问所对说明了阵法的变化原理、特点、形势,他多次援引《孙子兵法》阐发阵法的理论,从侧面呈现了孙子兵学的理论价值。有一点不能苟同,徐滢修认为《孙子兵法》对军阵之事无阐发,这一说法不成立。比如《孙子·军争篇》:"无邀正正之旗,勿击堂堂之陈。"②又如《孙子·行军篇》:"轻车先出,居其侧者,陈也。"③其中,"陈"通"阵",是指军阵。

4. 姜彝天与策题记录。姜彝天(1768—1801),字圣伦,号重庵,晋州人。此一《策题》记录只有问题,没有对策。上自《握奇》井田之制,下到《九宫》六花阵,代各有异,人各不同,得失优劣,可一一详说吗?銛曲方圆,所取法

---

① 徐滢修:《明皋全集》卷十二《握奇经对》,韩国民族文化推进会:《影印标点韩国文集丛刊》第 261 册,第 261 页。
② 杨丙安:《十一家注孙子校理》,第 152 页。
③ 杨丙安:《十一家注孙子校理》,第 196 页。

象者为何？景生杜伤，所居位者在何？《策题》专门提及孙武阵法："孙武之阵，救首而救尾。"此说出自《孙子·九地篇》："善用兵者，譬如率然。率然者，常山之蛇也，击其首则尾至，击其尾则首至，击其中则首尾俱至。"①从古以来，有文事者，必有武备。因此，周代推崇刑法教化，太保有六师慌乱之告诫。孔门崇尚俎豆之礼，季路有孔子学习三军之事的疑问。何况衰落之末世，国内草寇出没，国外蛮夷狡猾。防守不能无城池营垒，作战不能无舟车器械，治理不能无号令，资助不能无粮饷运输。军备所需很多，不可缺少其一。兵书分析其精深的含义，陈述其会通之义，开启后人治理方法："武备之所以需者，若是其多，而亦不可阙其一矣，此所以有《六韬》《三略》《司马法》《孙吴》《尉缭》《心书》《阵图》《纪效》《登坛》诸书之列于兵家者流，解析其蕴奥，指陈其会通，以启后人克诘之方者也。"用功着力的方法将宗奉谁？以谁为分支？谁先谁后？《武备志》编纂者是何人？所载者何事？只有我朝鲜国处大海之东，三国时代相互争夺，前朝战事不断，被称为用武之地。《策题》还指出，尹师鲁在天下无事之时独喜论兵，张载曾揣摩研读孙子兵学："者生通六艺之学，讲九流之业。尹师鲁之无事谈兵，张横渠之早脱孙吴，必将有慷慨揣摩于中者矣。"因此，不要借口没有学习军旅事务："今来百战之场，各竖赤帜之军，则无曰军旅之事未之学也。"总之，该策题提到孙武阵法和《孙吴兵法》并十分重视其价值。

此外，朝鲜人士还记载清朝武科策问与孙子兵学问题。俞彦述(1703—1773)，字继之，号松湖、知足堂，杞溪人。任大司宪。《燕京杂识》记载，科举乡试、会试、殿试之法，从青衣儒童升为生员。从生员升为贡生，送国子监学习，谓之监生。监生赴乡试，得中为举人。举人赴会试，得中为进士，进士赴殿试。文科考试以八股文及策问五经为主，武科与文科有同有异："初试则用马步箭，而会试以后则与文科略同，武生武童用论二篇试之，而第一篇则出论孟题，第二篇则出孙吴司马法题。"②由此可见，清朝武科初试考马上射箭和徒步射箭，会试之后与文科考试大致相同，武科考生考策问二篇，其中第一篇是与《孟子》有关的策问。第二篇是与《孙吴兵法》或《司马法》有关的策问。文武二科考试皆在子午、卯酉年，设立乡试，在辰戌，丑未年设立会试、殿试，所取进士之数有时四百人，有时三百人，无一定的程式。

---

① 杨丙安：《十一家注孙子校理》，第 250 页。
② 俞彦述：《松湖集》卷六《燕京杂识》，韩国古典翻译院：《影印标点韩国文集丛刊续》第 78 册，首尔：古典翻译院，2009 年，第 422 页。

第二节　孙子兵学检证

一、检证孙子用兵之说

1. 丁希孟守城之道可检证孙子用兵之说。丁希孟(1536—1596)《日记》记载了守城之道。壬辰(1592)十月,守城,"兵法曰:守城之道,无恃其不来,恃吾有以待之。无恃其不攻,恃吾有所不可攻。故善守者,敌不知所攻"。① 丁希孟所谓守城之道恰恰检证了孙武的用兵之说,此守城之道实际源自《孙子·九变篇》"用兵之法:无恃其不来,恃吾有以待也;无恃其不攻,恃吾有所不可攻也",②以及《孙子·虚实篇》"善守者,敌不知其所攻"。③ 丁希孟强调"守城之道",而孙武强调"用兵之法"。由此可知,孙武之义比丁希孟更宽泛。他还指出守城不能抱侥幸的心理,善于守城者能做到敌人不知进攻何处。

丁希孟回顾了古人御敌之道,指出守城要充分认识防守的利害关系。守城不仅做到城高池深,兵精粮足,而且要考虑周密,不断变化计策。有时敌人虽不来进攻,但一定注意防守。有时敌人虽不来挑战,但要出击敌人。多方误导敌人,屡屡出击敌人,使敌人疲劳。有时敌人前来交战,不与之交战。有时敌人想要离去,却害怕遭遇袭击。诸如此类,皆是古人坐而役使敌人之法。虽是防御和进攻的基本策略,但也要事先研究防守的利害关系。

丁希孟总结了守城五种失败与成功情形,提出守城者要做到孙子所说的"善守"。守城之道有五种失败情形:一是所守之城"壮大寡,小弱众"。二是所守之城"大而人小"。三是所守之城"粮寡而人众"。四是所守之城"蓄货积于外"。五是所守之城"豪强不用命"。另外,城外水流高于所守之城,土脉疏松,池隍较浅。防守工具不充足,柴水不能供应,即使有山城,也应放弃,不去防守。守城有五种成功的情形:一是所守之城"城隍修"。二是所守之城"器械具"。三是所守之城"人小而粟多"。四是所守之城"上下相亲"。五是所守之城"刑严赏重"。另外,所守之城处于高山之下广川之上。地势较高不干旱,水源充足不用接引河水,节省沟防设施。可借助天

---

① 丁希孟:《善养亭集》卷三《日记》,韩国古典翻译院:《影印标点韩国文集丛刊续》第4册,首尔:古典翻译院,2005年,第410页。
② 杨丙安:《十一家注孙子校理》,第175页。
③ 杨丙安:《十一家注孙子校理》,第112页。

时,利用地利。土地坚实,又有水流,作为险阻。拥有这样形势,防守绰绰有余。丁希孟援引兵书解释:"兵法曰:'城有所不攻。'又曰:'善守者,藏于九地之下。'皆谓此也。"①丁希孟援引《孙子·九变篇》"城有所不攻",②以及《孙子·形篇》"善守者,藏于九地之下",③强调敌人不敢攻城,在于所守之城不可进攻,强调善于防守的表现是隐藏的深不可测。丁希孟频频征引《孙子兵法》,显然对之深有研究,才能提出切实可行的防守之策。敌人前来攻城,静默等待,不要轻易出击。等到矢石可击,则想办法击破敌人。如果敌主将亲自参战,则利用有利条件,强弩密集射击,飞石齐发,将其击毙,敌人士气就会沮丧。如果敌人宣称投降讲和,一定不要放松戒备,应当加强防守,防止敌人欺诈。若是敌人进攻已久,准备离去,则以其是疲惫之师可追击。此时袭击敌人,一定会击败敌人。这一切行动依赖贤明之人,见利而行,不可用平常的巡视检阅来羁绊。

2. 柳成龙《山城说》可检证孙子用兵之说。柳成龙(1542—1607),字而见,号西厓、云岩,丰山人。任大司宪、兵曹和礼曹判书等职。《山城说》评说,昔日唐太宗出征高丽,向大臣问计,大臣们认为,高丽依山建城,难以攻取。后来,契丹想攻打高丽,大臣劝说,高丽人居住山城,大军出征,不但不能成功,恐怕难以返还。自古以来,保境御敌都以山城为优势,敌人之所以忌惮也是因山城难以进攻。他依照《孙子兵法》解释这一现象:"兵法'先据高地者胜',孙子亦言'敌居高地则避而勿攻',其意可见也。"④柳所说的孙子之言"敌居高地则避而勿攻",出自《孙子·军争篇》"用兵之法:高陵勿向"。⑤ 李筌注解其:"言敌在高处,不可仰攻。"柳成龙援引之言与《孙子兵法》章句相去甚远,是间接引用《孙子兵法》。他不仅以史实说明山城难以攻取,而且证明这一现象吻合孙武之说。柳成龙认为,山城占据地形的高处,体现了孙武用兵打仗不可进攻占据高处敌人的本意。

不可忽略的是,柳成龙强调地形的重要性,背离了《孙子兵法》关于地理环境之说的核心思想,过分强调地理环境的重要性:"地形得失,于兵家胜败之数最重。未有失其地形而能济者,亦未有得其地形而陷败者。"这种说法

---

① 丁希孟:《善养亭集》卷三《日记》,韩国古典翻译院:《影印标点韩国文集丛刊续》第4册,第411页。
② 杨丙安:《十一家注孙子校理》,第170页。
③ 杨丙安:《十一家注孙子校理》,第71页。
④ 柳成龙:《西厓集》卷十五《山城说》,韩国民族文化推进会:《影印标点韩国文集丛刊》第52册,汉城:景仁文化社,1996年,第291页。
⑤ 杨丙安:《十一家注孙子校理》,第152页。

使他最终成为地理环境决定论者。由《孙子·地形篇》"夫地形者,兵之助也"①之说观之,柳成龙以地形得失来决定胜败,显然是一种错误的观念,过分夸大地形的作用。柳成龙指出,凡是国家境内山势陡峭的郡邑,无不有古代的城基,一邑有二三处,多者有五六处。由此可知,三国以降,以及高丽。争战之际,不但郡邑治所占据险要,而且民居村落选择险要,将公私积蓄储备其中。敌人来了,坚壁清野。敌人退走,下山耕种,是保民守国的长久之策。

3.《蛟龙山城控制楼记》可检证孙子用兵之说。申钦(1566—1628)《蛟龙山城控制楼记》记载,壬辰(1592)夏,海寇入侵朝鲜疆土,守护官吏任凭敌人施展淫威。天下危如累卵,这不只是因文恬武嬉,不知兵甲之事而已,也是昧于防卫策略。三年之后,元帅权公愍前毖后,在带方旧址,相度地形,依山筑城,历时七月竣工,共一千四百雉(长三丈,高一丈为一雉)。直城以东,拓展为谯楼。未过多久,权元帅喜欢其地形独特,于是题写城楼上的匾额为"控制",命令从事叙述事情的经过,申钦接受命令,记述其事。湖岭分界,带方占据其中,财谷丰饶,士马精强,足以庇护上都。"总统列邑,遏轧凶锋,此兵法所谓'地有所必守''攻有所难拔'者也。"②申钦关于带方地理形势之说,恰恰验证了孙武的用兵之说。申钦援引的《孙子兵法》不够严谨,本质是暗引。这是由于"地有所必守"意味着"地有所不争","攻有所难拔"意味着"城有所不攻"。归根结蒂,申钦所引《孙子·九变篇》"城有所不攻,地有所不争",③点明带方周边地理形势之险要,只有加强防卫,才能成为敌人难以攻取的地方,恰恰是孙武用兵之说的反向验证。

4.《厚州纪略》可检证孙子用兵之说。成海应(1760—1839)《厚州纪略》记述,本州岛连接池坪东台旁边的古味洞,是敌人来去之时的必经要道。从会宁到乌喇不过是十多天的路程,那么现今从厚州到乌喇,比之去会宁的路程一定是有减无增。正值水涨时。敌人若从此路入侵,并分兵一起进击长津、厚州两江之路,那么一天一夜,则可抵达黄草之南,那么洪原以北的地方,就不为我拥有。"兵法曰:'无恃其不来,恃吾我以待之。'设雄镇于此,使彼人不敢现形古味洞近处,则严边实民之策,两得其宜。"④这一说法出自

---

① 杨丙安:《十一家注孙子校理》,第226页。
② 申钦:《象村稿》卷二十二《蛟龙山城控制楼记》,韩国民族文化推进会:《影印标点韩国文集丛刊》第72册,汉城:景仁文化社,1996年,第18页。
③ 杨丙安:《十一家注孙子校理》,第170—171页。
④ 成海应:《研经斋全集·外集》卷五十一《厚州纪略》,韩国民族文化推进会:《影印标点韩国文集丛刊》第277册,汉城:景仁文化社,2001年,第421页。

李健民的手本,意图是在古味洞附近设立一个雄伟的军镇,可使敌人不敢轻易出现在此洞附近,这对严守边境和充实民众都有好处。李健民援引之言出自《孙子·九变篇》"无恃其不来,恃吾有以待也"。① 之所以设立雄伟军镇严守边境,充实守卫人员,目的是使敌人不敢前来。

5.《铁瓮八至图总叙》可检证孙子用兵之说。徐荣辅(1759—1816)《铁瓮八至图总叙》评述,关西一带山川地势维护着国家安全,一共有三重:鸭水是第一重;岭干从甲岘到左岘是第二重;铁瓮是第三重。国内一旦出现紧急情况,用于作战防守有三种策略:上策是占据鸭水险要之处,坚壁清野,俾敌人骑兵不敢入侵我国的边境。中策是凭借岭干作为防守之地,使敌人无机会跨越岭干,沿边虽受敌人的烦扰,但内部依然安定。下策是岭干失守,占据铁瓮之城,阨守通向清江道路,使敌人无机会渡过萨水向南。然而,鸭水流入关西边界,从茂昌、闾延开始,一直到弥串进入大海,广袤一千多里,沿边设立七个戍守之邑,建立二十八个堡镇,连络相望,本是没有遗漏的策略。"而所守既广,力有所分,兵法:'无所不备,则无所不寡。'"②徐荣辅重点叙述了铁瓮周边一带险要的地理形势,指出全线防守铁瓮这一重,就会出现兵力分散问题。他援引的"兵法'无所不备,则无所不寡'",出自《孙子·虚实篇》"备前则后寡,备后则前寡;备左则右寡,备右则左寡。无所不备,则无所不寡"。③ 由此可见,当时铁瓮这一重布防形势正好验证了孙武用兵之说。徐荣辅建议,铁瓮一带防卫应当是重点设防,不宜兵力分散。理由是鸭水如果可以防卫,本来是最佳。可是,实际上很困难,不能保证万无一失。从熙川的甲岘,一直到宣川的东林左岘,山岭一直连绵不断,重岭迭嶂,横亘七百里,从不间断,巍然屹立。这是天造地设的铜城铁壁。尽管如此,也应重点设防,不然会出现孙武所说的兵力分散问题。

6. 晋州地理形势可检证孙子用兵之说。徐有本(1762—1822)《晋州殉难诸臣传》提到一种说法:湖岭界分而晋州以重镇介焉,此兵法所谓"地有所必守"者也,地志有之。这一说法显然不是出自徐有本,而是"地志有之",即来自地理方志之说。晋州地处湖岭二地交界之处,是军事重镇,恰恰体现兵法所说"地有所必守者",如上文分析,"地有所必守"意味着"地有所不争",出自《孙子·九变篇》"地有所不争"。制敌之术,防守是根本,作战次之。不担心不可防守,而是担心不了解防守的关键。纪陟有言:千里疆

---

① 杨丙安:《十一家注孙子校理》,第175页。
② 徐荣辅:《竹石馆遗集》册七《铁瓮八至图总叙》,韩国民族文化推进会:《影印标点韩国文集丛刊》第269册,汉城:景仁文化社,2001年,第531页。
③ 杨丙安:《十一家注孙子校理》,第117页。

土,百里封地,险要是必争之地,不过是一镇一堡而已。一个人六尺之躯,要害之处,只是几个。一招成功,全局输赢就已判明。一城防守关系到天下安危。湖南是朝鲜天府之地,是国家根本。壬辰岛夷为祸惨烈,只有湖南独自保全,是因晋州之人扼守要冲。金时敏率三千弱卒,抗击八天八夜,最终保全城池。从此以后,敌人再也不敢进犯湖南了。

二、检证孙武治军之说

1. 李玄逸重视帅臣之说可检证孙武治军之说。李栽《先府君家传》记载,李玄逸(1627—1704)上疏说,《尚书》告诫"克诘戎兵",《周易》书写"弧矢御暴",这些言语体现出"安不忘危,存不忘亡"的本义,国家安定团结责任系于统帅:"孙子曰:'将者,国之辅也。'帅臣之为国家轻重如此。"①李玄逸之言出自《孙子·谋攻篇》"夫将者,国之辅也"。② 孙武比喻统帅如同国家这辆车上的辅木,由此可知,将帅之臣对于国家的重要性。李玄逸阐明,预先培养和教导将帅之臣,使其了解亲上死长之义,使其了解用兵谋略和军纪重要。都试之日,统帅不能只从射艺选取,有时还要访察古今事变,以兵家得失诘难。武官陪侍时也应咨询其筹边御敌之策,观察能否做到训兵励士,以此作为升降依据,有朝一日使用,一定产生很好效用。

2. 金锡胄治理内部之说可检证孙武治军之说。金万基(1633—1687)《奋忠效义炳几协谟保社功臣议政府右议政兼兵曹判书清城府院君金公谥状》记载,金锡胄(1634—1684),字斯百,系出新罗金姓。官拜副提学,尝于夜中问对。尹镌进册子,有所陈述。金锡胄进言:"臣愿圣明勿令虚声闻于外,兵法:'先为敌之不可胜,以待敌之可胜。'如欲为敌之不可胜,宜以省浮费得人才为先。"③金锡胄希望君王不要追求外在虚名,他援引了《孙子·形篇》"先为不可胜,以待敌之可胜"。④ 但对之略有改写,增加了"敌之"二字。如何做到"先为不可胜"?他提议减少国家多余开支,将选拔人才作为首当其冲的事情。国家遭遇大乱,首先要思考重要的事情,然后再做其他事情。

3. 李箕洪警告之说可检证孙武治军之说。李箕洪(1641—1708)《应旨

---

① 李玄逸:《葛庵集·附录》卷四《先府君家传》,韩国民族文化推进会:《影印标点韩国文集丛刊》第128册,汉城:景仁文化社,1996年,第581页。
② 杨丙安:《十一家注孙子校理》,第56页。
③ 金万基:《瑞石集》卷十五《奋忠效义炳几协谟保社功臣议政府右议政兼兵曹判书清城府院君金公谥状》,韩国民族文化推进会:《影印标点韩国文集丛刊》第145册,汉城:景仁文化社,1995年,第40页。
④ 杨丙安:《十一家注孙子校理》,第69页。

封事》提出五种对策：一是"任贤相，杜私门"。二是"选外任，轻赋役"。三是"尚节俭，禁奢侈"。四是"纳忠谏，辨贤否"。五是"选将帅，固边圉"。距丙丁之乱有六十多年，疠疫不停，百姓离散，很难断言没有野心家趁机作乱。边远镇守，所在皆废。虽有北门锁钥，几乎无人可守。而且，战舰败坏，万一风吹草动，如何防备？"兵法曰：'置之死地而后生。'无已则盍反其本。"①其中，"置之死地而后生"来自《孙子·九地篇》"陷之死地然后生"。②李箕洪警告说孙武这一思想不可滥用，否则会走到反面。如今军队人数不足，城池不坚固，不值得担忧。兵甲不坚利，技艺不精湛，不值得担忧。只有得人死力，才最值得担忧。将帅如得其人，所率之军虽小，爱护养育很好，教导训练熟练。同甘苦，共患难，赴难时如子弟护卫父兄一样。虽赴汤蹈火，但视死如归。只有这样，才能以一当百，可鞭挞坚甲利兵。

4. 吴命修推崇孙武练兵可检证孙武治军之说。《承政院日记》记载，佐郎吴命修指出，前锋与后锋、左厢与右厢、左候与右候，与中军合成七个小阵，七七四十九，合为一大阵。英祖询问，以现今军制也可创设此等军阵乎？吴命修回答："兵法有合变，昔孙武子以宫娥作阵势，可以赴水火也。若将得其人，则亦何难乎？"③英祖又问："长蛇阵何如？"吴命修又答："率然者，常山之蛇也。击其头，则尾至；击其尾，则头至；击其中，则首尾俱至。击此之道，击其头，击其尾也。"综观吴命修与英祖之问答，从中发现两个重要信息：一则吴命修推崇孙武练兵，可赴汤蹈火。二则对长蛇阵之问，援引《孙子·九地篇》："率然者，常山之蛇也，击其首则尾至，击其尾则首至，击其中则首尾俱至。"④

5. 许棨治军之说可检证孙武治军之说。李裕元（1814—1888）《行工曹判书许公神道碑》记述，许棨（1798—1866），字而肃，阳川人。任全罗右水军节度使、咸镜南北平安庆尚左兵马节度使、禁军别将等职。仪容清秀，举止端正，远望如韦布寒素。他带兵九年，恩泽三营将士，未尝一次生气，汰除一兵一卒。"兵法'视卒如视子'者，于公见之。"⑤李裕元指出，许棨带兵风格体现了孙武治兵之说，所言"兵法'视卒如视子'"，出自《孙子·地形篇》

---

① 李箕洪：《直斋集》卷三《应旨封事》，韩国民族文化推进会：《影印标点韩国文集丛刊》第149册，汉城：景仁文化社，1997年，第350页。
② 杨丙安：《十一家注孙子校理》，第261页。
③ 《承政院日记》第949册，英祖十八年九月二十日，第45b页。
④ 杨丙安：《十一家注孙子校理》，第250页。
⑤ 李裕元：《嘉梧稿略》册十五《行工曹判书许公神道碑》，韩国民族文化推进会：《影印标点韩国文集丛刊》第316册，汉城：景仁文化社，2003年，第46页。

"视卒如爱子,故可与之俱死"。① 李裕元强调将帅爱兵如子,与之同生共死,是治理好军队的前提条件。

6. 姜玮军赋之说可检证孙武治军之说。姜玮(1820—1884),"受古经义,辄有神解,中更浮游,学禅学、兵学、阴阳诸书"。曾任监役官。他在《拟三政救弊策》中指出,天子京畿方圆千里。疆界内有百万井土地,可提供军赋的土地有六十四万井,可提供的军马有四万匹,可提供的兵车有万乘。平时准备军马、车兵、干戈,一井之田,八家耕之。总之,一共耕作六十四万井土地,一共有五百一十二万家。每家一个成年男子,一共有五百一十二万成年男子,那么就可提供万乘之国的军赋,七家为一个服兵役者提供军赋。"故孙武曰:'兴师十万,日费千金。内外骚动,不得操事者,七十万家。'"② 由此可见,姜玮通过分析古代井田制度,计算出万乘之国所能提供的军赋数目,进而推导并检验孙武之说的科学性和合理性。援引孙武之说出自《孙子·用间篇》:"凡兴师十万,出征千里,百姓之费,公家之奉,日费千金;内外骚动,怠于道路,不得操事者七十万家。"③姜玮虽在孙武之说的基础上略加删节,但基本含义没有发生改变。

第三节　孙子兵学拓展

一、孙子兵学新说

1. 成俔认为不可使用《孙吴兵法》治理下的军队治服九州岛外的民族。成俔(1439—1504)《拟东坡十论》评说,用兵不能取胜,却不损害国家,不贻祸于后世,这种现象格外少见。《春秋》一书,对待齐、晋的态度友好,对待秦、楚的态度却不友好。秦、楚号称夷狄,是三皇五帝的后裔,所据之地与中国接壤。然而,《春秋》对待这两个国家却不友好。何况是九州岛外之地,豺狼本性,披发左衽。"聚则蜂屯郊野,散则鸟窜险阻,不可以孙吴法度之兵莅之也。"④成俔指出,对于九州岛外的民族,或聚或散,不能使用《孙吴兵法》

---

① 杨丙安:《十一家注孙子校理》,第227页。
② 姜玮:《古欢堂收草·文稿》卷四《拟三政救弊策》,韩国民族文化推进会:《影印标点韩国文集丛刊》第318册,汉城:景仁文化社,2003年,第545页。
③ 杨丙安:《十一家注孙子校理》,第289页。
④ 成俔:《虚白堂集》卷十一《拟东坡十论》,韩国民族文化推进会:《影印标点韩国文集丛刊》第14册,汉城:景仁文化社,1996年,第495页。

治理下的军队治服他们。昔日三苗不服,则以文德使之屈服。戎狄发生混乱,就出兵加以惩罚。这是以不治之法治理,最终实现了治理。

2. 柳成龙认为"首尾相救"是《孙子兵法》奇正变化的重要法则。柳成龙(1542—1607)在《倭知用兵》中评论,兵法"有正有奇"。柳成龙所言"兵法"是指《孙子兵法》。柳所言"有正有奇"出自《孙子·势篇》:"战势不过奇正,奇正之变,不可胜穷也。"①将帅如果不知用奇,只是用正,每次行动都会失败。"凡兵阵分部,必有中前后左右。故前者当敌,则左右为两翼,而绕敌之后,中与后又协力而救前,为首尾相救之势。此奇正之大法也。"②柳成龙指明,军阵各部相互协同救援,可形成"首尾相救之势"。而"首尾相救之势"这一说法,出自《孙子·九地篇》:"善用兵者,譬如率然。率然者,常山之蛇也,击其首则尾至,击其尾则首至,击其中则首尾俱至。"③柳成龙认为,此是奇正变化的重要法则。

他提到壬辰之乱时,故相李阳元之子李蓍庆,常在杨州、抱川境内跟随父亲。屡次见到倭军阵法,经常使我军陷于包围,目眩心怯,我军往往是不战而逃。倭军到处使用这一战法取胜,而我将帅始终不醒悟,每次进攻总是失败。李蓍庆建议柳成龙,投降的倭人在都监,可让他演试这一阵法,极其简易。以现有军人分三部分,变换三种阵形。站立成行,前一行士兵手持旗帜,中行士兵手持鸟铳,后一行士兵手持短兵器。遇到敌人,前一行士兵手持旗帜,两边分开,变成合抱形状。中行手持鸟铳士兵冲进敌阵,敌人多为鸟铳所伤。队形然后变动,又在左右两面出现围攻之兵,敌人必定逃走。于是,后一行士兵持枪剑,从后面追杀。虽不是古法,但是重要之术。"兵无常势,惟主于胜敌而已。"柳成龙所言"兵无常势",出自《孙子·虚实篇》:"兵无常势,水无常形,能因敌变化而取胜者,谓之神。"④昔日岳飞说,阵而后战,兵法之常。运用之妙,存乎一心。若无运用巧妙,只在意于古代用兵之法,虽不成为赵括,但也很少见了。

3. 崔岦指出诸家误解"全军"之说。崔岦(1539—1612)之诗《次五山喜闻天兵将临贼窟韵二首》有言:"平壤当年着贼壕,王师不许走飞逃。地势今乘南徼下,天威复顺朔风高。全军算定应三捷,截路锋奇已一鏖。不有中兴金石事,儒臣何处效微劳。"此诗歌描写了朝鲜王朝中兴之时,儒臣在反击倭

---

① 杨丙安:《十一家注孙子校理》,第89页。
② 柳成龙:《西厓集》卷十六《倭知用兵》,韩国民族文化推进会:《影印标点韩国文集丛刊》第52册,汉城:景仁文化社,1996年,第326页。
③ 杨丙安:《十一家注孙子校理》,第250页。
④ 杨丙安:《十一家注孙子校理》,第125页。

人之战中发挥了重要作用。崔岦针对诗句"全军算定应三捷,截路锋奇已一麀"中的"全军"做出解释:"全军,《孙子》文。亦诸家误解者也。"①崔岦指出,许多人误解了"全军"这一词语的涵义,"全军"应依照《孙子·谋攻篇》"全军为上,破军次之"②来解释,即"保全双方的军队",方才合理。

4. 申钦认为做到"兵无常形"可使军队变强大。申钦(1566—1628)《用兵篇》评说,南部地区深受倭人重创,倭人军队长驱千里,如入无人之地。我军在郊野与敌相遇,不敢交战而败北。守城与敌相遇,不敢防守而溃散。现今遭遇胡虏困厄,一出兵而全军覆灭,将帅不熟悉作战,实在太过分了。我军多数来自两南和西北,而两南是百济、新罗的遗民。岭南的风俗,木质而沉勇,用力耕作可富饶家业,可教导他们成为积极向上之兵。湖南的风俗,敏疾而轻薄,善伪而多变,可教导他们成为有用之兵。西北之地与胡人相接,是高句丽渤海的废墟。古人号称健斗,乘坐没有装备的战马,脱去上衣奔驰,奋臂大呼,木弧楛矢,箭无虚发,可教导他们成为不可阻挡之兵。高句丽使用他们对抗华夏,新罗教导他们统一三韩。"兵无常形,习之则强。苟无习之,不易世而同矣。"③孙武以水喻兵,《孙子·虚实篇》有言"兵形象水"。申钦所言"兵无常形",是从《孙子·虚实篇》"兵无常势,水无常形"④演变而来,意在强调用兵打仗,没有固定不变的态势。

财力、技艺、兵器、训练、了解天下之情,需要提前准备。把握时机体现决断事情的能力。明晰敌人的情况,遇到敌人敢于向前,行动如狂风暴雨一般,"举若飞鸟,若据虚,若搏景。始乎无端,卒乎无穷,而胜在战先矣"。其中,"始乎无端,卒乎无穷",是由《孙子·势篇》"如循环之无端,孰能穷之"⑤变化而来。励士之法在于奖赏和惩罚。奖赏一定施加在应当奖赏者身上,而不是施加于不应奖赏者身上。刑罚一定施加于应处罚者身上,而不是施加于不应处罚者身上。简单奖赏,人人激励,因而花费不多。简约刑罚,人人注意,所以不加杀戮。

善于事奉君王的宠幸者却能获得荣耀,即使有养由基的射技,孙武、吴起的谋略,乌获一样的勇敢,庆忌一样的敏捷,只不过是监门戍卒,怎能有所作为:"虽射如由基,略如孙吴,勇如乌获,捷如庆忌。"现今胡虏引诱讲和,其

---

① 崔岦:《简易集》卷七《松都录·次五山喜闻天兵将临贼窟韵二首》,韩国民族文化推进会:《影印标点韩国文集丛刊》第49册,汉城:景仁文化社,1996年,第446页。
② 杨丙安:《十一家注孙子校理》,第44页。
③ 申钦:《象村稿》卷四十一《用兵篇》,韩国民族文化推进会:《影印标点韩国文集丛刊》第72册,汉城:景仁文化社,1996年,第300页。
④ 杨丙安:《十一家注孙子校理》,第125页。
⑤ 杨丙安:《十一家注孙子校理》,第90页。

实是计谋。不能谋划,如何才能谋取敌人:"虏方饵我以和,无故而请和者,谋也。知敌之谋我,而我不得自谋,又何能谋敌哉?"①申钦所言"无故而请和者,谋也",出自《孙子·行军篇》"相敌"三十二法的"无约而请和者,谋也"。② 孙武告诫将帅,提防敌人以"和谈"为掩护,使我军放松警惕,然后打败我军。同样是燕军,乐毅使用能胜利,骑劫为将却遭遇失败。同样是赵卒,廉颇率领就可保全,赵括接替将帅就会送死。国家得到适合的将帅,军队就不是虚弱之兵。

5. 李玄逸认为唐人杜牧注解《孙子兵法》有不当之处。李玄逸(1627—1704)《书新编八阵图说后》评述,汉代之前,文武不分。下至赵充国、祭遵、虞诩、皇甫规、朱儁等人,通经学古,晓达大体。对于事业的起始莫不以急近功利为警戒,有谦谦退让的君子之风。到隋唐时,专门以词章末技选取人才,于是文武之用,分成两类。精通翰墨之人,耻言武事;置身行伍之人,轻视文人。这是形势所迫,不得不如此。从此之后,官居要职的主政者却未听说体国经野之道,治军率兵者蒙昧于计谋和军律,一旦遇到国家出现变故,不可救药,令人感到可悲。李玄逸注意到唐人杜牧注解《孙子兵法》的不足之处:"昔杜牧注孙武书,至《兵势篇》,乃曰:'此言阵法也。'"③他剖析杜牧的注解:"于是引《曲礼》所记'进退有度,左右有局,父之雠不与共戴天,四郊多垒,大夫之辱'。而释之曰:'言有雠辱,必至战争,固不可不知阵法也。'故其文相次而言。"李玄逸认为,杜牧曲解了《孙子兵法》,从后世程颢、朱熹详细的辩驳可知此事:"呜呼,礼书自经秦火,篇简讹谬,句读行次,多失其序,程朱子固已辨之详矣。今牧之言如此,诚不免郢书燕说之误。"李玄逸对此深有感触,丙子之变、戊申之耻,使他对此耿耿于怀,对有人忘记昔日耻辱而感到可悲:"然余于是窃有感焉。国家丙子之变,岂止多垒之辱。癸未索赋之怨,不减戊申之耻。言之于邑,尚复何说。自顷以来,岁月颓侵,奄逾二纪。昔之悲痛呕吟者,今皆以为当然,而无复有小戎之愤、扬水之叹矣。草茅迂见,独窃有慨。"李玄逸指出,在耻辱感的驱使下,自己搜集阅读兵书,依托杜牧之意,编纂了一部兵书:"读书明农之暇,辄复搜阅兵家,剟取要法,载之一帙。时时扼腕流涕而读之,聊以自释其愤懑无聊之意,因窃自托于杜牧说经之余意云。甲辰(1664)立秋前一日,葛庵题。"

---

① 申钦:《象村稿》卷四十一《用兵篇》,韩国民族文化推进会:《影印标点韩国文集丛刊》第72册,第300页。
② 杨丙安:《十一家注孙子校理》,第196页。
③ 李玄逸:《葛庵集》卷二十一《书新编八阵图说后》,韩国民族文化推进会:《影印标点韩国文集丛刊》第128册,汉城:景仁文化社,1996年,第208页。

6. 李瀷认为孙武用兵之术略逊岳飞一筹。李瀷(1681—1763)《军政书》指出,有人认为:"权谋用计始于孙武子,其舍正而凿奇,背义而依诈,未必皆可用。"李瀷认为,这一看法并非完全合理,援引孔子言论反驳:"不逆诈,不亿不信。抑亦先觉者,是为贤乎?"此言出自《论语·宪问篇》。大意是说,不在事前推测别人欺诈,不在事前推想别人不讲诚信。但在行事时,遇到有人欺诈、不讲诚信,却能事先觉察,难道不是贤良之人吗?李瀷强调说,我虽守正,敌必用诈。不事先觉察,就会中计。有所觉察,进行回应,是迫不得已,只好使用奇来取胜。孔子穿平民之服经过宋国,违背盟约回到楚国,此是权变,不是守经。权变和守经是有区别的,朱熹已经明言。设置埋伏和出奇制胜,使敌人出乎意外,平时摧败,决不是忍者所为。假如言语行动一定光明正大,坏人就会事先知道我们准备行动,就可严密防范,没有任何破绽。侥幸前去争夺胜利,正是宋襄公和陈余被人遗笑千古的原因。不用古代兵法的将帅有霍去病、张巡和岳飞:"为将而不用古法者三人,霍去病、张巡、岳飞是也。"张巡和岳飞尤其把握了重点,岳飞曾对孙武的主张有所更改:"张、岳之言尤得其要,孙武曰:'将者,智、信、仁、勇、严也。'岳飞易之曰:'用兵之术,仁、智、信、勇、严,阙一不可。'"①对比孙武和岳飞之语,略有不同。孙武之言是"仁"居于"智""信"之后,岳飞之言是"仁"居"智""信"之前。士兵知晓亲上死长之义,行动起来,无不如愿。作战处于生死之地,必死则生,幸生则死。使士卒人人有必死之心,而无侥幸贪生之意,只有将帅做到"仁",才能做到这样。然后使用奇正之术与实施刑罚奖赏,这是孙武略逊岳飞一筹的表现。张巡认为,使士兵知晓将帅心意,使将帅知晓士兵心理,投之所往,如手臂使用手指一样的灵活,人自为战,这是岳飞以仁义为第一的本意。现今国家扩充兵员如搜捕盗贼,征收赋敛如寇兵抢夺,将帅与士兵相互仇恨,一旦用兵打仗,以严厉刑罚处置士兵,即使张巡和岳飞再生,也是无济于事。

7. 朱熹指出《孙子兵法》"分合为变"不仅适用战阵,而且适用全国军队。杨应秀(1700—1767)《宗朱编[下]》指出,朱熹曾述先王之制,朝内有六卿六遂都鄙之兵,朝外有方伯连帅之兵,内外相维,缓急相制。"兵法以能分合为变,不独一阵之间有分合,天下兵皆然。"②朱熹所言"兵法"乃是"《孙子兵法》","以能分合为变"出自《孙子·军争篇》:"兵以诈立,以利

---

① 李瀷:《星湖全集》卷十七《人事门·军政书》,韩国民族文化推进会:《影印标点韩国文集丛刊》第198册,汉城:景仁文化社,1999年,第80页。
② 杨应秀:《白水集》卷二十八《宗朱编[下]》,韩国古典翻译院:《影印标点韩国文集丛刊续》第78册,首尔:古典翻译院,2009年,第128页。

动,以分合为变者也。"①不仅军阵之兵需要分合变化,而且全国军队也应如此。朱熹又说:"用兵之要,敌势急则自家当委曲以缠绕之,敌势缓则自家当劲直以冲突之。"他阐明用兵的关键是敌人进攻急迫时,应想方设法纠缠住敌人。在敌人进攻缓和时,应以强劲的攻势出击敌人。厮杀无任何巧妙之处,只是死中求生。两军对峙,立住阵脚,不后退,就是赢了。白天听金鼓之声,夜间注意灯火熄灭。朱熹怀疑夜间作战却不懈怠,原是设立烽火加以防备敌人前来劫持营寨。古人驻军之营,全如井字之形。在巷道十字处,设置烽火。如有间谍,一处举火,全部都举,间谍就不能逃脱。

8. 李献庆认为屯田之法类似《孙子兵法》"食敌"之事。李献庆(1719—1791)《拟上金城方略奏》模仿赵充国上书汉宣帝。陛下询问征羌事宜,为臣认为,用兵难以测度,原本希望到金城进献方略。后由于辛武贤建议出兵,陛下诏书责让为臣,责令为臣进军。为臣年老有病驻留,独派破羌将军辛武贤进兵。为臣受命以来,略知其中利害,不敢不竭忠诚,仰望圣上旨意,故此谨上方略。私下认为,兵者乃是凶器,战争是危险之道。王者之师,追求万全。《易》曰:"高宗伐鬼方,三年而克之。"鬼方是小小蛮夷,高宗是盛大天子,以天子讨伐小蛮夷,三年之后才取胜,用兵不可不慎审。"孙武子有言曰:'将提鼓挥枹,临难决战。鼓之而当,则成功立名。鼓之而不当,则身死国亡。'"值得注意的是,李献庆犯了"张冠李戴"的错误,所说孙武之言并不准确,原本出自《尉缭子·武议》:"夫将提鼓挥枹,临难决战,接兵角刃,鼓之而当,则赏功立名;鼓之而不当,则身死国亡。"②重在强调将帅指挥的重要性。赵充国特别指出最善之策是屯田:"而为今善后之计者,宜莫过于屯田一策。何者? 古之良将,取食于敌,食敌一钟,当吾二十钟。莛秆一石,当吾二十石。"③注意李献庆模仿赵充国之言来自《孙子·作战篇》"智将务食于敌,食敌一钟,当吾二十钟;莛秆一石,当吾二十石。"④以此证明屯田之策的合理性。百姓不用远道运输,国内不会空虚。最后指明,屯田之法类似古代"食敌"之事,所说"食敌"是指《孙子·作战篇》"食敌一钟,当吾二十钟"。

9. 金相定认为学习《孙吴兵法》自有其法。金相定(1722—1788)《重答安惟弘书》指出,气量并非最初可注定,所见所闻也不是与生俱来。荀子说,

---

① 杨丙安:《十一家注孙子校理》,第142页。
② 黄朴民:《黄朴民解读:唐太宗李卫公问对·尉缭子》,长沙:岳麓书社,2011年,第310页。
③ 李献庆:《艮翁集》卷二十二《拟上金城方略奏》,韩国民族文化推进会:《影印标点韩国文集丛刊》第234册,汉城:景仁文化社,2001年,第468页。
④ 杨丙安:《十一家注孙子校理》,第36页。

行路之人,皆可为禹。是说积善最终可实现。颜渊说,舜是什么样的人,我又是什么样的人。此是自我期许。孟子说,虽千万人,吾必往矣。此是培养正气。孔子说,想得到仁义,仁义就会到来。这是担心人没有志向。有了志向就有收获,想学习各种学问,那么自然有学习各种学问的方法:"今足下其欲仁义矣乎,则仁义之教在;其欲名法矣乎,则名法之具在;其欲阴阳矣乎,则阴阳之家在;其欲老、佛矣乎,则老、佛之书在;其欲纵横矣乎,则纵横之术在;其欲孙吴矣乎,则孙吴之法在。"①金相定指出,现今想学习仁义,那么有仁义的教导方法存在。想学习刑名,那么有刑名之术存在。想学习阴阳之学,那么有阴阳家存在。想学习佛、道之学,那么有佛家、道家之书存在。想学习纵横家,那么有纵横之术存在。想学习《孙吴兵法》,那么有孙武、吴起用兵之法存在。

二、孙子兵学新证

1. 金昌翕(1653—1722)考证《孙子兵法》"治气"之说。《日录》记述:"《孙子兵法》曰:'朝气锐,昼气惰,暮气归。'三时之气,固自不同。"②而"朝气锐,昼气惰,暮气归"③之说出自《孙子·军争篇》。金昌翕对孙武此说提出了质疑,这是因为这三个时辰敌我双方的士气本来就不相同。当敌我双方对峙时,又处在同一个时辰,不知以何种方法可使我方保持旺盛的士气,而使敌方保持低落的士气?他援引战例表明自己对孙武之说的理解。例如,南宋将领刘锜顺昌之战,正值暑天。兀术之军再次击鼓,士气衰落,疲于城外。而宋军轮番迭出,新出战者处于荫凉之处,饮用清暑茶汤之后,飞跃而出,士气很旺盛,作战勇猛,以一当十。金昌翕认为:"此所谓避其朝气,击其惰气者也。"

2. 姜奎焕(1697—1731)征引《孙子兵法》考证《周易》卦象之变。《先天变为后天图说》阐述:"先天八卦,居四方之正者,相对而有变易之象。"然而,"父母男女,对待定位,而功用未著。故一变而易位,再变而得位"。"师䷆,兵法有奇有正,而常以正为主。象一贞字,乃兵家之大要也。"④值得注意的是,姜奎焕所言:"兵法有奇有正,而常以正为主",来自《孙子·势篇》

---

① 金相定:《石堂遗稿》卷一《重答安惟弘书》,韩国古典翻译院:《影印标点韩国文集丛刊续》第85册,首尔:古典翻译院,2009年,第15页。
② 金昌翕:《三渊集》卷三十三《日录·三月》,韩国民族文化推进会:《影印标点韩国文集丛刊》第166册,汉城:景仁文化社,1998年,第135页。
③ 杨丙安:《十一家注孙子校理》,第149—150页。
④ 姜奎焕:《贲需斋集》卷六《先天变为后天图说》,韩国古典翻译院:《影印标点韩国文集丛刊续》第75册,首尔:古典翻译院,2009年,第276页。

"战势不过奇正",①"凡战者,以正合,以奇胜"。②

3. 金钟厚(1721—1780)征引《孙子兵法》考证"伊尹"。《札录》伊训条记载:"《传》尹,字也。"邹曰:"东斋陈氏云三代而上,未闻以字传者,且其自称尹躬,则非字明矣。""孔疏据《孙子》及《吕览》云名挚。或自有两名,或更名耳。"③金钟厚所言"孔(颖达)疏据《孙子》",具体指《孙子·用间篇》"殷之兴也,伊挚在夏"。④ 根据上述说法,金钟厚考证伊尹,或叫尹挚,或是后来更改了姓名。

4. 黄胤锡(1729—1791)征引《孙子兵法》注解考证斛石问题。《斛石说》指出,自从"《仪礼·丧服》郑(玄)注贾(公彦)疏",斛与石开始通用,从东汉经唐代而不改。"今中国十斗为一斛,而我国官府用小斛,容十五斗曰平石。民间用大斛,容二十斗曰全石,与中国不同。"另考察"明洪武辛亥科进士太原刘寅注《武经七书》之《孙武子》,有曰'古以一斛为一石',则十斗也"。⑤ 现今"以二斛为一石,则此即二十斗。而本国大斛之本乎此,尤明矣"。其中,黄胤锡征引刘寅注解《孙子兵法》论证古今斛石之不同。

5. 洪大容(1731—1783)征引《孙子兵法》辨疑《周易》之说。《周易辩疑》:"九二,有刚中之德,而顺应于六五。宠任之命,至于三锡,天下之有丈人之德者,孰不欲愿立于其朝乎? 故曰:'王三锡命,怀万邦也。'"继而指出:"兵法:'知彼知己,百战百胜。'是以进无常胜,退无常败。可以进则进,可以退则退,行师之常法也。"⑥洪大容征引《孙子兵法》,强调行军打仗有恒定法则。值得注意的是,援引《孙子兵法》有所变化,《孙子·谋攻篇》"知彼知己者,百战不殆",⑦而洪大容则为"知彼知己,百战百胜"。"殆"本是"危险"之义。显然,洪大容所引之言与孙武本义有一定的偏差,孙武所言比较谨慎。而洪大容认为将帅临事怯懦,逗留失机,本不足言。洪大容认为,若后退不能,前进必亡,就应舍身赴敌,与国家同生死共存亡。若进攻有必定失败之势,后退有可乘之机,就应敛兵蓄锐,观衅而动。用兵之法,讲究持

---

① 杨丙安:《十一家注孙子校理》,第89页。
② 杨丙安:《十一家注孙子校理》,第87页。
③ 金钟厚:《本庵集·续集》卷六《商书》,韩国民族文化推进会:《影印标点韩国文集丛刊》第238册,汉城:景仁文化社,2001年,第121页。
④ 杨丙安:《十一家注孙子校理》,第300页。
⑤ 黄胤锡:《颐斋遗稿》卷二十五《斛石说》,韩国民族文化推进会:《影印标点韩国文集丛刊》第246册,汉城:景仁文化社,2001年,第555页。
⑥ 洪大容:《湛轩书·内集》卷一《三经问辨·周易辨疑》,韩国民族文化推进会:《影印标点韩国文集丛刊》第248册,汉城:景仁文化社,2001年,第25页。
⑦ 杨丙安:《十一家注孙子校理》,第62页。

重。若只知为国难而死为忠诚,却不知量力而行为智慧,如同驱羊搏虎,抱卵投石,大军一败,国家形势更加危急。

6. 李德懋(1741—1793)考证《孙子兵法》"治气"之说。《西海旅言》记载,戊子(1768)十月十八日,晨晓出发,在法首浦吃过早饭,夜宿广滩店。雨后初晴,石出泥浓。天又昏黑,仆夫连声提醒:"腕添力耶。"牵拉者应答:"腕添力也。"同样语调:"好好好石也","好好好石也。"沟壑回响,混杂着广滩之鸟鸣叫。"马如飞,人益健。"此情此景使李德懋突然想到:"孙武曰:'夕气惰。'此知常而不知变也。"①其中,"孙武曰'夕气惰'"之说,是由《孙子·军争篇》"朝气锐,昼气惰,暮气归"②转换而来。李德懋由于旅行生活的切身体验,指出孙武之说存在问题,只是了解常识而不知变通。

7. 洪奭周(1774—1842)引用《孙子兵法》疏证老子之言。《订老[上]》对老子所言"善行无辙迹,善言无瑕谪"做出疏解。世人所说的"善",往往是指能做事情,并且有功效。高明者并非如此,却把无为作为"善"。有得必有失,有成必有败。只有无为,才能有所作为。没有得失,就没有成败。洪奭周援引《孙子·谋攻篇》疏解其说:"孙武曰:百战而百胜,非善之善者也。不战而屈人之兵,善之善者也。盖此意也。"③

8. 许熏(1836—1907)考证《孙子·火攻篇》注解"炮"之说法。《炮说》:"尝见《孙子·火攻》'其五曰火坠'。周亮辅注云:'临战之时,用火炮火车之类,焚烧其队。'"④如果按照注解所说,那么火炮已产生很久了,许熏坚决不同意这种说法。他认为历代使用石炮,到了北宋时才出现火炮。《炮说》专门考证炮的发展历程,最初"炮"是飞石。"按字书,炮,音抛,俗作炮,盖机石也。"《春秋传》云:"旝动而鼓。"贾逵注:"旝,发石。"《说文》:"旝,建大木,置石其上,发以机,以锤敌。"这是使用炮的开始。张晏云:"《范蠡兵法》:'飞石重十二斤,为机发,行二百步。'"许熏援引史书、文集、兵书等资料,证明"汉唐以前有石炮而无火炮"。前汉《甘延寿传》云:"投石绝等伦。"《魏略》云:"诸葛亮起冲车,郝昭以绳连石磨压之。"《文选·闲居赋》云:"炮石雷骇。"李善注:"今之抛石也。"《袁绍传》:"曹操发石车,击绍军中,号为霹雳车。"章怀注:"今之抛车也。"唐《李密传》云:"以机发石,为攻城具,号

---

① 李德懋:《青庄馆全书》卷六十二《西海旅言》,韩国民族文化推进会:《影印标点韩国文集丛刊》第 259 册,汉城:景仁文化社,2001 年,第 107 页。
② 杨丙安:《十一家注孙子校理》,第 149—150 页。
③ 洪奭周:《渊泉集》卷四十《订老[上]》,韩国民族文化推进会:《影印标点韩国文集丛刊》第 294 册,汉城:景仁文化社,2002 年,第 170 页。
④ 许熏:《舫山集》卷十二《炮说》,韩国民族文化推进会:《影印标点韩国文集丛刊》第 328 册,汉城:景仁文化社,2004 年,第 7 页。

将军炮。"《通典》引《李卫公兵法·守城篇》曰:"积石,备抛石。"至北宋咸平年间,知宁化军刘永锡制造手炮进献,朝廷颁下诏书,命令沿边州郡制造和使用。制造这种器物有时用铜,有时用铁,小者叫铳。值得注意的是,许熏提及《孙子·火攻》"五曰火坠"。现今《孙子·火攻篇》多写作"五曰火队",①不知许熏所言《孙子兵法》是何版本。可以明确的一点是,这一版本内容提到周亮辅的注解,极有可能是明人周亮辅《增补武经讲意备旨直本》。

综而观之,朝鲜王朝孙子兵学研究取得了显著成绩。例如,金构(1649—1704)《动藏录跋》叙述,汇集前人用兵之事,"录为五篇,目曰《动藏录》,盖取孙武所谓'善功(攻)者动于九天之上,善守者藏于九地之下'言也。"②由此可知,《动藏录》书名取自《孙子兵法》,《动藏录跋》写成的具体时间是"乙巳(1665)仲秋"。金构所言"善功(攻)者动于九天之上,善守者藏于九地之下",出自《孙子·形篇》:"善守者,藏于九地之下;善攻者,动于九天之上。"③二者的语序不同,孙武先言"善守者",而金构先说"善攻者"。金构指出,世人果真通晓《六韬》《孙吴兵法》,又何必在意此五篇兵书。可是,兵书精微深奥,难以通晓。过去的成败轨迹易以遵循,后世学习如能效法其制胜之法,戒备失败之因,对于善攻和善守之道或许有一定益处。由此可见,金构《动藏录》是学习研究《孙吴兵法》重要结晶。又如姜玮(1820—1884)不仅注意研究《孙子兵法》,而且有重要成果《孙武子注评》。《本传》记载,姜玮,字韦玉,晋阳人。为人沉警,隐忍果断。读书不守旧说,"入之深,出之新","尤致力于四子书,间出入孙吴《形》《势》之言,好论天下大事"。④其中,《形》《势》是指《形篇》《势篇》,而《孙子兵法》第四篇、第五篇分别为《形篇》《势篇》。《本记》所载姜玮涉猎《孙子兵法》中《形篇》和《势篇》,还留下研究《孙子兵法》成果:"所著又有《经纬合璧》《孙武子注评》,藏于家。"

尽管如此,真正善于研究《孙子兵法》者依然比较少见。朴趾源(1737—1805)之诗《赠左苏山人》:"汉唐非今世,风谣异诸夏。班马若再起,决不学班马。新字虽难创,我臆宜尽写。奈何拘古法,刲刲类系把。莫谓今时近,应高千载下。孙吴人皆读,背水知者寡。趣人所不居,独有阳翟

---

① 杨丙安:《十一家注孙子校理》,第278页。
② 金构:《观复斋遗稿》卷二《动藏录跋》,韩国古典翻译院:《影印标点韩国文集丛刊续》第49册,首尔:古典翻译院,2008年,第22页。
③ 杨丙安:《十一家注孙子校理》,第71页。
④ 姜玮:《古欢堂收草·文稿·本传》,韩国民族文化推进会:《影印标点韩国文集丛刊》第318册,汉城:景仁文化社,2003年,第478页。

贾。"诗人倾诉,现今已不是汉唐之世,社会风俗已不同于华夏之地。因而,没必要学习继承古人的做法,而是一定要追求创新,不必拘泥古代的做法。诗人描述了一种重要的社会现象:"孙吴人皆读,背水知者寡。"①诗句之意揭示,人人都读《孙吴兵法》,真正懂得背水阵之人却又少之又少。

---

① 朴趾源:《燕岩集》卷四《映带亭杂咏·赠左苏山人》,韩国民族文化推进会:《影印标点韩国文集丛刊》第252册,汉城:景仁文化社,2001年,第89页。

第四章　朝鲜王朝孙子兵学应用

第一节　《孙子兵法》军事领域的应用

一、《孙子兵法》与御倭之策

黄暹(1544—1616),字景明,号息庵、寿乐堂、养蒙斋,昌原人。任司谏。他在《论八条疏》中说:"臣闻贼屯边上,峙粮换兵。""岂可如去岁之仓皇无策乎?臣有八策,聊效献芹。"①他曾向殿下提出了八条御倭策略。

一是"多间谍"。黄暹分析指出,壬辰事变之初,敌人暗派间谍出入我军,凡我军行动,无不侦知。而敌人的众寡,却不能侦知。现今希望挑选最为骁勇敏捷之人,改变装束前去侦察敌人,为我军的决策行动提供情报。值得注意的是,黄暹提出制倭第一策,虽未援引《孙子兵法》,但重视间谍的使用,为军队行动获取情报的重要做法,依然脱胎于《孙子·用间篇》,诚如"军之所欲击,城之所欲攻……令吾间必索知之"。②

二是"谨烽燧"。壬辰事变发生时,烽火不举,东南之地成为敌人的巢穴,千里之地无人防守。敌人撤退后,烽火问题依然不加重视,使人寒心。现今希望各邑修筑烽台,训练军人,瞭望敌情。

三是"整斗舰"。各浦邑视舳舻之船如儿戏,腐朽泄漏不加修补,搁置浦上。万一战事发生,不知如何应对。现今希望快速修理各浦战船,勒兵以待,各有指挥。

四是"立木栅"。凡大海边际多石磋牙,篙工平时熟悉水路,选择停泊。倭人虽然善于操作船只,可是不能停泊险阻之地。希望命令海滨各城邑,在

---

① 黄暹:《息庵集》卷三《论八条疏》,韩国古典翻译院:《影印标点韩国文集丛刊续》第5册,首尔:古典翻译院,2005年,第454页。
② 杨丙安:《十一家注孙子校理》,第298页。

可停泊船只的岸边竖立木栅,栅高不可使人逾越,严密不可使人钻越,阻止敌人突然前来。

五是"各守城"。事变发生时,不使守令各自防守城邑,而是下令奔赴边远地区作战,只剩老弱病残防守空城,敌人一旦击破边城,千里空虚,直入京都。希望边境和内地城邑分兵两部分:一部到边境,一部守城,防止敌人长驱直入。

六是"设伏兵"。布阵兵力多少易被敌人观察,隐藏兵力则使敌人难知强弱。容易知晓容易对付,难以知晓难以应对,这是兵家用兵态势。前年敌人不恐惧聚军之阵,而是害怕游击军伏击,敌人往往因遭遇埋伏而受困。出其不意,敌人心惊胆战,容易溃败。希望军队提前占据埋伏之地,挑选精锐埋伏,使敌人产生可疑心理,阻断敌人前进之路。

七是"伐其谋"。倭人用兵使用迷幻术,用鸟羽蒙在头上,戴上假面具,涂上彩色,犹如鬼神一样,眩人耳目,夺人心魄。"我国之人,怯贼成痴。既未能知彼之谋,又奚暇出我之奇?不能伐其谋,反为其所伐,动辄涂地者以此。"①黄暹"伐其谋"之说,出自《孙子·谋攻篇》"上兵伐谋",②强调用计谋战胜敌人。他认为本国之人不能伐谋,敌人却善长伐谋,这是本国军队一败涂地的重要原因。因此,他希望国君命令将帅注意观察敌人的动静,灵活应对。敌人用意在西部,我则在西部采取措施。敌人用意在东部,我则在东部迎击敌人。常常了解敌人的计谋,而敌人却不了解我们的计谋,那么"虏在目中"。无论多么凶恶的敌人,都不会超越我们的计谋范围,诸葛亮七擒孟获,就在于此。

八是"严军律"。"战,危事也。进或可生,退则必死,故冒矢石不敢避,不避故不死。兵法不曰'置之死地而后生'乎?"③其中,黄暹所言"兵法"是《孙子兵法》。而"置之死地而后生"之说,出自《孙子·九地篇》:"投之亡地然后存,陷之死地然后生。"④黄暹认为战争是危险事情,必须有严格的军纪加以维持。可是,近年来军纪废弛,有将士遇到危急就逃避。去危就安,人之常情。有谁愿意殊死作战。希望严明纪律,犯法者绝不饶恕,以此取得功效。

---

① 黄暹:《息庵集》卷三《论八条疏》,韩国古典翻译院:《影印标点韩国文集丛刊续》第5册,第455页。
② 杨丙安:《十一家注孙子校理》,第46页。
③ 黄暹:《息庵集》卷三《论八条疏》,韩国古典翻译院:《影印标点韩国文集丛刊续》第5册,第455页。
④ 杨丙安:《十一家注孙子校理》,第261页。

综而观之,黄暹《论八条疏》提出的御倭八策,其中第七策和第八策皆援引了《孙子兵法》,强调"伐谋"的重要性与"置于死地"维护军纪的必要性。

高尚颜(1553—1623),字思勿,号泰村、南石,开城人。曾任咸阳郡守。壬辰倭乱后,他曾向柳成龙提出御倭八策。

他在《上西厓先生》书中进言,玩弄兵寇,至今六载,举措行动有失人心,舆论将之归为姑息。"抑事去势穷,智者不能善后而然欤?"①高尚颜所言"智者不能善后",出自《孙子·作战篇》:"虽有智者,不能善其后矣。"②意在强调形势极为严峻,即使智者也无法挽救局面。未尝寻求人才,不可说国家没有人才;未尝采用士人策略,不可说士人无策略。长期任用赵括之类,即便如王导有雅望,每件事情怎么可以做到尽善尽美?遇到年少者,说其童子无知。遇到年老者,说其垂垂老矣。即使有罕见才华,超常智慧,也不被重用。如此想要拨乱反正,却是不断退步。不是由于敌人强大,而是没有对策。不是国家弱小,而是计谋不被采用。即使有廉颇、李牧这样的人才,虽在王宫,但也难以了解。一介书生面对天下大乱,敢对国家大计发表看法,实是由于危亡迫在眉睫,庙堂之算有失策之举,故此提出八条制倭策略。

第一,"屯兵边郡,以能捍外而卫内"。这一策略主要目的是加强国家军事布防。他分析认为,计算国家在战后剩余的兵力数量,湖西、湖南、岭南、关东人数多达十万,少则不下八万。兵力部署应采用《孙子兵法》的方略:"屯戍之地,当以庆州为首,昌原为尾,密阳、彦阳为要(腰)。择其要害处,或据城,或依栅。贼若向庆州,则以昌原、密阳之兵,直捣釜山。若向昌原,则以庆州、彦阳之卒,掎其巢穴。其向密阳、彦阳也,亦以首尾应之,此率然之势也。"③高尚颜所言"率然之势",以"庆州为首,昌原为尾,密阳、彦阳为要(腰)",将这种防卫格局设计比作"率然"之蛇,来灵活应对敌人的进攻。这一比喻来自《孙子·九地篇》:"善用兵者,譬如率然。率然者,常山之蛇也,击其首则尾至,击其尾则首至,击其中则首尾俱至。"④此外使用舟师屯驻庆州左右,阻挡倭人进攻海路要冲。如此倭人不敢轻易长驱直入,国家可努力发展农业,捍卫外部敌人和防卫内部叛乱。

高尚颜对有人心中存有疑问做出了回应。议者指出,现今设立险要,修

---

① 高尚颜:《泰村集》卷二《上西厓先生》,韩国民族文化推进会:《影印标点韩国文集丛刊》第 59 册,汉城:景仁文化社,1990 年,第 228 页。
② 杨丙安:《十一家注孙子校理》,第 31 页。
③ 高尚颜:《泰村集》卷二《上西厓先生》,韩国民族文化推进会:《影印标点韩国文集丛刊》第 59 册,第 228 页。
④ 杨丙安:《十一家注孙子校理》,第 250 页。

筑守城,使一道之地的民众进入山城,敌人进攻时不能交战,撤退时不能抢劫,敌人多面背城邑,不敢进逼京畿之地,难道这不是有利之策吗？高尚颜认为,现今形势已不同过去,敌人一心追求战而必胜、攻而必取。如果使用军队驱赶民众入城,犹如飞鸟入笼,游鱼戏于沸鼎,势必不能相互救援,将会使自己陷于"围地",不免被饿死:"城中之粮,不支半年,而背固前隘,自就围地,将不免饿死。"高尚颜所谓"围地"之说,出自孙武之说,诚如《孙子·九地篇》有言:"背固前隘者,围地也。"①

议者还提出疑问,八万之师聚集戍守四邑之地,又将如何不被阻断粮道？高尚颜认为,古代八家同井,出兵一名,粮饷费用由七家负担,"兵法所谓'兴师十万,不得操事者七十万家者也'"。② 高尚颜所言"兴师十万,不得操事者七十万家",出自《孙子·用间篇》:"凡兴师十万,出征千里,百姓之费,公家之奉,日费千金；内外骚动,怠于道路,不得操事者七十万家。"③孙武本意是说大规模出兵打仗,将对国家生产造成极大影响。高尚颜借此阐明如何来解决粮饷来源的问题,即分摊粮饷费用,解决粮食问题。具体而言,本道以六家为一户,远方之道以八家为一户,从中选择一个健儿当兵,其余各家出粮。本道五家各交四斗二升,远道七家各交三斗。一屯之兵不下二万人,就可万人守城,万人屯田。每人种粮,可得六斗,则可满足二万人半年用粮。

第二,"卑辞约和,以图济师而益备"。这一策略主要目的是麻痹敌人,加强军事准备工作。"无故而请和者,谋也。卑辞而益备者,进也。"④高尚颜之言出自《孙子·行军篇》"无约而请和者,谋也",⑤"辞卑而益备者,进也"。⑥ 孙武强调在行军过程中注意观察敌人的一举一动,其中包括观察敌人前来谈判讲和的情形,以及留意敌人卑谦言辞背后所隐藏的意图。高尚颜反其道而行之,主张己方与敌人讲和过程要注意谋划,在谦卑言辞掩盖下做好军事准备工作。想要实施计谋,不能不去讲和。想要进攻敌人,言辞不能不谦卑。他举例说,北宋仁宗宝元初年(1038年),李元昊不讲礼仪,谏官吴育认为夷狄不识礼义,不应与其计较,表面答应其请求,暗地下令边臣严

---

① 杨丙安:《十一家注孙子校理》,第255页。
② 高尚颜:《泰村集》卷二《上西厓先生》,韩国民族文化推进会:《影印标点韩国文集丛刊》第59册,第230页。
③ 杨丙安:《十一家注孙子校理》,第289页。
④ 高尚颜:《泰村集》卷二《上西厓先生》,韩国民族文化推进会:《影印标点韩国文集丛刊》第59册,第230页。
⑤ 杨丙安:《十一家注孙子校理》,第196页。
⑥ 杨丙安:《十一家注孙子校理》,第195页。

守战备。可是,宋仁宗不采用他的主张,有识之士为之感到痛心。凭借大宋的强盛和宋仁宗的贤良,国家实力不至于被削弱,但吴育依然劝说不必与西夏计较。值此丧师败北之际,虽然想要崛起,但是无计可施。只有卑辞讲和,才能图谋发展自己军力。如果对方提出不可答复的要求,就可兴师问罪。古人所说以和为名,以战为实,正值当今之时。从李顺预见沮渠蒙逊之死来看,那么丰臣秀吉之死指日可待。沮渠蒙逊坐受君王诏命,李顺知其不能活命。丰臣秀吉不知前去迎接敕令,岂有活命之理?手执玉版高低,俯仰之间的礼仪,子贡知鲁定公必死。沮渠蒙逊突然死去,已是验证在前。丰臣秀吉被杀,将在不久之后。因而,弃绝神灵,地震之灾,无日不有。现今卑辞讲和使受敌之患推迟一年,则可施行屯戍之策,加强战守之备,慢慢等待丰臣秀吉之死。

第三,"厚赂行长,以探敌情"。这一策略主要目的是加强对敌人情报信息收集。他指出小西行长志向在于休兵安民,加藤清正本意是长久仰仗兵威。自古以来,从未听说两将不团结可以出兵有功。现今小西行长既然与加藤清正的想法不同,可以营救本国使节,这个时机不可不利用,功劳不可不奖赏,应以丰厚的礼物结交可信任的使节,暗地送给小西行长。借丰厚礼物结交诸将,不只是加藤清正计谋可以洞察,而且小西行长计谋也可预测。神龙虽变化莫测,但受欲望的拘束,受人为干扰。昔日李顺接受沮渠蒙逊财宝,想要阻止征凉之师。齐人接受韦孝宽的金帛,事情提前知晓。另如张仪归附秦王,秦桧忠心金国之主。"何况兵法曰:'相守数年,以争一日之胜,而爱爵禄百金,不知敌情者,不仁之甚也。'贾林曰:'兵不用间,如人之无耳目也。'"[1]高尚颜所言援引《孙子·用间篇》"相守数年,以争一日之胜,而爱爵禄百金,不知敌之情者,不仁之至也"。[2] 他还援引贾林注解《孙子兵法》,强调使用间谍的重要性。使用间谍出入敌人军营,就不可断绝使者通信。暗地行贿小西行长,此是开始,小西行长将来很可能扮演李顺、秦桧一样的角色。

第四,"采银关北,以佐国用"。这一策略主要目的是辅助解决国家开支问题。他分析指出,白银虽说饥不可食,寒不可衣,不可制作兵器,但可在华夷之地流通。本国所产白银丰富,只是由于岁贡的缘故,不许私人冶炼。现今正值国家板荡之日,财尽力殚之际。仍然遵守常规,使有用之宝藏在深

---

[1] 高尚颜:《泰村集》卷二《上西厓先生》,韩国民族文化推进会:《影印标点韩国文集丛刊》第 59 册,第 231 页。
[2] 杨丙安:《十一家注孙子校理》,第 289 页。

山。若是广泛开采,发挥用处,小则购买战马和利剑,大则可做奖赏和间谍费用。汉高祖曾用四万斤黄金赐予陈平,不问其出入,最终不仅免除楚人的紧急进攻,而且换来大汉四百年基业。不施赏一金,却想以长久之策取胜,坐等平定祸乱,这是从来未有之事。

第五,"括马牧场,以资战士"。这一策略主要为了增加战争资源储备。他指出平时设立牧场是为了防止将来缺乏马匹,国家养马不是不多,几乎一半被倭贼侵占,一半归于天朝之兵,国家真正所剩无几。牧场养马,未有搜括之令。没有马匹使用,事情如何处理?有了马匹却不使用,这又怪谁?耽罗一带畜牧充斥山谷之间,江华、珍岛牧场也有不少畜牧。若是加以搜集,选择善恶,良马可备战场使用,劣马可供物质运输。现今不是胜利之时,马放南山,使与野兽成群。执政者却说国家无马,此是不能使人理解的事情。

第六,"作铁鞭梗,以代杀手梗"。这一策略主要目的是为了作战扬长避短。他指明汉人所说的"打稻梗",是本国人所说的"回环鞭"。军队之所以不断败北,敌人之所以屡屡取胜,是因作战时短兵相接,此是敌人长处、我军短处。不可与敌人争长处,只能避其所长。例如制造铁鞭梗,使勇敢者操此器物,与敌人交战。铁鞭梗长度是短兵器数倍,擅长短兵器者就无用武之地。岳飞说兵器没有固定的,关键看如何使用。此器物若是制造出来,农民皆可为兵,方便身手,易于使用,不用教导就可使用,怎可放弃长处,东施效颦。

第七,"抄孙、吴书,以教诸将"。这一策略主要目的是培养将帅之才。他分析指出,古今兵书不是不多,最要紧的兵书,莫过于《孙吴兵法》:"用兵之要,莫切于《孙吴》。"若寻求全面系统的兵书,《孙子兵法》则是最好。自古以来,将帅很少有人不精通此书:"求其该备,《孙子》为最。自古为将者,鲜不精通。"[1]由此看出高尚颜对《孙吴兵法》的重视态度,以及对《孙子兵法》分外青睐。他举例说,韩信采用背水阵击破赵军,孙膑用减灶之术,都出自此兵书。学习兵法不知灵活应变的现象确实存在,不学兵法却能善用兵,却从未听说。现今武人以射技为重,却不知兵法只言片语,只是一介武夫,不可成为统御万人的将帅之才。如此之人登坛拜将,指挥三军,如何抵御敌人。现今《孙子兵法》笺证和注解存在重复,很难让人全部通读。建议只保留曹操、张预注解《孙子兵法》的内容,可使不学兵法的赳赳武夫容易讲读

---

[1] 高尚颜:《泰村集》卷二《上西厓先生》,韩国民族文化推进会:《影印标点韩国文集丛刊》第59册,第232页。

《孙子兵法》:"第以孙子之书笺注重复,难于尽阅。今若只取曹操、张预之言,谚解其章句,俾不学之武夫,易于讲习。"①只有如此实行,鲁肃眼前才不会出现吴下阿蒙,临机应变时就会出现出奇制胜之人。

第八,"用火攻策,以隶敌人"。这一策略主要目的是借助火攻战术制服敌人。高尚颜分析指出,敌人守城,难于进犯,只有使用火攻之术才能奏效。由于敌城庐舍相连,易于烧毁。近来敌营起火,毁屋过半,焚毁敌人的储粮万斛,已是初步验证。首先,派人出入敌营,对运输货物者加重奖赏,使其假装在城中经商,半夜时分潜伏,乘风纵火,烧其积聚。其次,使用大军,水陆并进,利用火炮技术进攻敌人。不用交战,敌人就会陷于困境。至于火攻变化之术,《孙子兵法》讲述得很分明:"若其兵火之变,时日之利,俱载于《孙子》书,不须历陈。"具体而论,"兵火之变"是指《孙子·火攻篇》:"凡火攻,必因五火之变而应之。"②"时日之利"是指《孙子·火攻篇》"发火有时,起火有日。时者,天之燥也;日者,月在箕、壁、翼、轸也。凡此四宿者,风起之日也。"③高尚颜所谓"俱载于《孙子》"之说,证明其火攻策略完全是受《孙子兵法》的启发,而且对杜牧注解《孙子兵法》提到的火攻器物很是重视:"牧之之言曰:'兵法有火箭、火帘、火杏、火兵、火禽、火盗、火弩',皆可用也。亦当讲究其制,不得于我国,则必学于中朝。岂非火攻之一助乎?"④高尚颜所说"牧之之言",是指唐人杜牧对《孙子·火攻篇》很有实用价值的注解。杜牧提到多种多样的火攻技术,如火箭、火帘、火杏、火兵、火禽、火盗、火弩。高尚颜强调,即使本国没有的火攻技术,也有必要向中国学习,进一步提高火攻作战的效能。

此外,对于修建山城之策,原本是柳成龙提出的备倭之策。可是,高尚颜根据所见所闻,毫不避讳指出此种策略不可行。从他身上,足可见其犯颜直谏的勇气与拳拳报国之心,其爱国情怀,溢于言表:"国事日非,人情思散,则二十年受国厚恩,徒守小嫌,不陈一策,亦不忠之甚也。"他以北宋范仲淹上宰相书为样本,愿为国家消除战乱而尽绵薄之力:"昔者范文正当平世,在草土中上宰相书,言朝政得失。今日丧乱,又非文正时比也。则撼尽微诚,敢呈奏记,求伸于受知,尤不得不已也。"

---

① 高尚颜:《泰村集》卷二《上西厓先生》,韩国民族文化推进会:《影印标点韩国文集丛刊》第59册,第232页。
② 杨丙安:《十一家注孙子校理》,第279页。
③ 杨丙安:《十一家注孙子校理》,第279页。
④ 高尚颜:《泰村集》卷二《上西厓先生》,韩国民族文化推进会:《影印标点韩国文集丛刊》第59册,第232页

总之,高尚颜认定实施八条御倭策略是当务之急,屯戍之策可为"纲",其余七条策略可为"目"。八条策略相辅相成,是有机的整体。具体而言,与敌讲和是争取时间,谋划增强国家的防备。增强国家的防备,敌人的情况不可不了解,所以要重金收买敌人。重金收买敌人,莫如使用银钱和货物,所以要开采银矿。作战资源莫过于战马,那么牧场之马不可不征。用剑非我所长,铁鞭梗不可不用。财力已有,战具已备,使用《孙吴兵法》培育将帅之才,则可知晓用兵,进攻敌人,最终以火攻之术来制敌。"将不知兵,则匹夫之勇也。故当教以孙、吴之书。将既知兵,则可以进战矣,故终之以火攻。于此八者,若废其一,不得成功。譬如耕田百亩,一器不具,则不得农矣。"[①]高尚颜强调御倭八策若是废除任何一条,则不能成功,是个完整体系。他对"时""地""物""器""人"全方位地关注与利用。引人注目的是,御倭八策中有五策涉及《孙子兵法》,高尚颜多次征引《孙子兵法》与其注解。由此可知,高尚颜不仅熟知《孙子兵法》,而且能够依据兵法提出切合现实需要的御倭之策,是学以致用的典型代表。

孙命来(1664—1722)应用孙子兵学主张加强国防对付日本。孙命来,字显承,号昌舍,密阳人。任察访。他在《日本策》中分析,现今之士抵掌谈论天下事情,详于古而忽视今,明晓中国而不知本国,略知东方而昧于域外。日本是海岛中的一个大国,日出东方,为九种之一。论其地域,南部连接本国岭海,北至野人黑水。其人风俗,染黑牙齿,鬓发下垂,性格轻佻急躁。日本边境与朝鲜相接,犹如当年的秦晋和齐楚一般。虽然隔海千年相望,但风土人情从来就有差别。作为邻国,众译官不能通晓,而其信义难以让人相信。作为异域,断绝来往,而打鱼采集却相互混杂,祸端容易产生。一有惊涛骇浪,边境官吏不得不戒严,而长久缺乏计谋,庙堂深为担忧。日本是本国劲敌,没有那个国家能超过它。"噫!尝闻之矣。兵法不云乎,'毋恃敌之不我攻,而先为我之不可攻。'在我者苟有不可攻之势,则虽百日本,将奈何我哉!"[②]孙命来依据《孙子兵法》,主张朝鲜应打造不可进攻的态势,即使有百个日本,也不能对付朝鲜。

由上可知,孙命来对本国不了解日本实际情况而深感担忧,深切认识到日本是朝鲜劲敌。至于如何应对日本?他竭尽心力寻找对策,最终从《孙子兵法》找到了应对方略:"毋恃敌之不我攻,而先为我之不可攻。"准确地说,

---

① 高尚颜:《泰村集》卷二《上西厓先生》,韩国民族文化推进会:《影印标点韩国文集丛刊》第 59 册,第 232 页。
② 孙命来:《昌舍集》卷四《日本策》,韩国古典翻译院:《影印标点韩国文集丛刊续》第 54 册,首尔:古典翻译院,2008 年,第 536 页。

孙命来所说的兵法之言出自《孙子·九变篇》:"无恃其不攻,恃吾有所不可攻。"①孙武强调有足够强大的实力,才可以做到有备无患。具体如何才能落实?在孙命来看来,防备日本进攻要做两方面:一是赢得民众支持;二是选择优秀将帅。

二、《孙子兵法》与加强城防

金构(1649—1704),字士肯,号观复斋、精玄,清风人。任右议政。他在《拾遗》中评说,我方看重的城防,敌人必定前来争夺。

主要原因在于:第一,长江一带不易实施坚壁清野。金构谈到用兵打仗粮饷运输之艰难:"夫用兵,以运饷为难。孙武曰:'因粮于敌','食敌一钟,当吾二十钟。萁秆一石,当吾二十石'。"②对于如何解决这一问题,孙武提出了"因粮于敌"思想。金构"因粮于敌"之说,显然出自《孙子·作战篇》"取用于国,因粮于敌,故军食可足也"。③ 金构之言"食敌一钟,当吾二十钟。萁秆一石,当吾二十石",出自《孙子·作战篇》:"智将务食于敌,食敌一钟,当吾二十钟;萁秆一石,当吾二十石。"④由此可知,金构之言组合二者,强调"因粮于敌"的重要性。国家平时设置漕船,严格规定条令,依然担心敌人获得粮食。既然坚壁清野,敌人孤军深入,只是凭借长城一带防守,使用不熟悉水路的士卒,而漕运零星散落在河谷,时时遭遇武装抢夺,想满足军粮供应,一定非常艰难。

第二,地势高低相差格外悬殊。金构提及:"号令不相及,首尾不相接。孙武曰:'左不能救右,右不能救左。前不能救后,后不能救前。况远者数十里,近者数里乎?'此以一营受敌而言,而其势不相及如此,况城郭乎?"⑤金构指出城市的地形相差太悬殊,会出现不能相互协调的局面,他援引《孙子·虚实篇》:"不知战地,不知战日,则左不能救右,右不能救左,前不能救后,后不能救前,而况远者数十里,近者数里乎?"⑥强调此种形势下作战会陷于瘫痪的状态,守城也是如此。临阵应敌之法,一方受敌,另一方将官应独立自主指挥,胜败就在呼吸之间,哪有时间报告中营大将。都城设在南

---

① 杨丙安:《十一家注孙子校理》,第175页。
② 金构:《观复斋遗稿·拾遗》,韩国古典翻译院:《影印标点韩国文集丛刊续》第49册,首尔:古典翻译院,2008年,第226页。
③ 杨丙安:《十一家注孙子校理》,第33页。
④ 杨丙安:《十一家注孙子校理》,第36页。
⑤ 金构:《观复斋遗稿·拾遗》,韩国古典翻译院:《影印标点韩国文集丛刊续》第49册,第226页。
⑥ 杨丙安:《十一家注孙子校理》,第119页。

汉,这与北地筑城有何区别? 一定想到前后左右相互呼应之城,山顶小城可容纳一邑之兵,或许可以做到,否则很困难。

第三,临压之势与敌人共同拥有。长江天险和敌人共同拥有,是因长江在中间,敌我双方相对峙,互得其利。现今山城处于险峻之处,我们首先占据,那么敌人不可仰攻。何谓共同拥有? 我们得到则敌人失去,敌人得到则我们失去,岂有敌对双方共有一座高峰之理?

第四,都城广阔难守,却要修建新城,放弃旧城,必将势孤力单。全部都要防守就会力量分散。兵法有"困坚攻瑕"之说。相对建设两座城,以此为辅车相依之势,这是自古以来的做法。何况都城与北城二者相连,形如连环,白岳、仁王二山一带是内外两城的结合处,自然应纳入北城防卫范围,可节省都城三分之一的守军。既入北城,民心就会坚定,使用其余三分之二的兵力共同防守都城。敌人进攻北城,都城就可免除。如敌人同时进攻都城,兵力分散,力量寡弱。攻守之势是都城失守则敌人势力破弊,那么北城声势壮大。若是说兵力少,不足以防守,不是这样的做法,不要忽略兵法之言:"守者不失其险。"

第五,敌人士气百倍,而我士气不足。敌人若是进攻,伤者就会很多。都城的四周来回有万步,以五步一堞量之,则有二千堞。有三分之一可纳入北城,其余的一千五百堞,以一堞三人防守,那么三千人可防守。轮番休息,六千人守之有余。都城中的丁壮和束伍之士,不难得到一万多人。所谓都城不可守,是说其城卑下而又低平,形势疏缓,不可使君王待在此地,而不是军队不能防守。

第六,失去一城,难以保全另一城。何况放弃都城是多么严重的问题,这种说法并非如此。"城有所不攻,地有所必争。列障置城,未必皆坚,何必一一专意,无少差别乎?"金构援引《孙子·九变篇》"城有所不攻",①强调进攻目标要有选择,趋利避害,不能盲目进攻。他所说"地有所必争",恰恰是《孙子·九变篇》"地有所不争"②的反向说法,专门强调有的地方一定要争夺,因为这个地方关系到整个战局发展变化。金构认为都城地形平坦,而北城地势险峻,占据险要防守,就会坚定信心。怎可认为都城易于失守,而北城难于防卫? 若是一城失守而其他城一定不可守,则整个国家只守一城,其余之城就该放弃? 所谓太近对都城防守不便的说法,正是表明北城便于接近都城的缘故,一有事变发生,君臣上下本可进入北城,都城民众士女和

---

① 杨丙安:《十一家注孙子校理》,第170页。
② 杨丙安:《十一家注孙子校理》,第171页。

玉帛重器，平时也可预先转移。虽未来得及转移也很少了。这与有朝一日出现警报，放弃都城而去，全部遗留给敌人而不顾及相差甚远，反而忧虑不能全部迁移。守城者撤离一城，但可防守另一城。"今乃以隔一山岗，短堞为疵则过矣。兵法曰：'高陵勿向，背丘勿逆。'北城则处地高险，据白岳、仁王而俯临，则都城表里俱尽，可数人马，而都城之于北城则有仰攻之势。"①金构指出有人认知错误，并援引《孙子·军争篇》"高陵勿向"和"背丘勿逆"，②强调守城要注意趋利避害。北城地势格外险要，都城却无险可守。从都城去攻北城则是孙武所说的仰攻，极其不利，敌人不敢靠近白岳、仁王二山。为何说敌人占据地形有利条件？为何说己方多余累赘？有人说既要拥有江都和南汉，又要设立北城，国力恐怕难以顾及，表面上好似有理。然而，国家重视生存，就要有所选择，发挥全部力量，南汉、江都为何要革除？它们足以成为京辅一带重镇，作为京都藩篱之地。若是考虑废除南汉和江都，放弃北城不去修筑，这不是考虑轻重利害的初衷。

现今有人认为值得担忧是国家根本，借口数千里之外有不可预料之事，汲汲于筑城是不可行之策。假令有此忧虑，经营多年不易完成，无异于渴者掘井。图谋根本是常道，意外之患是突然。只因在千里之外，未能当面看到，所以提前要做准备。缮甲兵，练卒伍，修船舰，用来备敌，也是提前有所花费。好比渴者掘井，能等待数年之后吗？

有人认为修城北城工程徭役浩大，不是灾荒年所做的事情，以至用南汉三年草创之事来类比。北城险峻，可修筑之处不多，工力大省，况且做事快慢在人，不必以南汉为标准。有人说如今国势如大病之人，应安居静处，调摄身体，这是平常无事之术，不可用于思患备敌之道。

如今修筑北城不是平时筑城设镇与设立关防的事情，主要为了防备意外的祸患，想长时间修筑，恐怕也来不及。况且有人提出海陆关防布置之势，修复旧制，练兵备粮，择守险要之说是很好的，而此非一言即可办理。交割军兵，增减堡镇，练兵备储，非财物不可。择守险要，非军兵不能。这不是空言虚辞与不用劳民费财就可完成的，不了解其人所说何术？比如能知饥者当食，渴者当饮，却不知无饭可吃，无水可饮。本国军政长久废弛，是历代治国少有现象。战士只属京师，良丁尽归纳布。地方束伍之军既不能满足缓急之用，人数亦少，无法防卫。看重的是关防星罗棋布，是因兵力强壮，器

---

① 金构：《观复斋遗稿·拾遗》，韩国古典翻译院：《影印标点韩国文集丛刊续》第 49 册，第 227 页。
② 杨丙安：《十一家注孙子校理》，第 152 页。

械精利,以战则胜,以守则固。现今军队寡弱,器械朽钝,闻变则逃,见敌则溃。积兵备粮,适是资敌。列置愈广,利敌愈多,何益之有? 如果选择险要之处,设立关防,兵力强壮,器械精利。敌来足以抵御,选拔精锐扩充军队,修理器械,供其使用。不知不费财,不劳民,怎可做到? 若是有人认为既以都城不可守而全部进入北城,一国人民置于可弃之地,等待敌人随心所欲处置,就会内外喊冤,上下发怒,敌人未入而群情鼎沸,尤其与筑城本意相反。筑城所以卫民,卫民所以卫国。都城不可防守,而有去邠之举,满城男女老幼和资粮器械都将资敌。修筑北城正是防备这一祸患发生。有人认为置人民而不顾,等待被敌随意处置,这是为何? 有人说不是都城民众所说,全国人民都认为这样,其实并非如此。不修筑北城,虽说敌兵充斥,八道民众能保证不会遭受锋镝之患吗? 如果不能如此,不如修筑北城以保全都城和民众。

由上可知,金构多次援引《孙子兵法》分析北城修筑的必要性,批驳他人的错误主张,这对强化都城守卫与防护民众安全有重要的现实意义。

朝鲜国君依据《孙子兵法》强调陆上防御不可忽视。李恒福(1556—1618),字子常,号弼云、白沙、东冈,庆州人。任左议政。他在《舟师事宜启》中陈述:"宜以舟师大将,设于釜山。分余兵,扼见乃之口。据古今之面,方为长算。"国君答复其请求,强调致力舟舰发展,聚集军队,陆地险要和道路要冲无暇顾及,只见到壬辰、戊戌水战大捷的缘故,实际上是犯了过失,这种过失在于"兵无常势,变出意外"。其中,"兵无常势"出自《孙子·虚实篇》:"兵无常势,水无常形,能因敌变化而取胜者,谓之神。"①孙子强调用兵打仗没有固定的模式,关键在于灵活变化。国君认为,若只是援引先前事情作例子,天下事情很容易做到。古人对于兵书阅读有时不屑一顾,何况以前发生的事情? 他批评本国人处理事情必问惯例,兵机千变万化,胜败变化无形。他还指出,凶恶敌人入侵釜山,舟师北上,横渡海上却不惧怕,湖南在后却不顾及,果真有此前例吗? "我国形势,沿海千余里,此真所谓'散地',而三面受敌之国也。"②其中,朝鲜国君提及"散地"这一军事地理术语,出自《孙子·九地篇》:"诸侯自战其地,为散地。"③孙武认为,"散地则无战"。国君因而认为,"不置重兵于海南右道近处,不守陆地之阨险,恐非计也"。他认识到应当重兵防守陆地险要之处。

---

① 杨丙安:《十一家注孙子校理》,第 125 页。
② 李恒福:《白沙集·别集》卷一《启辞·舟师事宜启》,韩国民族文化推进会:《影印标点韩国文集丛刊》第 62 册,汉城:景仁文化社,1996 年,第 331 页。
③ 杨丙安:《十一家注孙子校理》,第 234 页。

吴克成依据《孙子兵法》，建议加强忠州防御。吴克成（1559—1617），字诚甫，号问月堂，咸阳人。中武科，任县监。壬辰之乱，奔赴李舜臣军中，立下功勋。他在《上白沙李相国》书中进言，倭奴侵掠之患与西周狎狁、唐代突厥无根本上的区别。敌人入侵三年，颇为熟悉用兵策略，每次排兵布阵，必依险阻，考虑出击的路线。本国将士对于排兵布阵事先无明确方法，怎能抵御敌人。"兵法：'地有所必守，兵有所必据。'"①吴克成援引兵法，从某种意义上说，正是《孙子·九变篇》"地有所不争"②和"军有所不击"③的灵活变化。庆尚道左右之地，星、晋、釜、莱诸邑都是绝险要害之地，先前修筑的城堞，皆有防守。惟独湖西忠州境内，处在一国之中，如天下之中的洛阳，又是股肱之郡，如汉代的河东郡。若是讨论地形，鸟竹二岭险峻环绕，西北二江深入险要之地加以控扼，坚固如此，似乎不会遭遇祸患。没料到的是倭人早已通晓某山某水地形，了解我方情形。若是忠州不能防守，沿江以西必然成为遭遇兵火之地。

金锡胄依据《孙子兵法》，建议加强江都防卫。金锡胄（1634—1684），字斯百，号息庵、节斋、趾斋，清风人。任右相。他在《江都巡审后书启》指出，江都军伍自从挑选之后，人数不满三千。时常操练而不允许沿边要害城镇增加人数，只在本府内部练习戚继光的方营迭阵。"军额既不可遽增，设墩乃加至累十，则其势不得不更割留守所领之卒以与之，此又犯于孙武所谓'无所不备，无所不寡'之戒矣。"④由书启题名可知，这是金锡胄巡视江都之后的上书。他指出，在江都军队数额不能突然增加的情况下，增加墩防数十，势必将留守本府的士兵分配给新增之处，违背了《孙子·虚实篇》"无所不备，则无所不寡"⑤的防卫思想。合理的防守之策应是重点防御，不应处处设防。金锡胄建议邻近军营和城邑的军队，提前确定守卫江都的地点，假如一有战事发生，命令驻地官员率领军民及妻儿一同保卫此岛，作为防守之计，差不多可免除仓猝狼狈的祸患。

依据《孙子兵法》，徐荣辅建议改变守城方法。徐荣辅（1759—1816），字庆世，号竹石馆、玉盘山人、药山病吏，达城人。任检校直阁。他在《宣川左岘长城继筑便否状启》中指出，帅臣出任宣川，据亲眼所见，必然是有一定

---

① 吴克成：《问月堂集》卷一《上白沙李相国》，韩国古典翻译院：《影印标点韩国文集丛刊续》第10册，首尔：古典翻译院，2005年，第485页。
② 杨丙安：《十一家注孙子校理》，第171页。
③ 杨丙安：《十一家注孙子校理》，第169页。
④ 金锡胄：《息庵遗稿》卷十七《江都巡审后书启》，韩国民族文化推进会：《影印标点韩国文集丛刊》第145册，汉城：景仁文化社，1997年，第408页。
⑤ 杨丙安：《十一家注孙子校理》，第117页。

见识。他批评东国之人筑城大抵没有章法。纵不能为万全之计,而有城与无城相比,大为不同。况且,庙堂关心并非是否修建。只问伐木和役民之事,为臣私下认为未必可行。背靠城不留树木,这只是兵家固有之说,认为是守城的根本方法。左岘城本来单薄,无所凭借。古人在无法预料的险要之地种植树木,主要为了防堵敌人骑兵突击,里里外外可以相互依赖,隐然似疑兵一样。在缓急之际和强弱不支之时,砍倒左右树林遮拦敌人前进,也可作为护城木栅。"兵法'因地制形',贵在变通,未可以一概论。"①徐荣辅所说"因地制形",出自《孙子·虚实篇》"水因地而制流,兵因敌而制胜。故兵无常势,水无常形"。② 他主张用兵打仗根据实际情况灵活变化,筑城防卫也应如此。

　　柳畴睦以《孙子兵法》分析山城有利之处。柳畴睦(1813—1872),字叔斌,号溪堂、涧谷居士、老柴散人,丰山人。任童蒙教官。他在《拟上六条疏》中提出六条建议:其一是"勤圣学";其二是"严邪禁";其三是"得贤才";其四是"修武备";其五是"清仕路";其六是"定民志"。其中,柳畴睦特意提到自己对修建山城的看法。昔日唐太宗远征高句丽,问计群臣,大臣都说高丽依山建城,难以攻拔。契丹进攻高丽,大臣劝谏。高丽栖居山城,大军出征,非只无功,恐怕只有失败而归。自古以来,保境御敌都以山城为有利条件。"敌人之所惮,亦惟在于山城也。兵法曰'先据高地者胜',孙子亦言'敌居高地,避而勿攻。'其意皆可见也。"③其中,"孙子亦言"是指《孙子·军争篇》"高陵勿向"。④ 以今观之,本国郡邑、屯驻之地,凡是地势险要之处,背水和临水之处无不有古城的基址,一邑或有二三处,或有六七处,屯屯皆有。由此可知,三国以降,以至高丽,争战之际,不但郡邑之居必先占据险要之地,虽屯落民居也是处处防守险要,将公私蓄积置于其中,敌人前来则坚壁清野,敌人退走则下山耕种,见敌人多则坚守,见敌人少则持兵器拦截追杀。以逸待劳,多发石车,滚石如雨,足可抵挡敌人。既有利于作战和防守,也是保民守国长策。此事记载在郑梦周《金海山城记》,柳成龙《山城说》更为完备。

　　总之,柳畴睦回顾山城在朝鲜防御史上的重要地位,应对外敌成效显

---

① 徐荣辅:《竹石馆遗集》册六《宣川左岘长城继筑便否状启》,韩国民族文化推进会:《影印标点韩国文集丛刊》第 269 册,汉城:景仁文化社,2001 年,第 496 页。
② 杨丙安:《十一家注孙子校理》,第 124—125 页。
③ 柳畴睦:《溪堂集》卷二《拟上六条疏》,韩国民族文化推进会:《影印标点韩国文集丛刊》第 313 册,汉城:景仁文化社,2003 年,第 248 页。
④ 杨丙安:《十一家注孙子校理》,第 152 页。

著。外敌惧怕山城原因可从兵书中追寻,《孙子兵法》便是明证。诚如柳畴睦所说的"敌居高地,避而勿攻",这是间接引用。《孙子兵法》可找到相近之语,比如《孙子·军争篇》"用兵之法:高陵勿向",《孙子·行军篇》"战隆无登"。①

许筬以《孙子兵法》强调防守注意策略。许筬(1548—1612),字功彦,号岳麓、山前,阳川人。任兵曹判书。他在《时弊疏》中阐明,古代御敌之道以养兵为上,设险次之。现今不务养兵而先务筑城,养兵之计如何处置? 以空城使敌自退,为臣从未听说。希望殿下不为骚扰之说干扰,留心军籍一事,以加强国土防守之计,虽不能完全如同祖宗之朝创建的法定制度,但从逃散民众中征招服役者,四五万之兵则轻而易举。况且,前后从事武学人数已超过四五万人,除死亡外,依然不下二三万人。经过一番北戍后,随意其分散零落,却无意使用。当初设立武举本意,难道是如此吗? 不从其他寻求,以此为兵则可设立许多军镇。"兵法曰:'无所不备,无所不弱。'以数十万之众,兵分则势弱,古人犹以为忌。"②古人往往不通过交战,以造势制服敌人。先在江界府设立军镇,驻扎数万军兵,不与敌人交战和截杀,只是深沟高垒,谨守烽火,多用间谍。敌人来了对付,敌人退去也不追击。辞严色正,拱手而坐,敌人巢穴距离江界府不过三日里程,敌人不敢轻易弃老巢远道前来作战。正是虚张声势,击敌手足,对内可壮大本国声势,对外使敌人知道畏惧之心。"假使孙、吴复起,必从吾言矣。"现在的问题是数万之兵难以一下子到位。许筬指出当时国防存在严重弊端,只重筑城而不重养兵。因此,提出具体的养兵方法,他依据《孙子兵法》指出军队布防一定注重策略,防止兵力分散,处处防守,处处薄弱。这种告诫体现在《孙子·虚实篇》:"无所不备,则无所不寡。"③许筬对此略有改动:"无所不备,无所不弱。"二者表述大同小异。只有重点防御,才能鼓舞士气,使敌人感到恐惧。因此,许筬自信认为即使孙武和吴起复出,也一定会认同他的主张。

《承政院日记》记载,刑曹参议李彦纪向朝鲜肃宗上疏,指出唐船出没海边,是未曾有过之事,使敌人深入本国之境,实是国之大忌,何况彼方看到本国海防没有防备,"兵志曰:'不虞敌之可胜,而先为不可胜,以待敌之可胜',诚哉是言也"。④ 其中值得注意的是,李彦纪援引《孙子·形篇》"先为

---

① 杨丙安:《十一家注孙子校理》,第 184 页。
② 许筬:《岳麓集》卷二《上疏·时弊疏》,韩国民族文化推进会:《影印标点韩国文集丛刊》第 57 册,汉城:景仁文化社,1996 年,第 381 页。
③ 杨丙安:《十一家注孙子校理》,第 117 页。
④ 《承政院日记》第 398 册,肃宗二十七年六月十九日,第 45a 页。

不可胜,以待敌之可胜",强调防卫要立足于自身的实力,方有机会战胜敌人。在他看来,本国边防坚固,即使有意外之变,也会谈笑而守之。江都是国家第一保障,是万全之地,自丙丁以来,致力于甲串津,以至于江都疏于防守,其他海防可想而知。

《承政院日记》记载,前郡守申渼上疏,指出南汉为孤绝之地,军队无十年之粟,如果兵连祸结,则不是大军可守之地,决不可以江都、南汉来保障,此为先前验证。弃此两地,其他可恃之地,防守都城,也未尝不可。"古语曰:'先为不可胜之地,以待敌之可胜',定计设策,修治器械,设施备御,则缓急有用,与江都、南汉,不可同日论也。"①值得注意的是,申渼援引了《孙子·形篇》"先为不可胜,以待敌之可胜",但二者有所不同,孙子所说的是"先为不可胜",而申渼强调的是"先为不可胜之地",重点落实到地形,显然更为具体。《承政院日记》记载,义禁府都事李彦纬等上疏,提出大抵御敌之道一定是固守门户,加强关防,聚集军队,训练甲兵,"先为不可胜,以待其可胜。遏贼之来路,挫贼之锋锐,使不得侵轶我都畿"。李彦纬援引了《孙子·形篇》"先为不可胜,以待敌之可胜",强调夯实自身实力的重要性。主张御侮于外,不听说先忧虑国都。疆场之外,既无可恃,则根本之地不得不虑。本国以南汉、江都为晋阳之地,百年修缮,以为必归之地,而今以海寇为虑,江都已不可往,所以依赖者只有南汉城,而其也非万全之计。

副护军郑缵述依据孙子"庙算"思想建议英祖,国家防守策略首先观察形势变化,平时做好准备工作。《承政院日记》记载,副护军郑缵述进奏英祖:"臣有区区所怀,敢达矣。兵家书有之'多算胜,少算不胜',守国之策,莫先于揣摩形势,预备于无事之日也。"②所言"兵家书"是指《孙子兵法》"多算胜,少算不胜"之语,出自《孙子·计篇》"多算胜,少算不胜,而况于无算乎?"③郑缵述指出有人认为都城辽阔广大不能守护,一旦发生战争,南汉、江都是晋阳必归之地,各军门武器装备皆存放都城内,慌乱之际,怎可运输?御敌武器装备未免丢弃资敌。都城若难以防守,都城武器就应提前运输置放于行宫。都城如果可守,东南方地势低下,敌人容易进犯,就应加固和修筑更高城堞,加深护城河,以备不虞之事的发生。特进官张鹏翼对郑缵述建言深表赞同:"都城阔大,难可为守,而保障则在彼,军器则在此,非所以临难用兵之意也。"英祖深为赞赏副护军郑缵述之言:"将臣武臣之言,皆好

---

① 《承政院日记》第 453 册,肃宗三十六年四月二十八日,第 147b—148a 页。
② 《承政院日记》第 589 册,英祖元年三月二十七日,第 150a 页。
③ 杨丙安:《十一家注孙子校理》,第 20 页。

矣。古人云'安不忘危',此至言也。"

副护军姜奎馨以《孙子·九变篇》"积极备战"思想,分析加强忠州闻庆县军事防御重要意义。《承政院日记》记载,姜奎馨向高宗上疏,提出"固忠州在闻庆,备闻庆在忠州"的防御策略。就忠州而言,介于岭、湖之间,独当鸟岭要冲。就闻庆而言,"众山丛集,石巨木城,可谓莫开之地"。只要在此设立军营,驻设几百名炮兵,加以严防,则不必担忧南来之兵。南来之兵不必担忧,忠州自然不必忧虑。"虽无可来之兵,亦不可无备来之兵。故孙子曰:'无恃其不来,恃吾有以待之也。无恃其不攻,恃吾有所不攻者也。'此言诚明于战守之权者也。"①姜奎馨援引孙武之言,出自《孙子·九变篇》:"无恃其不来,恃吾有以待也;无恃其不攻,恃吾有所不可攻也。"②强调"积极备战",认为孙武之言昭示作战防守的重要意义,并且分析了闻庆运输便利优势所在,占据岭、湖之间,如有西北阻隔粮饷之忧,则有峤南谷府依赖。如有南路粮饷阻隔,则有北江漕运之输,实为金城天府之地。

《承政院日记》记载,从二品任衡准上疏朝鲜高宗指出,本国偏处一隅,只可自守,实非进取之国,武事不讲,崇尚儒术,民众不知兵者很久了。近来自从外国交涉以来,天下一家,和睦相守,无侵伐争夺之忧,但御侮之策不得不研究。用兵有虚实奇正变化,器物有长短奇正使用,矢石是古代正器,而木罂、火牛、背嵬甲、钩镰枪及安南轧船、本国的龟船,是临时制胜奇器。炮铳是今之正器,天下相同技艺,矢石反而为奇器。"称量外国之所无,兼用我国之素有,其在庙算,岂不曰多算胜者乎?"③任衡准特别强调御侮之策关键在于践行孙武"庙算"思想,多算多胜。大型城邑军兵设置合乎时宜,但是辖地管理者认为新近招募士兵只用小惠,不免产生流弊,"此正是孙子所戒爱而不能令,厚而不能使,譬如骄子不可用之谓也"。任衡准评价管理者此种治兵之法,正是孙武告诫和提醒的。正所谓节制之兵,即使庸将也不会失败。不是节制之兵,即使智将也难以取胜。

三、《孙子兵法》与对敌作战

郭说依据《孙子兵法》劝说不可渡江与敌作战。郭说(1548—1630)在《西浦日录》中记述,将军刘克良出身寒微,为人恭敬。凡所管辖之人,对他又怕又爱。而且,其人有智谋,精通用兵。天文地理,无不通晓。壬辰之变,

---

① 《承政院日记》第2921册,高宗二十一年三月十五日,第40b页。
② 杨丙安:《十一家注孙子校理》,第175页。
③ 《承政院日记》第3100册,高宗三十五年八月二日,第3b页。

他和大将申砬防守临津,申砬想渡江迎战。刘克良劝谏:"贼谋难测,若有伏兵,半渡而击之,兵家所忌。"①刘克良谏言之说"半渡而击之,兵家所忌",实质来自《孙子·行军篇》:"客绝水而来,勿迎之于水内,令半济而击之,利。"②刘克良认为不如静观其变,灵活应对,不可轻易渡江攻击敌人。申砬认为这是败坏军心,因此而大怒,想处死刘克良。刘克良说自己虽年老,但请求做先锋,以此检验自己策略是否可行。申砬于是答应他率军渡江作战,敌人伏兵四起,军队四散奔逃,刘克良击杀数人而死。当初,申砬若是听从建议,不至于失败。不听从建议,刘克良请求做先锋,为国捐躯。刘克良可谓智勇双全。由此可知,刘克良熟知《孙子兵法》,以悲剧方式验证了《孙子兵法》"半济而击之"战术思想。

裴龙吉依据《孙子兵法》推断敌人意图不善。裴龙吉(1556—1609),字明瑞,号琴易堂,兴海人。任翰林、忠清都事。他在《八条疏》中说,去年秋天听说本国派遣大臣与日本讲和。此言一出,举国气愤,街巷喧嚣,无所不至,幸而敌人无谋划,拒不接纳。正是"卧薪尝胆,修政攘夷"之际,朝廷依然相信奸人之谋,无扫除敌人决心,产生畏怯和观望的迹象。对方斥责,以王子为人质,悖慢之言与桀骜之势足以使国人感到胆怯和屈服。私下担忧讲和之策有过失,不能保证殿下违背。侮辱很快再至,难道不为此痛心?自古以来,功名之士互相猜忌,最终出现相互残害结局,对方是"羊狠狼贪"之辈,有野兽吞噬之谋,不足为怪。其首领真有吞噬野心,何必假手他人,而不花费任何费用,先自离间献计敌国呢?而今"以主待客"之势,怎能依靠其间谍主张,而不注意自己方略,坐等陷于敌人之手?"孙子曰:'无事而请和者,谋也。''辞卑而益备者,进也。'"③我们没花费一支箭的费用,可对方进言相互图谋之计。不能保证其一定真实可信而无欺诈。由上可知,裴龙吉进言提醒朝鲜国王不要上敌人的当,对所谓图谋之计要警惕。他的推断理由出自《孙子·行军篇》:"无约而请和者,谋也",④"辞卑而益备者,进也"。⑤ 此一说法出自孙武"相敌"三十二法。前者是说,没有和敌人约定,敌人前来讲和,说明敌人正在实施计谋。后者是说,敌人使者言辞卑谦,而且加强准备,说明敌人正在准备进攻行动,二者是对敌情观察分析。值得注意的是,裴龙

---

① 郭说:《西浦集》卷六《[西浦日录]·[诗话]》,韩国古典翻译院:《影印标点韩国文集丛刊续》第6册,首尔:古典翻译院,2005年,第162页。
② 杨丙安:《十一家注孙子校理》,第185页。
③ 裴龙吉:《琴易堂集》卷二《八条疏》,韩国民族文化推进会:《影印标点韩国文集丛刊》第62册,汉城:景仁文化社,1996年,第43页。
④ 杨丙安:《十一家注孙子校理》,第196页。
⑤ 杨丙安:《十一家注孙子校理》,第195页。

吉援引之言与《孙子兵法》略有不同,前者说的是"无事",后者说的"无约"。由此可知,裴龙吉通晓《孙子兵法》,并根据其相敌之法推断敌人的意图。

张晚以《孙子兵法》分析建州女真意图。张晚(1566—1629),字好古,号洛西、梨湖主人,仁同人。任都元帅。他在《因赞画使李时发状启备局启请收议时札》中指出,考虑本国与建州距离很近,来往密切。自从背逆的胡奴示威之后,天朝怀疑我国与敌人串通,实际是敌人劫持我国,不要我帮助天朝。现今我国为难到了极点,只有以诚意事奉天朝,用诚信对待胡虏。今处于二者中间,恐怕只能如此。至于介绍天朝和胡虏讲和,不但是未曾思考过的问题,或许也是考虑不到的事情。"彼真有欲和之心,送一差胡,直请辽沈,有何所难?而必欲使我缘臂乎,斯乃探试我也。况兵法曰:'无故请和者诈。'"①胡虏以屡战屡胜之威,拥有十万兵众,与辽沈方面讲和根本没困难,却以和一事借我国结交中国,其意不过听说大兵进剿后采取的策略。张晚分析建州女真想使朝鲜作中介,谋求与明朝讲和,实际是实施计谋,本质劫持朝鲜国,孤立明朝,以《孙子兵法》分析建州女真隐藏的真实意图。张晚所说的"无故请和者诈",实际来自《孙子·行军篇》"无约而请和者,谋也",②且有"兵法曰"加以佐证。

朴知诫依据《孙子兵法》奉劝与敌交战。朴知诫(1573—1635),字仁之,号潜冶,咸阳人。任司宪府持平。他在《斥和疏》中指出,有如此兵众,有如此长技,有如此效死之臣,为何不与敌人交战?兵家胜败本不可知,古代交战难道都可做到必胜,然后才去交战?有如此形势就可交战,何况如今不得已。本国为明藩属之臣,承蒙明朝再造之恩,应直捣敌人巢穴,消灭敌人,报答明朝万分恩情。"而今贼适以一技,悬军深入,政(正)合兵书'致人之术'也。"③其中朴知诫所言:"兵书'致人之术'",具体是指《孙子·虚实篇》"致人而不致于人"④之说,即调动敌人而不被敌人调动。认为现在不与敌人一战,结盟讲和,有何颜面见于明朝。机不可失,形势有利可与敌人交战。敌人正以孤军深入,正是调动敌人的好时机,可与敌人立即交战,直捣敌巢报答天朝的恩情。

郑忠信援引《孙子兵法》提醒警惕战争。郑忠信(1575—1636),字可

---

① 张晚:《洛西集》卷三《因赞画使李时发状启备局启请收议时札》,韩国古典翻译院:《影印标点韩国文集丛刊续》第15册,首尔:古典翻译院,2006年,第43页。
② 杨丙安:《十一家注孙子校理》,第196页。
③ 朴知诫:《潜冶集》卷三《斥和疏》,韩国民族文化推进会:《影印标点韩国文集丛刊》第80册,汉城:景仁文化社,1996年,第131页。
④ 杨丙安:《十一家注孙子校理》,第106页。

行,号晚云,罗州人,朝鲜一代名将。他在《与体察联名疏》中评说,大臣金时让前日所呈之札是有备无患之意,考虑敌人一定要来,裹粮跃马,惟敌是求。很不幸,这么快临近战争,为臣等人私下为之感到担忧。好大喜功会招来敌人。"孙武所言:'百战百胜,非计之善者。''全国为上,全军次之。'岂非今日之所当留念者乎?"①由此可知,郑忠信上疏进谏君王节制好大喜功倾向,防止引发外来战争。援引《孙子·谋攻篇》之言提醒君王不可好大喜功,当心引发外来战争。不过,援引《孙子兵法》比较灵活,不恪守固有章句"百战百胜,非计之善者",出自《孙子·谋攻篇》:"百战百胜,非善之善者也。"②此外援引"全国为上,全军次之",出自《孙子·谋攻篇》:"全国为上,破国次之;全军为上,破军次之。"③对于后者,有断章取义之嫌。郑忠信指出不是为臣等人瞎指挥,害怕敌人。凡天下之事只为追求一时快意,将来必定后悔。他事可后悔,此事不可后悔。

李回宝依据《孙子兵法》分析敌情。李回宝(1594—1669),字文祥,号石屏,真宝人。任校书馆博士。他在《日记》中记载,丁丑(1637)正月,十一日。仁祖在开云寺亲祭元宗。李回宝忍着身体肿胀参陪主上。天气寒冷,率全体府官巡城慰谕士卒,而且告知他们免除十年赋税之意。敌兵从西北入侵,许多人认为敌人增添了兵力。而李回宝依据《孙子·计篇》"能而示之不能,用而示之不用"④判断,指明这是敌人有意示强,进进出出,炫耀军威:"而余则谓兵法弱则示强,强则示弱。而彼则示强,此必取吾国人民,补其军额,而巡环出入,以耀兵威也。"⑤

李景奭依据《孙子兵法》分析对敌作战。李景奭(1595—1671)《宜春君赠右议政南公谥状》记载,丁卯年,义州被攻陷。府尹李莞骄奢淫逸,不加防备,以城与敌。只有平安道兵马节度使南以兴坚守城池,从卯时至巳时交战,敌军骁将李壤中弹而倒,明琏中箭而退,士气倍增,以一当百。"贼走入城中,郑忠信欲乘胜驰入,公止之曰:'以小敌众,几危获胜,岂非天所佑者耶? 不出一两日,两贼之头,可坐而致之。'穷寇勿追',非兵书之戒乎?'"⑥

---

① 郑忠信:《晚云集》卷二《与体察联名疏》,韩国民族文化推进会:《影印标点韩国文集丛刊》第83册,汉城:景仁文化社,1996年,第329页。
② 杨丙安:《十一家注孙子校理》,第45页。
③ 杨丙安:《十一家注孙子校理》,第44页。
④ 杨丙安:《十一家注孙子校理》,第12页。
⑤ 李回宝:《石屏集》卷五《[丙子南汉日记]·日记》,韩国古典翻译院:《影印标点韩国文集丛刊续》第25册,首尔:古典翻译院,2006年,第493页。
⑥ 李景奭:《白轩集》卷三十七《宜春君赠右议政南公谥状》,韩国民族文化推进会:《影印标点韩国文集丛刊》第96册,汉城:景仁文化社,1996年,第341页。

其中,南以兴之言"穷寇勿追",出自《孙子·军争篇》"穷寇勿追",①对穷途末路的敌人不可逼迫他们,防止狗急跳墙。南以兴活捉了数十名敌人,未诛杀他们。从事官金起宗认为:"捉贼不杀,将有后患。"南以兴则认为他们本是民众,可遵循"胁从不治"原则。由此可知,南以兴制止郑忠信乘胜追击敌人,是以《孙子·军争篇》"穷寇勿追"这一趋利避害的思想说服郑忠信停止追击敌人。

柳元之以《孙子兵法》强调爱民和养民。柳元之(1598—1674),字长卿,号拙斋,丰山人,任安奇道察访。《与府伯书》进言,民众从城主身上获得恩幸,已非一日,望其表而知其存,赞赏和叹服已有多年,此是肺腑之言,在下不是取媚。方今公卿大人虽重责在肩,可未见有深谋远虑与为国计民生考虑的表现。逃亡一天天增多,风俗一天天败坏。私下自不量力,常怀忧国之情。他事姑且不论,以吾岭之事言之:"束伍军奉足,最为病国害民之甚者。"这是城主应考的事情,想必不用多言。当初权使相考虑事情并不谨慎,先前本来无此种弊端,而今却出现分崩离析的苗头。再过数年,一道之民都将逃散。难道仅仅是一道风气败坏吗,实是国家忧患。"尝见孙武书曰:'兴师十万,殆于道路者七十万家。'当战国战争之日,尚以七分之农,养一分之兵。"②柳元之提到自己曾读《孙子兵法》"兴师十万,殆于道路者七十万家"之言,强调以农养兵的艰难。他进而指出,无兵不能保民,无民不能养兵,这是本末相须,不可相无。理之当然,不可怀疑。现今不然,民众逐年逃亡。全部征调民众,不问实际,以补其缺,势必逃散日增。无人不当兵,有谁来守国,有谁来养兵?即使贾谊再生于当今之世,岂止痛哭流涕而已。柳元之指出一味强征民众从军,必然加剧民众逃亡,最终造成无民可养兵的结果。其中,引用《孙子兵法》说明军队离不开民众支持。值得注意的是,柳元之所谓"兴师十万,殆于道路者七十万家"是省略性说法,详细之说是《孙子·用间篇》:"凡兴师十万,出征千里,百姓之费,公家之奉,日费千金;内外骚动,怠于道路,不得操事者七十万家。"③孙武强调战争对民众生活影响巨大,柳元之意在强调战争离不开民众支持,提醒城主注意爱民养民。

此外,他还以《孙子兵法》分析作战环境。柳元之《拟与人书》进言,壬辰之乱时,承蒙明朝拯救接济,动用天下之兵,运输太行山以东粟米救援,得以复国,才有今日。听说蒙古正兴起,北京出现难保之势,自己尚在忧急之

---

① 杨丙安:《十一家注孙子校理》,第159页。
② 柳元之:《拙斋集》卷六《与府伯书》,韩国古典翻译院:《影印标点韩国文集丛刊续》第28册,首尔:古典翻译院,2006年,第74页。
③ 杨丙安:《十一家注孙子校理》,第289页。

中,怎如壬辰年间倾全国之力救援? 何况吾国本无城池,从东莱以至京都,全无藩篱守护。"而兵法:'自战其地者为散地。'加以十年饥馑,民无恒产,掊克恣行。将帅无人,势将到处崩溃,不可收拾。"①只能坐而待亡,值得担忧。柳元之分析当时严峻的形势,外无明朝救援的可能性,内又缺乏严密防卫体系。依据《孙子兵法》分析处于"散地"作战环境。"散地"是孙武创立的重要军事地理术语,对于"散地"的界定,诚如《孙子·九地篇》"诸侯自战其地,为散地"。② 此种环境作战面临的问题是军心不稳,缺乏团结。加之天灾和人祸,将帅无可用之人,很可能出现不可挽救的崩溃局面,此上书体现了柳元之忧患与前瞻意识。

柳赫然依据《孙子兵法》分析对敌行动。柳赫然(1616—1680)读书之暇,或驰马试剑,心意不在成为文墨之儒。后中武科,国王命举将材可为元帅者,大臣推荐文臣七人、武臣十人,柳赫然居武臣第二位,任京畿水使、忠清兵使。柳赫然少年时了解安兴海镇地形,及掌兵权,亲执土石,修筑城池,设立海边大镇,自画雉堞形状及海山险阻之图。到任只带弓、剑、一马鞭而已,抚爱军兵,民众仰赖。后任御营大将、捕盗大将。"府君(柳赫然)起拜而对曰:'臣受恩罔极,汤火固所不辞。而兵法知彼知己,虑胜而进,今彼敌无衅隙之可乘。'"③从其言语可发现柳赫然援引《孙子·谋攻篇》"知彼知己",强调用兵贵在了解对方与自己,有胜利把握才去进攻敌人,而现今敌人无可乘之机。

李玄逸依据《孙子兵法》强调将帅的重要。李玄逸(1627—1704),字翼昇,号葛庵、南岳,载宁人,任吏曹参判。他在《将下乡辞给马兼陈所怀疏》中指出,为臣听说《司马法》有言:"天下虽安,忘战必危。"《尚书》告诫治理好军队。《易经》讲加强军力,抵御残暴。这些体现了安不忘危、存不忘亡之本义。虽说如此,可国家安定团结与禁止暴乱的职责系于将帅一身。"孙子有言曰:'将者,国之辅也。辅周则国必兴,辅隙则国必亡。'岂不信然乎?"④李玄逸援引孙子之言,出自《孙子·谋攻篇》:"夫将者,国之辅也,辅周则国必强,辅隙则国必弱。"⑤二者略有差异,李玄逸所说将帅重要性关系到国家的"兴亡",而孙武所言将帅重要性关系到国家的"强弱"。显然,李玄逸强调

---

① 柳元之:《拙斋集》卷八《拟与人书》,韩国古典翻译院:《影印标点韩国文集丛刊续》第28册,首尔:古典翻译院,2006年,第120页。
② 杨丙安:《十一家注孙子校理》,第234页。
③ 柳赫然:《野堂遗稿》卷二《行状(柳得章)》,韩国民族文化推进会:《影印标点韩国文集丛刊》第122册,汉城:景仁文化社,1996年,第331页。
④ 李玄逸:《葛庵集》卷三《将下乡辞给马兼陈所怀疏》,韩国民族文化推进会:《影印标点韩国文集丛刊》第127册,景仁文化社,1996年,第426页。
⑤ 杨丙安:《十一家注孙子校理》,第56页。

的程度比《孙子兵法》更为强烈。李玄逸为何如此强调将帅的重要性？由于当时形势逼人，"闻两湖之间，盗贼有可虞之端。"两湖之地处于海寇出没之地，"或有乘时煽动之机，则亦不可不虑"。

李遂良对《孙子兵法》的应用。黄景源(1709—1787)撰写的李遂良《墓碣铭》记载，李遂良(1673—1735)，字善甫，少有英伟之气。后中武科，补任宣传官，先后任全罗左道水军虞候、德川郡守、兴都护府使等职。李遂良身高八尺，临危果敢，赴汤蹈火，在所不辞。"喜读《孙吴兵法》。语人曰：'用兵莫如孙、吴。为将者，不可以不读也。'"①由此可见，李遂良青睐《孙吴兵法》，心中格外崇拜孙武和吴起。清州兵变，朴宗元驻扎青龙山，兵力强大，众人害怕，不知所措。李遂良点起明烛，端坐军帐，号令严肃，全军开始镇静下来。巡抚使督促李遂良开战，他却认为："贼众我寡，以奇兵乘其无备而击之，贼可破也。"②于是分兵给偏将闵济万，埋伏山下。日落时分，东北风正急，李遂良挥旗呐喊进军，敌军崩溃。闵济万率兵从山下左右夹攻，活捉敌将薛同麟，斩杀朴宗元，献捷京师。值得注意的是，李遂良所用战术，"以奇兵乘其无备而击之"，一是源自《孙子·势篇》"以奇胜"，③二是源自《孙子·计篇》"攻其无备"。④由上可知，李遂良不仅喜爱读《孙吴兵法》，而且将其应用军事实践，并取得了辉煌战绩。

值得注意的是，从《孙子兵法》视角审视朝日之间发生的"壬辰之战"，韩日学者都有自己重要的研究成果。比如，韩国学者金世昂指出，以李舜臣为代表，在壬辰之战中，将《孙子兵法》的战略战术充分发挥。⑤此外，日本知名的孙子兵学研究者香西成资，以《孙子兵法》理论思想评判"壬辰之战"失败的主要原因，令人耳目一新，这一认识体现在香西成资于日本延宝二年(1674)创作的《丰臣阁下击朝鲜国论》一文之中。这恰好又与韩国学者金世昂的研究成果形成了鲜明比照，文章是用汉文写成，计四千六百余字，对丰臣秀吉在"壬辰之战"中无所顾忌行为进行评判，主要表现在两方面：一是以寡击众；二是久暴师于外邦。对于第一方面，香西成资主要依据的是

---

① 黄景源：《江汉集》卷十九《输忠竭诚扬武功臣资宪大夫平安道兵马节度使完春君赠崇政大夫议政府左赞成兼判义禁府事忠襄李公墓碣铭》，韩国民族文化推进会：《影印标点韩国文集丛刊》第224册，汉城：景仁文化社，2001年，第391页。
② 黄景源：《江汉集》卷十九《输忠竭诚扬武功臣资宪大夫平安道兵马节度使完春君赠崇政大夫议政府左赞成兼判义禁府事忠襄李公墓碣铭》，韩国民族文化推进会：《影印标点韩国文集丛刊》第224册，第390页。
③ 杨丙安：《十一家注孙子校理》，第87页。
④ 杨丙安：《十一家注孙子校理》，第18页。
⑤ 金世昂：《李舜臣提督的战略战术的研究：以孙子兵法和关连性为中心》，韩国庆南大学1998年硕士论文。

《孙子·谋攻篇》中的"十则围之,五则攻之,倍则分之,敌则能战之,少则能逃之,不若则能避之"。"从这种观点出发,借用孙子的语言'小敌之坚,大敌之擒也'(《孙子·谋攻篇》)来评论秀吉的远征"。①

而且,香西成资指明丰臣秀吉出征朝鲜是鲁莽之举,并对其战争行为展开了激烈批评:一是丰臣秀吉不明于此,企图征伐大明,称王于东亚。二是丰臣秀吉纯粹喜欢攻伐,杀戮民众,将朝鲜之国变为赤地千里。三是丰臣秀吉不懂得治国安民之道,征发无益之师,暴师于辽远之地,结果招致了最终的失败。对于"暴师于辽远之地"之说,香西成资特地加了一个"久"字,甚至还在跋文强调"卷末述久暴师于外邦之害"之句,由此全面否定丰臣秀吉"壬辰之战"种种行为。由此观之,香西成资显然领会了《孙子·作战篇》'久暴师则国用不足'的含义,从根本上,"否定了持久作战"。② 两相比较,得出一个比较清晰的认识。韩国学者认为,《孙子兵法》为"壬辰之战"的胜利作出了不可磨灭的贡献,而日本学者则是判定"壬辰之战"失败的主要原因在于丰臣秀吉对《孙子兵法》重要思想没有深刻领会。

四、《孙子兵法》与间谍活动

(一) 以《孙子兵法》分析对女真的间谍活动

许筠(1551—1588),字美叔,号荷谷,阳川人。任昌原府使。《海东野言[一]·世宗》记载,朝鲜世宗十七年(1434),秋七月,告谕咸吉道观察使郑钦之,近来野人连年入侵边境。有人说满住向忽剌温请求借兵,一起前来侵掠。满住说是忽剌温所为,自己没参与。本国婆猪江人被虏掠而去,但未知入侵边境者是谁。咸吉道居住的兀良哈、斡朵里、兀狄哈等人与忽剌温相互来往较多,所以派都节制使金宗瑞(1390—1453)顺便问他,想得到真实情况。现今金宗瑞回答,斡朵里、兀良哈、卜儿罕等人说,忽剌温、兀狄哈、沙味哈、乃伊巨、毛秃户等人在五月五日出入婆猪江,沙味哈入侵闾延,乃伊巨、毛秃户抢掠满住所居之地。二人之言,异口同声,同结婚姻,善恶同之,其言未必可信。古代与敌国相对立,一定知道敌国情形和虚实,道路的迂直和地形的险要平坦。为自己考虑问题,"善用间而已"。沙味哈、乃伊巨、毛秃户等一同举兵,分为二军,或者将要入侵,或者入侵满住,必有隐情,不可不知。满住对我有仇,请兵忽剌温,内里是同心,而对外好像相互是仇敌。其情隐而不现,不可不知。忽剌温的居住之处山川险要,部落众寡,兵力强弱虚实,

---

① [日]佐藤坚司著,高殿芳等译:《孙子研究在日本》,北京:军事科学出版社,1993年,第52页。
② [日]佐藤坚司著,高殿芳等译:《孙子研究在日本》,第52页。

距离吾国远近,道路迂直,不可不知。胡人性格贪婪,假如以利诱之,父子之间,其情可得。假如请求兀良哈、斡朵里有事借助忽剌温,厚赂以结其心。选择吾国通事中秘密而且严谨小心之人,穿上他们的服装,多多给予资费,一起派往忽剌温,随意来往,不限时日,使之侦察对方情况。如此多年,那么对方情形都可知道。金宗瑞此计本来很好,现今和政府大臣商议。有人认为,兀良哈、斡朵里有求于忽剌温,本来是很难得的机会。虽然可以这样做,但难以预测其心,而且派遣通事,万一有所败露,是极其危险的计谋。有人认为,自古想知敌情,须用间谍。虽不能直接了解忽剌温,借口有事前往满住、沈纳奴、林哈剌等处,暗中用物货贿赂他的下属,一定可得到对方三言两语,进行参验,就可知事情的真实性。有人认为,边境守御虽可办理,但不知对方虚实,好像盲人和聋子一样。自古以来都需借助反间来实施计谋,然而本国通事之人,可与之谋划之人很少,万一事情败露,该如何处理?选择婆猪江野人中的忽剌温,有相亲相好可与之谋划事情,优恤其妻儿,给予丰厚赏赐,派遣前去。有功劳就给予厚赏,争取使之成为反间,敌人计谋就可了解,而今议论纷纭却不知关键之所在。

郑钦之认为,满住连年入侵,杀房无辜,应去征讨。然而,正值灾荒之年,不宜兴师动众,姑且置之度外。虽然自古将军对敌必用间谍,不然不可以了解敌情,临机应变。满住屡次入侵边境,假托忽剌温所为,我国未知其情,好像陷入术中。一定要如金宗瑞所言,然后或防守,或征讨,才可实施相应策略。本国通事中谨慎而又保密者不多,若被敌人俘获,如王嵩被元昊折磨到极点,临死也最终不改变言语者,可有几人?对方忽剌温倘若拘留之,多次拷问,必定吐露间谍之情,泄露边境计谋,忽剌温数千人马将会前来侵扰。古代很多将军借助敌人,了解敌情。野人不识义理,性好贪财。选择接近边境的野人,有事情来往忽剌温的婆猪江。啖之以利,厚恤妻儿,使之私自往来,不过数年,忽剌温和满住的真伪之情就可全部知晓。万一被抓住,而无攻伐之势,也不是我国之人,与我没有任何关系。本人与金宗瑞和澄玉,仔细商讨其中便利,详细报告。如有他策,不加丝毫隐瞒。郑钦之进呈计策说:"号为良将者,善用间,以知敌之情。严号令,以秘我之谋。先知者胜,不知者败,古今常事。"郑钦之强调,良将善于使用间谍来了解敌情,同时也防范敌人了解我方计谋。做到先知,可取得胜利。不了解敌情就会失败,这是古今通则。"兵法亦曰:'相守数年,以争一日之胜,而爱爵禄百金,不知敌之情者,非人之将也,非主之佐也,非胜之主也。'正谓此耳。"[1]其中,郑钦

---

[1] 许筠:《荷谷集·海东野言[一]·世宗》,韩国民族文化推进会:《影印标点韩国文集丛刊》第58册,汉城:景仁文化社,1996年,第519页。

之所言"兵法",是指"《孙子兵法》"。征引之言"相守数年,以争一日之胜,而爱爵禄百金,不知敌之情者,不仁之至也,非人之将也,非主之佐也,非胜之主也",①出自《孙子·用间篇》,以此强调用间的重要性。

  郑钦之指出,国家四面临近敌境,东南是大海。自从备有战舰以来,倭人不能为患将近五十年。西北边境连接敌人的巢穴,往来之人不加禁止,道路的迂直,山川的险易,敌人无不知晓。敌人寻找机会,突袭侵掠,每年都是如此。列镇守将,不知其来,怎能及时应变? 西部从鸭绿江,东部从豆满江以北,山川险易、道路迂直和敌人虚实,虽是久居边境的宿将老卒也未能了解,何况其他之人。这是以不了解等待了解,故而经常遭遇失败。现今祸患是不了解满住。凡是察觉他与忽刺温互相用箭支传送信息,暗地里勾结,这种情形都可知道。依照聪明的算计,与接近边境的野人密谋,这些野人与婆猪江的忽刺温有事往来。以厚利引诱,贿赂其妻子,使他们假托其族亲、婚姻关系相见。私自往来,密知其情。如此再三,那么可获取双方的情报。不只合乎时势的需要,也合乎古代用间之意。为臣等人所见,本无其他之策。况且,野人与婆猪江的忽刺温来往,也是有的。然而,欲速则事不达,即使可以成功,恐怕也会留下痕迹。不留下痕迹,才可施行用间之道。郑钦之建议,命令澄玉负责这件事情,金宗瑞负责谋划,不限时间,见机谋划,那么计谋必定成功。郑钦之强调:"事莫密于间,间莫厚于赏。"援引了《孙子·用间篇》"赏莫厚于间,事莫密于间"。② 郑钦之与孙武的语序有所不同,郑钦之更强调用间的保密性,而孙武强调奖赏的重要性。必须做到议论不使他人知晓,钱物可使其随意使用。为臣等人浅见就在于此,所以向君王呈上这一建议。黄喜指出,如果得到接近边境的野人,背叛其同类而输送忠诚给我国就可行。对方的事情反复难信,若是先把我国之情告诉于他,可能反而用荒诞之说告诉我国,那么会有害而无益。参赞河演认为,昔日倭贼入侵,国家得到尹明这些人,多给其粟米和货物,来往于敌人巢穴,或者为商贩,或者赠予巨魁。敌人于是贪图利益不去入侵,民众得以舒缓和休息。这是以往事情的验证。现今依据上面建议,果真可得到接近边境的野人,那么平时就可相互往来,给予他境内一些珍贵之物,不作为"反间",专门以商贩讲和的事情作为任务,对方一定有求于相互往来,实际上却成为"反间",那么敌人的情况就可确切知道。虽然这些人有时被敌人捉住,却不会产生怀疑之心。郑钦之特别强调"反间"的利用。何为"反间"?《孙子·用间篇》

---

① 杨丙安:《十一家注孙子校理》,第289—290页。
② 杨丙安:《十一家注孙子校理》,第296—297页。

曰："反间者,因其敌间而用之。"①"反间"在用间活动中占有特别重要地位,故《孙子·用间篇》曰："五间之事,主必知之,知之必在于反间,故反间不可不厚也。"②

世宗答复郑钦之、金宗瑞二人,所上建议很好。大臣议论有的认为可行,有的认为不可行,议论纷纭。这一建议借助他人来实施间谍的事情,何况他们了解我国的情况,而其内心难以预测,反而会有泄漏之危害,是很清楚的事情。一定使所用之人不知间谍的事情,然后可以施行。如今选择野人有事往来于对方,借助他们从事私人的事情,作为"反间",使其贪得厚赏,不知自己是"反间",就不会隐瞒任何真情,而我方就可施展计谋。至于行赏和钱物,世宗指示郑钦之、金宗瑞一同商议随机办理。

(二) 以《孙子兵法》分析防范降倭间谍活动

裴龙吉(1556—1609),字明瑞,号琴易堂,兴海人。出身翰林,任忠清都事。他在《上韩巡察》中进言,自从壬辰败散之后,国家纲纪日益紊乱,号令不行。国中之人尚不能控制,如湖西和海西之事令人寒心。使化外之人帖耳顺从、始终不乱很艰难。况且来降者,有的逃避征戍之役,有的出于间谍之谋,并非真正出自本情。古诗有言："胡马依北风,越鸟巢南枝。"禽兽尚且如此,怀土重迁。尤其是人,挺身来降,其情可见。比如天朝人许仪后身陷异国,历见其情,知其风俗,狡诈难信。

裴龙吉上疏指出,倭人假装讲和,进行诈降,以夺我心,可知我等之言不是诬陷其人。降倭本不是慕化向义之人,而安置于国内,用国法约束他们,不合其习性。驱使他们上战场,却不尽心尽力,以臣民对待他们,则财力枯竭。他们不交赋税,不供给军需。假如一不如意,生出谋叛之心,挥舞刀剑,随意冲突,国中怯弱之人谁可阻拦?蜀汉费祎之事足为前车之鉴,何况这些降倭人数众多,比蜀汉之患更是危害不浅。假使倭人真心归服于我,阁下以为可维持今日纲纪,最终能使他们不叛乱吗?这些情况,"庙堂之上,固有胜算矣。虽然嫠妇之忧,以为敌有五间,兵不厌诈,固不能测其本心"。③ 其中,裴龙吉最为担心的是"敌有五间",很难了解降倭的本意。"敌有五间"之说实际依据《孙子兵法》中所说间谍使用五种方法。《孙子·用间篇》："用间有五:有因间,有内间,有反间,有死间,有生间。五间俱起,莫知其

---

① 杨丙安:《十一家注孙子校理》,第293页。
② 杨丙安:《十一家注孙子校理》,第300页。
③ 裴龙吉:《琴易堂集》卷三《上韩巡察》,韩国民族文化推进会:《影印标点韩国文集丛刊》第62册,汉城:景仁文化社,1996年,第74页。

道,是谓神纪,人君之宝也。"①乡间是指利用同乡亲友关系搞情报。内间是收买敌方官员充当间谍。反间是设法使敌人间谍为我所用。死间是故意散布一些虚假情报,以牺牲自己间谍为代价,诱使敌人上当受骗。生间是完成搜集情报任务后,能够平安返回报告敌情。裴龙吉指出目前祸患不少,分明是派遣给各地的降倭,横行乡里,害及鸡犬,有的掠人妻女。长此以往,不知将会发展到何种地步。此外,裴龙吉所言"兵不厌诈",出自《孙子·军争篇》"兵以诈立"。② 以上是裴龙吉向观察使韩浚谦的谏言,从中表达出他对降倭格外担心:一是担心倭人伪装成间谍前来假装投降;二是担心降倭数量之大,将来难以控制。在当时环境下,裴龙吉的担心显然不是空穴来风。

第二节 《孙子兵法》非军事领域应用

一、《孙子兵法》与诗歌

(一)以《孙子兵法》品评诗歌

用《孙子兵法》品评诗歌创作,这种风气一度流行,主要是以李希辅(1473—1548)、周世鹏(1495—1554)、金堉(1580—1658)、赵显命(1691—1752)为代表。

李希辅,字伯益,号安分堂,平壤人。任罗州牧使。他的诗歌《慕斋诗韵,录奉汉之公,汉之和送,又用其韵,复之》有言:"君诗政(正)如孙吴身,不战能屈千万人。我语真似李将军,数奇不见成一勋。"③其中,诗歌题名中的"慕斋",是指"金安国"(1478—1543)。值得注意的是"君诗政(正)如孙吴身,不战能屈千万人"一句,诗人以用兵喻作诗,夸奖金安国的诗歌如同孙武和吴起的化身一样,讲求的是不战而屈人之兵。其中,诗人所言的"不战能屈千万人",出自《孙子·谋攻篇》:"不战而屈人之兵,善之善者也。"④

周世鹏,字景游,号慎斋、南皋、武陵、巽翁,尚州人。任丰基郡守。他的

---

① 杨丙安:《十一家注孙子校理》,第291页。
② 杨丙安:《十一家注孙子校理》,第142页。
③ 李希辅:《安分堂诗集》卷一《慕斋诗韵,录奉汉之公,汉之和送,又用其韵,复之》,韩国民族文化推进会:《影印标点韩国文集丛刊》第18册,汉城:景仁文化社,1996年,第280页。
④ 杨丙安:《十一家注孙子校理》,第45页。

诗歌《次东老送盐偿诗韵》有言:"东家词法兼奇正,老守登陴但请成。海上安期亲见得,刘郎徒苦挹金茎。"①其中诗句"东家词法兼奇正,老守登陴但请成",分明是赞扬主人的诗歌创作风格,体现了《孙子兵法》奇正灵活变化,诚如《孙子·势篇》"战势不过奇正,奇正之变,不可胜穷也",②而自己犹如老年守城者,只好请求讲和认输。

金埉,字伯厚,号潜谷、晦静堂,清风人。任相臣。他在《三大家诗全集序》中评说,诗歌创作之风,三代达到极盛。等到六朝,诗作杂乱,产生各种文体,伤于沿袭,大雅之作,日渐衰落。李白、杜甫勃兴,韩愈大振,成为唐代诗家的宗匠。金埉以用兵事形容三者诗歌的创作风格。他指出,唐人杜甫诗歌的风格:"以之于兵,(杜)子美,孙武之兵,堂堂之阵,井井之旗,奇正循环,不战而屈人兵者也。"③其中,金埉暗引《孙子·军争篇》"无邀正正之旗,勿击堂堂之陈",④将之改写为"堂堂之阵,井井之旗",又暗引了《孙子·势篇》"奇正相生,如循环之无端",⑤将之合为"奇正循环",还援引《孙子·谋攻篇》"不战而屈人之兵",⑥以此描写杜甫诗歌的创作风格。而李白诗歌创作风格,犹如汉代飞将军李广用兵:"(李)太白,飞将之兵,勇如快鹘,精贯金石,人莫能测,飘然而无与敌者也。"韩愈的诗歌创作风格,犹如汉代淮阴侯韩信用兵:"(韩)退之,淮阴之兵,将将自逊,多多益善,从风而靡,一胜而定天下者也。"

赵显命,字稚晦、时晦,号归鹿,丰壤人。任右议政。他的诗歌《重甲稷夜饮次溪谷》有言:"唐宋归来世伐遥,诗坛鼓角久寥寥。长城忽见旌旗变,败壁多惭铠甲凋。奇正似环生力出,安危如发壮心消。欲将饱士冲宵阵,分付辕门早汲樵。"⑦此诗歌描写了唐宋以后,诗坛逐渐失去了往昔宏伟的气象。在饮酒和行乐中,友人却脱颖而出,诗歌风格体现出《孙子·势篇》"奇正相生,如循环之无端"。⑧ 诗人将其浓缩为"奇正似环",以此形容友人诗歌创作具有无限生机的气象。

---

① 周世鹏:《武陵杂稿》卷二《次东老送盐偿诗韵》,韩国民族文化推进会:《影印标点韩国文集丛刊》第 26 册,汉城:景仁文化社,1996 年,第 495 页。
② 杨丙安:《十一家注孙子校理》,第 89 页。
③ 金埉:《潜谷遗稿》卷九《三大家诗全集序》,韩国民族文化推进会:《影印标点韩国文集丛刊》第 86 册,汉城:景仁文化社,1996 年,第 172 页。
④ 杨丙安:《十一家注孙子校理》,第 152 页。
⑤ 杨丙安:《十一家注孙子校理》,第 90 页。
⑥ 杨丙安:《十一家注孙子校理》,第 45 页。
⑦ 赵显命:《归鹿集》卷四《重甲稷夜饮次溪谷》,韩国民族文化推进会:《影印标点韩国文集丛刊》第 212 册,汉城:景仁文化社,2000 年,第 141 页。
⑧ 杨丙安:《十一家注孙子校理》,第 90 页。

（二）作诗借鉴《孙吴兵法》

作诗借鉴《孙吴兵法》，主要分三种情况。第一，有的诗人主张作诗要借鉴《孙子兵法》奇正之法。李尚迪（1804—1865），字惠吉，号藕船，牛峰人。任汉语译官。他的诗歌《四美园杂咏》云："近代经术家，所学惟记诵。各持门户见，断断争汉宋。圣贤去已远，谁能使无讼。作诗如用兵，有正而有奇。随机应万变，风云入指麾。李杜即孙吴，千载我师之。"①其中，"李杜"是指李白、杜甫，"孙吴"是指孙武和吴起。诗句"作诗如用兵，有正而有奇"，强调诗歌创作犹如用兵打仗，讲究奇正之术，灵活变化。《孙子·势篇》："战势不过奇正，奇正之变，不可胜穷也。"②诗人认为，唐代诗坛的李白、杜甫，犹如兵家孙武、吴起。虽历经千年，但以他们为师。

第二，有的诗人主张作诗不可刻意效仿《孙子兵法》中的用兵之法。申纬（1769—1845），字汉叟，号紫霞、警修堂、苏斋，平山人。任艺文馆检阅。他的《论诗用坡公答孔武仲韵》云："但恨古人不我识，我不见古非徒惜。圣与天子各气像，四海至今称甫白。兵不在多在我用，谈笑辟易千矛戟。孙吴死法乱吾智，未一合战先夺魄。"③诗歌题名"论诗"二字，表明诗人对诗歌创作的认识。申纬指出，作诗如同用兵，关键不在于兵员数量的多少，而是在于如何使用它们。《孙吴兵法》中固有的用兵之法，将会使自己的智慧发生混乱，未经正面交战，首先被夺去了气魄。诗人批评刻意运用《孙子兵法》用兵之法创作诗歌的现象。

第三，有的诗人将《孙吴兵法》巧妙植入诗歌，这种现象在朝鲜诗坛个别诗人表现突出。李植（1584—1647），字汝固，号泽堂、泽癯，德水人。任安边府使。他的诗歌《五评事咏》云："林郎三尺剑，诡然希世雄。向来孙吴法，得妙诗句中。偶骑将军马，不避御史骢。惜哉湖海气，摧落随孤蓬。君看出塞曲，耿耿吐晴虹。"④诗歌描写"林郎"，是指林悌，他是希世之才。最令诗人刮目相看的是，他将往昔的《孙吴兵法》巧妙植入诗句之中，诚如诗句"向来孙吴法，得妙诗句中"所描写的。至于林悌本人，有人赞曰："白湖林公悌，公好兵法，有宝剑骏马，日行数百里。自北评换西评，故犯御史前导，见劾著《愁城志》，以自见平生，奇伟事甚多。"

---

① 李尚迪：《恩诵堂集·续集》卷八《辛酉·四美园杂咏》，韩国民族文化推进会：《影印标点韩国文集丛刊》第312册，汉城：景仁文化社，2003年，第299页。
② 杨丙安：《十一家注孙子校理》，第89页。
③ 申纬：《警修堂全稿》册二十《楙轩集》二《论诗用坡公答孔武仲韵》，韩国民族文化推进会：《影印标点韩国文集丛刊》第291册，汉城：景仁文化社，2002年，第437页。
④ 李植：《泽堂集·续集》卷一《五评事咏》，韩国民族文化推进会：《影印标点韩国文集丛刊》第88册，汉城：景仁文化社，1996年，第199页。

车天辂(1556—1615),字复元,号五山、橘园、清妙居士。延安人。任奉常寺正、伴接使、三陟按察使等职。壬辰之乱,提督李如松(1549—1598)奉命救援朝鲜国,车天辂作檄谕倭。平壤之捷,他作露布。明兵还朝,奉命作《送李提督诗》七律百首,一天一夜,写成以进。李冕宙《行状》:"金清阴云:'五山诗高处,虽老杜无以过之。'"车天辂自言:"贴纸于万里长城,使我走笔则纸有尽而诗不穷。"洪良浩《五山集跋》:"五山子奇才俊气,特出流辈,压倒当世。雄辞健笔,如洪涛之赴壑。奔骥之下坂,触之者风靡,遇之者气慑。矢口落笔,顷刻数千言。"

车天辂熟谙《孙子兵法》,诗文援引《孙子兵法》,比比皆是。车天辂之诗《遣兴示通津卒》提到自己刻苦阅读《孙吴兵法》:"玉匣龙泉吼不平,壮心中夜惜谈兵。孙吴读破知何用,只赌人间博学名。"①诗中"读破"之"破",有"剖明义理"之义。如杜甫名句"读书破万卷,下笔如有神"。读万卷书并能融会贯通,深得书中三昧,下笔时才能纵横古今神思飞动。② 诗人车天辂以拟人手法描写储藏玉匣中的龙泉宝剑,发生不平的怒吼。宝剑的主人总在半夜谈兵,怀雄心壮志。诗人慨叹,刻苦阅读《孙吴兵法》,剖明义理,知晓兵法,到底有何用处,难道只争人世间博学的名声。

车天辂之诗《送李提督百首》题名中的"李提督",是指李如松,字子茂,号仰城。他是辽东总兵李成梁之子,明代著名将领。值得关注的是,车天辂《送李提督百首》之诗明引和暗引《孙子兵法》。

其一,"授钺专征戮海鱼,拂天旌旆照狼居。堂堂正正兵无敌,实实虚虚意自如。不独搴旗兼斩将,才能膺狄已惩舒。景钟会勒功名盛,传信须凭汗竹书。"③诗中"堂堂正正兵无敌,实实虚虚意自如",则是暗引《孙子兵法》。其中,"堂堂正正"出自《孙子·军争篇》:"无邀正正之旗,勿击堂堂之陈。"④"实实虚虚"出自《孙子·虚实篇》:"敌逸能劳之,饱能饥之,安能动之。"诗歌赞扬李如松受命征讨倭寇,他的军队强大而纪律严整,所向无敌。虚虚实实,用兵自如。不只有搴旗斩将的功劳,而且惩罚、打击了倭寇。他的功名将铭刻在钟鼎上,传播一定要依靠史书。

其二,"天生豪俊应时须,凤骨龙章相法俱。江海倒流输壮思,风云欸吸

---

① 车天辂:《五山集》卷一《遣兴示通津卒》,韩国民族文化推进会:《影印标点韩国文集丛刊》第 61 册,第 354 页。
② 拾荒:《"读书破万卷"的"破"到底啥意思》,《都市女报》2017 年 2 月 24 日,第 A20 版。
③ 车天辂:《五山集》卷二《送李提督百首》,韩国民族文化推进会:《影印标点韩国文集丛刊》第 61 册,第 369 页。
④ 杨丙安:《十一家注孙子校理》,第 152 页。

助雄图。挟门烈士三千剑,塞路奇兵丈二殳。守在四夷今有道,却劳戎马此东隅。"①"奇兵"之说,来自《孙子·势篇》"奇正"之说:"凡战者,以正合,以奇胜。故善出奇者,无穷如天地,不竭如江河。"②诗人赞扬李如松是天生的豪杰之士,凤骨龙姿。才华如江河倒流,谈吐如风云,有雄伟的事业追求。率三千壮士守卫门户,还有半路拦截的奇兵。现今君王有道,守在四夷,却劳烦大明的兵马帮助东国。

其三,"喷山喝野势风雷,螭虎骈阗卷地来。不有伐谋能节制,何曾却敌剧鞭笞。周王金仆流星过,郑伯鼍弧宿雾开。独坐中权谈笑了,始知天下有奇才。"③诗中的"伐谋",是指使用谋略战胜敌人。"伐谋"出自《孙子·谋攻篇》:"上兵伐谋,其次伐交,其次伐兵,其下攻城。"④诗人赞扬李如松统领的军队如风雷一样有威势,如猛虎一样而来。若是没有伐谋之术和节制之兵,如何能使敌人受到严厉的惩罚。周王之箭如流星一样闪过,郑伯军旗使夜间的雾气散开。他独坐中军帐中,谈笑之间,敌寇灰飞烟灭,才知晓天下果真有奇特之人。

其四,"揣摩雄略动如神,肯让孙吴作后尘。政似顾荣挥羽扇,不妨诸葛戴纶巾。问兵刮寇功无与,击鼓鸣金气益伸,只恨鼎鱼犹假息,几时焦烂待然薪。"⑤诗中"孙吴",是指孙武和吴起。诗人赞扬李如松用心研究谋略,行动如鬼神一般,能使孙武、吴起望尘莫及。处理政事如顾荣一样轻松,不妨如诸葛亮戴上纶巾,议论兵事与打击敌人,无与伦比。听到战斗号角,意气风发。只怨恨敌人得到喘息机会,何时才能一举灭掉敌人。

其五,"列爵公为五等尊,三军司命镇辕门。虎牙影动风雷起,狼鬣光销日月掀。天上浮云能手抉,地边沧海尽胸吞。生憎蜂虿犹怀毒,令尹南辕愿北辕。"⑥诗中"三军司命",出自《孙子·作战篇》:"知兵之将,生民之司命,国家安危之主也。"⑦诗人赞扬李如松功爵显赫,身为三军统帅,气势威猛,如同虎狼,手掀天上云彩,胸吞茫茫大海。生来痛恨坏人作恶,掌管军政大

---

① 车天辂:《五山集》卷二《送李提督百首》,韩国民族文化推进会:《影印标点韩国文集丛刊》第 61 册,第 370 页。
② 杨丙安:《十一家注孙子校理》,第 87—88 页。
③ 车天辂:《五山集》卷二《送李提督百首》,韩国民族文化推进会:《影印标点韩国文集丛刊》第 61 册,第 370 页。
④ 杨丙安:《十一家注孙子校理》,第 46—48 页。
⑤ 车天辂:《五山集》卷二《送李提督百首》,韩国民族文化推进会:《影印标点韩国文集丛刊》第 61 册,第 370 页。
⑥ 车天辂:《五山集》卷二《送李提督百首》,韩国民族文化推进会:《影印标点韩国文集丛刊》第 61 册,第 371 页。
⑦ 杨丙安:《十一家注孙子校理》,第 39 页。

权,随时可使行军改变方向。

其六,"甲胄升陵出汉关,貔貅选饱有余闲。元戎尚自提刀立,丑虏何能匹马还。不战屈人方克敌,以奇为正即平蛮。发纵只在睢盱里,十万全师奉诏班。"①诗中"不战屈人",正是"不战而屈人之兵"的省略性说法,出自《孙子·谋攻篇》:"百战百胜,非善之善者也;不战而屈人之兵,善之善者也。"②诗中"以奇为正"原本是"奇正相生",把奇兵转换为正兵,出自《孙子·势篇》:"奇正相生,如循环之无端。"③诗人赞扬李如松远出边关,率领精锐将士,立马横刀,发誓不让一个敌人活着回去。使用不战而屈人之兵战略战胜敌人,使用奇正相生之术平定蛮族叛乱。如同汉军统帅韩信一样指挥军队作战,十万大军全胜而归。

其七,"摐金喷玉塞风飘,贝胄将军下紫霄。庙算合谋遗战伐,兵图缮怒应招摇。西吞唐帝分棋地,东蹴秦皇送日桥。可使越裳重译至,亶洲余孽讵能饶。"④诗中"庙算"一词,出自《孙子·计篇》:"夫未战而庙算胜者,得算多也;未战而庙算不胜者,得算少也。多算胜,少算不胜,而况于无算乎?"⑤诗人描写李如松顶风冒雪,顶盔贯甲,从天而下。朝堂早已决策,只等决战。一切准备妥当,因应战事。西面吞灭唐帝疆土,东边使秦皇受挫。可使越裳国进贡,怎可饶恕亶州岛残余的败类。

其八,"出车端为扫氛祆,鸷击先高不自饶。元帅独专周讨伐,将军兼领霍嫖姚。角声刮日天倾侧,剑气冲星月动摇。留作凉州太平曲,春风都入去思谣。"⑥诗中"鸷击",是"鸷鸟之击"的省称,出自《孙子·势篇》:"鸷鸟之疾,至于毁折者,节也。"⑦诗人描述,李如松出兵扫除敌人,如同鸷鸟一样捕捉猎物。他作为统帅,独自掌握征伐大权,率领好似霍去病一样的将领。战斗激烈,天地变色。战乱之地唱起太平的歌声,如同温暖的春风吹进国都。

其九,"终古兵权作主盟,饱谙奇正转相生。抗旌撇捩收西夏,仗钺彷徉

---

① 车天辂:《五山集》卷二《送李提督百首》,韩国民族文化推进会:《影印标点韩国文集丛刊》第61册,第371—372页。
② 杨丙安:《十一家注孙子校理》,第45页。
③ 杨丙安:《十一家注孙子校理》,第90页。
④ 车天辂:《五山集》卷二《送李提督百首》,韩国民族文化推进会:《影印标点韩国文集丛刊》第61册,第372页。
⑤ 杨丙安:《十一家注孙子校理》,第20页。
⑥ 车天辂:《五山集》卷二《送李提督百首》,韩国民族文化推进会:《影印标点韩国文集丛刊》第61册,第372页。
⑦ 杨丙安:《十一家注孙子校理》,第90页。

过北平。共贺皇威清四域,还蒙帝力复三京。楚兵徼福齐侯惠,敝卫犹存旧烬萌。"①诗中"奇正转相生",是由《孙子·势篇》"奇正相生,如循环之无端"②转变而来。诗人称赞李如松作为盟主,长久掌握用兵之权,熟练奇正战法的相互转化,曾挥泪收复西夏之地,后来仗剑过北平。仰赖皇威,扫清天下,承蒙上天,收复三京之地。援引典故说,楚军本想获得好处,却给齐桓公带来机遇,残破的卫国在苟延残喘中依然生存下来。

其十,"腹笥兵家五十流,山稽风后献吁谋。中霄抚剑星辰变,白日谈兵鬼魅愁。天入汉关飞紫气,地经秦塞猎青油。高门厮养皆才俊,碧沼红莲古莫俦。"③诗中"兵家五十流",是说兵家有五十多个流派,《汉书·艺文志》著录汉代以前兵家著述有五十三家,七百九十篇,图四十三卷,分兵权谋、兵形势、兵阴阳、兵技巧,其中包括兵权谋孙子流派。诗人夸赞李如松精通兵家韬略,有风后一样高明的军师为其出谋划策。半夜看剑,星辰变色。白天论兵,鬼神发愁。边塞打猎,紫气飞入边关。府门的仆役人员都是才俊之士。李如松如同碧绿池塘中的红色莲花,自古以来,无人与之相媲美。

其十一,"燕颔龙姿虎视眈,文能抚众武能戡。身为国宝名逾重,战视天威杀不贪。万户封侯犹上相,一家能子是奇男。可怜忠孝俱双美,德爵应须待齿三。"④诗中"身为国宝"之说,出自《孙子·地形篇》:"进不求名,退不避罪,唯人是保,而利合于主,国之宝也。"⑤诗人述说,李如松长相威武,文能抚众,武能平乱。他是国家的宝贵财富,名气越来越大,顺天应人,不贪杀伐之名,功成封侯,是李家的奇男子。令人赞叹的是,父子忠孝两全,朝廷恩赏持续数代。

此外,车天辂之诗《送朴叔夜以元戎赴咸镜道》有言:"再见君登大将坛,铁衣谁信旧儒冠。虹霓拂日虎牙动,霜雪吹春龙剑寒。壮气临边先贾勇,雄心许国敢求安。老夫不用孙吴读,高寝田郎是冗官。"⑥此是一首送别诗,诗人赞扬朴叔夜(1570—1623)登上将帅之坛,铁甲之士谁会相信他原是儒士之首。天上彩虹贯日,军队开始行动。春天冷云吹动,宝剑发出冷冷寒

---

① 车天辂:《五山集》卷二《送李提督百首》,韩国民族文化推进会:《影印标点韩国文集丛刊》第61册,第374页。
② 杨丙安:《十一家注孙子校理》,第90页。
③ 车天辂:《五山集》卷二《送李提督百首》,韩国民族文化推进会:《影印标点韩国文集丛刊》第61册,第375页。
④ 车天辂:《五山集》卷二《送李提督百首》,韩国民族文化推进会:《影印标点韩国文集丛刊》第61册,第375页。
⑤ 杨丙安:《十一家注孙子校理》,第227页。
⑥ 车天辂:《五山集·续集》卷二《送朴叔夜以元戎赴咸镜道》,韩国民族文化推进会:《影印标点韩国文集丛刊》第61册,第484页。

光。以雄壮之气驾临边境，首先奖赏英勇之士，雄心报国，追求天下太平。年岁已老，根本不用阅读《孙吴兵法》，高卧不起的田郎，就是多余的官员。

车天辂又有诗《送邢军门》云：

> 乾坤秀气降精英，命世高才作国桢。白日足翻开骥路，青天背负阔鹏程。骚坛独步严诗律，笔陈雄鸣扫墨兵。契合风云方际会，恩倾雨露最光荣。乘骢直节风霜劲，笠縠华衔柱石卿。又作元戎当重寄，恭承优诏事专征。禁中颇牧来何暮，掌上孙吴算已成。部勒熊罴威令肃，指挥蛇豕笑谈清。金星夜墨狼牙色，玉帐风寒画角声。不战屈人犹胜算，用儒无敌是长城。黄尘释警收刁斗，碧海销氛卷旆旌。喜气覆山西日却，班声动地北风鸣。扇藏白羽红莲幕，幢辟青油细柳营。鲽域解纷全属国，燕台奏捷报神京。折冲余烈看神佚，在縠奇功认策行。江上视师支桀黠，淮西督战落欋枪。山头勒石非专美，水底沉碑肯喜名。永向北辰朝紫极，暂来东土活苍生。丹铅竹帛书勋业，带砺山河结誓盟。会刻景钟推魏颗，应留蜀像颂方平。虎牙羽旆临歧恨，汉水终山惜别情。凤去却嗟龙节远，鸿飞那复绣裳迎。清光解使衣冠仰，遗爱能教父老倾。未作苍蝇行附骥，举头千里独怔营。①

诗歌题名中的"邢军门"是指邢玠（1540—1612），曾率明军援朝抗倭。诗人车天辂以送别邢军门为题，赞扬他禀受天地灵秀之气，是世上精英，有命世之才，可作国家栋梁，有远大抱负，在诗坛独步天下，文章创作独领风骚。风云际会，朝廷重用，最为荣耀。不惧风霜，品性刚直，是国家柱石之臣。如今担当国家统帅重任，接受君命，专门负责征伐事务。诗人叹息，友人就是宫廷中的廉颇、李牧，国家对他的任用为何来得如此迟缓。他在手掌上运用《孙吴兵法》完成了自己谋划。三军将士，法令严肃。谈笑指挥，清除敌人。星光闪耀，夜如墨色。军帐寒冷，鼓角声声。不战而屈人之兵，依然是胜算之策。任用儒将，天下无敌，犹如国之长城。边关传来了警报，消除了天下祸患。太阳西下，传来胜利的喜讯，班师之声，惊天动地，北风呼叫。羽扇收藏在军帐，旗子竖立在军营。混乱之地全部归属国家，幕府的捷报传递到京城。克敌制胜如同神仙。非同寻常的功勋，关键在于胸有成竹，计谋得以实施。大江之上，检阅军队，能分辨出凶悍狡黠。淮西督战，可以消除战乱。

---

① 车天辂：《五山集·续集》卷二《送邢军门》，韩国民族文化推进会：《影印标点韩国文集丛刊》第 61 册，第 509—510 页。

燕山勒石,并非专美。水底沉碑,肯定喜名。面向天空的北斗,暂来东土,救活了百姓。用丹书书写功名于竹帛之上,如山河一样绵延不绝,永结友好的誓盟。铸刻大钟,推崇魏颗极力报国之意。保留蜀国的画像,歌颂天下太平的美好。将士面对废墟,怀有仇恨,汉水离开终山,有依依惜别之情。龙飞凤去,只留下长长的叹息。鸿飞千里,那有显宦迎接。君王任命,士人敬仰。遗留仁爱之心,可使天下父老倾倒。不作苍蝇,依附于马尾行走。举目远望千里,斯人不在军营,只是独自彷徨。

车天辂之诗《奉赠邢军门诗》:

豸冠虎符,汝其总督。征东戎事,惟汝是属。邢侯受命,成师以出。社于受振,庙于受钺。高牙大纛,肃肃东征。螭虎十万,悠悠斾旌。邢侯戾止,其从如云。坐镇玉帐,方事之殷。指挥三军,若使一人。折冲罇俎,妙算如神。风驰猛将,深入霆击。摧枯拉朽,定于传檄。天啬其功,卷归不战。奋翼再举,山川震眩。水师压海,火烈赤壁。万艘扬灰,匈酋褫魄。复屯瓦解,壁垒皆空。鲸海不雪,妖氛遣风。南徼永清,伊谁之力。东人再生,伊谁之德。皇帝圣神,天地父母。我公奉扬,文武左右。天子之武,我公是扬。天子之威,我公是将。矫矫我公,智勇兼之。其智如何,黄石鬼师。神出鬼入,韬钤素娴。其勇如何,不动如山。见危授命,义气横秋。当其孔棘,纷纭众谋。议和议战,莫适其可。公独抗论,右袒于果。始终一节,不变其守。有严天讨,问兵刮寇。耆致其功,是所以乃。所惜鲸鲵,不血于海。驱蚊勿扑,是以静胜。百全善后,所其戡定。若战服刑,佳兵不祥。暴骨以逞,仁者所伤。公之弭兵,谈笑有余。保合我烬,恤于简书。龚行帝命,式固藩卫。烈烈我公,解纷济世。东土仰止,泰山北斗。口不言功,为而不有。能事毕矣,式遄其归。鸿飞遵渚,之子衮衣。皇帝曰吁,汝节汝回。天罚已行,桀黠大摧。予懋乃功,曰笃不忘。形于麟阁,名于太常。我公奉诏,乃有行色。四牡骈骈,龙旗抑抑。惟我小邦,蜂虿蛊毒。不可复振,蔑焉倾覆。不有帝力,其何复国。不有公来,谁因谁极。帝德广运,仁以兴灭。公心岂弟,义以继绝。有周之宣,用师淮夷。召虎底绩,吉甫作诗。唐讨蔡州,晋公是主。愈碑颂功,不归于愬。猗欤我公,于古有光。功无与让,赫赫洸洸。伏波南征,交趾绝狲。乃树铜柱,为汉之界。窦宪北伐,焚草上庭。乃勒燕山,纪汉之铭。矧伊公烈,卓荦千古。不柱不铭,缺望东土。魏颗却秦,刻钟以美。杜预平吴,沉碑自喜。矧伊公功,阀阅为最。名传天下,光烛海外。南山之竹,不足揄扬。东海之波,不尽流芳。

愿留公像,中国而阁。千秋万岁,庶不落莫。愿攀公辕,借寇于帝。假我数季,以终其惠。昔公来思,华岳为重。今公去矣,汉水色动。曩者微公,国其不活。今者失公,民若自割。公无遽归,于我信处。瞻望行尘,帝京何许。我作此诗,歌于道周。毋我戬遗,邦人是休。①

这首四言诗中"指挥三军,若使一人"和"其勇如何,不动如山",援引了《孙子兵法》。前者引自《孙子·九地篇》"犯三军之众,若使一人"。② 指挥三军,如同使用一个人一样,形容治军有方。诗句意在赞扬邢玠治军有方。后者引自《孙子·军争篇》"其疾如风,其徐如林,侵掠如火,不动如山"。③ 孙子强调军队行动不能只是一个节奏,而是有时疾速,有时迟缓,有时迅猛,有时安如泰山。"不动如山"是指心中无比镇定、冷静,即使在敌人利诱之下,也不为所动。显然,诗人赞扬邢玠如泰山一样不可动摇。

车天辂另有诗《上邢军门谣》云:

惟东有国,惟海有鲸。荡滽食人,血鄙及京。惟帝念之,大降救兵。再命讨之,四将抗旌。有若司马,绣斧兼荣。乃长戎臣,总督东征。秉钺烈烈,肃肃军声。远迹下国,小丑震惊。蓄力养锐,彼竭我盈。薄言先尝,见敌无勍。刳木万艘,海若先迎。试之火攻,氛祲永清。戎卒三捷,攻无坚城。千里制胜,丈人之贞。折之罇俎,百全算成。智谋勇激,莫之与京。指挥群帅,奇正相生。犁庭之绩,截彼蚊虻。金星不角,陨厥欃枪。狐狸遁迹,雾廓三晶。微禹其鱼,民复凿耕。国于亡国,三韩底平。系公是赖,岂曰烬萌。石以纪烈,华岳霄峥。江以流德,汉水一泓。我公覆露,仰之由庚。肉我之骨,导我以赢。罔非公赐,犹尚谦亨。职由帝力,荡荡难名。字小继绝,雷雨八纮。我公受命,三代之英。有解其纷,致力经营。廓扫余孽,于古谁争。帝曰旋归,式遄其征。瞻望不及,玉节启行。留之不得,悠悠我情。白云在天,水远山横。黄鹄一举,万里鹏程。斥鷃控地,有泪纵横。歌以赠之,意重山轻。④

---

① 车天辂:《五山集·续集》卷三《奉赠邢军门诗》,韩国民族文化推进会:《影印标点韩国文集丛刊》第 61 册,第 524—525 页。
② 杨丙安:《十一家注孙子校理》,第 261 页。
③ 杨丙安:《十一家注孙子校理》,第 143—144 页。
④ 车天辂:《五山集·续集》卷三《上邢军门谣》,韩国民族文化推进会:《影印标点韩国文集丛刊》第 61 册,第 528—529 页。

此四言诗中"试之火攻,氛祲永清",提及邢玠使用《孙子兵法》"火攻"战术。"火攻"是一种借助自然力量进攻敌人的辅助战术,杀伤效果极其明显,《孙子·火攻篇》故言:"以火佐攻者明,以水佐攻者强。"①诗人赞扬邢玠使用"火攻"战术取得重大战果。此外,诗句"指挥群帅,奇正相生",出自《孙子·势篇》:"奇正相生,如循环之无端,孰能穷之?"②作战之法分两种:一是"正";一是"奇"。"正"是指常规战法,"奇"是指非常规战法。"奇正相生"是说常规战法与非常规战法相互转化,这种相互转化无穷无尽。诗人赞扬邢玠作为将帅,能够应用奇正战法制胜敌人。

总之,车天辂不仅诗歌援引《孙子兵法》,而且叙事中也有意识援引《孙子兵法》。车天辂《送李提督诗序》记载,李如松"按据馆谷数日,不遏,为归师也。不迫,为穷寇也。贼已褫魄于风声鹤唳之外也,乃踵而蹑之。遂脑松京髓碧蹄,踣而挤之。落其角距,蜂骇鸟散。蹙之汉城,不敢复出"。③《诗序》中的"不遏,为归师也。不迫,为穷寇也"的说法,显然是从《孙子·军争篇》"归师勿遏"④与"穷寇勿迫"⑤演化而来,语序和文字有所调整,"勿"作"不",虽然二者说法略有变化,但其文义却是一致的。综而观之,《孙子兵法》对车天辂诗歌创作有深刻的影响。

二、《孙子兵法》与治学

(一)《孙子兵法》与治学引领

以《孙子兵法》引领治学,主要表现在三方面:一是以《孙子兵法》分析治学利害关系。申昉(1686—1736),字明远,号屯庵,平山人。曾任相臣。他在《送明世驹序》中指出,《孙子兵法》思想不仅可用于打仗,而且可用于探讨治学:"孙武,古之善将者也。而其言曰:'不尽知用兵之害,不尽知用兵之利也。'善哉斯言也。余以为不独兵然,可以语学也。"⑥在申昉心目中,孙武是古代一位优秀将帅。并且,非常欣赏孙武之言:"不尽知用兵之害,不尽知用兵之利也。"此言出自《孙子·作战篇》:"不尽知用兵之害者,则不能尽

---

① 杨丙安:《十一家注孙子校理》,第281页。
② 杨丙安:《十一家注孙子校理》,第90页。
③ 车天辂:《五山集》卷五《送李提督诗序》,韩国民族文化推进会:《影印标点韩国文集丛刊》第61册,第425页。
④ 杨丙安:《十一家注孙子校理》,第157页。
⑤ 杨丙安:《十一家注孙子校理》,第159页。
⑥ 申昉:《屯庵集》卷四《送明世驹序》,韩国古典翻译院:《影印标点韩国文集丛刊续》第66册,首尔:古典翻译院,2008年,第495页。

知用兵之利也。"①在申昉看来,此句话完全可用来探讨治学问题。

首先,申昉分析了作战的利害关系。驱使"熊虎之士",远涉"万里之国",决生死于一战,此种事情极为重要。作战开始时,不得不考虑如何才能取胜,如何会失败。"如此而存,如此而亡。就其利者而为之,害者而去之,然后始可保其胜与存矣。"只有这样才可趋利避害,保证取得胜利并生存下来。若是不去研究对方造成的危害,怎么可知选择有利的行动。如果想要选择有利的行动,就应从有害的事情中去寻找。申昉认为,此是孙武辅佐吴王阖闾,成功搏击强大的楚国、威慑齐国和晋国的缘由:"此孙武所以佐吴子,北向一挥而搏强楚而威齐晋也。"

其次,申昉分析了治学的利害关系。在他的眼中,诸位书生对学问的研究存在严重的问题。诗书礼乐本是取胜的工具;孝悌仁义本是生存之道。努力追求是有利的,不去追求就是夷狄和禽兽,并会带来危害,这种危害岂只是用兵者的失败与灭亡。用兵者虽然失败与灭亡,但依然不丧失做人的资格。然而,世人听说用兵失败与灭亡,莫不惊呼失色,战战兢兢。当听到有人不会诗书礼乐,做不到孝悌仁义,认为理所当然,不觉得恐怖可怕。这不是其他原因,这实际上是不能真正了解其危害,以至于不能成为所说的人了。在申昉看来,这种事情很是悲哀。研究学问的利害关系,有时超过用兵的利害关系,必须对此有明确认识:"此学之利害,不可不知。而其事之切,有甚于兵之利害者也。"

最后,申昉提醒明世驹治学时注意把握《孙子兵法》利害之说。他特别指出,乡党中有个书生明世驹,资质秀美,志向纯正,慷慨有志于学术研究,跟随他游学四载,将要回乡探亲,请求赠送只言片语。申昉思虑他前来游学,所用时间也不短,下了很多功力。自己尽其所有奉告,明世驹回家后,仍未见有多大成就。究竟为何?难道所说的,学者果然不能达到吗?或许是因这个学生对于学问研究的危害不能全部了解清楚,而对于研究学问的有利之处却又不能坚守,不免产生了徘徊和姑息的心理!之所以为此加以深思,不得不有孙武之说产生的缘由。希望此生回去后,能进一步以此自勉,发奋用功,寻求免于夷狄、禽兽和非人之类,在学问上时时警惕小心:"如临兵者之求不死,则虽不志于学,于是乎可自得师矣。于是乎可自求道矣。"这要如同打仗追求生存一样,即使不去追求学问,也相当于自己得到老师的引导,自己可寻求研究学问的方法,学问一定会"卓然可观"。学问研究没有止境,如此去做,将来有了才学,虽至京城不易,但也如同孙武一样搏击楚国、

---

① 杨丙安:《十一家注孙子校理》,第32页。

威慑齐晋,还可屹立一方。可与京城学士名儒不相上下,执礼于牛耳铜盘之间,岂不伟大？本人现已有病,分外懒惰,自认学问不能有所进步。到那时,学生可否记得今日来往的情景,愿意退避三舍否？姑且写下这些作为期待。总之,申昉谆谆善诱,借《孙子兵法》利害之说,指导明世驹学问研究,努力追求孝悌仁义,但不可忽视学问研究中的危害,有人借助诗书礼乐,做一些禽兽不如的事情。

二是以《孙子兵法》强调治学因势利导。这主要体现在两个人身上：一是杨应秀认为做学问要因势利导。杨应秀(1700—1767),字季达,号白水、学古斋,南原人。任副率。他在《为学大要》中说:"人多言为事所夺,有妨讲学。此为不能使船嫌溪曲者也。遇富贵,就富贵上做工夫。遇贫贱,就贫贱上做工夫。兵法一言甚佳,因其势而利导之也。"①值得注意的是,杨应秀此言论援引南宋理学名家朱熹之论。② 大意是说,许多人说学问之事为其他事情妨碍,这好比自己驾船技术不行,嫌弃溪水曲折一样。无论富贵,还是贫穷,学问之事都需下工夫。朱熹特别欣赏兵家所说的一句话,即《史记·孙子吴起列传》中孙膑之言:"善战者因其势而利导之。"孙膑之言是由《孙子·计篇》"势者,因利而制权也"③生发而成。杨应秀强调学问之事理应如兵家所言,因势利导。并进一步指出,许多人说齐人孱弱,田单却凭借弱兵而取胜。又如韩信特意将多人置于死地,而后取胜。学者若有丝毫力气,就应用力就学。除非没有力气,口不能言,方可停止。如佛家之语所说:"假使铁轮顶上旋,定慧圆明终不失。"二是任宪晦以《孙子兵法》强调讲学要因势利导。任宪晦(1811—1876),又名任宪龟,字明老,号鼓山、全斋、希阳,丰川人。任参奉。他在《与李应铉》书信中指出,读《周礼》闲暇时,课外之业做什么？不要为家事所妨碍。朱熹有言:"人言为事所夺,有妨讲学,此不能使船而嫌溪曲者也。遇富贵,就富贵上做工夫。遇贫贱,就贫贱上做工夫。兵法一言甚佳,因其势而利导之。"④任宪晦希望李应铉注意体察朱熹所说道理,依照本性去用力。治理天下固然不可一边耕作,一边治理。只有读书的事情,可以做到一边耕作,一边读书。倪宽带经而锄,董生朝耕夜读,皆可效法。

---

① 杨应秀:《白水集》卷二十五《别集·为学大要[上]·学》,韩国古典翻译院:《影印标点韩国文集丛刊续》第 78 册,首尔:古典翻译院,2009 年,第 15 页。
② 语见(宋)黎靖德编,王星贤点校:《朱子语类》卷八《学二》,北京:中华书局,1986 年,第 136 页。"人多言为事所夺,有妨讲学,此为'不能使船嫌溪曲'者也。遇富贵,就富贵上做工夫;遇贫贱,就贫贱上做工夫。《兵法》一言甚佳:'因其势而利导之'也。"
③ 杨丙安:《十一家注孙子校理》,第 12 页。
④ 任宪晦:《鼓山集》卷七《与李应铉》,韩国民族文化推进会:《影印标点韩国文集丛刊》第 314 册,汉城:景仁文化社,2003 年,第 156 页。

三是以《孙子兵法》强调治学纪律。许愈(1833—1904),字退而,号后山、南黎,金海人。他在《示诸生》一文中阐明:"读书如行兵。兵事尚严,不严则不战而败,自相践踩之不暇,何暇乎遇贼厮杀也。"显而易见,许愈将"读书"比作"行兵",纪律要严明,否则将不战自败。他举例说,孙武在吴王宫内练兵,有嫔妃阵前嘻笑,被孙武斩杀,演练尚且如此,何况实战之地:"昔孙武子,论兵于君所,出宫嫔为阵,嫔有笑于前者,即令斩之,此兵法也。试作犹如此,而况于实地乎?"许愈告诫诸生:"今诸君名以读书,而有若无将之卒,散乱无统纪,此可谓读书者之事乎?"许愈以现今诸生读书类比治兵之事,将诸生比作没有将帅统领的士兵,混乱而没有纲纪。许愈提醒诸生注重治学纪律,从今以后,要用心读书,如同面对敌军作战一样,不能乱说,不能乱笑,孙武的用兵之法值得敬畏:"吾谓诸君,自今用心,如对敌之兵,无妄言,无妄笑,孙武子兵法可畏也。"①由此观之,许愈不仅通晓孙武"吴宫教战"之事,而且将《孙子兵法》应用于治学领域。

(二)《孙子兵法》与写作指导

以《孙子兵法》指导写作,主要体现在三个人身上:一是李滉以《孙子兵法》谈论写作,强调不可一味地追求"奇"。李滉(1501—1570),字景浩、季浩,号退溪、退陶、陶叟,真宝人。任丰基郡守、左谏议大夫。他在《答李刚而》书信中指出:"嘉靖皇帝二十有九年庚申春,此'庚申'二字可无。若去此二字,则铭文末端,当有空界二窠,如何如何。凡此所禀,非敢自以为是。"李滉认为本来如此,不想对李诚孝有所隐瞒,希望以此咨询南冥翁,经他裁量之后,再决定取舍。李滉提及的南冥翁是指曹植(1501—1572),字楗仲,号南冥,昌宁人。李滉与他神交已久,曹植是当时南州高士。考虑到自古高尚之士,事多好奇,不守常规,刚愎自用,不听他人之言,李滉担心见到鄙说,难免不会被讥笑,以为世俗陈腐之法,不值得采用。故有论:"大抵文字,常格之外,自出机轴,如兵法之出奇无穷,固是妙处。然其出奇处,亦须有节度方略,有来历可师法,故可贵而不败。"②李滉认为,文字创作在平常规格之外,要能独出心裁,创造新的风格,如《孙子·势篇》"善出奇者,无穷如天地"。③ 李滉将之概括为"出奇无穷",这本是巧妙之处。但出奇之处也要有相应的方略指导,有相应的经历可以效法,因而才不会失败。若是没有这

---

① 许愈:《后山集》卷十二《示诸生》,韩国民族文化推进会:《影印标点韩国文集丛刊》第327册,汉城:景仁文化社,2003年,第283页。
② 李滉:《退溪集》卷二十一《答李刚而》,韩国民族文化推进会:《影印标点韩国文集丛刊》第30册,汉城:景仁文化社,1996年,第16—17页。
③ 杨丙安:《十一家注孙子校理》,第88页。

些，而是过分地追求奇，不败者却是很少。行文应当使用"正"之处，就应使用"正"之法，这是可行的。他强调指出，现今全篇文章的文字独出心裁，恰是兵法中的出奇制胜："今此文字全篇，别一机轴，好是兵法之出奇。"李滉在书信的末尾以请教曹植的口吻说，自己改动之处正是奇兵之中的不规范之处，使之合乎正法。若是全部使用奇法，并讨厌使用正法，显然是喜欢奇法而刚愎自用的一种坏毛病："(李)滉所欲改处，皆是奇兵之中一二曲节，合用正法处。若并此而欲一一皆用奇，而厌于用正，岂不是好奇自用之病耶？不知南冥以为何如？"①李滉认为，文字创作虽可借鉴《孙子兵法》"出奇无穷"，但不能一味追求"奇"，还要讲"正"。

二是申维翰以《孙子兵法》治军之法比喻写作规范。申维翰（1681—1752），字周伯，号青泉，宁海人。任制述官。他在《自叙》中记述，他早年时并不谦虚，私下仰慕古人文辞，往往沾沾自喜。总是涂墨写序，留下许多作品。自己生长于偏僻之地，未尝向当世博雅君子求教。三十五岁时游学京师，前去拜见昆仑崔学士，崔公索要他少壮时的文稿，并高兴地对他说，的确喜欢古代作品，也很下工夫，可以达到古人的境界。现今存在的问题是茫然不知路径所在，想以毛发类比古人，却不以精髓和神气追求古人写作。篇篇字句好似司马迁，好似左丘明，好似庄子，好似扬雄。凡说好似，皆非真实，只不过是优孟效仿孙叔敖，心中本有好格局，何苦要寄人篱下。崔公揣度申维翰作品中的缺点，如同仓公、扁鹊视人肝肺，诊脉论症一样。于是，崔公从书案上抽取唐宋八大家文抄中的《曾巩集》二卷，交给申维翰并对他说，回去阅读，可改正不足。申维翰感激崔公一片美意，长久玩味，感觉如同浩浩源泉，使之一读，沉醉其中。再读昏昏欲睡，思考不得其由。如同南荣趎接受了老子《卫生经》后，自己发愁了十天，又去拜见老子，归还书卷，并询问老子，此药不能治疗自己的疾病，自己已病入膏肓，不知如何处置。崔公笑着说，是申维翰不了解治理五内悬解，所以此疾病不可治疗。想改正缺点，莫过于专攻《汉书》，除去剽窃和模仿。崔公特别强调，要从简单从手，时间长了，自然会被同化："居简而行简，久当自化。"申维翰接受了崔学士教导，对于《汉书》本来就喜好，"归而手写数十传合意者，字字探赜，青黄批点。浸淫数月而后，间取日用事物记述为文，则若立孙吴阵中，执旗鼓，听军令，便觉一跬步不得横恣，所以发于心而应于手者，拘束而靡畅意，颇闷焉"。② 其

---

① 李滉：《退溪集》卷二十一《书·答李刚而》，韩国民族文化推进会：《影印标点韩国文集丛刊》第 30 册，第 17 页。
② 申维翰：《青泉集·续集》卷二《序·自叙》，韩国民族文化推进会：《影印标点韩国文集丛刊》第 200 册，汉城：景仁文化社，1999 年，第 410—411 页。

中,申维翰谈到自己创作为文,"若立孙吴阵中,执旗鼓,听军令"。值得注意的是,申维翰以《孙子兵法》治军之法来比喻写作规范。

申维翰对于《汉书》刻苦用功,浸润数月,却无畅快淋漓之意,而是心情感到郁闷。他又把一篇新作品,拿去咨询崔公。崔公看后,大吃一惊说,读《汉书》多少遍了,现已洗去先前积习十之八九,已清晰地显露本质,稍微有些晦涩严厉。想改变写作风格,贵在坚守而不丧失,相信而不怀疑。日将月就,声不杂而纯,色不假而真,以至习惯成自然。只要坚持下去,崔公预测申维翰将会一鸣惊人。申维翰佩服崔公之言,携带《汉书》不离身,三十年如一日。他思念崔公对自己怜爱有加,最初认为宋代词文最为简易,一举革除了自己高远疏阔之不足。可是,水不能入石,难以勉强,由于崔公了解这不是申维翰的爱好,天性也受局限,考虑不能施行,就使申维翰纯粹学习《汉书》,至今已有很大进步,这一切完全仰赖崔公的教导。

三是魏伯珪以《孙子兵法》奇正之法追求文章变化。魏伯珪(1727—1798),字子华,号存斋、桂巷,长兴人。任朝奉大夫、庆基殿令。他在《与金燮之》书信中说,不知晓心性精微蕴意之人,不可去读圣贤精致义理之书。不知晓天人理气奥妙之人,不可读圣神钩深之书。不知体认古人言外之意、毫分缕析之人,不可读洛、闽训诂之文。不知体味古人风流、飘洒顿挫之人,不可读班固、司马迁纪传之书。不知俚言鄙语、曲折精当之人,不可阅读古人歌骚。不知仙风道教和清虚雅远之人,不可观看古人诗律。不知纵横捭阖之术,不可了解古人的出入变化。不知禅佛静悟之旨,不可了解古诗言外之意。通于工匠之事,以此可读明堂、殿厦之书。旁通农贾之事,以此可读稼穑舟车之书。"读孙、吴之韬而必究其战阵奇正之法,然后可以尽文章之变。"[①]值得注意的是,魏伯珪认为,阅读"孙、吴之韬",即学习孙武、吴起兵家韬略,一定研究其作战中的奇正变化之术,这样可以穷尽文章创作中的各种变化。凡是天地之间蚕丝牛毛也蕴涵事物变化之理,这可记之于心,写之成文,一定可穷其义理,知其趣味。只有这样,对于读者,才不会表现出"书自书,我自我"。魏伯珪阐明读书要有相应的素养,阅读不同种类的典籍,应具备不同的素养。只有这样,才能很好体会到书中的意蕴。综观其说,《孙子兵法》奇正变化之术可辅助文章创作,可穷尽文章变化的妙处。

(三)《孙子兵法》与精选典籍

金锡胄(1634—1684),字斯百,号息庵、节斋、趾斋,清风人。任右相。

---

① 魏伯珪:《存斋集》卷四《与金燮之》,韩国民族文化推进会:《影印标点韩国文集丛刊》第243册,汉城:景仁文化社,2001年,第77页。

他在《古文百选序》中阐述,孟子曾说,寡不可敌众,弱不可胜强,这是用兵之常态。然而,古之善用兵者,往往能以小制大,出奇制胜。例如,谢玄之于淝水之战,虞允文之于采石之战,二人皆如此。谢玄凭借偏安不振之晋,覆灭苻坚"投鞭断江"之师。虞允文只有数万军队,却在讲和忘战的南宋,击败完颜亮千里之军。这些功绩的取得,确实是很伟大,很艰难,二人所用兵力依然上万。

东吴将军甘宁率部下几百骑兵,夜间偷袭曹操军营,来回出入,如入无人之境,杀伤很多敌人,曹操竟然撤军。由是观之,"兵愈少而其选愈精,选愈精而其胜愈奇。苟为不然,虽有齐山之甲,如林之徒,亦何与于胜败之数哉。噫!是岂特兵为然,惟文亦犹是焉。"① 金锡胄由此总结概括,军队越少,越要注意选拔精锐。选拔军兵越是精锐,胜利就越奇特。若不如此,即使有非常多的军队,也不会赢得胜利。此种说法显然受《孙子兵法》精兵之说的影响,《孙子·行军篇》有"兵非益多"语。② 现存最早的银雀山简本《孙子兵法》则曰"兵非多益"。笔者认为,二者比较,银雀山简本《孙子兵法》更贴近孙武本来思想,军队并不是多了就好。在孙武精兵思想的引领下,必须注意选拔精锐,即孙武所说的"选锋"。《孙子·地形篇》:"将不能料敌,以少合众,以弱击强,兵无选锋,曰北。"③ 金锡胄与众不同,认为选拔精锐这一做法,不只用兵作战,而且可用于典籍编纂。自从有文字以来,典籍如汗牛充栋,学者常常感到纷繁而艰难,于是产生了挑选抄写的做法,这如同用兵者精心挑选士兵训练,使用精锐,出奇制胜。

金锡胄并举例说,近世以来,精心挑选的作品集,"西山有真宝,谢氏有轨范"。在当时最为流行,可混杂采集的辞赋,有的章节不整齐,有的只选唐宋作品,词气逐渐变得粗鄙。最近,同宗侄子文氏兄弟从湖南而来,到京师学习。他们邀请抄写古今名人之作,便于学习。因此,金锡胄萃取秦汉以来直至南宋诸家作品,取其精华,选其精致,满百而止,分三卷。誊清作品目录,送给他们,并说:"此犹贯寨之骑,苟有善用乎此者,虽仿佛孙吴如魏武者,犹足以褫其魄,而况下于此者乎?虽弱必强,一战而霸,吾且刮目而俟之。"金锡胄认为,此种精选名人作品的方法,犹如东吴将军甘宁所率"贯寨之骑",只要善于应用,即使好比孙武、吴起用兵的曹操,也一定会心胆俱寒,夺其心魄。

---

① 金锡胄:《息庵遗稿》卷八《古文百选序》,韩国民族文化推进会:《影印标点韩国文集丛刊》第 145 册,汉城:景仁文化社,1997 年,第 243 页。
② 杨丙安:《十一家注孙子校理》,第 202 页。
③ 杨丙安:《十一家注孙子校理》,第 224 页。

(四)《孙子兵法》与兵家科目

李玄锡(1647—1703),字夏瑞,号游斋,全州人。任礼曹参判兼五卫都总府副总管。他在《读书杂录》中阐述,大丈夫不可苟且生活在天地间,功业一定要与天地永存。首先要立下志向,知道用力之处,以精思实践和经济世务为学业。"兵家,太公《六韬》、武侯《心书》、《纪效新书》、《孙武子》、《虎钤经》、《练兵实纪》为一科。"①李玄锡将兵家部分重要书籍列为一个科目研究学习,其中之一有"《孙武子》",即"《孙子兵法》"。其他如《将鉴》《三略》等书,大都熟看深究,常使阵法如在眼前,借此掌握用兵隐秘之机。

三、《孙子兵法》与书法

李圭景《大东书帖辨证说》记载,朝鲜历代多有名家圣手,书法家以新罗金生最有名气。然而,他的真迹大多湮没,不能传世。朝鲜立国之初,郑道传有《群英真迹》,闻名于世。自高丽至朝鲜王朝,不过一百多人。高丽学士洪灌曾到宋朝供奉书画,有《清燕阁记》。朝鲜王朝崔淀因书画之技而得到明人张可度的赞赏,韩濩获得明人王世贞的赞扬。"如尹白下淳、李圆峤匡师,俱名于国中。"后世虽有善于书法,却不如古人笔法。朝鲜书法的特色,大体"书以晋、唐为法,如学以濂、洛为宗"。以书法而论,"李圆峤为我东破天荒,又善篆、隶六书之学,兼通画法,故下笔自然不俗"。即使在中原之地,也可占据一席之地。初学尹白门下,最终获"青出于蓝"的美誉,曾著《笔诀》一卷,透彻讨论用笔之法,发前人之所未发,贻惠后学,其功可接钟繇、王羲之。

书法艺术与《孙子兵法》的联系,在中国古代书法理论中也有所反映。朝鲜王朝也不例外,主要表现在以下方面:第一,朝鲜人士以《孙子兵法》奇正之术品评书法艺术。例如,吴道一品评赵宗著的书法艺术。赵宗著(1631—1690),字聚叔,号艮斋、南岳,汉阳人。任弘文馆修撰。他的诗歌《酬汝和》有言:"初如井陉开门战,却似荥阳卷入城。莫是刘鄩生妙计,闭营三日寂无声。"②西坡先生《次韵》有言:"看君落笔真劲敌,笑我残兵苦守城。自是兵家奇正在,不关低首慑威声。"次韵又叫"步韵",按照原诗之韵和用韵次序来对诗,是诗歌创作中限制很严格的一种。对比两首诗歌,都以"城"和"声"二字作韵。"西坡"是指吴道一(1645—1703),字贯之,号西坡,

---

① 李玄锡:《游斋集》卷二十二《读书杂录》,韩国民族文化推进会:《影印标点韩国文集丛刊》第 156 册,汉城:景仁文化社,1997 年,第 597 页。
② 赵宗著:《南岳集》卷一《酬汝和,贯之》,韩国古典翻译会:《影印标点韩国文集丛刊续》第 39 册,首尔:古典翻译院,2007 年,第 518 页。

海州人。吴道一诗文赞扬赵宗著"看君落笔真劲敌","落笔"二字正是描写赵宗著的书法创作之始,"劲敌"二字则是说明书艺十分精湛,"自是兵家奇正在"这半句诗中的"兵家"二字,则体现了赵宗著书法技艺隐含了兵家用兵之术,其中"奇正"二字点明赵宗著书法艺术体现了《孙子兵法》"奇正"之术,诚如《孙子·势篇》:"三军之众,可使必受敌而无败者,奇正是也。"①

又如,赵文命品评友人书法艺术风格。赵文命(1680—1732),字淑章、叔章,号鹤岩、艺谷,丰壤人。任左议政。他的诗歌《时晦到门之日金马守李汝楫适至共赋》有言:"十幅蛮笺色样阑,笔砚清事可供欢。安排墨阵分奇正,号令词坛济猛宽。赵壁旌旗朝日竖,蔡门戈戟雪天寒。文章贵在今人贱,佶倔终当学诰盘。"②其中"蛮笺"和"笔砚",皆是书法创作时的必备工具,"墨阵"更是书法创作的真实写照,而"安排墨阵分奇正"这半句诗,无疑是品评友人书法艺术隐含《孙子兵法》"奇正"之术。

再如,申靖夏品评严氏书法艺术。申靖夏(1681—1716),字正甫,号恕庵,平山人。曾任检阅。他的诗歌《观严堂后作朔书》有言:"银台风日晴,深昼静铃索。堂后少所为,清兴到翰墨。檐溜洗古砚,弄笔当窗旭。雍容作大字,挥洒意自得。淋漓屋漏痕,纵横古钗脚。奇正互相杂,肥瘦各匀适。须臾扫千纸,高处颇自惜。前圣昔有取,列此艺之六。观人亦多术,推考在点画。奈何今之书,转看不如昔。豪者失于粗,妍者伤于弱。古体日以坏,羲献遂不作。国制意诚美,选士习书学。楷草字限百,勤怠课以朔。君今得妙解,不似我拙恶。既自惭无才,且喜君能力。愿君莫放疏,从今更加勖。我有好亭榭,新枕清湖曲。会待投簪日,烦君写板额。"③这首诗歌描写晴朗之日,严堂后开始练习书法,诗句中"翰墨""古砚""弄笔""大字",都是描写严氏书法创作情景时的特定词语。"雍容作大字,挥洒意自得",这一诗句是对严氏写字神态的描绘。其中诗文"奇正互相杂,肥瘦各匀适",反映出诗人借用《孙子兵法》"奇正"之术评价严氏书法艺术。诗人还指出,书法是"观人之术"。批评当时社会书法创作的不足之处:一是豪爽者"失于粗";二是妍丽者"丧于弱"。称赞严氏深得书法妙用,激励他勤奋用功,将来邀请他为亭榭匾额题字。

还如,朴允默品评李匡师书法艺术。朴允默(1771—1849),又名朴趾

---

① 杨丙安:《十一家注孙子校理》,第 86 页。
② 赵文命:《鹤岩集》册一《诗·时晦到门之日金马守李汝楫适至共赋》,韩国民族文化推进会:《影印标点韩国文集丛刊》第 192 册,汉城:景仁文化社,1999 年,第 427 页。
③ 申靖夏:《恕庵集》卷二《诗·观严堂后作朔书》,韩国民族文化推进会:《影印标点韩国文集丛刊》第 197 册,汉城:景仁文化社,1999 年,第 215—216 页。

默,字士执,号存斋,密阳人。任通德郎。他的《翰墨清玩帖歌》有言:"君不见海东翰墨大一部,上下数千年间无不有。坐领笔阵谁主盟,有金生者名为玖。匪懈在其左,石峰居其右。听松前茅,孤山殿后。其余挽弩执戈不暇数,进退号令,俯首而相受。制敌摧强不可抗,壁上纵观。更有圆峤叟,法天象地,奇正之变化。飞龙腾蛇,蜿蜒而蚴蟉。"①此帖歌赞扬朝鲜国书法艺术水平高,最杰出的书法宗师是金玖,匪懈、石峰二先生居他左右,听松先生名列前茅,孤山先生居其后,其余有气势者很多。朴允默夸赞"圆峤叟"的书法艺术别具特色,体现了《孙子兵法》"奇正"变化之术。"圆峤叟"是指"李匡师"。李匡师(1705—1777),字道甫,号圆峤,全州人。他的书法自成一家,被称为"圆峤体"。朴允默自叹无法与《清玩帖》中的书法媲美,突然间失去自己的守护,只能慢慢养精蓄锐,不知该和谁比较胜负:"顾余有薄技,猝然遇之失所守,徊徨不得入,惊叫欲却走。徐当厉其精畜其锐,并驱墨垒,与谁决胜负。"《清玩帖》载录了朝鲜国许多书法名家作品,共计二十幅:"此帖在滩上李公宅,我东知书者虽片纸数行,无不载录。凡二十帖,公命之曰《清玩帖》。"

第二,朝鲜人士以《孙子兵法》"造势"之说品评书法艺术。例如,成大中以《孙子兵法》"造势"说品评白月碑的书法艺术。成大中(1732—1809),字士执,号青城、东湖、醇斋,昌宁人。任兴海郡守。《书白月碑》记载,白月碑本是新罗朗空国师创作的栖云寺塔铭,侍郎崔仁渷撰,金生书写,端目禅师收集。此碑竖于周世宗元年(954)。新罗灭亡,白月碑最初在奉化县太子山上,山路深远,寺庙破败,久无知者。恰逢君王下令求之,从榛莽中搜寻得到,置放在荣川郡官廨。求拓印者,纷沓而至,有武卒不堪其扰,将之作为养马栅栏。白月碑后来保存下的字迹,皆是它的残余。成大中自诩观览了书法家金玖许多作品,认为《山居帖》中尤其石刻本最佳,其中白月碑书法一流,字体笔画犹如张开千钧的弩机,此种态势可击破千军万马。诚如《孙子·势篇》:"其势险,其节短。"②大概是说白月碑书法艺术呈现的雄伟气势:"余观金生真迹多矣,《山居帖》尤其石本之佳者,然白月最胜。其画如张千勻(钧)之弩,一发可碎千军。孙武子所谓'其势险,其节短'者,殆白月之谓也。"③成大中认为,端目禅师集录《白月碑》书帖,犹如唐代书法家怀素

---

① 朴允默:《存斋集》卷二《翰墨清玩帖歌》,韩国民族文化推进会:《影印标点韩国文集丛刊》第 292 册,汉城:景仁文化社,2002 年,第 42 页。
② 杨丙安:《十一家注孙子校理》,第 90—91 页。
③ 成大中:《青城集》卷八《书白月碑》,韩国民族文化推进会:《影印标点韩国文集丛刊》第 248 册,汉城:景仁文化社,2001 年,第 504 页。

集录《圣教碑》一样,都有自身缺点:一是过于"妍媚";一是过于"险诡"。这是由于收集者书写笔法造成的:"然端目之集白月,犹怀仁之集圣教。圣教过于妍媚,白月过于险诡。盖集字者之笔法然也。"成大中评价金生书法技艺居于王羲之之下,正是因为受到夷族的影响而变得"险诡"。白月碑后面的字体稍微疏朗,似乎又不是端目禅师的集录,这令人很是惊奇。"然金生之不离乎夷裔,而下于右军者,正坐其险诡也。碑后字体稍觉疏宕,似非端目之所集,亦可异也。"

第三,曹允亨品评金平默书法艺术暗合孙武用兵之术。洪敬谟《四宜堂志》记载,据考证,乐浪胜观帖是"箕城时名楼诗板"。"诗板"是指题上诗的木板。曹允亨在诗板后记述,城关古亭楼台留下的墨宝很多,但杰出者屈指可数,"关西亭台之间,固多前辈翰墨。而其为杰然殊观者,盖亦指不多屈矣"。今观此帖,无论诗作,还是笔法,都很绝妙,只有天才方可做到:"若诗若笔,殊姿共艳,实为双绝。如入波斯市中,璀璨夺目,应接不暇。不有天才人力之兼到,何能尔乎?"文字书写,气象宏伟,大致是兼山(金平默)的书写风格,这一风格是对晋唐宋明多位书法家作品的勤奋学习,得其意趣,悟性很好:"甚盛甚盛,大抵兼山笔法。虽不自处以大家,然于晋唐宋明诸家,无不积用工夫。不屑屑于摹象体势,而独得其言笑意态,真所谓目击而道存者也。"[①]他指出,白下(尹淳)先生书法精妙,圆峤(李匡师)先生书法雄伟,可是二人各有缺点。前者近俗,后者泥古。曹允亨赞扬金平默的书法厚积薄发,很多地方暗暗契合《孙吴兵法》中的用兵之术,内在蕴涵锐气和精彩,不取媚于世俗审美:"夫以白下之妙而有取妍近俗之嫌,圆峤之伟而有泥古过中之病。今兼山多积发,自多暗合孙吴处。唯其锋彩内蕴,不媚俗眼。"曹允亨针对当时闻名于世的书法家忽视"箕城时名楼诗板"而感到惋惜:"近来一二以笔名世者,亦不知良工之苦心,辄以外面疏淡忽之,良可叹也。"综上可见,《孙子兵法》的"奇正"和"造势"之说,对朝鲜王朝书法评价理论影响深远。

四、《孙子兵法》与弈棋

(一) 以《孙子兵法》提升棋艺

一是李秉渊强调弈棋需要注重《孙子兵法》。李秉渊(1671—1751),字一源,号槎川、白岳下,韩山人。任白川郡守。他的诗歌《余不能棋博,傍观各两律》有言:

[①] 洪敬谟:《冠岩全书》册二十三《志·四宜堂志》,韩国古典翻译院:《标点影印韩国文集丛刊续》第114册,首尔:古典翻译院,2011年,第38页。

手中时落子,若不自闻声。远远为翻势,疏疏有暗兵。东隅休道失,一路也知赢。尚疑当局者,目下未分明。草堂花竹影,河洛入孙吴。欲断长蛇势,还迷八阵图。且为家口计,差免幅员输。聊以存吾拙,纷纷失太粗。尔汝初相识,人言两当家。推锋先汗马,戒险视前车。诳楚鸿沟限,椎秦博浪沙。四邻闻大喝,放局夕阳斜。将军翼谋士,料敌问为谁。纵有青骓别,其如赤帜滋。舆图蛮触割,风雨象犀驰。竟是何天下,中分遂不支。①

诗人描写对弈情景,发现弈棋之道变化无穷,"疏疏有暗兵"。诗人还描写弈棋者举止不定的神态,"欲断长蛇势,还迷八阵图"。总是由于粗心而失败,其实弈棋失败的根本原因在于不能正确"料敌"。诗人由此联想到刘邦、项羽划分的鸿沟之界隐藏着欺骗,张良博浪沙刺杀秦始皇显露出鲁莽。不知不觉,弈棋已到日落时分。诗人感叹,将军需要谋士的辅助,为了"料敌"之事应询问何人。"将军翼谋士,料敌问为谁。"其中"料敌"之说,出自《孙子·地形篇》:"料敌制胜,计险陋、远近,上将之道也。"②国家遭受外族入侵,世局纷乱无比,不知最终谁会拥有天下,结果是造成天下分崩离析,不能支撑。

二是李英辅见识友人以《孙子兵法》之术弈棋。李英辅(1687—1747),字梦与,号东溪,延安人。任咸悦县监。他的诗歌《申营将挽》有言:"班超投笔飞食肉,威行西域三十国。直入虎穴探虎子,安能俯首萤窗读。申侯鞿鞚束温雅,言语安徐意气下。是宜谈经擅书林,何乃立身由弓马。西塞按郡森戈棨,儒化青衿看济济。黄石编为小学书,八阵势列乡饮礼。时清武略无所施,阴以兵法用弈棋。而今冥漠不可见,长忆山轩对局时。"③诗文中的申营将是营将申庆流,诗人追忆申庆流虽是一介武人,但温雅有风度。诗人特别提及,天下太平之时,申庆流英武才略无用武之地,于是他暗暗将孙武用兵之术应用于弈棋之中。随着他的离世,这一切再也看不到了,这使李英辅时常想到与申庆流对弈时的场景。

(二)以《孙子兵法》品评棋艺

一是赵彭年以《孙子兵法》品评棋艺。赵彭年(1549—1612),字期叟,平山人。任砺山郡守。他的《棋赋》有言:

---

① 李秉渊:《槎川诗抄》卷下《余不能棋博傍观各两律》,韩国古典翻译院:《影印标点韩国文集丛刊续》第57册,首尔:古典翻译院,2008年,第259页。
② 杨丙安:《十一家注孙子校理》,第226页。
③ 李英辅:《东溪遗稿》卷二《申营将挽》,韩国民族文化推进会:《韩国历代文集丛书》第3882册,首尔:景仁文化社,2019年,第383页。

金陵豪士,桃源仙客。尊酒相逢,争棋而乐。丽日迟迟,檐雨萧萧。春泉才涨,野火继烧。初坚壁兮处女,竟疾走兮脱兔。霍嫖姚兮鏖战,周伏柱兮守道。苦心而营之,蛛丝游于碧落者耶。忘身而兀然,蜩甲化于枯木者耶。坐隐优于岩穴,手谈胜于俗说。星昭昭于石池,响丁丁于竹楼。入洛社而消夏,循尊俎而防秋。体周官之经野,慕汉帷之运筹。胜不闻乎鸣鼓,败焉知夫卷旗。饶一路兮得万区,但看西山之落晖。傍观者书生,轩眉于席次。日惟博奕荒杂之技,一向好着。夺求道志,不顾亲之养。圣贤之戒甚明,投彼江之水。清虚之习是惩,子何好之忘倦。恐猪奴之同归,仙客口讷于言,请以笔兮对之。稽帝舜之创物,寓兵法于围棋。窟大小兮有谱,阵奇正兮无端。攻守之势乃异,巧拙之才可观。岂大智而徒戏,谅调高而谋深。孔犹贤于徒饱,孟亦取夫专心。而况青山之曲碧松之阴,对敌手于闲日,足颐神而保年。愁城之中,睡乡之边,白玉局兮一弹,动霹雳于晴天。视人间之万事,等浮云之往还。山斗先生兮明灯,六一居士之青毡。王公发笑于瓜葛,苏仙坐观兮欣然。陋矣简州之贪金,固不可置于牙颊。吾未知西湖之处士,何至与担粪而并说。维彼黄尘达官,白屋穷儒,关心于射策,失脚于吹竽。既不学寻仙之诀焉,又安知烂柯之妙乎?书生笑而谢,洗盏而倒壶,豪士继以吟诗,诗曰:"绝艺如君天下少,闲人似我世间无。客散酒醒深夜后,更持残烛覆吴图。"

首先,《棋赋》描写了豪士和仙客以弈棋为乐,如其所言"争棋而乐"。其次,《棋赋》描写了弈棋之中种种制胜之术,"霍嫖姚兮鏖战","苦心而营之"。再次,《棋赋》描写有人批评弈棋是误人之技,诚如"荒杂之技","不顾亲之养"。又次,《棋赋》描写了仙客对此言论的驳斥,"对敌手于闲日,足颐神而保年","不学寻仙之诀,安知烂柯之妙"。最后,《棋赋》描写书生用心领会弈棋的妙用,"更持残烛覆吴图"。值得注意的是,赵彭年描写弈棋时,征引《孙子兵法》两个比喻,用以形容弈棋之术变化莫测:一个是"初坚壁兮处女,竟疾走兮脱兔"。①"处女"和"脱兔"这两个比喻,出自《孙子·九地篇》"始如处女,敌人开户;后如脱兔,敌不及拒"。② 另一个是"窟大小兮有谱,阵奇正兮无端"。赵彭年所说棋局变化阵势如"奇正兮无端",显然是对《孙

---

① 赵彭年:《溪阴集》卷三《棋赋》,韩国古典翻译院:《影印标点韩国文集丛刊续》第6册,首尔:古典翻译院,2005年,第372—373页。
② 杨丙安:《十一家注孙子校理》,第266页。

子·势篇》"奇正相生,如循环之无端"①的灵活改写与妙用,以此形容棋艺之高超。

二是吴竣以《孙子兵法》品评棋艺。吴竣(1587—1666),字汝完,号竹南,同福人。任兵曹参判。他的诗歌《次韵赠尹弘任》有言:

> 尹氏棋名久闻之,千里远来观其棋。不遇吾东遇塞北,乃知一遇应有时。又呼南子每唯喏,户外二屦长相追。雌黄雄白百态生,对垒静算通神明。近从新谱试搴旗,兵法匹似嫖姚精。南风不竞雪洒空,尊俎聊成君子争。自是成亏总有数,历历明星散复聚。疏篦清簟了如痴,袒跣相忘宾与主。鸿沟未许割东西,仿佛十指随风雨。仙柯应烂白鹤谷,玉子细落樊川局。心游碧落有余清,江汉风流真拔俗。此事随缘聊复耳,得亦非关失亦好。数虽为小可喻大,闻道长安亦如此。安得国手唤残苏,坐令万物无凋枯。离日重辉震跸回,四方上下同欢娱。愿公天机藏且密,早将此拳扶王室。英雄岂无所用心,刚笑涪翁闲度日。②

诗人描述尹弘任的棋艺名闻天下,自己不远千里前来观看他下棋。诗人赞扬尹氏棋术高明,"静算通神明"。刚刚从新棋谱中学到了一些弈棋之技艺,应用《孙子兵法》,好似霍去病用兵一样的精湛。二人一见如故,最后成为知己。诗人劝勉尹弘任,"得亦非关失亦好",弈棋取胜,不要太关心。弈棋失败,也是好事情。小可喻大,弈棋之术可用以扶助国家。诗人希望尹弘任隐藏天机,早日将此本事用于辅佐君王。

三是朴永元以《孙子兵法》品评棋艺。朴永元(1791—1854),字圣气,号梧墅、石莱堂,高灵人。他的诗歌《围棋》有言:"晴雹纷纷两道行,手谈分坐各输情。驰驱有范从禽御,奇正多门对垒兵。大厦毫厘临料匠,乾文经纬算居卿。从知胜败俱堪喜,局外何论甲乙名。"③其中,"禽御"为战车。例如,《逸周书·世俘解》:"禽御三十两,告以馘俘百韦,命伐厉,告以馘俘。"诗人描写下围棋之场景,双方如晴天下雹,混乱纷纷,对垒局中相互表露出自己的真情。进击有度,战车随从。诗人对此品评,双方军队对垒,往往使用《孙子兵法》奇正之术,而且变化多样:"奇正多门对垒兵"。其中,"奇正"

---

① 杨丙安:《十一家注孙子校理》,第 90 页。
② 吴竣:《竹南堂稿》卷八《次韵赠尹弘任》,韩国民族文化推进会:《影印标点韩国文集丛刊》第 90 册,汉城:景仁文化社,1996 年,第 507 页。
③ 朴永元:《梧墅集》册三《伴春录·围棋》,韩国民族文化推进会:《影印标点韩国文集丛刊》第 302 册,汉城:景仁文化社,2003 年,第 256 页。

是《孙子兵法》重要的军事术语,如《孙子·势篇》:"战势不过奇正,奇正之变,不可胜穷也。"①最后,诗人评说,从智慧角度而论,胜利和失败都值得喜悦。棋局之外,何必评论弈棋水平,究竟是谁高还是谁低。

  总之,不论在军事领域,还是在非军事领域,《孙子兵法》皆受到朝鲜王朝社会人士的重视,考其主要原因,在于兵书本身特有的价值和朝鲜王朝特定的社会环境。就兵书本身而言,《孙子兵法》是高端智慧。在战略层面,被视为制敌法宝;在战术层面,呈现独一无二的制敌方略。而且,其实用价值得到了历史的检验。就朝鲜社会环境而言,一些杰出的朝鲜国王重视《孙子兵法》,将其学习制度化。同时,内忧外患驱使朝鲜人士不断审视《孙子兵法》。此外,朝鲜王朝长期奉行慕华的外交政策,从文化心理上归皈。所以,在兵学文化传播上,这些因素对《孙子兵学》的应用自然而然产生了一定的内驱力。

---

① 杨丙安:《十一家注孙子校理》,第89页。

第五章　朝鲜王朝孙子兵学影响

第一节　精英人物与孙子兵学

一、朝鲜正祖与孙子兵学

朝鲜王朝国君在接受孙子兵学的过程中，率先垂范，积极倡导学习孙子兵学，起到了榜样作用。如太祖李成桂（1335—1408）在颁给大臣和军民的教书中指令定时讲读、研习《孙子兵法》等兵书。《朝鲜王朝实录》记载："讲武之法，主掌训炼观，以时讲习《武经七书》及射御之艺。"①其中，太祖要求"讲习《武经七书》"，此兵书排第一位的就是《孙子兵法》。并以所学技艺的高下，选拔武学人才："以其通经多少，艺能精粗，第其高下，入格者三十三人。依文科例，给出身牌，以名送于兵曹，以备擢用。"

正祖也是青睐孙子兵学的君王。正祖（1752—1800），本名李祘，字亨运，号弘斋。在朝鲜历史上，被誉为"圣君"，在位24年（1776—1800），社会安定，经济发展，文化繁荣，后人称之为"朝鲜中兴时代"。他喜好读书，学识渊博，有文集流传于世。在正祖心目中，孙武是一个善于用兵者。他评说古今善于用兵者，往往称赞孙武、吴起、司马穰苴等，却未曾听说他们的子孙后代能继承先人的事业："古今之善用兵者，辄称孙、吴、司马之流，而未闻其若子若孙之能继其先业也。"②正祖的评价并非中肯，孙武的后人孙膑曾留名青史，有《孙膑兵法》。从正祖对孙武的认知，可管窥其才学的另一面：兵学才华非比寻常。

---

① 《朝鲜太祖实录》卷一，太祖元年七月丁未，韩国国史编纂委员会：《朝鲜王朝实录》第1册，汉城：韩国国史委员会，1961年影印本，第22页。
② 正祖：《弘斋全书》卷百十八《经史讲义》五十五《纲目九·唐僖宗》，韩国民族文化推进会：《影印标点韩国文集丛刊》第265册，汉城：景仁文化社，2001年，第434页。

(一) 正祖与孙子兵学书籍编纂

《承政院日记》记载,正祖下令重新编纂《武经七书》。起因是大护军李敬懋指出,《武经七书》批注粗疏简略,一次校正,恐怕不行。这一提议颇合正祖心意,《武经七书》尚无好的版本,既不利于尚武,也不利于崇文,因而他提议李敬懋负责《武经七书》的编纂事务:"可合编辑之人,大臣抄启,以为斯速陶洗之地,书成后活印,藏于本院,仍令关西监营摹刻。"并指令参与此书编纂者一定熟悉《武经七书》:"必求其习于此等书册者,以为编辑之道。"正祖称赞《孙子兵法》文体好,胜过唐宋八大家:"《孙武子》《司马法》诸书,皆是世代颇高之文,故文体甚好,胜于八大家。"①因而不能仅仅当作兵书来对待。

正祖特别指出,《武经七书》中各书的批注,往往不能阐发本义,必须重新考证并编纂。《日得录》记载:"《武经》诸书之注解,无一可观。往往有失其本意处,不可不考订改撰。"②由此观之,正祖对《武经七书》的批注很不满意,分明是他阅读之后的切身感受。故此指定大臣校正《武经七书》,采用明人何守法、刘寅的注释成果,以及清人朱墉等人的注解,参考丁洪章、朱丁的解说。《日得录》记载:"(正祖)命以《武经七书》校正时训诂大旨,采用何守法辑注,而有朱墉撰辑之汇解,即乡本之行用者,亦有刘寅注。又有丁洪章所撰全解、朱丁之说,以小注编入。"其中,"刘寅注"是指"刘寅《武经七书直解》","朱墉撰辑之汇解"是指"朱墉《武经七书汇解》","丁洪章所撰全解"是指"丁洪章《武经七书全解》"。

不仅如此,正祖专门指定《武经七书》中各兵书的序次:"七书第次,则《孙子》《吴子》《司马法》《三略》《六韬》《尉缭子》《李卫公》,用洪武年间所定。"③值得注意的是,这一排序并非采用宋代神宗年间《武经七书》的排序,而是采用明洪武年间刘寅所定序次。宋代排序是《孙子兵法》《吴子兵法》《六韬》《司马法》《三略》《尉缭子》《李卫公问对》。④ 不难发现,《孙子兵法》作为"兵经之首",自始至终,并无改变。可是,《六韬》位次却在下降,降了两个位次。

---

① 《承政院日记》第 1770 册,正祖二十年十二月十三日,第 90b 页。
② 正祖:《弘斋全书》卷百六十四《日得录四·文学[四]》,韩国民族文化推进会:《影印标点韩国文集丛刊》第 267 册,第 214 页。
③ 正祖:《弘斋全书》卷百六十四《日得录四·文学[四]》,韩国民族文化推进会:《影印标点韩国文集丛刊》第 267 册,第 226 页。
④ (宋)李焘:《续资治通鉴长编》卷三百三神宗元丰三年四月乙未条,北京:中华书局,1995 年,第 7375 页:"(宋神宗)诏校定《孙子》《吴子》《六韬》《司马法》《三略》《尉缭子》《李靖问对》等书,镂板行之。"

正祖指出,武官讲解《武经七书》,惟独不讲《吴子兵法》,这是遵照原有的惯例,目的是使民风纯朴。《日得录》记载正祖此说:"武臣之讲《武经七书》,独除《吴子》,故事也。可见我朝立国之敦风厚俗也。"①正祖并未指出其中原因,《吴子兵法》被剔除讲解之外,是因吴起本人身上有污点,尤其是"母死不葬"和"杀妻拜将",深受后人诟病。

正祖主持编纂孙子兵学典籍,出于两方面的考虑:一是武官仿效文臣举止的风气日盛。编纂经典兵书,可以唤起武官对孙子兵学的重视。正祖认为,身为武官,应是一心一意研读兵书战策和练习阵法,以战死沙场为志向。《日得录》可窥见正祖的心声:"武臣道理,只在习兵书炼阵图,以裹革为志。"他痛心疾首,武官神态,容貌礼仪,皆效仿文臣:"而近见武臣貌样,一动一静,行步容止,皆效文臣。"②一起参与朋党之争,相互诽谤、嘲笑,平时不相往来。文官恶习,值得痛恨。何况武臣,竟然效仿。虽然国家严厉禁止,但依然未有改观,令正祖痛心不已:"文臣此习,犹谓切痛,况渠曹乎?宣传官辈,多是年少没觉之人,而见辄效颦,故虽痛禁,犹不夬革旧样,甚可骇痛。"二是既有兵书和战法不适应时代的需要。正祖指出,《兵学指南》采用明人戚继光的用兵之法,是有历史原因:"《兵学指南》,专用戚法。盖壬辰之乱,无论天兵我师,皆未谙御倭之法。"后来,李舜臣取得平壤大捷后,才认识到戚继光兵法的价值。以重金购置此书,对弓手、炮手、杀手教授之:"及李提督平壤之捷,然后始知戚法之利于御倭,乃以千金购其书,权设训局,选三手兵授其法。"此是遭受倭乱的惩戒,时时加以防备:"其时大惩创于岛夷,若以为朝暮且至,故为之备如此。"此后,京都外营遵守此法,部司哨旗的制度完全是御倭之制,垒木炮石练习也是御倭之技。正祖质疑这些所学的兵法如何能应对西北戎狄,可以说是"刻舟求剑",对此现状深感疑惑:"未知一朝有西戎、北狄之患,其将以此而捍御之乎?此殆所谓刻舟求剑之类也,其惑甚矣。"③

(二)正祖对孙子兵学的认知

正祖对孙子兵学的认知体现在三种文体:一是训语。《日得录》记载正祖训语:"兵法以简捷神速为贵。"④"简捷神速为贵"正是对孙子兵学思想

---

① 正祖:《弘斋全书》卷百六十四《日得录四·文学[四]》,韩国民族文化推进会:《影印标点韩国文集丛刊》第267册,第216页。
② 正祖:《弘斋全书》卷百七十二《日得录十二·人物[二]》,韩国民族文化推进会:《影印标点韩国文集丛刊》第267册,第370页。
③ 正祖:《弘斋全书》卷百七十六《日得录十六·训语[三]》,韩国民族文化推进会:《影印标点韩国文集丛刊》第267册,第431页。
④ 正祖:《弘斋全书》卷百七十六《日得录十六·训语[三]》,韩国民族文化推进会:《影印标点韩国文集丛刊》第267册,第430页。

"兵闻拙速"①和"兵贵胜,不贵久"②的高度概括和浓缩。"兵闻拙速"本意是说用兵打仗宁愿笨拙,也要追求快速取胜。好比杀鸡用牛刀,虽然看起来笨拙,但是有效率。"兵贵胜,不贵久"是说用兵注重胜利,不注重持久作战。此外,受《孙子·九变篇》灵活多变思想的影响,正祖主张将帅用兵不可拘泥于传统之法,一定要灵活多变。他举证说,《周礼·夏官·大司马》提及"九伐"之法,武侯诸葛亮的"八阵之图",古人尚且认为节制之兵不能随意发挥,致使王孙雄的"直阵"成为决胜良法。而用兵一味遵照《兵学指南》,号令曲折多变,以此御敌,尚且迟钝,何况攻击敌人。有才能的将帅一定知晓灵活多变的用兵之法。

二是诗歌。正祖推崇孙武的"奇正"思想,两次以诗歌题咏这一思想。其一,《用上梁六伟韵又题》有言:"回忆元龙百尺上,曈曈朝日绕金帐。兵家奇正何须论,直送长风卷海浪。"③诗中"元龙"是指汉末三国时人"陈登",字元龙。"兵家奇正"是指孙武的"奇正"思想。《孙子·势篇》对"奇正"思想有精彩论述:"战势不过奇正,奇正之变,不可胜穷也。"④诗人正祖遥想陈登高卧床上待客,表现出目中无人的气度。明媚阳光照射着精美的纬帐,不必谈论兵家孙武奇正之术,准备乘风破浪战胜艰难险阻。抒发了诗人年轻气盛,豪情满怀,梦想建成宏伟的功业。其二,《题南小营》有言:"驻跸南营里,登临一快哉。天回兵气肃,地压海光来。奇正龙韬变,纵横虎垒开。江楼余兴在,元帅此高台。"⑤诗中"龙韬"有"兵法"之义。诗歌描述了诗人当年驻守南营,登高远望,心旷神怡,气象万千,看到手执耀眼兵器的威武军队,如同海上的云雾正压地而来。统帅应用孙武的"奇正"之术,使纵横交错的营门打开。诗人的兴致仿佛停留在江边高楼,身为统帅,在此高台上指挥三军操练。

三是序引。正祖《翼靖公奏稿军旅类叙》指明,朝鲜自开创基业以来,设立五卫管辖制度,寓兵于农,类似唐朝府卫制度。外内相连,如同明朝卫所制度,各道军队归属军镇管辖。一旦出现外来敌情,军镇管辖的军队统一归郡镇管理,听从主将的指挥,军队驻扎在高处险要的地方。其他军镇相继行动,"如常山蛇势,击首则尾应,击尾则首应"。⑥ 正祖所言"常山蛇势",出自

---

① 杨丙安:《十一家注孙子校理》,第 31 页。
② 杨丙安:《十一家注孙子校理》,第 39 页。
③ 正祖:《弘斋全书》卷七《用上梁六伟韵又题》,韩国民族文化推进会:《影印标点韩国文集丛刊》第 262 册,第 115 页。
④ 杨丙安:《十一家注孙子校理》,第 89 页。
⑤ 正祖:《弘斋全书》卷七《题南小营》,韩国民族文化推进会:《影印标点韩国文集丛刊》第 262 册,第 107 页。
⑥ 正祖:《弘斋全书》卷十三《翼靖公奏稿军旅类叙》,韩国民族文化推进会:《影印标点韩国文集丛刊》第 262 册,第 216 页。

《孙子·九地篇》:"善用兵者,譬如率然。率然者,常山之蛇也,击其首则尾至,击其尾则首至,击其中则首尾俱至。"①孙武使用"常山之蛇"比喻修辞手法形容用兵的灵活性,正祖借用孙武这一比喻形容军镇之间防卫态势的灵活性,可谓异曲同工之妙。

正祖《操练引》有言:"兵无常阵,阵无常法。"此说由《孙子·虚实篇》"兵无常势,水无常形"②演化而来。指出《周礼》记录冬春两季狩猎活动,《诗经》记载车战。自古以来,平时闲居操练,紧急危险出征。军队应用号令演练阵法:"'言不相闻,故为鼓铎。视不相见,故为旌旗。'陈而方之。坐而起之,行而止之。左而右之,列而合之。赤羽如日,白羽如月。招摇在前,太常在后。"③其中,正祖所谓"言不相闻,故为鼓铎。视不相见,故为旌旗",源自《孙子·军争篇》"言不相闻,故为金鼓;视不相见,故为旌旗。"④对比二者,略有不同。正祖所言"鼓铎",而孙子所言"金鼓",都是指挥号令。正祖还指明阵形复杂,不断变化:"阵间容阵,队间容队。以后为前,以前为后。其徐如林,不动如山。"值得注意的是,"其徐如林,不动如山"出自《孙子·军争篇》"其徐如林"⑤"不动如山",⑥前者形容军队行动缓慢有秩序,后者形容军队岿然不动,不为敌人利益所引诱。

此外,尚有讲义。正祖《经史讲义》评价,九家流派兵家之说最多,兵家之说讲究千变万化,不可穷尽。兵家之说关键在于"形势",并对"形"与"势"解释:"形者何?强弱是已。势者何?虚实是已。"需要指明的是,正祖之说与孙武之说略有差异。孙武对"形"和"势"的界定,另有其说。《孙子·势篇》:"勇怯,势也;强弱,形也。"⑦由此可见,在"形"的认识上,正祖和孙子是一致的。而在"势"的认识上,存在分歧,正祖认为"势"体现在"虚实",而孙子认为"势"体现在"勇怯"。二者孰是孰非?其实各有各的道理。孙武站在进攻者的角度来说"势",而正祖站在防守者的立场上来谈"势"。正祖打比方,养由基是善射者,与不善射者比试,百发百中,正是体现了"形"。拨出弓箭,射中靶心。如有一次不中,而不善者恰好射中了靶心,"而不善者胜者势也,故避实击虚则实反为虚,强反为弱,故兵不在

---

① 杨丙安:《十一家注孙子校理》,第250页。
② 杨丙安:《十一家注孙子校理》,第125页。
③ 正祖:《弘斋全书》卷十三《翼靖公奏稿军旅类叙》,韩国民族文化推进会:《影印标点韩国文集丛刊》第262册,第223页。
④ 杨丙安:《十一家注孙子校理》,第146页。
⑤ 杨丙安:《十一家注孙子校理》,第143页。
⑥ 杨丙安:《十一家注孙子校理》,第144页。
⑦ 杨丙安:《十一家注孙子校理》,第95页。

形在于势"。①　正祖认为,不善射者胜过善射者,这种胜利表现在于"势",那就是"避实击虚"。这种行动的好处,在于敌人最终的"实",反而变为"虚",强大反而变弱小。因而,正祖认为,用兵不在于"形"的追求,而关键在于"势"的创造。正祖强调"形势"之说和"避实击虚"思想,皆出自《孙子兵法》。《形篇》和《势篇》专门探讨了"形"与"势"的问题,"避实击虚"思想来自《孙子·虚实篇》"兵之形,避实而击虚"。②　正祖援引战史评点,批评读史者只知贾诩善于料敌,不知其所用兵的依据。进士李羲坤认为,贾诩料敌不以形,也不以势,主要在于士气的判断。善战者善于保持士气,故而百战百胜,士气不骄。曹操一胜而气骄,所以失败。张绣一败而怒气未泄,反而取胜。用兵微妙灵活,虽已胜利,但不可骄傲。贾诩姑且以诡诈的言语赞许张绣,"形"与"势"本是用兵重要方法。虽然如此,贾诩另有其意。显而易见,正祖强调用兵形势虽重要,但不可忽略孙武"诡道"思想,这是从贾诩行为观察得来的。正祖提及进士李羲坤的对答之语,君臣二人显然对兵家孙武形势之说展开探讨。可贵的是,正祖能结合战史说明制胜原理,并分析足智多谋的贾诩,是如何使用计谋击败曹操,从中体现了贾诩用兵制胜的智慧。

除了太祖、正祖重视《孙子兵法》外,宪宗(1827—1849)李奂亦通晓《孙子兵法》。尹定铉(1793—1874)《景陵志文》称赞宪宗,凡是一闻一见,虽在十年之后,都能记得清清楚楚。尽管《左传》《史记》注解浩繁,却能随机援引,如出己言。此外,精通兵家韬略、医药之书和阴阳之学:"《武经》韬略,医方《本草》,象纬《玑衡》之类,并皆精通。"③值得注意的是,"《武经》"是"《武经七书》"的简称,其中包含《孙子兵法》。

二、梁诚之与孙子兵学

梁诚之(1415—1482),字纯夫,自号讷斋,南原人。中进士,任大提学、经筵侍读官。世祖登基,拜吏曹判书、司宪府大司宪。睿宗即位,为中枢府事兼知春秋馆事、弘文馆大提学、南原君。徐居正《南原君家乘记》称赞其熟悉历史和国家治理:"平生乐见诸史,凡上下数千载间,国家理乱,人才贤否,了然如昨日。"对于全国地理形势了如指掌:"古今天下山川阨塞州郡沿革,靡不知之。"梁诚之壮年时"喜论兵",据史书记载,梁诚之"五论边防重事,

---

① 正祖:《弘斋全书》卷百十三《经史讲义》五十《纲目[四]·[汉献帝]》,韩国民族文化推进会:《影印标点韩国文集丛刊》第 265 册,第 313 页。
② 杨丙安:《十一家注孙子校理》,第 124 页。
③ 尹定铉:《梣溪遗稿》卷二《景陵志文》,韩国民族文化推进会:《影印标点韩国文集丛刊》第 306 册,汉城:景仁文化社,2003 年,第 70 页。

十进军国秘计",颇受国君赏识:"文宗常称为人如卞季良,世祖又称吾之诸葛亮也。"

（一）通晓孙子兵学

梁诚之一生编撰了多部典籍,包括《孙子注解》。金安国《梁文襄公神道碑铭》记载,梁诚之"参修《五朝实录》《高丽全史节要》《东国通鉴》",集撰"《东文选》《治平要览》《东国舆地胜览》",奉命集撰"《列圣御制诗》《皇极治平图》《龙飞御天图》《海东姓氏录》《东国图经》《五伦录》《三纲事略》《农蚕书》《畜牧书》《谕善书》《时政记》《八地道图地理志》《沿边防戍图》《两界防戍图》","译进《明皇诫鉴》","校进《医方类聚》《孙子注解》等书"。从梁诚之喜爱论兵的个性,以及校正《孙子注解》观察,梁诚之熟谙孙子兵学无可置疑。

梁诚之《备边十策》提到孙武"选锋"思想。他建议国家镇抚官员按照规定学习射技,边境一有紧急情况,水军六万,骑兵、步兵九万,分别驻扎平安道的义州、朔州、江界、熙川、宁边、安州、平壤,咸吉道的会宁、钟城、稳城,庆源道的镜城、磨天、磨云岭、甲山,咸兴道、黄海道的巴岭、棘城等处。随机处置,可战可守,临机应变,如此国家就可军兵精强,战守有备。梁诚之依据兵法强调选拔精锐之军作为前锋:"臣闻兵法曰'兵不选锋者北',盖前锋不可不择也。"①梁诚之所言"兵法",是指《孙子兵法》。《孙子·地形篇》:"兵无选锋,曰北。"②"选锋"就是选拔精锐。梁诚之强调"选锋"重要性,比如两阵交战、胜负未决时,以及危急关头,离不开精锐的兵将,可用威猛无比骑兵冲击敌人。北周虎贲军、宋代背嵬军、金国花帽军、西夏铁鹞子,皆是如此。并举例说,宫廷大禁之内,甄别侍卫和甲士,实质是"选锋"之举。挑选勇士三百人,充当宫内禁卫军。行兵之时,提前选拔突击骑兵数百人,作为先锋。如金国人以铁甲骑兵,分左右两翼,在激战时使用。起自海边,所向无敌,号称"拐子马""长胜军"。这一做法虽已不能考察清楚,但大体选拔壮士配备重甲防护,冲锋陷阵。

（二）加强孙子兵学的学习

一是建议武科考试强化《武经七书》习读。他在《校定大典四十五事》中提出建议,训炼院习读官在讲读和武科复考场合剔除《资治通鉴》。他指出,国家重要典章,太祖时有《元典》,世宗时有《续典誊录》。世祖大王始编

---

① 梁诚之:《讷斋集》卷一《备边十策》,韩国民族文化推进会:《影印标点韩国文集丛刊》第9册,汉城:景仁文化社,1996年,第284页。
② 杨丙安:《十一家注孙子校理》,第224页。

《经国大典》,殿下完成其书。大臣校定,广布中外,流传万世。他提出两条建议:一是训炼院习读官"读《通鉴》《武经》《将鉴》《兵要》《陈法》《兵将说》,请除《通鉴》,或加兵政"。二是武科覆试"既讲《四书》《五经》《武经七书》《武经小学》《兵要》《将鉴》,请除《通鉴》"。① 梁诚之要求将《资治通鉴》剔除在外,强化《武经七书》习读力度。

此外,梁诚之《备边十策》提议武科考试减少儒家经典讲解。现今武科考试要求讲解经书,但不限定经书的数目,不加以区分,而不精通武学者往往入选。从今以后,只许讲解"四书"中的一书,"五经"中的一经,或是只讲"《武经七书》"。培养武学人才之法依照赵宋王朝惯例,沿袭本朝"习读之制"。宫内禁卫、侍卫、甲士年龄四十以下,有才识,知文字,入学训炼观培养。"除入番巡绰日外,《武经》习读,其一应条格,略仿成均馆例。学官则择精于《武经》者为长官,以训诲之。"②梁诚之此建议目的是减少武科考试中儒家经学讲解,提高《武经七书》传授力度,加强孙子兵学学习。

梁诚之《便宜二十四事》建议,改革文科、武科考试方法,减少不切时务的考试科目,武科重点讲解《武经七书》。文科初场讲解经书,除讲解"四书五经"外,如韩愈之文,柳宗元之文,随意试讲。中场考词赋,本不是急务,以此取人。终场考史书和时务。至于议论历代之事,便是如此作答:汉唐治理不值得与今相提并论。考官也不放在心上,无聊之极。武科考试讲解"四书五经",更是不合时宜。梁诚之故而请求,武科讲解《武经七书》外,只讲其他四部兵书:"乞《武经七书》外,只讲《将鉴》《兵鉴》《兵要》《陈说》。"③文科考试讲"四书五经"外,只讲《左传》《史记》《通鉴》《宋元节要》《三国史记》《高丽史》。中场考试考表笺,学习臣子进奏君王之文。考诏教之令,学习君王命令臣下之文。终场考时务策。比如今年考历代史事,明年考时务策,以此为定制,革新科举之法。总之,梁之诚革新武科考试的建议,可以大幅度减少儒家典籍考查数量,有利于提高《武经七书》习读质量。

二是重视兵学典籍编纂。梁诚之所进奏议《诸书撰辑时,请并撰史记、兵书、地图》指出,目睹主上处理政务之余,留心文教,将易学、诗文、韵书、字体、乐谱,以及天文、风水、医药、卜筮、农桑、畜牧等书,命令大臣编撰进献。

---

① 梁诚之:《讷斋集》卷四《校定大典四十五事》,韩国民族文化推进会:《影印标点韩国文集丛刊》第9册,第345页。
② 梁诚之:《讷斋集》卷一《备边十策》,韩国民族文化推进会:《影印标点韩国文集丛刊》第9册,第285页。
③ 梁诚之:《讷斋集》卷二《便宜二十四事》,韩国民族文化推进会:《影印标点韩国文集丛刊》第9册,第302页。

尚有重要典籍遗漏,比如《史记》考察人物善恶,可为万世劝诫,切合治国之要,可与性理之书互为表里。地理书籍记载州郡沿革和山河要塞,国家不可缺少。兵书研究战争胜败,需要取其精华,训练将士,故此请求辑录兵书、史记、地图:"至于兵法,所以论证战胜败,尤当撮要以训将士者也。乞诸家兵法、史记、地图,并令辑录,以成一代之典。"①殿讲之日,娱乐之际,讲解《通鉴纲目》《续通鉴编纲目》《东国史略》《高丽史》等书,考察历代成败,评论治国之术。

三是在孙武"五事"之说基础上,提出"新五事"之说。梁诚之奏议《军政十策》指明,考察东国历代之事,隋唐曾大败于高句丽,沙寇曾败于高丽。姜邯赞抵御契丹,契丹之兵三十万全军覆没。尹瓘驱逐女真,拓地千里,修筑九城。载于史书,昭然可见。痛心君王、将臣重视讲武,却受小国控制:"方今圣上御极,相臣运筹,习陈、观射、讲武、谕将,无一日不修武备,兵要、兵书、兵法、兵政,无一人不知兵事,以万里之大国,制蕞尔之小丑。"②梁诚之详考古今用兵之道,建议"严军法、恤军户、审军情、实军额、简军令五事为先,而以定军制、整军器、备军门、护军丁、阅军士为次。"梁诚之所言"五事为先"之说,分明是受孙子兵学的启发,提出"新五事"之说。《孙子·计篇》有言:"经之以五事,校之以计,而索其情。"③孙武站在战争预测的角度讲"五事",而梁诚之立足于加强国防谈"五事",后者是对前者的发挥。

三、丁若镛与孙子兵学

丁若镛(1762—1836),字美镛,号与犹堂,祖籍罗州。1789年,文科及第,任检阅、持平、修撰。1794年,任京畿道暗行御史。后任兵曹参议,参与奎章阁典籍编纂。1801年,因罪流放。赦免后,一心从事学问研究。他是实学思想的集大成者,代表作有《与犹堂全书》《牧民心书》。

(一) 知晓《孙子兵法》

丁若镛研习《孙子兵法》,诗歌为证。其一,他的诗作《读孙武子》反映出对待《孙子兵法》的态度,诗歌有言:

    人生如远客,终岁在路歧。六经本可乐,九流思遍窥。慷慨读兵

---

① 梁诚之:《讷斋集》卷三《诸书撰辑时请并撰史记兵书地图》,韩国民族文化推进会:《影印标点韩国文集丛刊》第9册,第326页。
② 梁诚之:《讷斋集》卷三《军政十策》,韩国民族文化推进会:《影印标点韩国文集丛刊》第9册,第314页。
③ 杨丙安:《十一家注孙子校理》,第2页。

书,万古期一驰。此意良已淫,掩卷一长噫。豪士不可近,恐以我为资。庸人不可近,恐以我为师。超然得孤迈,庶慰我所思。天地无常设,道德无常尊。运化微且徐,谁能察其源? 神龙奋其首,泇泽愁鲲鲕。百鬼骋中馗,溟渤生朝暾。理然时有屈,恐汝离寨屯。安心履名教,此乐何可言?①

此是一首抒情诗,诗中"六经"指《诗》《书》《礼》《乐》《易》《春秋》,"九流"指儒家、道家、阴阳家、法家、名家、墨家、纵横家、杂家、农家,"鲲鲕"指小鱼,"溟渤"指溟海和渤海,"朝暾"指"初升太阳"。从该诗的题名看,"孙武子"是指孙武的兵书——《孙子兵法》。诗人以阅读《孙子兵法》为题,感慨人生如同行远路的旅人,一年到头总是面对歧路的选择。儒家经典原本可以带来快乐,但心中总想着读遍各个流派的著作。阅读兵书时的心情总是慷慨激昂。千百年来,有人总是希望驰骋沙场。掩上书卷,发出叹息。诗人慨叹,天地间从来没有永远不变的事物,社会的伦理道德从来不会永远遵从。诗人反问,以平静的心情践行儒家礼法,有何快乐可以言说? 由此可见,诗人明明喜爱《孙子兵法》,渴望立功沙场,而现实社会却是排斥这一做法。面对现实,诗人内心中充满了矛盾。内心深处,遵从儒家教化,根本就无快乐可言。这表明了丁若镛研习《孙子兵法》时复杂的心情。

其二,丁若镛诗歌植入了孙武"庙算"思想。孙武"庙算"思想反映在《孙子·计篇》:"未战而庙算胜者,得算多也;未战而庙算不胜者,得算少也。多算胜,少算不胜,而况于无算乎?"②丁若镛《古诗二十七首》其中一首有言:"鲁叟讲斯道,王政居其半。晦翁屡抗章,所论皆庙算。今儒喜谈理,政术若冰炭。深居不敢出,一出为人玩。遂令浮薄人,凌厉任公干。"③"鲁叟"指孔子,"晦翁"指朱熹。诗歌描述鲁国孔子讲解儒家之道,国家治理讲究文武并用,儒家之道占据其一。朱熹多次向君王进呈奏章,他的议论都是"庙算"之策。可叹的是,现今儒学之士喜欢谈论义理,以为治国之道和用兵之术如同冰炭一样,互不相容。诗歌的诗句"晦翁屡抗章,所论皆庙算"昭示其植入了孙武"庙算"思想。

其三,丁若镛诗歌植入了孙武两个比喻"如处女"和"如脱兔"。《孙子

---

① 丁若镛:《与犹堂全书·一集》卷一《读孙武子》,韩国民族文化推进会:《影印标点韩国文集丛刊》第 281 册,汉城:景仁文化社,1996 年,第 15 页。
② 杨丙安:《十一家注孙子校理》,第 20 页。
③ 丁若镛:《与犹堂全书·一集》卷四《古诗二十七首》,韩国民族文化推进会:《影印标点韩国文集丛刊》第 281 册,第 74 页。

兵法》有形象而又生动的比喻:一是"如处女",二是"如脱兔"。这两个比喻出自《孙子·九地篇》:"始如处女,敌人开户;后如脱兔,敌不及拒。"①前者形容作战开始时,如处女一样,藏形而不露。后者形容善于把握作战有利的时机,行动迅速,使敌人来不及抗拒。丁若镛《石丘遇宋牼责志大号不可》一诗,显现了《孙子兵法》两个比喻的植入:

忽漫相逢两老叟,石门斜日苍苍暮。公言戈戟暗战途,我忧荆榛塞正路。同时感慨却不同,且说先生名所误。禾旁竖刀这一字,天下君臣此中遇。怀时楚剑忽断犀,悦处秦兵如脱兔。仁山义路潒难寻,无计人间息奔驾。萧萧石径宋夫子,将解西南两国怒。先从夷阜筚辂停,且向崤陵铁驷驻。雕龙前席数万言,宗旨先明不利句。锱铢将劈物我分,毫发须争胜败数。吁嗟半是亦半非,瑕瑾相形何不悟?兵场解纷子莫夸,利窟研精吾所惧。其心可谓末世稀,此号还令本色露。能言息兵岂不韪,但识殉私嗟可恶。飘萧黄发子亦老,何必栖遑楚水渡。兵交锋处志固大,利断金时名可顾。齐梁处处所厌闻,不意翁言又如故。青山影里两衰翁,聊尔停车话心素。②

此是一首劝讽诗,描写诗人在石丘无意中遇到老翁宋牼,谈及惨淡的战争前景,准备前去敌国和谈,借以平息两国纷争。诗人担心国家被坏人堵塞正常的用人渠道。二人担心各有不同,诗人劝诫友人不要被名利所误,引用史事讽喻。值得注意是,"怀时楚剑忽断犀,悦处秦兵如脱兔",此一诗句植入了《孙子兵法》"如处女"和"如脱兔"两个比喻。前者比较隐晦,后者显而易见。大意是说,楚怀王时,犀利的楚剑(形容楚军兵败)忽然被折断。楚怀王想与秦国联姻,流露出喜悦秦国美女的神情。如狼似虎的秦军却如脱兔一般,不可抵御。诗人借以批评宋翁夸大自己调解战争的能力,分析其中利害,感到忧惧。两国交战,志向不可低估。只有同心同德,其利才可断金,赢得好的名声。齐梁二国交兵的历史,无数人都不愿听到。

其四,丁若镛认为,《孙子兵法》"因粮于敌"之策正是中原之国的方法。他在《金城方略序》中说,天下没有必胜之兵,却有必胜之将,不可不注意选将。将帅性格镇定弘毅,思前顾后,量敌度势,一定可获全胜。考察赵充国

---

① 杨丙安:《十一家注孙子校理》,第266页。
② 丁若镛:《与犹堂全书·补遗·真珠船》,韩国民族文化推进会:《影印标点韩国文集丛刊》第286册,第597页。

的方略,前后上奏几十条,最核心的事情是屯田。屯田可省却粮饷运输,防守其地,长期坚持,敌人自然破败。此前,晁错请求募民实边,防备敌人,已有屯田之意。桑弘羊请求在轮台驱使军队耕作,此策很是荒谬。当建议汉武帝之后就后悔了。从敌人那里获取粮食很重要:"孙武曰:'因粮于敌,军食可足。'此以中国攻中国之谓也。"①丁若镛此语之中援引《孙子·作战篇》:"因粮于敌,故军食可足也。"②他指出,"因粮于敌"正是中原之国攻取中原之国的方法。夷狄天性以杀戮为业,追逐水草,食用奶酪,没有粮食储备。战胜夷狄只不过消除了祸患,不能做到"因粮于敌"。远道运输粮食,就会造成士卒饥饿,百姓疲劳,夷狄得以乘机发难,这是中原之国之所以遭受挫败、屯田之所以有所作为的重要原因。赵充国年龄虽大,但对羌族情况很了解。故经过深思熟虑之后,屯田之法了然于胸。

  丁若镛熟悉孙武轶事,这一推断来自两个依据:其一,《诗经讲义补遗》注解《诗经》佚文可以佐证。"鱼在在藻,厥志在饵"的注解是:"鲜民之生矣,不如死之久矣。校德不塞,嗣武孙武子。"③这一注解提及了"孙武子",即孙武之尊称。丁若镛指出,不放弃操练军队,是继承孙武的事业。其二,从其援引《史记·孙子吴起列传》可见分晓。丁若镛讲述,《耳谈》虽是荟萃古今谚语,但经史颇有遗漏,故而对此辑录。石泉、申承绰二人采集十多句襄助。星翁《百谚》虽是东国谚语,但不注重音韵,故而选取可押韵者用韵。自己的父亲游历山海,也寄来几十句谚语。丁若镛最后加以汇集成书,名叫《耳谈续纂》,此书编于嘉庆庚辰(1820)之春。而《中谚》有一句谚语:"能行之者,未必能言;能言之者,未必能行。《孙吴传》。"④原本出自司马迁对兵家孙武、吴起的评论。丁若镛指明谚语出处是《孙吴传》,其实是"《史记·孙子吴起列传》"的省称,这一人物传记记载了孙武、吴起的生平事迹,司马迁以"能行之者未必能言,能言之者未必能行",⑤评价孙武、吴起二人在理论和实践上有鲜明的差别。需要留意的是,丁若镛编纂《耳谈续纂》,强调自己专门从经史中辑录谚语。由此推断,这一谚语不大可能是他人提供,是丁若镛在读过《孙子吴起列传》之后而收集的,侧面反映他了解孙武的生平事迹。

---

① 丁若镛:《与犹堂全书·一集》卷十三《文集·金城方略序》,韩国民族文化推进会:《影印标点韩国文集丛刊》第 281 册,第 276 页。
② 杨丙安:《十一家注孙子校理》,第 33 页。
③ 丁若镛:《与犹堂全书·二集》卷二十《诗经讲义补遗·逸诗》,韩国民族文化推进会:《影印标点韩国文集丛刊》第 282 册,第 480 页。
④ 丁若镛:《与犹堂全书·一集》卷二十四《耳谈续纂·中谚》,韩国民族文化推进会:《影印标点韩国文集丛刊》第 281 册,第 534 页。
⑤ 《史记》卷六五《孙子吴起列传》,北京:中华书局,1982 年,第 2168 页。

(二) 以《孙子兵法》考证儒家经典

孙子兵学影响丁若镛的一个很重要的表现是以《孙子兵法》参证儒家经典,具体表现在两方面:其一,直接援引《孙子兵法》考证儒家经典。例如,丁若镛注解《尚书古训·洪范》"风雨之时"。阎若璩云:"《小雅》云'月离于毕,俾滂沱矣'。《汉书·天文志》云:"箕星为风,东北之星也。"朱子云:"月宿箕,风扬沙。""毕是叉网漉鱼,古语也。"《史记·天官书》云:"轸星好风。"《星占》云:"东井好风雨。""孙武子云:'箕壁翼轸四宿者,风起之日也。'"①由此可见,丁若镛考证《尚书》"风雨之时",参考了阎若璩、班固、朱熹、司马迁等人的成果,还征引《孙子·火攻篇》"日者,月在箕、壁、翼、轸也;凡此四宿者,风起之日也"。② 比照引文,可发现丁若镛援引孙武之言,并非完全遵照《孙子兵法》,而是有所简略。

又如,《论语古今注·宪问》考证孔子慎重对待战争的态度:"案(孔)子之所慎,斋战疾,明秉义虽正。凡战在所慎也,子曰'我战则克'。"礼器文有"知己知彼,度德量力,虑胜而进"句。还征引《孙子兵法》:"如孙武子所云:'先胜而后战'者也。"③丁若镛引用孙武之言出自《孙子·形篇》:"胜兵先胜而后求战。"④引用《孙子兵法》比原有章句简洁。再如,丁若镛《尚书古训》考证周武王的军令发布:"案兵法尚勇,其赴几趋利,当如鸷鸟猛兽之发。"⑤丁之所言"兵法",即"《孙子兵法》"。"兵法……鸷鸟……之发",实际出自《孙子·势篇》"鸷鸟之疾,至于毁折者,节也"。⑥

其二,间接引用《孙子兵法》考证儒家经典。例如,丁若镛《尚书序》考证"尹伊"事迹,援引孔颖达注解《孙子兵法》。案:"伊尹就汤之后,适夏就桀,史传所载,明矣。"《殷本纪》亦云:"伊尹圣人,一见可知,未必五就五退,未决其去就也。"孙武子《反间篇》云:"商之兴也,伊尹在夏。周之兴也,吕牙在殷。见孔疏。"⑦"孔说"是指"孔颖达之说"。需要纠正的是,《孙子兵法》有《用间篇》,并无《反间篇》,出处有错误。

---

① 丁若镛:《与犹堂全书·二集》卷二十五《尚书古训·洪范》,韩国民族文化推进会:《影印标点韩国文集丛刊》第 283 册,第 119 页。
② 杨丙安:《十一家注孙子校理》,第 279 页。
③ 丁若镛:《与犹堂全书·二集》卷十三《论语古今注·宪问》,韩国民族文化推进会:《影印标点韩国文集丛刊》第 282 册,第 303 页。
④ 杨丙安:《十一家注孙子校理》,第 75 页。
⑤ 丁若镛:《与犹堂全书·二集》卷二十五《尚书古训·牧誓》,韩国民族文化推进会:《影印标点韩国文集丛刊》第 283 册,第 107 页。
⑥ 杨丙安:《孙子十一家注校理》,第 90 页。
⑦ 丁若镛:《与犹堂全书·二集》卷二十一《尚书古训序例·尚书序》,韩国民族文化推进会:《影印标点韩国文集丛刊》第 283 册,第 9 页。

再者,丁若镛考证《尚书·泰誓下》"三令五申"。梅书平云:"师出以律,三申令之。"孔颖达云:"《孙子兵法》:'三令五申之。'"①梅书平曰:"兵法'三令五申'者,谓击刺分合之期,坐作进退之节也,故《牧誓》云:'比尔干,立尔矛。'"丁若镛对梅书平之说提出了质疑:"今也行军克敌之术,一言不及,唯胪列纣罪,细大弗遗,虚实相蒙,分排三曰。重言复言,岂兵家所谓'三令五申'者乎?"其实,孔颖达所言"三令五申"之说有误。需要纠正的是,"三令五申"之说见诸《史记·孙子吴起列传》,孙武操练吴王宫女时"三令五申之",②而《孙子列传》和《孙子兵法》不可混为一谈。丁若镛一味引用孔颖达的注解,未做细致考证,沿袭了错误。

又如,丁若镛《论语古今注》有言:"曾子曰:堂堂乎张也。难与并为仁矣。"并考证:"《毛》曰:'堂堂夸大之称。'惟夸大不亲切,故难并为仁。若止容貌修节,则彼自不足,于人何有?""魏武兵书:'无击堂堂之阵'。"③值得注意的是,"魏武兵书"是指《孙子略解》,是曹操注解《孙子兵法》之书。"无击堂堂之阵"出自《孙子·军争篇》:"无邀正正之旗,勿击堂堂之陈。"④需要指出的是,丁若镛"魏武兵书"之说并不准确,应是引自《孙子兵法》方才准确。曹操对孙武"无邀正正之旗,勿击堂堂之陈"的注解是"正正,齐也;堂堂,大也"。⑤ 从表面看,丁若镛间接引用《孙子兵法》,但犯了"张冠李戴"的错误。

(三) 以《孙子兵法》评价得失成败

丁若镛《高句丽论》援引《孙子兵法》评论高句丽迁都得失。高句丽迁都,享国四百二十五年。兵马精壮,拓定疆土。汉、魏之际,中国屡屡兴兵征伐,却不能取胜。长寿王十五年,迁都平壤,享国二百三十九年而亡。虽民多财富,城郭坚固,却最终不能有所补益。丁若镛分析指出,鸭绿江以北,天气早寒,疆土与蒙古接壤,蒙古人凶猛彪悍。高句丽虽与强胡杂处,四面受敌,但防备深厚坚固,所以持续长久。

平壤地处两河南部,山川秀丽,民风柔弱。有坚固城池和巨镇重重防护,比如白岩、盖牟、黄城、银城、安市等,首尾相连。平壤之人,从不畏惧。后来延寿、惠真举城降敌,无人过问。盖苏文举兵作乱,无人能禁止。安市城主凭借弹丸之地,抵御大唐百万之师,却不加奖赏。不是其他缘故,依赖

---

① 丁若镛:《与犹堂全书·二集》卷三十一《梅氏书平·泰誓下》,韩国民族文化推进会:《影印标点韩国文集丛刊》第283册,第246页。
② 《史记》卷六五《孙子吴起列传》,第2161页。
③ 丁若镛:《与犹堂全书·二集》卷十六《论语古今注·子张》,韩国民族文化推进会:《影印标点韩国文集丛刊》第282册,第368页。
④ 杨丙安:《孙子十一家注校理》,第152页。
⑤ 杨丙安:《孙子十一家注校理》,第152页。

的是平壤城。丁若镛还分析,平壤不可完全依赖,由于攻克辽东,白岩就会危险。攻克白岩,安市就会危险。攻克安市,爱州就会危险。攻克爱州,萨水就会危险。萨水是平壤的藩篱,唇亡齿寒,皮剥骨露。观察中国历史,西晋、北宋皇帝南渡,丢失了政权。考察本国历史,高句丽、百济南渡,失去了国家,都是历史上沉痛的教训:"晋、宋南渡而亡天下,此中国之殷鉴也。句丽、百济南渡而失其国,此东邦之覆辙也。"丁若镛以《孟子》《孙子兵法》评价高句丽卒本和长寿王迁都得失:"传曰:'无敌国外患者亡。'兵法曰:'置之死地而后生。'"①值得注意是,丁若镛援引"兵法"是《孙子兵法》,引言出自《孙子·九地篇》"投之亡地然后存,陷之死地然后生"。② 对比二者,丁若镛所言"置之死地而后生"与孙武之言"陷之死地而后生"略有差别,前者用"置",后者用"陷"。前者表现出主动意识,后者表现出被动意识。丁若镛"置之死地而后生"之语,实质表明对都城利害的辩证看法,那就是"以患为利"。

《牧民心书·律己六条》乐施条引用《孙子兵法》评判官员得失。丁若镛主张官员节省俸禄,归还民众。分散家中粮食,赡养亲戚,就会没有怨言。做官快乐是因对自家有好处。比如,田庄收获东西,不输送家中储存,而是借出,以此作为赢余,就可进一步扩大田地面积:"田庄所获,不输于家,以储以粜,斯为赢羡,乃可以益广田土也。"丁若镛接着援引《孙子·作战篇》"因粮于敌",③指出:"兵法曰'因粮于敌',不费我粟,是其心。以民为敌,故作计如是也。"④孙武"因粮于敌"本意是消耗敌人的粮食,节省自己的人力物力,提高自己军队的生存能力。丁若镛以孙武"因粮于敌"的思想批评有的官员谋取私利,与民众为敌。

《牧民心书·兵典六条》御寇条引用《孙子兵法》评判防御者得失。《孙子兵法》有《虚实篇》,丁若镛指出守御者应知晓兵法之理,兵法曰:"虚而示之实,实而示之虚。"⑤这一说法间接引用《孙子兵法》,如《孙子·计篇》:"能而示之不能,用而示之不用。"⑥"能"和"用"是"实"的表现,"不能"和"不用"是"虚"的表现。孙武之说采用了"互文"的写法。丁若镛举例说,相

---

① 丁若镛:《与犹堂全书·一集》卷十二《文集·高句丽论》,韩国民族文化推进会:《影印标点韩国文集丛刊》第281册,第250页。
② 杨丙安:《孙子十一家注校理》,第261页。
③ 杨丙安:《孙子十一家注校理》,第33页。
④ 丁若镛:《与犹堂全书·五集》卷十七《牧民心书·律己六条·乐施》,韩国民族文化推进会:《影印标点韩国文集丛刊》第285册,第340页。
⑤ 丁若镛:《与犹堂全书·五集》卷二十四《牧民心书·兵典六条·御寇》,韩国民族文化推进会:《影印标点韩国文集丛刊》第285册,第507页。
⑥ 杨丙安:《孙子十一家注校理》,第12页。

国李浣曾担任肃川府使,当时清军将领龙骨大率五百骑兵突然冲到安州城下,威胁兵使柳斐,想进入安州城互市。如果不听从,就要拔剑出击,并率兵包围城门。李浣听说这种情况,立即征发兵马,大张旗鼓,经过城外,在山谷中布阵,扬言夜间袭击敌人,而龙骨大仓皇逃跑了。从中可见,李浣用兵注重利用虚实,威慑了极其嚣张的清军将领。

《牧民心书·吏典六条》束吏条引用《孙子兵法》评判包拯成败。丁若镛分析,有的官员性格偏激,胥吏易于窥探。借机激发,以售其奸。他举例说,包拯主管开封府时,以明察著称。有个百姓犯法,本应接受杖脊之刑。可是,胥吏接受了犯人贿赂,与之约定,京尹交付责状时,要大声喊叫,自我辩解。不久审问犯人,果然如胥吏所讲,胥吏责骂犯人,只接受脊杖,何必多言。包拯见此情形,命令牌吏宽恕了犯人罪责,却不知自己被胥吏欺骗了。丁若镛指出此案情体现了《孙子兵法》所说"反间":"小人为奸,固难防也。案此所谓'兵法之反间也。"①《孙子·用间篇》有言:"用间有五:有因间,有内间,有反间,有死间,有生间。"②胥吏使用欺骗的手段,激发主官偏激的个性,即使明断者包公也会中计:"欲夺则请予,欲囚则请放。欲西则击东,欲左则牵右。以激其偏僻之性,则虽以包阎罗之明断,亦未免陷于术中。"因而,丁若镛认为,君子应当心中保持公平公正,计策事先预定,不受干扰,不迁怒他人。如此这样,胥吏就不能得以售其奸。

总之,丁若镛既了解孙武生平,也学习过《孙子兵法》。《孙子兵法》对他的影响主要表现在两个方面:一是以《孙子兵法》参证儒家经典,更好地阐发义理;二是援引《孙子兵法》评价人物的成败得失,意在从中汲取教训。其中,以《孙子兵法》参证儒家经典,这一做法较为罕见。丁若镛援引《孙子兵法》虽有不足之处,或张冠李戴,或沿袭前人错误,但丁若镛的这一做法却有开创性,开启了以《孙子兵法》考证儒家经典的先河。

第二节　重要著述与孙子兵学

一、《保邦要务》与孙子兵学

(一)《保邦要务》创作背景

《保邦要务》作者是金齐闵(1527—1599),字士孝,号鳌峰,谥忠刚,义

---

① 丁若镛:《与犹堂全书·五集》卷十九《牧民心书·吏典六条·束吏》,韩国民族文化推进会:《影印标点韩国文集丛刊》第 285 册,第 371 页。
② 杨丙安:《孙子十一家注校理》,第 291 页。

城人。金齐闵少时以李恒为师，习性理之书。后中进士，主政三郡。尹舜举《军器寺正金公墓碣铭》评价金齐闵性格保守，不热衷功名："勇于自守，怯于进取。"①后来任兵曹郎军器正、和顺县监和淳昌郡守。尹定铉《赠吏曹判书金公齐闵谥状》记载，壬辰倭乱，金齐闵时任淳昌郡守，号召州人奋起抗倭，被推举为义兵大将，率兵挺进熊峙，击杀许多敌人。后被任命为大将，在樱山与倭人相遇，杀敌数百人。闻倭人进犯湖南，九战破之，倭人不敢登陆。

尹定铉《赠吏曹判书金公齐闵谥状》记载，壬辰倭乱后，礼曹正郎金齐闵撰《保邦要务》进奏："以大乱之后，备御之方，不可不谨，乃撰经国安民之策。凡四十二条，名曰《保邦要务》，陈疏以进。"②此四十二条：一是《择城垒》；二是《选将帅》；三是《明军政》；四是《专务射》；五是《改镇规》；六是《守要害》；七是《置粮官》；八是《立马政》；九是《修军器》；十是《知技能》；十一是《抚军卒》；十二是《务邀击》；十三是《存贼垒》；十四是《勤攻守》；十五是《勿恃和》；十六是《砺复仇》；十七是《用田赋》；十八是《审不文》；十九是《限军官》；二十是《定告身》；二十一是《勿侵族》；二十二是《禁屠牛》；二十三是《荐贤能》；二十四是《徒奸吏》；二十五是《弭盗贼》；二十六是《尊教官》；二十七是《立察官》；二十八是《省刑罚》；二十九是《务农桑》；三十是《权米布》；三十一是《择守令》；三十二是《流书员》；三十三是《许诉怨》；三十四是《黜贪墨》；三十五是《杜侵渔》；三十六是《计屈敌》；三十七是《置四辅》；三十八是《建屯田》；三十九是《振纪纲》；四十是《奖清白》；四十一是《尚礼义》；四十二是《明圣学》。进奏《保邦要务》有何目的？金齐闵《进保邦要务疏》阐明其宗旨是"御敌安民"："谨拾御敌安民之要，编为一帙。"

金齐闵进奏《保邦要务》的原因可归结为三方面：一则战乱记忆的促使。《进保邦要务疏》可见分晓："况今大乱，前古无比。""逢乱七年……夙夜祗惧。""观于倭贼，倭贼之强。"③倭乱的惨烈与倭敌的强大，给他留下深刻记忆。二则强烈的忧患意识。宋焕箕《（金齐闵）行状》记述，壬辰之乱，金齐闵听到大驾出奔，做诗一首，诗云："三千里外一孤臣，怅望关西泪洒巾。驿路多忧豺虎乱，何人能扈属车尘。"④他对此痛心疾首，忧虑国家安全："大

---

① 尹舜举：《童土集》卷六《杂著》，韩国民族文化推进会：《影印标点韩国文集丛刊》第100册，汉城：景仁文化社，1996年，第62页。
② 尹定铉：《梣溪遗稿》，韩国民族文化推进会：《影印标点韩国文集丛刊》第306册，汉城：景仁文化社，2003年，第139页。
③ 金齐闵：《鳌峰集》卷二《进保邦要务疏》，韩国古典翻译院：《影印标点韩国文集丛刊续》第4册，首尔：古典翻译院，2005年，第35页。
④ 宋焕箕：《行状》，金齐闵：《鳌峰集》，韩国古典翻译院：《影印标点韩国文集丛刊续》第4册，第4页。

乱之后,忧国之诚,益复惓惓,撰成《保邦要务》。"①金齐闵在忧患意识的强烈感召下撰成《保邦要务》。三则国家军备废弛。白奎镇在上朝鲜国主奏疏中盛赞金齐闵不凡的功绩,以及撰写《保邦要务》的良苦用心:"驱驰兵革,锋镝之疮,遍身成疾,解戎还家,深慨防御之多疏。呻吟之中,或起或卧,遂撰经国安民策四十二条,名曰《保邦要务》。"②由此可知,金齐闵深感当时"防御之多疏",军备废弛,不能应对外敌。

(二)《保邦要务》所见孙子兵学影响

《保邦要务》作者金齐闵格外推崇《孙子兵法》,高度赞誉孙子用兵之术:"孙子十三篇,以计为首,其术可谓神妙不测。"③金齐闵提及的"孙子十三篇",自然非《孙子兵法》莫属了。此外,还称赞孙子的用兵之术如深渊一样不可测:"孙子之术,渊乎深矣。"④由此观之,金齐闵熟悉《孙子兵法》,不然怎么会有如此评价?孙子用兵之术在他的心目中占据重要地位。《保邦要务》御敌之策深受《孙子兵法》的影响,与他具有《孙子兵法》军事素养密不可分。

《孙子兵法》对《保邦要务》的影响,表现在金齐闵频繁征引《孙子兵法》。

其一,《择城堡》征引《孙子·九变篇》和《孙子·九地篇》。金齐闵指出,君王设险,守护其国,城郭沟池是关键。以湖南道而言,既有郡县之城,也有营镇之城。以一道之兵分散各城,势必兵少粮少,不可战胜强大敌人。他强调,古之知兵者,"城有所不守,地有所不争"。⑤ 金齐闵此说引自《孙子·九变篇》:"城有所不攻,地有所不争。"⑥金的引文与《孙子兵法》原文比较,既有相同之处,也有不同之处。相同之处是"地有所不争",不同之处是孙子所言"城有所不攻",而金齐闵变换为"城有所不守"。对于"城"的攻守而言,孙子强调的是"不攻",不为利所动,体现的是进攻者的灵活性。而金齐闵强调的是"不守",体现的是防御者的灵活性。

金齐闵认为,可守之城而守之,放弃不重要之城,才是真正知晓防守之

---

① 宋焕箕:《行状》,金齐闵:《鳌峰集》,韩国古典翻译院:《影印标点韩国文集丛刊续》第4册,第4页。
② 金齐闵:《鳌峰集·续集》,韩国古典翻译院:《影印标点韩国文集丛刊续》第4册,第92页。
③ 金齐闵:《鳌峰集》卷三《保邦要务》,韩国古典翻译院:《影印标点韩国文集丛刊续》第4册,第77页。
④ 金齐闵:《鳌峰集》卷三《保邦要务》,韩国古典翻译院:《影印标点韩国文集丛刊续》第4册,第77页。
⑤ 金齐闵:《鳌峰集》卷二《保邦要务》,韩国古典翻译院:《影印标点韩国文集丛刊续》第4册,第37页。
⑥ 杨丙安:《十一家注孙子校理》,第170—171页。

道。防守之城不多,兵力集中,用兵态势增强,防守就会坚固。相反,兵力分散,用兵态势减弱。考察湖南地区之形势,横式防守不宽广,而纵式防御绵长,可灵活应对敌人,诚如其言:"敌冲其尾,则回首而救尾。敌击其首,则转尾而救首。虽是兵法之常法,然道路修复,其势不易。"①金齐闵所言"兵法之常法"是说《孙子兵法》,《孙子·九地篇》有言:"击其首则尾至,击其尾则首至。"②在他看来,湖南防御可首尾呼应,腰臂相通,缓急皆可策应,不会有隔绝的祸患。

并且指出,湖南道防御的最佳方法是三分湖南,划分三部分,上部守六七城,中部守六七城,下部守六七城。具体做法是:第一,先立规制,定其约束。使知兵谋、识形势者综观本道地理形势,研究各地地形。第二,审其水草,知其远近。选定重要的山城、旧城和新建之城,占据险要,犹如南宋修建大顺城、钓鱼城。第三,测量邻城,计算路程,不使太远,也不使太近,纵横交错,星罗棋布。第四,新立之城,则建城寨。此是保国急务,即使战争之时,也可修建。如大顺城和钓鱼城的修建,都是在兵连祸接之时。借助险要的地形,可省民力。第五,储备粮糗,训练军兵。一道之城可通贯整个脉络,烽燧相连,知敌动静,"如有贼变,则首尾腰脊,互相应救,其势有如常山之率然矣"。③ 金齐闵所言"如常山之率然"的比喻,出自《孙子·九变篇》:"率然者,常山之蛇也,击其首则尾至,击其尾则首至,击其中则首尾俱至。"④孙武用"率然"之蛇形容用兵灵活无比,金齐闵以此比喻湖南防守之势,如常山之蛇灵活多变。第六,选择将帅,防守其城。敌人前来,闭城坚守,不使浪战,设法使敌疲劳。或设下奇计拒敌,或多方误敌,使敌无可乘之机。敌人撤退时,挑选精兵追击。这一建议体现了金齐闵重点防卫思想,诚如其说,历史上齐国保有莒与即墨之城,复兴国家。只守小堡不可抵御敌人,分兵而守是必败之道。

其二,《选将帅》征引《孙子·计篇》《孙子·九变篇》和《孙子·地形篇》。金齐闵指出,兵书讨论为将之道,以"智、信、仁、勇、严"为本体:"谨按兵书,论为将之道,以五材为体,智信仁勇严,是也。"⑤金齐闵虽未明言兵书

---

① 金齐闵:《鳌峰集》卷二《保邦要务》,韩国古典翻译院:《影印标点韩国文集丛刊续》第4册,第37页。
② 杨丙安:《十一家注孙子校理》,第250页。
③ 金齐闵:《鳌峰集》卷二《保邦要务》,韩国古典翻译院:《影印标点韩国文集丛刊续》第4册,第37页。
④ 杨丙安:《十一家注孙子校理》,第250页。
⑤ 金齐闵:《鳌峰集》卷二《保邦要务》,韩国古典翻译院:《影印标点韩国文集丛刊续》第4册,第38页。

是《孙子兵法》,但《孙子·计篇》所说"将者,智、信、仁、勇、严也"①可以佐证其说。他还提到兵书"又有五危六败九术十过"②之说,"五危六败"实际是《孙子兵法》省略性说法:"五危",是指"将有五危",出自《孙子·九变篇》:"将有五危:必死,可杀也;必生,可虏也;忿速,可侮也;廉洁,可辱也;爱民,可烦也。"③"六败",是说"凡此六者,败之道也。"④"六败"具体是指《孙子·地形篇》所言:"兵有走者,有弛者,有陷者,有崩者,有乱者,有北者。"⑤孙子特别强调六种失败表现是因将帅过失造成的。分析至此,不难看出金齐闵"五危六败"之说是暗引《孙子兵法》。

其三,《知技能》征引《孙子·九地篇》。金齐闵指出,国家争战各有不同,最佳战法是知其关键,知其长处,了解敌我双方长处和短处。吴楚剑客,燕赵骑士,楼烦骑兵,皆是上天赋予,不可舍弃长处。善射者不必学剑,善剑者不必学射。倭国与我国相比,互有短长。倭人短处在于水战,长处在于陆战。我国短处在于陆战,长处在于水战。我国很多人认为倭人长于陆战,难挡其锋。我国长于水战,倭人不能阻击。以众人之议观之,陆战似乎比不上倭人。金齐闵指出,实际并非如此,不仅水战可胜倭人,而且陆战可胜倭人,只是不知作战关键之处。

金齐闵分析双方实际情况:"倭兵则深入重地,无可退去,故万夫一心,而于死中求活,故所以胜也。我兵则自战其地,谓之散地,兵家之所忌。"⑥其中,金齐闵征引《孙子·九地篇》"重地"和"散地"之说,二者是孙子创立的重要军事地理术语。《孙子兵法》对"重地"和"散地"有明确的界定,前者是"入人之地深,背城邑多者,为重地",⑦后者是"诸侯自战其地,为散地"。⑧ 金齐闵借助《孙子兵法》之说,分析倭人身处"重地",团结一致,死中求活。本国之兵在国土上与敌交战,正是孙子所说的"散地"作战,心中有所牵挂。如果马上与前来的敌人作战,非常不利。最佳做法是深沟高垒,坚壁防守,不去浪战,挫败敌人精锐,使其士气低落。然后寻找机会,以强弩毒

---

① 杨丙安:《十一家注孙子校理》,第 7 页。
② 金齐闵:《鳌峰集》卷二《保邦要务》,韩国古典翻译院:《影印标点韩国文集丛刊续》第 4 册,第 38 页。
③ 杨丙安:《十一家注孙子校理》,第 176—178 页。
④ 杨丙安:《十一家注孙子校理》,第 225 页。
⑤ 杨丙安:《十一家注孙子校理》,第 222 页。
⑥ 金齐闵:《鳌峰集》卷二《保邦要务》,韩国古典翻译院:《影印标点韩国文集丛刊续》第 4 册,第 47 页。
⑦ 杨丙安:《十一家注孙子校理》,第 237 页。
⑧ 杨丙安:《十一家注孙子校理》,第 234 页。

箭制服敌人,即使百战也不会出差错。

其四,《务邀击》征引《孙子·虚实篇》和《孙子·计篇》。金齐闵引用孙武"兵水之喻",强调用兵打仗没有固定的法则:"臣闻兵犹水也。水无常形,兵无常法。因地赋形者,水也。因势制变者,兵也。"①金齐闵所言"兵犹水也",以及"水无常形"之说,出自《孙子·虚实篇》"兵形象水,水之形,避高而趋下,兵之形,避实而击虚。水因地而制流,兵因敌而制胜。故兵无常势,水无常形。"②金齐闵之言明显吸收了《孙子兵法》"兵水之喻",略有改变。孙武强调"兵无常势",而金齐闵强调"兵无常法"。综观其说,金之言要比孙武之说更为凝练。

金齐闵还提到用兵的态势:一是常形;一是变法。"与敌相对,而为鹤、为鹅、为虎、为龙者,兵之常形也。或分而为奇、为游、为伏者,兵之变法也。"变法如风云之形,飘浮不定,犹如飞龙气势,深不可测。只知正术而不知奇术,不值得谈兵。并援引宋人苏轼议论攻守之势:"攻守有三道:一曰正,二曰奇,三曰伏。"使用正术,胜败未可知。使用奇术,十出而五胜。使用埋伏,十出而十胜。这是由于使用正术,敌人有所防备,所以胜负难以预知。使用奇术与埋伏,却是取胜之术:"敌无所备而且出其不意,则其为取胜也。"③金齐闵之说出自《孙子·计篇》:"攻其无备,出其不意。"④又援引史例说明出奇和埋伏取胜之理,指出古代知兵者推崇出奇制胜和埋伏取胜,比如孙膑砍马陵之树擒庞涓,使用埋伏。英布从小路击破函谷关,是出奇之法。南宋良将喜欢半路伏击,如韩世忠金山伏击兀尤、牛皋朱仙镇伏击金军、岳飞襄阳伏击李成。

其五,《计屈敌》征引《孙子·谋攻篇》和《孙子·作战篇》。"谨按兵书曰:'不战而屈人兵。'"⑤金齐闵所言兵书之说,正是来自《孙子·谋攻篇》"不战而屈人之兵",⑥并引用杜牧和李筌对孙子"不战而屈人之兵"进行注解,杜牧曰:"以计胜敌也。"李筌曰:"晋将郭淮围曲城,姜维来救,淮趋牛头山,断维粮道及归路。维大震不战而遁,曲城遂降,则不战而屈之义也。"金

---

① 金齐闵:《鳌峰集》卷二《保邦要务》,韩国古典翻译院:《影印标点韩国文集丛刊续》第4册,第49页。
② 杨丙安:《十一家注孙子校理》,第124—125页。
③ 金齐闵:《鳌峰集》卷二《保邦要务》,韩国古典翻译院:《影印标点韩国文集丛刊续》第4册,第49页。
④ 杨丙安:《十一家注孙子校理》,第18页。
⑤ 金齐闵:《鳌峰集》卷三《保邦要务》,韩国古典翻译院:《影印标点韩国文集丛刊续》第4册,第76页。
⑥ 杨丙安:《十一家注孙子校理》,第45页。

齐闵指出,谋攻为上策,蚁附攻城为下策:"夫用兵之道,计取谋攻为上也,攻城蚁附为下也。"这一说法来自《孙子·谋攻篇》:"上兵伐谋,其次伐交,其次伐兵,其下攻城。"①

金齐闵甚至建议采用"断海运""禁陆耕"的策略使倭敌屈服。倭人盘踞天城加德堡和东莱金海境内,坚若铁壁,垒如高岗,极难攻破,至今七年,敌将安坐,轻视我军,我国军兵惴惴不安。金齐闵依据《孙子兵法》提出制倭策略:"我之上策,诚不出于绝粮道禁农作矣。兵志又曰:'粮不多则勿与持久。'又曰:'因粮于敌。'则客不为主。远输千里,则主反为客。又曰:'兵久而国利者,未之有也。'"②金齐闵"绝粮道""禁农作"依据兵学原理,来自《孙子·作战篇》"取用于国,因粮于敌",③"夫兵久而国利者,未之有也"。④ 与倭人对峙七年,可谓持久战。倭人取食于我,反客为主。我则运粮千里,反主为客。用兵七年,胜负未决。金齐闵推断敌人要以长久之策制服于我,而我军民疲于奔命。"臣恐虽有智者,将不知善后之策矣。"⑤金齐闵援引《孙子·作战篇》"诸侯乘其弊而起,虽有智者,不能善其后矣",⑥他认为现今用兵触犯了兵家大忌,最好采用孙子"谋攻"之策:"为今之计,莫善于计取谋攻之策耳。"值得注意的是,金齐闵充分肯定《孙子兵法》的价值:"孙子十三篇,以计为首,其术可谓神妙不测矣。"⑦

金齐闵认定"断海运"和"禁陆耕"是最好的图倭之计,具体做法:一是禁其耕种。当其播种百谷之时,精选轻骑兵和飞将军,冲击田野,破坏生产器具和生产作业,使之不能播种。等到锄草时,又派虎狼之将、豺犬之兵,出击田畔和地头,使其不能正常工作。等到秋天庄稼成熟时,征发军兵,抢夺敌人收成,破坏敌人秋收。二是断绝海运。聚集边境一带城邑的大舰和飞船,精选善水的船夫和拖运之兵,使如李宝之类的人率领,或驻扎闲山,或依靠岛屿,日夜寻求时机,阻绝敌人往来船只,使其不通音信,伏击敌人运粮之船,使粮食匮乏。只要实施此两种策略,即使敌人深沟高垒,也难持久。"孙子曰:'屈人之兵,非战也,拔人之城,非攻也。此非计取谋攻之谓乎?"金齐

---

① 杨丙安:《十一家注孙子校理》,第46—48页。
② 金齐闵:《鳌峰集》卷三《保邦要务》,韩国古典翻译院:《影印标点韩国文集丛刊续》第4册,第77页。
③ 杨丙安:《十一家注孙子校理》,第33页。
④ 杨丙安:《十一家注孙子校理》,第32页。
⑤ 金齐闵:《鳌峰集》卷三《保邦要务》,韩国古典翻译院:《影印标点韩国文集丛刊续》第4册,第77页。
⑥ 杨丙安:《十一家注孙子校理》,第31页。
⑦ 金齐闵:《鳌峰集》卷三《保邦要务》,韩国古典翻译院:《影印标点韩国文集丛刊续》第4册,第77页。

闵此语援引《孙子·谋攻篇》"善用兵者,屈人之兵而非战也,拔人之城而非攻也。"①并以反问方式强调这是使用孙子"计取"和"谋攻",称赞孙子用兵之术如深渊一般,深不可测:"孙子之术,渊乎深矣。"②在金齐闵心中,只知攻城交战,却不知伐谋,没有资格谈论用兵之术。诸葛亮攻打曹魏军队,司马懿闭门不出,终不与交战,证明司马懿非常了解用兵之术,不轻易交战,故忍受巾帼之辱,坐待诸葛亮自退。很鲜明的一点是,司马懿使用谋攻之法。如果我国实施"断海运"和"禁陆耕"策略,就如同司马懿等待诸葛退兵,敌人虽善用兵,但不敢轻易驻留。倭人缺乏粮食,如同落入陷阱的老虎,不战不攻可使敌屈服。

其六,《置四辅》征引《孙子·谋攻篇》。金齐闵考察了汉唐宋历史,指出这些朝代或以军队,或以郡县,拱卫京城:"若稽古昔,或以军旅,或以郡县,以卫京都者,历代同然。"西汉设置南北军,设立三辅,护卫京都。唐代设立府卫,宋代设立三镇,护卫京城。我国京城前有汉水,后有白岳山。然而,汉水不是天堑,白岳山不是险阻,不可作为重地防卫京城。倭乱之后,京城再次发生奔逃现象,因无理想的重地加以护卫。

金齐闵苦心孤诣思考,认为最佳之策是"立四辅"。朝鲜京城既无三辅庇护,又无三镇作屏障。一旦倭兵进攻,人人无所依赖,必然相互奔逃。因此,最迫切的是"立四辅"。具体做法是以广州、水原为"东南二辅",以坡州、杨州为"西北二辅"。太平之时,派遣有智慧的大臣,观览四州境内地形,选定"无六害而有三利"的地形,此种地形后面陡峭,前面空虚明亮,作为新城城址。筑城标准高十仞、有万堞。混合黏泥,坚如铁瓮,即使敌人冲车、鸦鹘、飞楼、云梯也不起作用。敌人挖掘地道、建土山,也不害怕。城上建有楼橹,外面有护城河,守城器械应有尽有,粮食储备可用十年,兵器百战也不缺乏。以奇才异智之士为将帅,勇敢不怕死者为副帅。聚集外部民众,使四辅之城作为强大藩篱,再不必害怕西戎进犯,不必担忧东夷入侵。敌人若从西北来,坡州、杨州二辅合力抵御敌人。敌人若从东南来,广州、水原二辅集中兵力反击敌人。四辅兵力集中在一起有三四万军队。他援引孙武之言:"孙子曰:'教士三万,横行天下。'"③值得注意的是,金齐闵所引孙子此言并不准确,出现了"张冠李戴"式错误。"教士三万,横行天下"出自《管子·小

---

① 杨丙安:《十一家注孙子校理》,第50—51页。
② 金齐闵:《鳌峰集》卷三《保邦要务》,韩国古典翻译院:《影印标点韩国文集丛刊续》第4册,第77页。
③ 金齐闵:《鳌峰集》卷三《保邦要务》,韩国古典翻译院:《影印标点韩国文集丛刊续》第4册,第79页。

匡》。管仲对齐桓公说:"君有此教士三万人,以横行于天下。"①使用训练有素的三四万军队,配以优秀将帅,可折冲御侮,不必坐等救援。

金齐闵参照历史经验,设定保护京城的策略。设想设立四辅之后,遵守周亚夫、司马懿、臧质防守策略,坚壁固守,不与敌人交战。敌人即使有百万雄兵,也无机可乘。金齐闵强调这就是《孙子·谋攻篇》"不战而屈人之兵"的应用:"兵志所记不战而屈人兵者,非此之谓乎?"②他认定保护京城的最佳策略是模仿西汉三辅之制,设立四辅。

其七,《建屯田》征引《孙子·作战篇》。结合前贤教导和历史经验,金齐闵指出屯田的必要性:"古贤之言曰:'强兵之道,在于足食。足食之道,在于屯田。'"屯田可以兴利除害,关键在于得人。现今最要紧的是屯田。考诸史书,汉文帝为了防范匈奴耕种塞下,汉武帝为了防范羌人屯田敦煌。郑吉出击车师,在渠犁屯田。赵充国反击先零,在金城屯田。诸葛亮北伐曹魏,在渭南屯田。枣祗在许下屯田,邓艾在积石屯田。郭子仪在河中一带耕作,韩重贇在振武耕作。耕种屯田,或是以兵,或是以民。兵民之用,开垦之地,或多或少,各有差异。有利有弊,各不一样。屯田好处是巩固防守,省除道路运输烦劳,满足军队粮食使用。有识之士认为,屯田之设,本有大利,但不能无弊害。如用戍卒为田夫,有利无害,以农夫为屯田之卒,有害而无利。例如,赵充国在军队无战事之际,以戍卒耕作。李德裕防御吐蕃和南诏时,军无闲暇,而以闲民为田夫。因此,不可不知屯田利弊,古代将帅都在战地或邻近之地耕作,便于粮食输送,有利于耕耘,易于粮食收获,有一军二用之利。

金齐闵还依据《孙子·作战篇》强调屯田之策势在必行:"今日之屯田,又有不可不为之势者。何以言之? 兵志曰:'久暴师则国用不足。'又曰:'国贫于师者远输。'又曰:'粮不三载。'"③他的引言中"兵志"是指《孙子兵法》,援引了《孙子·作战篇》"久暴师则国用不足",④"国之贫于师者远输",⑤"粮不三载"。⑥ 金齐闵以此指明战争对国家开支和粮食消耗影响巨大。比照现今形势,他反复质问:与倭相持七年,"此非久暴师乎?"粮食输

---

① 黎翔凤:《管子校注》,北京:中华书局,2004年,第413页。
② 金齐闵:《鳌峰集》卷三《保邦要务》,韩国古典翻译院:《影印标点韩国文集丛刊续》第4册,第79页。
③ 金齐闵:《鳌峰集》卷三《保邦要务》,韩国古典翻译院:《影印标点韩国文集丛刊续》第4册,第81页。
④ 杨丙安:《十一家注孙子校理》,第31页。
⑤ 杨丙安:《十一家注孙子校理》,第34页。
⑥ 杨丙安:《十一家注孙子校理》,第33页。

送七载,"此非粮不三载乎?"从平安、江原运送到二南之地,"此非远输乎?"在他看来,这已触犯兵家大忌。自此以往,休兵之日,遥遥无期,不排除会有大乱发生。只有屯田之策方可解除:"倘非屯田一策,则虽有智者,将不知善后之策矣。"此言引用《孙子·作战篇》:"虽有智者,不能善其后矣。"①金齐闵认为,屯田便利一说可从《孙子兵法》得以证实:"兵志曰:'食敌之粮粒一钟,则当吾二十钟。用敌之藁秆一石,则当吾三十石。'"②一钟之粟,一石之藁,远自千里,输于屯所,行路之苦,所费开支,足以二者相当,所以孙武有此说法。他断定二南之地所收一钟谷米,相当于遥远之地的二十钟谷米。二南之地千钟谷米相当于遥远之地万钟谷米。这一推断是在孙武之说的启发下,结合当地路途远近得出的。若在二南近处之地屯田,可得万钟之粟,好处自然强于百倍远输。不只如此,远方之民既可免除输送劳苦,富户也不至于败家,贫民不至于流离失所。

综上可知,从引文上考察,《孙子兵法》对《保邦要务》的影响体现在《择城堡》《选将帅》《知技能》《务邀击》《计屈敌》《置四辅》《建屯田》等篇目。

《孙子兵法》对《保邦要务》的影响,也反映在《保邦要务》若干策略隐含《孙子兵法》重要思想。

其一,《勤攻守》隐含《孙子兵法》"攻守"思想,金齐闵对之有所发展。《孙子兵法》对攻守思想有独到的阐释,对攻守的作用和态势有精辟的论述。《孙子·形篇》:"不可胜者,守也;可胜者,攻也。守则不足,攻则有余。"③金齐闵并未停留在孙子攻守思想,而是将之引申到御敌和守国方略之上,他认为攻守互为表里,不可偏废:"御敌之方,守国之策,其术多端,而莫急于攻守二者而已。攻守虽曰二道,而相为表里,不可以偏废也。何以言之?攻者,守之本也。守者,攻之要也。"④并主张攻守互用:"古之知兵者,以攻为守,以守为攻。"

金齐闵论述攻守之术不可分离:"非攻,不可守也。非守,不可攻也。"攻守如果分离,必然带来严重后果。只知进攻,或失败,或无地可守:"徒知攻战,而不知坚守,兵或败北,则无所退守也。"只知防守,一旦被包围,不可救援:"徒能坚守,而不勤攻战,城苟被围,则无可拯救也。"攻守结合可带来良

---

① 杨丙安:《十一家注孙子校理》,第31页。
② 金齐闵:《鳌峰集》卷三《保邦要务》,韩国古典翻译院:《影印标点韩国文集丛刊续》第4册,第81页。
③ 杨丙安:《十一家注孙子校理》,第71页。
④ 金齐闵:《鳌峰集》卷二《保邦要务》,韩国古典翻译院:《影印标点韩国文集丛刊续》第4册,第50页。

好的效果:"有所坚守,然后兵虽败而无狼狈失据之患也。有所攻战,然后贼不敢久围其城。"甚至列举战例说明以攻为守:张巡守睢阳,虽在危急之时,但以攻为守,每每寻找时机出击敌人。张辽守合肥,孙权率十万大军进攻,形势极其危险,但张辽挫败吴军前锋。金齐闵另举战例说明以守为攻:一是吴汉坚壁不出;二是王霸闭营休士。二者以守为攻。金齐闵十分痛心倭寇登陆,而军队战败不可胜数。在他看来,失败在于将帅不知攻守之术。

金齐闵指明,守攻之术转化得当,效果非常显著:"因守而攻,故败不长败,而转败为攻。因攻而守,故守不至困,而因祸为福。"他以田单和刘邦为例,指出田单固守即墨,凿穴进攻燕军。汉高祖刘邦坚守荥阳,挫败楚军锐气。齐七十余城降燕,只有莒、即墨坚守不降,最终击破强燕而恢复齐城。楚汉对峙时,汉军能坚守关中,又守赵魏之地,因而汉军虽百战百败,但最终诛灭项羽。由于汉军多坚守之城,楚军无可据之地。金齐闵指出,倭贼不停留,而长驱直入京城。城邑不守,其祸惨烈。御敌保国高明之策是"聚而为攻,散而为守。攻守之策,各得其道"。

其二,《审不文》隐含《孙子兵法》以"文武之道"治军思想的影响,金齐闵对"文武之道"加以阐发。孙武治军,主张文武之道并用,《孙子·行军篇》:"令之以文,齐之以武。"①金齐闵阐述,文武之道相互配合,而文之道教化深刻,武之道害处很多:"文武虽曰相偶,文之化深,武之害多。"圣人对于武之道,不得已而用之,其意深不可测。武如药石,文如粱肉。文之道可长久使用,武之道只可暂时使用:"以文武之道,譬于人之一身。武者,攻病之药石也。文者,养生之粱肉也。药石之用,可暂而不可久也。粱肉之养,长久而不可离也,然此特先论文武之轻重也。"②

金齐闵主张国家应培养武官"忠君之道,死国之义",前有庆源、损竹事变发生,后遇倭寇之乱。大设武举,或择取三百人,或择取五百人,或择取数千人。登武榜者共计不下一万多人,却不察其才能,不知其文武之才,使他们担任堡镇之将、郡县之守。以无才能之人为将帅和郡守,只知贪暴,不知恤民。武夫不是勇不足,不是射不能,却不战而逃。这是他们不闻忠君之道和死国之义,即使有文武之才,也不可任用。

其三,《勿侵族》隐含了《孙子兵法》"精兵"思想,金齐闵在此基础上有新认识。孙武精兵思想体现《孙子·行军篇》"兵非益多也",③孙武认为,军

---

① 杨丙安:《十一家注孙子校理》,第203页。
② 金齐闵:《鳌峰集》卷二《保邦要务》,韩国古典翻译院:《影印标点韩国文集丛刊续》第4册,第56页。
③ 杨丙安:《十一家注孙子校理》,第202页。

队不是越多越好。金齐闵认为,减少防戍之兵数目,太平之时灵活机动足以乘障守城。如有变乱,迫不得已,征发邻近城邑之兵。本营、本堡之兵数量虽少,也可御敌。

金齐闵指出,兵不在多,关键是"兵精"和"将贤"。他以兵多的商纣王不能战胜兵少的周武王为例,说明"兵精"和"将贤"才是制胜之道:"大抵选兵之道,在于精而不在于多。纣兵七十万,不能当武王之四万五千,则兵岂贵多乎? 只在乎兵精而将贤耳。"①金齐闵分析指出,不革除一族赋役,似乎增加兵员,而留存百姓痛苦不堪,天天逃跑和迁移。流民断绝思乡之念,一去而不复返,军队人数一天天减少。虽说添兵,实质却是减兵。革除一族赋役,眼前似乎减少兵员,但过四五年,由于留存百姓安宁,流散的民众回乡,人口繁殖,用兵态势自然增强。只考虑军队人数,只关心赋税,恐怕出现兵队人数还未达到,赋税数目还未征收,百姓就已逃散,国家财富就已匮乏。

其四,《荐贤能》隐含了《孙子兵法》重视将帅思想。孙武不仅重视战争,而且重视将帅的选拔和任用。比如《孙子·计篇》重视战争的重要性:"兵者,国之大事,死生之地,存亡之道。"②孙武所说"死生",针对的是"三军"。孙武所说的"存亡",针对的是"国家"。《孙子·计篇》注重将帅的选拔:"将者,智、信、仁、勇、严也。"③此外,《孙子·作战篇》强调将帅的作用:"知兵之将,生民之司命,国家安危之主也。"④

金齐闵对此巧妙移植,阐明人才是国家利器,是治国之本,调理阴阳离不开人才,治理国家离不开人才,处理政务离不开人才,地方要员和将帅离不开人才,郡县管理离不开人才。将帅关系到三军生死和国家存亡。"至于将帅之事,外臬之尤重者也。三军之生死,国家之存亡系焉。"⑤金齐闵这一说法显然把孙武对战争的重视,巧妙地移植到将帅身上。不可轻易选择任用将帅,重要人物关乎国家的兴衰,人才的发现要努力做到"海无遗珠,岩无隐兰"。将相要选拔真正的人才,那么"国家百事可举,治道可兴"。

由此观之,《孙子兵法》对《保邦要务》的影响反映在《勤攻守》《审不文》《勿侵族》《荐贤能》对其思想的吸纳。

---

① 金齐闵:《鳌峰集》卷二《保邦要务》,韩国古典翻译院:《影印标点韩国文集丛刊续》第 4 册,第 60 页。
② 杨丙安:《十一家注孙子校理》,第 1 页。
③ 杨丙安:《十一家注孙子校理》,第 7 页。
④ 杨丙安:《十一家注孙子校理》,第 39 页。
⑤ 金齐闵:《鳌峰集》卷二《保邦要务》,韩国古典翻译院:《影印标点韩国文集丛刊续》第 4 册,第 62 页。

(三)《保邦要务》的评价

1. 金齐闵本人对《保邦要务》的评价。他自认为《保邦要务》存在缺陷,四十二条策略繁多,给人支离破碎感受。金齐闵《进保邦要务疏》云:"安民之策、御敌之略四十有二条,固不免支离之罪。"而且陈述的事情不适合君王观览:"尤极烦冗,不合于仰尘圣览。"尽管如此,但他深受孔子"春秋笔法"的影响,一方面强调圣人书写春秋历史,有时因人低贱,有时因事微小,不去记录:"《春秋》一经,圣人传其心法,以训万世。人有贱而不录,事有微而不书。笔削之旨,可谓至严矣。然麋蜮之小,螽螟之细,尽书而不削。"另一方面,强调圣人并非一概如此,有的事物虽微不足道,但关系重大,危害巨大,要不厌其烦记述:"物有微而所关者重,形虽小而所害者大,故辞烦而不杀,圣人之意深矣。"金齐闵以朱熹、陈亮的言行证明这种做法合乎事理。宦官和胥吏本是平庸低贱之人,大儒朱熹忧虑宦官而屡上奏章:"以朱熹之大儒,深忧于宦官,屡陈于章奏。"陈亮痛心胥吏而出忧愤之言:"以陈亮之名贤,亦曰'今天下胥吏之天下',此亦忧愤之言也。"总之,金齐闵自评《保邦要务》支离破碎,确为事实,但以孔子著史采用的"春秋笔法",应用于安民之策、御敌之略的书写,显然有不分轻重、不分彼此之嫌疑。

2. 尹拯(1629—1714)对《保邦要务》的评价。他肯定了《保邦要务》实用价值及作者才学。《保邦要务》不是空言虚词,而是经世有用之文。尹拯《鳌峰集序》:"今于鳌峰金公遗稿,得所谓《保邦要务》,方可谓有用之文,而不可以泯没。"世上流传文集虽多,却与世无补,很少与此相比:"窃观世人之以文集行于世者多矣,其不归于空言,而为有之无所补,无之无所阙者几希。"尹拯指出,《保邦要务》产生的背景很特殊,金齐闵"历万历壬辰、丁酉之难,目击时艰,方物出谋,为此四十有二条"。强调《保邦要务》是金齐闵切合时务,参之经史的结果:"其为说,稽之经而有本,验之于史而有据,其凿凿于时务事情之必然者,又皆明白切实而无可疑。"而且在危乱时具有重要参考价值:"安不可忘危,治不可忘乱。脱有缓急如异时,则当事任者,宁不有考于斯耶?"《保邦要务》的御敌安民方略不仅只顾眼前,而是考虑久远之计:"至其论御寇之策,而本之于安民。究安民之术,而归之于讲学。条理不紊,源委俱举,有非一时计策之士苟然为一切目前之图而已。"由此认为金齐闵见识深远,是贤良之才:"益可见公之为学,识其大者如此,岂不又贤矣哉!"

3. 从《孙子兵法》视角评价《保邦要务》。一则《保邦要务》提出诸多方略吸纳了孙子兵学思想精华,有的直接吸收,有的融汇其中。剔除《孙子兵法》对《保邦要务》的间接影响,《保邦要务》征引《孙子兵法》七个篇目,涉及

《计篇》《作战篇》《谋攻篇》《虚实篇》《九变篇》《九地篇》《地形篇》，由此可窥见金齐闵熟知《孙子兵法》，尤其对孙武"因粮于敌""谋攻""不战而屈人之兵"等思想极为重视。二是《保邦要务》发展并超越了《孙子兵法》既有思想。金齐闵既学习《孙子兵法》，又不止步于《孙子兵法》，对孙武攻守之术和精兵思想有深刻阐发，他的真知灼见建立在广博学识的基础之上，既熟知《孙子兵法》，也熟悉本国战史和中国历史，表现出非凡见识。三是《保邦要务》反映出金齐闵对《孙子兵法》的青睐，两次称赞《孙子兵法》，一次是"孙子十三篇，以计为首，其术可谓神妙不测矣"。① 另一次是"孙子之术，渊乎深矣"。② 显而易见，孙武用兵之术在金齐闵心目中占据重要地位。四是《保邦要务》对《孙子兵法》借鉴吸收并非尽善尽美，一方面，金齐闵不囿于《孙子兵法》章句，灵活而不教条。另一方面，将管仲之言错当孙子之言，出现了"张冠李戴"式的错误。这只是美玉之瑕，与《保邦要务》价值相比，可以说微不足道。

令人遗憾的是，金齐闵提出的御敌之策虽具操作性，但最终并未真正付诸实践，"不得见用于时，有所展布"。③ 纵然如此，金齐闵《保邦要务》依然折射出《孙子兵法》对壬辰战后朝鲜御敌之策非同寻常的影响。

二、《林下经纶》与孙子兵学

《林下经纶》作者洪大容（1731—1783），字德保，号湛轩，南阳人。洪大容初任缮工监监役，转敦宁府参奉，后改授翊卫司侍直，升任司宪府监察，后转任宗亲府典簿，出任泰仁县监，后任荣川郡守。朴趾源《洪德保墓志铭》称赞洪大容有统帅奇谋，不喜炫耀于人。治理地方，不过使官吏守法，民众信服而已："有统御奇略，独不喜赫赫耀人，故其莅数郡，谨簿书，先期会，不过使吏拱民驯而已。"郑寅普《湛轩书序》评价洪大容著述是佐助民生之学问："先生之书，其最要者，有曰《筹解需用》，有曰《林下经纶》。或精几何算数，或劬心政法，皆佐民之学。"

（一）洪大容通晓《孙子兵法》

洪大容迷恋《孙子兵法》体现在《杂咏》一诗："自谢公车后，日觉世情

---

① 金齐闵：《鳌峰集》卷三《保邦要务》，韩国古典翻译院：《影印标点韩国文集丛刊续》第4册，第77页。
② 金齐闵：《鳌峰集》卷三《保邦要务》，韩国古典翻译院：《影印标点韩国文集丛刊续》第4册，第77页。
③ 尹拯：《明斋遗稿》卷三十二《鳌峰集序》，韩国民族文化推进会：《影印标点韩国文集丛刊》第136册，汉城：景仁文化社，1994年，第161页。

疏。归去松楸下,先人有弊庐。玉粒盘中粟,牙签架上书。观鱼太乙舟,寻花尧夫车。农谈共邻叟,春酒侑园蔬。荣贵与清奇,由来难并俱。修省怀近忧,经济绝远图。长啸问千古,人生果何如。壮岁颇不羁,遂耽孙吴书。决机分惰锐,审敌在实虚。平生一宝刀,光气倚长嘘。居然已迟暮,万事足悲歔。穷经到白纷,寂寞同蠹鱼。折冲徒妄想,才术亦空疏。幸此逢圣世,生涯寄樵渔。收束云霄志,料理蓬荜居。欢喜微醺后,啸歌午睡余。百年有余乐,风月爱吾庐。"①此诗描写诗人谢绝公车征召,日益觉得人情疏远,回到乡下,那里有先人破敝的屋庐。感慨荣华富贵,清静美妙,很难一起得到。修身反省,心怀烦忧。长啸一声,问问千古,人生到底又能如何。"壮岁颇不羁,遂耽孙吴书"一句揭示了诗人在青春岁月放荡不羁,沉迷于《孙吴兵法》。另有一诗句"决机分惰锐,审敌在实虚"隐含了《孙子兵法》思想。大意是说决定战机关键在于分清敌人惰怠还是精锐状态,而审视敌情关键在于了解敌人虚实。"决机分惰锐"出自《孙子·军争篇》"避其锐气,击其惰归"。②

　　林大容通晓《孙子兵法》体现在《劝武事目序》,强调"讲武"可实现"不战而屈人之兵"。他疾呼武可百年不用,但不可一日不讲。在他看来,一是衰乱之际讲武,则可折冲御侮,使王室同仇敌忾。二是太平之时讲武,则可断绝奸人觊觎之心,杜绝祸乱发生。三是时时讲武就可不战而屈人之兵,此是兵家所说最佳者:"此所以不战而屈人之兵,而兵家之所谓善之善者也。"③洪大容此说出自《孙子·谋攻篇》"不战而屈人之兵,善之善者也"。④值得注意的是,洪大容将时时讲武视为实现孙武"不战而屈人之兵"的方式之一,此种诠释进一步丰富了孙武"不战而屈人之兵"的思想内涵。

　　洪大容认为,射技固然是兵家擅长技艺,只不过取胜一人之敌罢了。若没有正确可行方法,即使有后羿、养由基一样的射技,也不能充分施展巧妙。因此,必须注意发现那些"不出帷幄之中而折冲千里之外者"。这类人才特点是可准确估量自己,判断敌情,出谋划策,把握时机,果断行动:"若乃量己度敌,发谋决机。不出帷幄之中而折冲千里之外者,其功固不在于射。"⑤军

---

① 洪大容:《湛轩书·内集》卷三《诗·杂咏》,韩国民族文化推进会:《影印标点韩国文集丛刊》第248册,汉城:景仁文化社,2001年,第77页。
② 杨丙安:《十一家注孙子校理》,第150页。
③ 洪大容:《湛轩书·内集》卷三《序·劝武事目序》,韩国民族文化推进会:《影印标点韩国文集丛刊》第248册,第72页。
④ 杨丙安:《十一家注孙子校理》,第45页。
⑤ 洪大容:《湛轩书·内集》卷三《序·劝武事目序》,韩国民族文化推进会:《影印标点韩国文集丛刊》第248册,第72页。

队将官士兵中有这样的人才,关键是人人自勉,这是现今讲武根本用意。值得注意的是,洪大容"量己度敌"之说出自《孙子·形篇》:"兵法:一曰度,二曰量,三曰数,四曰称,五曰胜。地生度,度生量,量生数,数生称,称生胜。"①这一特定程序是严谨考量敌我双方实际情况,以此决断胜败情形。洪大容将孙子此说精辟概括为"量己度敌"之说,更为简洁明了。由此可见,洪大容学习《孙子兵法》下了一番工夫。

(二)《林下经纶》植入孙子兵学思想

《林下经纶》提出了一套系统的筑城和守城方法。引人注目的是,其中闪耀着《孙子兵法》智慧的光芒。

1.《林下经纶》点明筑城需避开《孙子兵法》所说的"绝地"。朝鲜半岛多山,地形险要。长久以来,筑城防御一向是其基本国策。洪大容提出具体的筑城之法:一是女墙修建须高一丈。第二,每隔百步,修建瓮城。第三,修建羊马墙。第四,重视守城外围问题。五是守城要有丰富水源。洪大容在此特别提醒,修筑之城虽险要无比,但不可处于"绝地"。诚如所言:"虽有天堑之险,未免为兵法之绝地也。"②他所言的"兵法"是指《孙子兵法》,所说的"绝地"是孙武提出的一个军事地理术语。《孙子·九变篇》曾对"绝地"环境下如何行动给予明确说明:"绝地无留。"③"绝地"这种环境因生存资源极度匮乏,置身其中,难以生存。李筌对孙武"绝地无留"的注解让人豁然明朗:"地无泉井、畜牧、采樵之处,为绝地,不可留也。"洪大容认为,不论地势如何险要,水源是筑城一定要考虑的问题。

2.《林下经纶》表明洪大容青睐《孙子兵法》"不战而胜"的思想。洪大容指出,先王之道和六经要旨是"治人者先治其身,治身者先治其心。"只有义理积于心,才能仁爱万物,三王所以惠泽万世。汉武帝虽有伟大功绩,拓地千里,杀敌百万,但付出的代价高昂,战死者过半,太仓粮食用尽。因而,用兵的最佳境界是不战,最不吉利是"好战":"汉武帝奋天下兵,拓千里地,杀匈奴百万而兵死者过半,得牛羊千万而太仓粟竭,是黩武之过也。是以兵莫善于不战,莫凶于好兵。"④洪大容所言"兵莫善于不战",其义取自《孙子·谋攻篇》:"百战百胜,非善之善者也;不战而屈人之兵,善之善者也。"⑤

---

① 杨丙安:《十一家注孙子校理》,第77—78页。
② 洪大容:《湛轩书·内集》卷四《补遗·林下经纶》,韩国民族文化推进会:《影印标点韩国文集丛刊》第248册,第86页。
③ 杨丙安:《十一家注孙子校理》,第168页。
④ 洪大容:《湛轩书·内集》卷四《补遗·林下经纶》,韩国民族文化推进会:《影印标点韩国文集丛刊》第248册,第86页。
⑤ 杨丙安:《十一家注孙子校理》,第45页。

他举例说明"好战"与"不战"的效果差别鲜明。秦朝蒙恬役使百万之众修筑长城,以此威迫匈奴,却不能补救赵高带来的望夷之祸。辩士鲁仲连以三寸之舌折服魏国将军辛垣衍,使秦国军队后退三十里。

3.《林下经纶》品评《孙子兵法》的奇正之术。洪大容认为,善用兵者本应做到奇正之术相互产生,无穷无尽:"奇正相生,如循环之无端,善用兵者固能如是。"①他所言"奇正相生,如循环之无端",出自《孙子·势篇》:"奇正相生,如循环之无端,孰能穷之?"②洪大容还以"四时"解释奇正之术的变化如同一年四季,永远没有穷尽:"四时之取比,只言其生生之不穷而已。"③值得注意的是,洪大容所言"四时之取比",是孙子形容奇正之术相互转化时采用的一个比喻,《孙子·势篇》:"死而复生,四时是也。"④洪大容以反问的方式指出,奇正变化之术不可做胶柱鼓瑟的解释:"若以奇正合变之术而谓之与四时合其序,则是孙吴亦圣人而已矣,不亦误乎?"⑤言外之意,洪大容并不认为孙武是真正圣人,在他的心目中,真正圣人是孔子。洪大容强调为将之道,先正其心。音乐美色不足以改变其节操,金钱玉帛不足以动摇其志向。泰山崩裂,河海决堤,不足以改变其面色。只有这样才可治兵,才可自守,才可御敌。凭借一人之身统御三军之众,处事而不迷茫,临战而不恐惧。

4.《林下经纶》肯定"吕邓之事"与"孙武之说"相符合。洪大容直言:"吕邓之事,果与孙武之说合。"⑥但对"吕邓之事"并未作任何的解释。结合《林下经纶》讨论攻城和守城的问题,笔者推断"吕邓"可能是指两位重要历史人物:一是吕尚;二是邓禹。吕尚辅佐周武王伐纣,商朝都城朝歌虽兵精粮足,防守坚固,但武王军队依然攻入朝歌。邓禹曾不攻长安,认为长安是"四战之地",即使攻下,也无法占有。《孙子·谋攻篇》强调,进攻敌人需要谋划,故洪大容所言"吕邓之事"合乎"孙武之说"。洪大容认为,无论攻城成功,还是不去攻城,关键取决于当时的形势和人事谋划,显然这与孙武"谋攻"的主张相吻合,是兵家的要旨。有人讲求逆取顺守,洪大容认为这是不了解道义的作用,只有"有道"伐"无道",才可得到天下人的普遍响应。

---

① 洪大容:《湛轩书·内集》卷四《补遗·林下经纶》,韩国民族文化推进会:《影印标点韩国文集丛刊》第248册,第86页。
② 杨丙安:《十一家注孙子校理》,第90页。
③ 洪大容:《湛轩书·内集》卷四《补遗·林下经纶》,韩国民族文化推进会:《影印标点韩国文集丛刊》第248册,第86页。
④ 杨丙安:《十一家注孙子校理》,第88页。
⑤ 洪大容:《湛轩书·内集》卷四《补遗·林下经纶》,韩国民族文化推进会:《影印标点韩国文集丛刊》第248册,第86页。
⑥ 洪大容:《湛轩书·内集》卷四《补遗·林下经纶》,韩国民族文化推进会:《影印标点韩国文集丛刊》第248册,第87页。

5.《林下经纶》怀疑孙武之说未必出自周代制度。洪大容有这样的论断:"孙子之说,未必出于周制。"①所言"孙子之说",实指"孙武用兵之说"。怀疑理由是管仲和孔明采用权宜之计,孙武用兵之说只是一时制胜方法,不完全合乎先王制度。在他看来,井田制度难以推行,先辈业已阐明。当今之世虽不能全部返回古代,但善于谋划的治国者一定通晓制度的变更。有人认为山川狭窄,地势高低,不值得担忧,这是肤浅之言。三代兵车使用,于今考之,非常迂阔。可是人心机巧,器械便利,也可从叔季家族衰败中得到验证。武刚车、偏箱车用以战守,各得其便,谈兵者虽讲却不使用。只有通衢大道才便于往来,而我国的战车使用比不上中国,前后东征军队未听因车战而取胜,这是地形不适合的缘故。

6.《林下经纶》阐释《孙子兵法》战术思想。洪大容解释:"勿迫勿追,盖缓之以开其生路,不使其并力齐心死中求生也。围师必阙,亦此意也。"②洪大容所说"勿迫勿追",是指《孙子·军争篇》"穷寇勿迫"③之说。由于《孙子兵法》版本不同,"穷寇勿迫"有时亦作"穷寇勿追"。洪大容认为不去逼迫,不去追赶,这种迟缓是给敌人留条活路,为了不使敌人齐心协力,死中求活。此外,所言的"围师必阙"④亦出自《孙子·军争篇》,并指出孙子所言"穷寇勿迫"和"围师必阙",二者用意相同,"穷寇勿迫"和"围师必阙"并不是放纵敌人,最终目的是为了消灭敌人,所以有时设置埋伏歼灭敌人,有时从后面追击敌人。他引用古语强调:"一日纵贼,十世之患。"

7.《林下经纶》对《孙子兵法》攻城准备时间作出回应:"距闉,果是土山。上有皮屋,所以防矢石使候望也。虽然,距闉极是难成,所以孙子云'三月而成也'。"⑤洪大容指出攻城"距闉"的建造不容易,因而有了孙子攻城准备"三月"之说。其实"三月"并非实指,而是虚指,表示所用时间之长。此说来自《孙子·谋攻篇》"攻城之法,为不得已,修橹轒辒,具器械,三月而后成;距闉,又三月而后已。"⑥既已完成攻城准备之后,有时以干盾,有时以帷幔。有时使用木屋、土壁,无所不用。城外若有窥视城中的山峰,乃是天然

---

① 洪大容:《湛轩书·内集》卷四《补遗·林下经纶》,韩国民族文化推进会:《影印标点韩国文集丛刊》第248册,第87页。
② 洪大容:《湛轩书·内集》卷四《补遗·林下经纶》,韩国民族文化推进会:《影印标点韩国文集丛刊》第248册,第87页。
③ 杨丙安:《十一家注孙子校理》,第159页。
④ 杨丙安:《十一家注孙子校理》,第158页。
⑤ 洪大容:《湛轩书·内集》卷四《补遗·林下经纶》,韩国民族文化推进会:《影印标点韩国文集丛刊》第248册,第87页。
⑥ 杨丙安:《十一家注孙子校理》,第48页。

的"距闉",这是古人所说的不守之城,值得借鉴。

8.《林下经纶》推崇《孙子兵法》"不战而屈人之兵"。洪大容指出,"搜伏之法"是行军不可不用之法,古人注重此法。有些愚昧平庸的将帅往往由此而失败。例如庞涓追击孙膑,倍道兼行,卷甲而趋,即使想搜索埋伏,实际上不可能。军队是伤人之器。不杀坏人,好人不能生存。杀有罪之人,可使无罪之人生存。这是圣人用兵之义。仁可爱人,义可轻财,礼可尊贤,智可审机,信可守道,勇可断疑,威可御下,忠可事上。此八种品德正是兵家追求的道义,圣人加以用之。壕沟阻击,争强好胜,死伤过半,正是用兵的灾难。攻城略地,百战百胜,是用兵的下等。"仁义成于内而敌国息于外,不战而屈人之兵者,乃圣人所以生人之具,而兵之善之善者也。"① 洪大容强调"不战而屈人之兵"是圣人使人生存之法,是用兵的最佳境界。显然,他在孙武"不战而屈人之兵"思想基础上植入了儒家仁义之道。

从《林下经纶》内容看,分为两部分:一是讲国家治理;二是谈城市防守。讲国家治理在前,谈筑城防守在后。根本用意是在表明,只有治理好国家,才能做好城市防守。洪大容强调,谈论古代不难,通晓当今却很难。空谈没有价值,适用才有价值。试看当朝军政制度,选兵有束伍之法,部署军队有镇管之设,养兵有良役之制,教兵有指南之书。兵甲储备精良,粮食储备充足。训局有五千健儿,可壮国威。禁御二军有数万之兵,轮番宿卫。皆是先王创立的美制,推行时间长久,弊端产生,军政制度荒疏已很严重。当今之计是对原有制度加以检讨,改革存在弊端的军政制度,这是洪大容《林下经纶》最终出发点。相比《劝武事目序》而言,《林下经纶》更能见识洪大容研习《孙子兵法》的火候与独到之处,他结合实际情况,将《孙子兵法》重要思想有机融入筑城和守城的军事理论,进一步丰富、发展了朝鲜王朝原有的军事防御理论。

三、《孙子髓》与孙子兵学

赵羲纯(1814—?),字德一,号学海堂,平壤人。进士。1839 年,廷试武科。1864 年,任竹山府使。1866 年,任富宁府使、训炼都监千总、内禁将。1868 年,任左副承旨。1872 年,任济州牧使。1873 年,任庆尚北道兵马节度使、嘉善大夫。1874 年,任左承旨、都总府副总管。1875 年,任同知中枢府。1876 年,任咸镜北道兵马节度使、北兵使。1879 年,任禁军别将。1880 年,

---

① 洪大容:《湛轩书·内集》卷四《补遗·林下经纶》,韩国民族文化推进会:《影印标点韩国文集丛刊》第 248 册,第 87 页。

任南阳府使。1881年,统理衙门,经理机务衙门事务。1882年,壬午军乱,大院君任命为禁卫大将、御营大将、训炼大将、左边捕盗大将。由此观之,赵羲纯有长期从事军政活动的丰富经历。

赵羲纯少年时喜爱兵学,非常留意史书中的战例,常常用以参证《孙子兵法》。诚如《孙子髓·自序》所言:"余少喜兵家言,读史至有国战守,未尝不三复,拟以胜败之迹,参征于《孙子》。"①金学性(1807—1875)评价其才识卓越:"赵君,武名而儒行者也。于书无不读,读而悟其真谛,见识迢迈,妙有自得之神。"②他擅长谈兵和演阵,如同南宋时人陈亮和蔡元定:"尤长于同甫之论兵,西山之演阵。"其中"同甫"是指陈亮,字同甫。"西山"是指蔡元定,字西山。金学性夸赞赵羲纯分析前人微妙之本义,仿佛是汉人扬雄:"分析古作者微奥,厘为一家之藏。虽谓之后世子云,未为侈语也。"其中"子云"是指汉人扬雄,字子云。

(一)《孙子髓》编撰缘起

赵羲纯《孙子髓》是注解《孙子兵法》之作,那么他为何要注解《孙子兵法》?主要是因前人注解存在许多问题。由于《孙子兵法》影响力巨大,在兵家著述中独占鳌头,所以注家异常之多。从魏晋至明代,共有八十多家注解《孙子兵法》:"唐文皇(唐太宗)亦云:'诸兵书无出《孙子》。'是则注释之所以独多也。魏晋迄明,凡八十余家。"虽说如此,但也存在问题。即使最受世人关注的曹操和刘寅两注家,也不例外。影响最大的是曹操,多能领会《孙子兵法》言外之意,后世注家极少有人与之相比:"曹孟德而为称首,不止用兵仿佛孙吴,兼又文章,权舆典午,多得言外之意,有非后世能言之士,所可几及。"在赵羲纯看来,曹操恃才自夸,注解《孙子兵法》未下大工夫:"然往往瑕不掩瑜,岂以下笔在得意后,务于矜伐而未暇攻苦欤?"而明人刘寅《孙武子直解》流传很广,浅显易懂,武学之士对其颇为青睐。赵羲纯怀疑此书刊行时,更好的《孙子兵法》注解本还未传到朝鲜半岛:"刘寅说极浅近,可无讥,而今偏(遍)列于武学,岂刊行时他善本未及东来欤?"显而易见,赵羲纯对曹操和刘寅注解《孙子兵法》不满意,更遑论其他注家了。

撰写《孙子髓》颇为曲折,赵羲纯早年有意撰写。可是,一看到邓廷罗《兵镜》和李贽《孙子参同》后,又想到司马穰苴、吴起、尉缭、吕尚、黄石公、李靖之说,于是打消了这一念头。诚如《孙子髓·自序》所记:"先我而邓廷

---

① 赵羲纯:《孙子髓·自序》,首尔:高丽大学图书馆收藏本,1869年。
② 金学性:《孙子髓·序》,赵羲纯:《孙子髓》。

罗有《兵镜》之撰,更思以六子之绪言,翼附于《孙子》。先我而李卓吾有《参同》之述,为宵然缀作者。"晚年,赵羲纯始撰《孙子髓》,鉴于主客观条件已具备:一是晚年不再留恋功名利禄。在家养病,有闲暇时光:"晚有幽忧之疾,无意于当世。养疴山斋,容易得闲。"二是教导儿子,发现《孙子兵法》汇解之书不能令他满意。无论精劣,全部照收,不能折衷。而且,言语萎靡无力,读之感到烦闷:"儿子头角稍长,有志学裘。请业甚勤,取刊本汇解,试使读之。而粹驳兼收,欠于折中。语气萎苶,苦不当意。"①三是赵羲纯偏执的个性,不愿接受。于是亲自注解《孙子兵法》,用以教导儿子。他下工夫,希望有自己的创获:"性又褊拗,不能苟从。窃不自揆,每手疏数,则而课之。盖以百己之工,容有一得之愚耳。"值得注意的是,赵羲纯早年喜好兵学,以及长期担任军政官员的经历,为撰写《孙子髓》打下了良好基础。

《孙子髓》书名有来历,据《孙子髓·自序》载,此书名源于客人所赐。赵羲纯注解《孙子兵法》完成后,有位客人,一向对人刻薄。读过此书后,颇加赞赏,并发表看法,声称自己少年时就有写此书的志向,阅读了很多书籍,发现《孙子兵法》总是被注家曲解,千年以来,无人对此阐释清楚:"《孙子》一书,欠为注家所冤,千载之下,莫有白者。"客人赞扬赵羲纯创作此书,极用心,达到了"剥其肤"和"精入髓"的程度:"今子是编,专推究用心。下字处,几乎剥其肤而精入髓矣。盖以是名之。"赵羲纯欣然接受建议,将此书命名为"《孙子髓》"。

(二)《孙子髓》的注解方式

1. 以儒家经典注解《孙子兵法》。具体表现为:其一,引用《孟子》和《荀子》注解《孙子·始计》:"道者,如孟子所谓'民皆亲上事长'。荀卿所谓'子弟卫父兄,手臂捍头目,不待勉强也'。"②其二,引用《诗经》和《周易》注解《孙子·谋攻》:"惟以谋攻人,使敌国不战而服,以至军旅卒伍,无往而不求全。无智名,无勇功,不伤财,不害民,胜无形而收全功,乃用兵之极致。《诗》曰'不大声以色',《易》曰'聪明睿智神武而不杀',几矣。"③赵羲纯不仅强调谋攻的重要性,而且对孙武"无智名,无勇功"加以阐发,孙武此说出自《孙子·形篇》"无智名,无勇功"。④ 其三,引用《尚书》注解《孙子·火攻》:"《书》曰:'月之从星,则以风雨。'又曰:'星有好风。'"⑤

---

① 赵羲纯:《孙子髓·自序》。
② 赵羲纯:《孙子髓·始计》。
③ 赵羲纯:《孙子髓·始计》。
④ 杨丙安:《十一家注孙子校理》,第74页。
⑤ 赵羲纯:《孙子髓·火攻》。

2. 以兵学经典注解《孙子兵法》。一则引《吴子》注解《孙子·作战》:"车战得车十乘以上者,赏其先得者":"车战得车,吴起之令曰:'车不得车,骑不得骑,徒不得徒,虽破军,皆无功。'"此注解出自《吴子·励士》。二则引《三略》注解《孙子·始计》"道者,令民与上同意":"《三略》曰:'如肢体相随,骨节相救。'"①此注解出自《三略·上略》。三则引《尉缭子》和《李卫公问对》注解《孙子·始计》"多算胜,不算不胜":"尉子曰:'不暴甲而胜者,主胜也。'"又曰:"兵有胜于朝廷,多算之谓也。"李靖曰:"前代战斗,多以术而胜无术,片善胜无善,少算无算之谓也。"前一注解出自《尉缭子·兵谈》,后一注解出自《李卫公问对》卷上。四则引《司马法》注解《孙子·谋攻》"识众寡之用者,胜":"《司马法》曰:'用寡固,用众治。寡利烦,众利正。'"②此注解出自《司马法·用众》。五则引《六韬》注解《孙子·形》"见胜,不过众人之所知,非善之善者也":"《六韬》曰:'智与众同,非国师。'"③此注解出自《六韬·军势》。

3. 以重要史籍注解《孙子兵法》。其一,引《汉书》之注注解《孙子·作战》"内外之费,日费千金":"则兼计内外军资之费,约日千金也。奉,需也,具也。《汉书》注云:'秦以一镒为一金,汉以一斤为一金,盖黄金也。'"④此注解引用了《汉书》颜师古注。其二,引《周礼》注解《孙子·作战》"丘牛大车":"《周礼》:'九夫为井,十六井为丘,出戎马一匹,牛三头。六十四井为甸,出长毂一乘,戎马四匹,牛十二头,甲士三人,步卒七十二人。'"此注解出自《周礼·地官·小司徒》。其三,引《资治通鉴》注解《孙子·九地》"迂其途":"迂其道,所以诡也。如汉兵绕出延岑军后是也。"此注解出自《资治通鉴》卷四二。

4. 以史事注解《孙子兵法》。例如注解《孙子·始计》:"能而使之不能,用而示之不用,近而示之远,远而示之近。利用而诱之,乱而取之,实而备之,强而避之,怒而挠之,卑而骄之,佚而劳之,亲而离之。"古人称之为"诡道十二法"。具体而言,一是注解"'能而示之不能',如孙权之任陆逊,以其无名也"。二是注解"'用而示之不用',如秦用白起而戒勿泄也"。三是注解"智伯遗凤繇钟而以兵随之,'利而诱之'也"。四是注解"齐因子之之乱而取燕,'乱而取之'也"。五是注解"随侯听季梁而修政,'实而备之'也"。六是注解"句践事吴,'强而避之'也"。七是注解"晋拘宛春,'怒而挠之'

---

① 赵羲纯:《孙子髓·始计》。
② 赵羲纯:《孙子髓·谋攻》。
③ 赵羲纯:《孙子髓·军形》。
④ 赵羲纯:《孙子髓·作战》。

也"。八是注解"唐高祖下李密,'卑而骄之'也"。九是注解"吴分三军肄楚,'佚而劳之'也"。十是注解"汉委陈平,间楚君臣,'亲而离之'也"。① 孙子"诡道十二法"中,只有"近而示之远,远而示之近",赵羲纯未引史实注解。另引《左传》晋楚争霸史实注解《孙子·九变》"趋诸侯以利":"有所利故自趋焉,如来朝乞师之类是也。此节借承利害而遂及霸者之略,盖谓将不适权而虑不杂于利害,则亦不能以害屈诸侯,以利趋诸侯也。桓文之后,晋楚竞霸,迄武子时犹然,故其言如是。"②

(三)《孙子髓》注解成就

赵羲纯指出,孙武著书用心良苦:"更无前一步,所以不可轻言,亦不敢遽言也。故其难其慎,直至著书将竟,才肯说出。既已说出,则又不容引而不发。故屡言不一言,期至披露无余而后已,此孙子之苦心也。"他提醒学者仔细玩味《孙子兵法》,借此立功行事:"行兵所处之地凡九,而由浅渐深,至死地而无复所往矣。忽然开出生路,不惟免于危亡,且可藉以立功立事,此正所谓'众陷于危,然后能为胜败者也'。学者宜深味而玩索也。"③

没有继承,就没有创新。赵羲纯充分吸纳了前人注解《孙子兵法》的成果,呈现出《孙子髓》大量援引各家注解,有曹操、王凌、张子尚、贾诩、孟氏、沈友、李筌、杜牧、王晳、张预、贾林、梅尧臣、陈皞、杜佑、何氏、解元、张鏊、李材、黄治、孙镐、纪燮、苏洵、王沂、唐顺之、王世贞、陈深、李贽、梅国桢、焦竑、郎文焕、陆宏祚的注解,为《孙子髓》一书进行集成创新打下了坚实基础。

《孙子髓》在吸纳前人注解成果的基础上,推陈出新,多有发明,无疑取得了卓越成就。金学性《孙子髓序》指出,出现此书以前,对《孙子兵法》的注解和研究就已特别详尽完备:"其章句之分疏,旨义之订翼,诸家汇解,已备矣。"读了《孙子髓》后,对之刮目相看。赵羲纯整合了儒家和兵家之说,考证辩驳,分析同异。尤其《孙子髓》每篇附录都有诸多创见:"近阅赵君羲纯所撰注释,本诸儒术,参以武经,辨难旧注之穿凿,折衷群言之同异,间附己意,发前未发者多,迂直歧径,井井若航海之分针。"④分明如同航海的指南针一样。

《孙子髓》注解的成就主要表现在四方面:(1)解读《孙子兵法》篇目的逻辑性。其一,解释《始计》篇目设计:"凡欲兴师动象(众),君相与吁谋于庙堂之上,校计彼我之情,见胜乃举。故有不战,战必胜。其法则五事七计

---

① 赵羲纯:《孙子髓·始计》。
② 赵羲纯:《孙子髓·九变》。
③ 赵羲纯:《孙子髓·九地》。
④ 金学性:《孙子髓·序》。

也。随其得算多小(少),以知胜负。首《始计》。"①其二,解释《作战》篇目设计:"既校计而得多算,斯可兴师矣。但十万之象(众),日费千金,国贫于远输,气挫于久顿。则虽有破军杀将之功,而诸侯起而乘其弊。故必因粮于敌,而以速为贵。然后乃能胜敌而益强,所谓合于利而动,不合于利而止也。故次《作战》。"②其三,解释《谋攻》篇目设计:"兵凶战危,不得已用之,故虽多算胜于庙堂,而预料其劳费。兵威震于敌国,而或虑于内虚,所以优游恬淡而不进者,非止恐伤人物而已,必务以谋攻人。如鲁连之取聊城,韩信之下全燕,无亡矢遗镞之患,而有拓土服众之实,斯乃上着也。故次谋攻。"③其四,解释《军形》篇目设计:"上兵伐谋,其次伐交。而若伐未及谋,交亦已合,则惟有战耳。故前此三篇,皆不欲战之意。至于不得已而战,亦必制敌于万全,不可求胜于侥幸。故先为不可胜,以待敌之可胜,形之以有余不足,而终能自保全胜。宁可无智名勇功而务归先胜后战,于是乎兵始形矣,故次军形。"④这些解说反映了作者深刻的见识。

(2) 注解《孙子兵法》准确到位。例如注解《孙子·用间篇》"先知者,不可取于鬼神,不可象于事,不可验于度":"所谓先知者,有取于鬼神者,巫祝是也。有象于事者,卜筮是也。有验于度者,推测是也。"此注解指出三种预知敌情的错误观念:一是通过巫祝;二是通过占卜;三是通过推测。注解《孙子·九地篇》"始如处女,动如脱兔":"处女婉弱,脱兔捷疾。脱,脱于罝也。"此注解将孙武的比喻"如处女"和"如脱兔"所形容的主要特征解释的淋漓尽致。

(3) 指出前人注解《孙子兵法》存在的问题。其一,如《孙子·始计篇》"将听吾计"。赵羲纯认为前人注解有误。"将"是指"专征者","吾"是指"国君"。理由是此篇讲"庙算":"旧注以将听吾计之将为偏将,误矣。此篇以庙算而言,则计出于君主,而将指专征者也。"所说的"旧注",是指刘寅《孙武子直解》中对《孙子兵法》的注解:"将,裨将","吾,将帅"。其二,如《孙子·始计篇》"近而示之远,远而示之近"。赵氏曰:"远近互形,或攻伐之地,或兴师之期也。"⑤以往注解只从一个方面做出解释,而赵羲纯认为,应从两个方面解释更合理:一是从空间上解释;二是从时间上解释。这一解释更合乎孙武义旨。其三,如《孙子·始计篇》"地者,远近、险易、广狭、

---

① 赵羲纯:《孙子髓·始计》。
② 赵羲纯:《孙子髓·作战》。
③ 赵羲纯:《孙子髓·谋攻》。
④ 赵羲纯:《孙子髓·军形》。
⑤ 赵羲纯:《孙子髓·始计》。

死生也"。赵氏曰:"旧注以险易为势,广狭为形,死生为机,误也。"将"死生"解释为"死生为机"。赵羲纯指出,未战之前不可能研究时机这一问题:"机者,随时而变者也。安有未战而论势与机哉,盖谓地有远近、险易、广狭、高下之形耳。"其四,如《孙子·火攻篇》"火队",赵羲纯指出,孙武时代根本就没有火炮,而是投石机:"旧注云:临战,以火炮火车,烧其队伍。孙子时,安得有火炮乎?炮者,本投石之机,而后世借用耳。"①其五,如《孙子·九地篇》"死地则战"。赵羲纯阐明,善用兵者一心追求"死地",不可认为有误:"贾林以死地为误,居此地,速战则生。善用兵者,惟死地是求,何云误居耶?"

(4)注解《孙子兵法》提出新见解。其一,赵羲纯注重分析事理,阐明孙武谨慎选择将帅的缘由。比如孙武所谓"七计"中有四种归属"五事",三种归属于"将":"虽主有道,天地得,法令行,而兵强卒练,信赏必罚,在将得其人,故以七计之四,总之五事,而余三者归重于将,所以审慎于置将也。"②其二,赵羲纯注重对《孙子·九地篇》"危亡"和"利害"辩证分析。他怀疑孙武学过《易经》:"《易》曰:危者,安其位者也。亡者,保其存者也。孙子岂尝学《易》者欤,何其言之有合也。兵法极致,尽此数语。而前此十篇,故秘不发,盖不可妄传也,至此遂和盘托出者,亦不可不传也。"他从辩证角度对"利害"作出解读:"害,犹云利害也。胜败,犹云判决也。俗语云:甚是利害者,犹云甚害也。害之带利,正如胜之带败,故如是解。"其三,赵羲纯注重联系实际,不盲从曹操注解。例如,曹公注解《孙子·作战篇》:"军行已出界,近师者贪财,皆贵卖,则百姓虚竭。盖云千里馈粮,则以为列国地境,无过千里,故谓之出界也。"受到张预注解启发:"近师之民,必贪利,而贵卖其物于远来输粮之人,则财不得不竭。盖虑其无与货卖者,寻得输饷人,以当百姓,而不自知其倍理耳。"张预认为曹操此说违背了事理,赵羲纯进一步批判曹操注解不当之处:"果军已出界,则近师者,敌国之民也。将收堡未遑,安有货卖,贾不易肆,遂(邃)古莫追。而曾谓战国而有之乎?况我兵民与敌人杂凑而无禁,则岂得谓军政乎?此必无之事也。岂可以曹公之言,而遂置不辨也。"另外,赵羲纯联系近代技术发展,"近世火法大行,战必以火,硝磺、毒烟、猛火油之料,何如灌脂、束苇之具。地雷、大炮、火箭之器,何如燔其积聚",并指出火攻战术根本不必再等敌人内部有人响应:"乘其救火耶,况复不拘躔离,无待内应,发之自我而气焰所及,盈野盈城,此古今之大变也,机

---

① 赵羲纯:《孙子髓·火攻》。
② 赵羲纯:《孙子髓·始计》。

变而用亦随之。"①其四,赵羲纯综合各家学说,提炼新见解。"王守仁曰:'有余不足,毕竟是审势。如孙子十三篇"十则围之,五则攻之"等句,可见矣。'据太宗云'守之法,要在示敌以不足',若有余,则固不必守矣。若果不足,则示敌以来攻,岂计之得也。盖攻与守,原是二事。惟能守,便能攻。能攻,便能守。所以攻是守之机,守是攻之策。其实一也。譬之棋者,欲杀他人,先活自己,岂二其官哉?"②在王阳明、唐太宗和李靖对《孙子兵法》攻守学说的基础上,重新阐明"攻守"之义:"按卫公深得孙子本意,而得太宗说益明,又经阳明点缀,而义无余蕴。"其五,赵羲纯通过比较,反驳原有注解穿凿之处:"非利不动一段,亦与火攻无干。而注家附会,以为不可轻用火攻,而尤宜警慎。五兵五火等是凶器,杀人以挺(梃)与刃,有以异乎?"③他认为"五火"与"五兵"没有本质差异,都是杀人之具。其六,赵羲纯融会贯通《孙子兵法》,阐发新意。"老苏设勇者、怯者、勇怯半者三等人,以喻谏净。今借以喻兵,盖一耳目,齐勇怯,求之于势,以势战人,譬则勇者之贪赏也。加以治气、治心、治力,以至令文齐武,譬则勇怯半者之怵而从之也。陷死地,则怯者之迫于虎也,是兵家最高地位,更无上一层,亦即最危境界。"④赵羲纯融合苏洵之论,以及《孙子·势篇》"求之于势",⑤《孙子·军争篇》"治气""治心""治力",⑥《孙子·九地篇》"陷之死地",⑦使怯者如何一步步处于最急迫的境地,从而更好地理解"最危境界"才是在兵家用兵之法中占有最高地位。

(四)《孙子髓》注解的不足

尽管如此,《孙子髓》也非尽善尽美。不足之处主要表现在以下方面:一是赵羲纯过分受儒家思想影响,难免偏离兵家之道。例如,赵羲纯认为聪明者能预见事情,根本用不着间谍。虽然心中所想,最终也会表现出来,所以一些隐秘之事就会显露:"几者,动之微,吉凶之先见者也。未有蓄于中而不见乎外者,故登楼谋莒而莫掩野老之目。密室议赦而先播市人之耳。"聪明者通过察颜观色,就可在无形中得以预见:"矧兹枢机,形于色辞乎,是以见侧目,则知其说之已泄,听言肆,而察其情之惧我。由此推之,明者见于无

---

① 赵羲纯:《孙子髓·火攻》。
② 赵羲纯:《孙子髓·军形》。
③ 赵羲纯:《孙子髓·火攻》。
④ 赵羲纯:《孙子髓·九地》。
⑤ 杨丙安:《十一家注孙子校理》,第98页。
⑥ 杨丙安:《十一家注孙子校理》,第150—151页。
⑦ 杨丙安:《十一家注孙子校理》,第261页。

形而无待乎间。"①赵羲纯对孙武用间评价极低,认为此是下策。当然也受唐代名将李靖影响:"李靖之论曰:水能载舟,亦能覆舟。或用间以成功,或凭间以倾败。孙子用间,最为下策。可为不善用间者之戒。"②他的看法一方面认识到用间存在失败现象;另一方面指出不善用间造成的危害。二是树立"孙子用间,最为下策"的思想观念,无疑弱化了用间的重要性。三是赵羲纯认为《孙子·火攻篇》已经过时,此种断言有些绝对:"此篇(《火攻》)所论几于陈迹。"③火攻形式虽已发生变化,可是火攻效果并未因此降低。赵羲纯更不应将《孙子·火攻》中论述的"水攻"一概全部否定。

总之,诞生于朝鲜王朝后期的《孙子髓》,荟萃了前人注解精华,集《孙子兵法》注解之大成,是当时孙子兵学研究的典范之作,是朝鲜王朝孙子兵学注解的标志性成果。

第三节 孙子兵学与儒学对冲

发源于华夏大地的孙子兵学和儒学,很早以前传播到朝鲜半岛,并对朝鲜半岛产生了深远影响。其中,孙子兵学和儒学在朝鲜王朝不同历史时期发挥着各自的作用。中外学界对于儒学在朝鲜半岛的传播研究成果颇丰,④不足之处是缺少对儒学与孙子兵学互动的研究。从孙子兵学与儒学互动来看,曾出现孙子兵学与儒学对冲现象。就变化而言,这种兵儒对冲现象呈现三个发展阶段:一是孙子兵学"惟吾独尊";二是孙子兵学趋于儒学之下;三是孙子兵学与儒学共融。

---

① 赵羲纯:《孙子髓·用间》。
② 赵羲纯:《孙子髓·用间》。
③ 赵羲纯:《孙子髓·火攻》。
④ 代表性论文:陈来:《略论朝鲜李朝儒学李滉与奇大升的性情理气之辩》,《北京大学学报(哲学社会科学版)》1985年第3期;张敏:《儒学在朝鲜的传播与发展》,《孔子研究》1991年第3期;梁宗华:《朝鲜儒学的本土化与民族化历程》,《中国哲学史》2005年第4期;崔英辰、邢丽菊:《朝鲜王朝时期儒学思想的基本问题——以性理学和实学思想为中心》,《哲学研究》2006年第4期;崔英辰、邢丽菊:《朝鲜时期儒学思想史的分类方式及其问题点——以主理、主气问题为中心》,《世界哲学》2008年第2期;申昌镐:《朝鲜对中国儒学的接受——以栗谷李珥的〈圣学辑要〉为中心》,《山东大学学报(哲学社会科学版)》2011年第5期;金香花:《"四七之辩"的肇始、系谱化及其"终结"——16至19世纪朝鲜儒学的逻辑进程》,《中国哲学史》2013年第4期。代表性著作:[韩]玄相允:《朝鲜儒学史》,汉城:玄音社,1986年;邢丽菊:《韩国儒学思想史》,北京:人民出版社,2015年;王曰美:《中国儒学与韩国社会》,北京:学习出版社,2019年。

一、孙子兵学"惟吾独尊"

兵儒对冲的第一阶段是孙子兵学"惟吾独尊"。从朝鲜王朝建立,大约至16世纪中期。这一时期孙子兵学备受推崇,不仅武人热衷学习孙子兵学,而且体现在一些儒学之士身上。

(一)孙子兵学"惟吾独尊"的原因

孙子兵学"惟吾独尊"原因主要体现在两方面。其一,尚武之风的影响。从开国之主李成桂可以看出,他本是一位将军,通过一系列内外战争的胜利,取得显赫地位。他率军平定高丽万户朴仪叛乱,平定侵扰多年的倭寇,使其声望与日俱增,凭借高超的军事才能和强大的武力,夺取了政权。李成桂是一位从战争中走出来的君王,用心培育浓厚尚武之风。诚如前文所述,他曾颁教书,指令大臣和军民定时讲读、研习《孙子兵法》。

其二,当时认为儒术对个人发展无益处。郑道传(1342—1398),字宗之,号三峰,奉化人。任三司右使。他的诗歌《自咏》有言:"自知儒术拙身谋,兵略方师孙与吴。岁月如流功未立,素尘床上废阴符。"①此诗歌反映诗人对儒术和兵学的不同态度,诗人认为儒术对谋划自身发展不灵巧,应当学习孙武和吴起的用兵方略,显然推崇孙子兵学甚于儒学。

其三,儒士以熟知孙子兵学感到荣光。成伣(1439—1504)《金良镜诗集序》记述自己少年读书,当读到金良镜《新凉赋》,很喜爱其豪迈风格。金良镜是高丽的一位儒学之士,因诗赋而闻名于天下,熟知《孙吴兵法》。他熟知孙子兵学,征讨契丹,军容整齐:"公(金良镜)筮仕明宗。熟知孙吴书,以选辟为赵冲判官,讨契丹于江东城,领兵入元帅镇。元帅邀公上座,叹军容整肃,宴慰而送之。"②金良镜有文武之才:"以一介儒生,出入两寇之间,能使天骄,敛其倔强而不敢动。……公文武之才,数百年以来所罕有。"由此可见,成伣以儒士金良镜熟知孙子兵学而感到荣耀。

(二)孙子兵学"惟吾独尊"的表现

孙子兵学"惟吾独尊"这一特定社会现象主要体现在四方面:其一,轻视儒学之士。徐居正(1420—1488)的诗歌表达了一位儒士学习孙子兵学的心声。他的诗歌风格,"自为一宗""原委乎李(白)杜(甫)"。他在诗歌《再用前韵》中有言:"莫道腐儒无奇术,少年孙吴粗已读。圮下早授黄石书,胸

---

① 郑道传:《三峰集》卷二《自咏》,韩国民族文化推进会:《影印标点韩国文集丛刊》第5册,汉城:景仁文化社,1999年,第308页。
② 成伣:《虚白堂集》卷六《金良镜诗集序》,韩国民族文化推进会:《影印标点韩国文集丛刊》第14册,汉城:景仁文化社,1996年,第460页。

中六韬自可乐。"①诗中"孙吴"是指《孙吴兵法》,诗人叹息世人批评迂腐儒生没有奇妙之术,他在少年时就已粗略读过《孙吴兵法》。圯下老人黄石公授予张良的《三略》也曾见识过,胸中还藏有姜太公《六韬》,心中感到无比快乐。诗句"莫道腐儒无奇术,少年孙吴粗已读",一方面反映出当时社会瞧不上儒学之士,以"腐儒"相蔑视;另一方面反映出徐居正早在少年时就学习了孙子兵学。

其二,孙子兵学深受欢迎。李允俭(1451—1520)熟知孙子兵学,有儒士风范。李允俭,字子文,中武科,为宁海府使。朝鲜王朝武科考试须考《孙子兵法》,由此推断他熟知孙子兵学。金安国(1478—1543)《嘉善大夫忠清道兵马节度使李公墓碣铭》记载,李允俭以学武得志,喜爱读书,议论古人成败得失,自认为"宿儒"也比不上:"自诸子史书,无不淹该。至论古人行事成败得失,虽自谓宿儒莫能加。"结交的是儒雅之士:"交游皆儒雅士,每清谈相对。"②他在商议军国大事时,常常招致武人的嫉恨:"或商榷筹边利国之事,未尝为驳杂无益语,以此武流多忌之。"由此可见,李允俭虽出身武官,却能熟知孙子兵学,学识广博,当时有许多人愿意追随他学习兵家方略:"武士受兵书,学方略以名世,国家赖其用者,多出其门。"可见,当时孙子兵学很受社会人士的欢迎。

其三,通晓孙子兵学的儒学之士可立功勋。曹夏望《六代祖户曹判书昌阳君忠景公遗事》记载,曹光远(1492—1573),早年继承家学,以文儒之才获取功名,通晓孙子兵学,守护边疆,立下显赫功勋:"以文儒进。而天畀异材,兼通孙吴,宣力三边,克著勋庸。"③曹夏望赞扬祖上对兵家奇正之法不学而能,射技精湛,寻常武将不敢奢望达到他的水平:"有神智神解,兵流奇正之法,不学而能。射艺天得,左右俱发。百不失一,而中或迭双。一代武将之素号善射者,皆莫敢企及焉。"凭借自己文武才干,屡获重用,以兵威使胡人服从其领导:"遂以文武全才,屡当钲钺之任,初拜北路节度使,镇服番胡。"

儒学之士郑拨(1553—1592)想学孙子兵学快速取功名。宋时烈《釜山金使赠判书郑公墓表》记载,釜山金使郑拨,字子固。适逢壬辰倭变,绕城杀

---

① 徐居正:《四佳集·诗集》卷二《再用前韵》,韩国民族文化推进会:《影印标点韩国文集丛刊》第10册,汉城:景仁文化社,1988年,第254页。
② 金安国:《慕斋集》卷十三《嘉善大夫忠清道兵马节度使李公墓碣铭》,韩国民族文化推进会:《影印标点韩国文集丛刊》第20册,汉城:景仁文化社,1996年,第248页。
③ 曹夏望:《西州集》卷十一《六代祖户曹判书昌阳君忠景公遗事》,韩国古典翻译院:《影印标点韩国文集丛刊续》第64册,首尔:古典翻译院,2008年,第381页。

贼,不顾个人性命。郑拨本是一介儒生:"公以名家子,读书为儒。"同时学孙子兵学,本想快速成名,荣耀父母,没想到战死在边城:"兼习孙吴法者,本欲捷径求名,以为亲荣也。"①

其四,推崇文武并用之道。徐居正同僚郑兰宗(1433—1489)是一位儒学之士,曾学过孙子兵学。徐居正《送咸吉道节度使郑东莱诗序》记述,成化十三年(1477)二月,成宗任命郑兰宗为永安道节度使。永安道作为国家"后门管钥,控驭胡虏",此道节度使的任务繁重,职责重大。永安道民情强悍,喜好兵乱。若非文武全才,很难治理。郑兰宗却有文武之才:"雄武之略,本之以诗书,侈之以孙吴,折冲樽俎,卧护北门,可立俟也。"②从中可知,郑兰宗的学识是以儒家为根基,又以《孙吴兵法》使之学识广博。徐居正赠言郑兰宗:"文者,非章句训诂之谓。武者,非斩将搴旗之谓。文以立其体,武以达其用。"由此可见,当时社会推崇文武并用之道。

(三)孙子兵学"惟吾独尊"的影响

孙子兵学"惟吾独尊"的影响,致使许多儒学之士热衷于学习孙子兵学,结果儒士们在天下太平时取得了显赫地位。这种影响可从沈彦光(1487—1540)的诗歌管窥,他在《题兵曹郎官契轴》一诗有言:"清儁风猷总绝伦,煌煌列宿最精神。兵家奇正归儒术,军国安危仗搢绅。身为卫君擐甲胄,志因忧世展经纶。岂徒千乘堪治赋,直使三陲已静尘。"③诗歌赞扬兵曹郎官契轴有英俊之才,风采品性,无与伦比。在众多才俊中间,格为光彩夺目。诗人还指出,当时社会一种很特别的现象:"兵家奇正归儒术,军国安危仗搢绅"。诗句中"兵家奇正",是指兵家孙武的奇正之术。《孙子·势篇》"战势不过奇正,奇正之变,不可胜穷也。"④诗句点明孙武的奇正之术已归儒学之士所用,统军治国的大事都要依赖缙绅之士。

孙子兵学"惟吾独尊"的社会现象,致使许多的儒学之士热衷学习孙子兵学,以学孙子兵学感到自豪和荣耀。与之形成鲜明的对比是,偶而会流露出对儒学之士的轻蔑与不屑。如徐居正口中所谓的"腐儒",李允俭所说的"宿儒莫能加"。这种社会现象的背后,折射出孙子兵学"惟吾独尊"的地位。同时,通晓孙子兵学的儒学之士,纷纷跻身国家高级武官行列,垄断了

---

① 宋时烈:《宋子大全》卷一百九十《釜山金使赠判书郑公墓表》,韩国民族文化推进会:《影印标点韩国文集丛刊》第116册,汉城:景仁文化社,1993年,第302页。
② 徐居正:《四佳集》卷五《送咸吉道节度使郑东莱诗序》,韩国民族文化推进会:《影印标点韩国文集丛刊》第11册,汉城:景仁文化社,1988年,第259页。
③ 沈彦光:《渔村集》卷一《题兵曹郎官契轴》,韩国民族文化推进会:《影印标点韩国文集丛刊》第24册,汉城:景仁文化社,1999年,第108页。
④ 杨丙安:《十一家注孙子校理》,第89页。

军国大事的处理,为孙子兵学地位下潜开启了方向。

二、孙子兵学渐趋儒学之下

兵儒对冲的第二阶段大约是从 16 世纪中期到 18 世纪末期,主要表现是孙子兵学受到冷落,儒学受到高度的重视,孙子兵学渐趋儒学之下。

(一) 孙子兵学趋于儒学之下的原因

孙子兵学渐趋儒学之下的原因主要体现在如下两方面。

1. 厌恶孙子兵学现象开始出现。以崔演(1500—1549)《三代之兵若时雨》为典型,赞扬三代用兵讲求仁德:"验天道而推人事,嘉三代之用兵。将耀德而绥远,匪徒事乎战争。"崔演批评后世乐战好兵,损害太和之气,招致灾害降临:"纷纷乐战而贪兵,争构怨而结祸。乱杀气之模糊,但盲怪之发作。伤太和而致沴,嘒三精之雾塞。更百代乾坤之大旱,无沛然之一雨。"叹息兵凶战危,穷兵黩武带来无尽痛苦。他主张摒弃《孙吴兵法》,选择儒家向往的唐虞之时社会风尚:"噫不戢而自焚,抚千古而长吁。吁嗟乎兵凶战危,几万骨之暴枯。虽天吏未免夫今灾兮,矧穷黩而毒痛。彼大武尚未尽善,又焉用夫孙吴? 若然则吾将安取,仰揖让于唐虞。"①

2. 国家从儒士中选拔将帅,使学习孙子兵学失去外在动力。李绛(1680—1746)诗歌《闻是日行习操寄都护儿》有言:"何须学兵法,颇牧出词林。一洗儒酸尽,方征圣惧深。鼓行不怠步,醪饮贵同心。报国都输汝,素餐惭至今。"②诗人观看操练,写诗给身为都护的儿子。其中诗句有"何须学兵法,颇牧出词林",反映出当时将帅的选拔,都是来自能吟诗作词的儒士。如此这样,即使学好孙子兵学,也无济于事。正如诗人如此宣称,不必学习古代的兵法,廉颇、李牧如今出自文坛。诗人既高兴,又担忧。高兴的是一举洗尽了儒士曾经遭遇的辛酸经历,被世人瞧不起。担忧的是出兵征伐时,主上忧惧之心开始加深。

(二) 孙子兵学趋于儒学之下的表现

孙子兵学趋于儒学之下主要体现在如下五方面。

1. 赞扬宋人张载放弃孙子兵学的行为。李珥(1536—1584)称赞张载放弃学习孙子兵学行为。李珥《圣贤道统》记载,朱熹关于横渠先生画像赞:"早说孙吴,晚逃佛老。勇撤皋比,一变至道。精思力践,妙契疾书。订顽之

---

① 崔演:《艮斋集》卷一《三代之兵若时雨》,韩国民族文化推进会:《影印标点韩国文集丛刊》第 32 册,汉城:景仁文化社,1998 年,第 16 页。
② 李绛:《陶庵集》卷四《闻是日行习操寄都护儿》,韩国民族文化推进会:《影印标点韩国文集丛刊》第 194 册,汉城:景仁文化社,1999 年,第 94 页。

训,示我广居。"①此画赞中的"横渠先生"是北宋张载(1020—1077),并点明张载早年喜爱《孙吴兵法》,晚年逃离佛家、道家之学,赞扬他有勇气撤去虎皮座,改变先前的学习路径,全身心从事理学研究。强调张载这一行为可教导愚顽之人,示众人以仁义之道。

河弘度(1593—1666)赞扬张载放弃孙子兵学行为。他的赋文《取烛疾书》描述张载弃兵从儒的过程。张载气宇不凡,才识超群。康定起兵之时,张载想以用兵一试。当时范仲淹一见到他,知他是君子之器,对他说:"儒者何事于兵?名教中自有乐地。"劝他读《中庸》,求根本。可是,张载虽喜此书却不满足,寻访佛老之书,泛滥周转,终无所得。反求于《六经》,讲《易学》于京师,使一府之人倾倒。于是张载不再旁求他学,放弃旧习惯,告别避开孙武、吴起、道家、佛家之书,使自己学问变得纯正:"弃旧习而淳如,般纷纷孙子吴子老者佛者,辞而辟之廓如。"②

金庆余(1596—1653)赞扬张载放弃孙子兵学进入快乐境地。他在《取烛书志赋》中说:"周朝难待,舜鸡未鸣。喧籁久息,刻漏随更。孰于焉而明烛,美著志之张也。诚既笃于疾书,故不怠于中夜之人也。麟角凤嘴,粹月光风。孙吴何事,佛老空空。出彼入此,名教乐地。归而求之,勇撤皋比。尝念不思胡获,不书胡记。得之则书,不得则思。思之得之,必铭必录,犹恐失之。"此赋意在赞扬张载的求学精神,其中"孙吴何事,佛老空空。出彼入此,名教乐地",③描述张载不再学习《孙吴兵法》,深觉佛家、道家之学也是空空。学问方向发生了转向,进入快乐之境。

宋时烈赞扬张载勇于改正错误的精神。《经筵讲义》记载,二十七日召对。宋时烈说,张载气质与"二程"相比,显得驳杂。但勇猛工夫却要优于"二程"。他提到朱熹创作的横渠先生画赞,并对所说的"皋比"做出解释:"朱子作赞曰:'早悦孙吴,晚逃佛老。勇撤皋比,一变至道。'皋比即虎皮也。"④又说:"人非尧舜,岂无过乎?知过而改过,则日月之明也。"

朴泰淳(1653—1704)赞扬张载晚年勇于放弃孙子兵学。朴泰淳《咏史·右横渠》:"当时问难易经横,一撤皋比勇莫京。佛老可知弥近理,孙吴

---

① 李珥:《栗谷全书》卷二十六《圣学辑要·圣贤道统第五》,韩国民族文化推进会:《影印标点韩国文集丛刊》第45册,汉城:景仁文化社,1996年,第75页。
② 河弘度:《谦斋集》卷二《取烛疾书》,韩国民族文化推进会:《影印标点韩国文集丛刊》第97册,汉城:景仁文化社,1996年,第59页。
③ 金庆余:《松崖集》卷四《拾遗·取烛书志赋》,韩国民族文化推进会:《影印标点韩国文集丛刊》第100册,汉城:景仁文化社,1999年,第171页。
④ 宋时烈:《宋子大全·拾遗》卷九《经筵讲义》,韩国民族文化推进会:《影印标点韩国文集丛刊》第116册,第175页。

堪笑谩佳兵。沿洄濂洛源方正,证砭顽愚教已成。试看晚来深造处,几人能得自明诚。"①此首咏史诗描写张载讲解易学纵横驰骋,后来一举撤去虎皮座,这种勇气京城之人谁也比不上。虽知佛老之学近于义理,可笑的是孙子兵学欺骗了好兵者。赞扬张载选择儒家方正之学,教导愚顽之人。晚年深造没有几个人比得上他的明哲真诚,诗歌折射出朴泰淳对孙子兵学的批评之意。

受此社会风气的影响,有的学者采取相似的做法。李浣先是以《孙吴兵法》发迹,而后专门研究《通鉴纲目》。宋时烈(1607—1689)《右议政李公神道碑铭》记载,李浣(1602—1674),字澄之,庆州人。朱熹修定《通鉴纲目》,以此明示后世。可是,多数学者和士大夫仍认为《通鉴纲目》编帙浩繁,义理艰深,未读一册,早已瞌睡。"惟李相公始发迹以孙吴,而顾乃专治此书,得力为多。"②宋时烈感叹,李浣最初凭借《孙吴兵法》而得志,后来专门研究《通鉴纲目》,受益良多。自从成为将领,以至后来拜相,表现出纯正的气度,蔚然是一代名臣。世人弃书不读,只依从个性选择读书,真可说是自暴自弃。

2. 武人开始推崇儒学。张弼武(1510—1574)虽治《孙吴兵法》,却喜好儒学。宋焕箕(1728—1807)《兵使赠判书张公墓碣铭》记载,先祖文正公曾给张弼武撰写祭文,有言:"仡仡其勇,百夫之特。虽事孙吴,实耽经籍。家行既著,边功亦植。"③祭文之语"虽事孙吴,实耽经籍",表明兵使张弼武表面研习《孙吴兵法》,真正的嗜好却是儒学经典。以至于英祖对武将的后代习文不习武感到忧心忡忡,《承政院日记》记载,上曰:"武将家子孙,不为业武而业文。近来弊风,虽已业武者,必欲得劝武之名。"④

李玄逸虽爱孙子兵学,但防止偏离儒学正途。《墓志铭》记载,李玄逸(1627—1704),"既成童,稽经探史,所畜日富,兼喜孙吴韬略"。⑤ 李玄逸鉴于学业向外浮泛,创作了五箴,以此警醒自己。跟随父亲在山中避难,题写居所的匾额"葛庵",讲习问候之功,使自己学问更醇正。

---

① 朴泰淳:《东溪集》卷四《右横渠》,韩国古典翻译院:《影印标点韩国文集丛刊续》第 51 册,首尔: 古典翻译院,2008 年,第 166 页。
② 宋时烈:《宋子大全》卷一百五十八《右议政李公神道碑铭》,韩国民族文化推进会:《影印标点韩国文集丛刊》第 113 册,汉城:景仁文化社,1996 年,第 383 页。
③ 宋焕箕:《性潭集》卷十九《兵使赠判书张公墓碣铭》,韩国民族文化推进会:《影印标点韩国文集丛刊》第 244 册,汉城:景仁文化社,2001 年,第 435 页。
④ 《承政院日记》第 897 册,英祖十五年九月一日,第 4b 页。
⑤ 李玄逸:《葛庵集·附录》卷三《墓志铭》,韩国民族文化推进会:《影印标点韩国文集丛刊》第 128 册,汉城:景仁文化社,1996 年,第 556 页。

武人金俊民念念不忘儒家之学。曹友仁(1561—1625)《交翠堂扁额记》记载,武人金俊民,身长八尺,美须髯,好姿容。有一天,请求曹友仁,他已故的父亲是一位通儒,游学汉中,购得"交翠堂"三字,作为堂匾,后来不幸在战火中焚毁。他一直追念仰慕圣贤之意,经常梦见此匾,希望曹友仁为之书写这三个字,满足心愿。曹友仁喜欢他为人,便答应了,问他"交翠堂"的涵义。他以周敦颐"庭草不除"来回答。曹友仁颇为吃惊地说:"噫!弓马,子之技也。孙吴,子之业也。凡子之习熟见闻,动与吾儒不相类。"①由此可知,金俊民本是一介武士,研习《孙吴兵法》是他的本业,却对儒学情有独钟。

武夫不学孙子兵学,却学儒士举止。姜浚钦(1768—1833)《汉京杂咏·泉雨阁》:"炮声喷怒崖谷裂,南营将士练秋日。快马强弓困驰逐,偃旗鸣金就休歇。未到洞中闻笙竽,才入松间见霜雪。忽然身着泉雨阁,石上飞泉如脱筈。乍高乍低声更激,人在喧中静如佛。那知细柳飞营里,却对玉渊三峡水。若使兵家得此势,铁骑长驱随所指。武夫如今面如玉,不读孙吴学儒士。"诗歌描写炮声隆隆,崖谷快要震裂,正是南营将士秋操演练之时。训练场上,马儿飞快,弓弩强劲,奔驰追逐。不一会儿,将士们就困倦疲劳,开始偃旗息鼓,鸣金休息。未到洞中就听到笙萧之声,才进入松林中就看到霜雪。忽然置身于泉雨阁中,石上飞流的泉水如飞箭射出,声音乍高乍低,更加快急。人在喧闹之中,心静如佛。那知细柳营里飞驰,面对玉渊中的三峡之水。若使兵家得此用兵态势,长驱万千铁骑,随意出击任何地方。诗人笔锋一转,慨叹如今的武夫面色如美玉一般,不去阅读孙子兵学书籍,却去学习儒士举止。从中想见诗人对重儒轻武现状的忧虑之情。

辛大观功名虽取自孙子兵学,但志向是做纯正儒士。辛梦参(1648—1711)《平海从叔挽》:"鹫岭屹一境,维灵降吾辛。淑气多所钟,英特有几人。孝悌作家则,忠义百世珍。叔兮复胚胎,居然膺祥臻。功名虽孙吴,志尚是儒淳。混迹辇毂下,律已诗礼真。仪度众所推,信获人何嗔。五马箕城日,六载称脚春。异绩彻棠阴,嘉赏自枫宸。"②挽诗赞扬从叔父辛大观有钟灵淑气、英俊奇特的相貌,具有孝顺忠义的品性。功名虽取自孙子兵学,但志向却是做一位纯正儒士。

郑基安(1695—1767)以老儒自居,不去学习孙子兵学。他的诗歌《仁风楼试射》有言:"江头画阁雨新晴,古塞顽云郁未平。设鹄令严三擂鼓,登

---

① 曹友仁:《颐斋集》卷二《交翠堂扁额记》,韩国古典翻译院:《影印标点韩国文集丛刊续》第12册,首尔:古典翻译院,2006年,第296页。
② 辛梦参:《一庵集》卷一《平海从叔挽》,韩国民族文化推进会:《影印标点韩国文集丛刊》第158册,汉城:景仁文化社,1997年,第232页。

坛风擎五牙旌。谩论武夫身手健,谁教骄虏胆魂惊。老儒不学孙吴法,要筑民心作一城。"①诗歌描写诗人站在江边仁凤楼,雨过天晴,古塞依然乌云不散,设立箭靶,纪律严明,击鼓比试射箭。武夫身手矫健,令敌人心惊胆寒。诗人心中倾诉,自嘲不学孙子兵学,发誓团结民众,众志成城。

更有甚者,将门世家出现了研习儒学经典的现象。宋时烈(1607—1689)《具氏三大将说》评论,本朝立国近三百年,常以文经武纬而治。近有文忠公李月沙后代白洲公、青湖公,接连三代主掌文科。而武科则有忠穆具公,后代有绫丰府院公、绫平君,接连三代为大将。其中,绫平君后代具志祯研习《大学》,也研习孙子兵学:"而绫平之胤志祯,尝为《大学》,兼习孙吴书,可谓储将于儒冠矣。"②由此可知,具志祯出身将门世家,既钻研儒学经典,又学习兵家之书,更近似儒士。

郑遇臣(1692—1716)虽学习孙子兵学,但被认为是儒学之士。任宪晦(1811—1876)《诚斋郑公墓碣铭》记载,郑遇臣,字道卿,自号诚斋。事亲孝顺,兄弟友爱。他去世后,有人评说:"达学博识,善类空虚。"有人评说:"名重南州,才压骚场。"有人评说:"孝友文词,妙龄重望。"郑遇臣虽是武人,学习孙子兵学,但大家依然不以武人来评价他:"虽操弓未久,既从事孙吴矣。人不以蹶张论公,特言其文行者乃尔,公之所存可知也。"③主要是因其表现,熟悉儒家经典,尤其治《大学》用功颇深:"盖公博通经传,尤用功于《大学》,雅言知欲其行,求知而不务行,则一文章而已。"

3. 排斥学习孙子兵学。白惺轩(1543—1622)不学孙子兵学,只学孔孟之学。黄汝一(1556—1622)《挽白惺轩叔》记载,白惺轩"少时豪气滥凡流,不入孙吴学轲丘。破浪长风宗悫志,吹箫明月牧之游。屠龙未试余霜刃,司马才成已白头。晚卜胜区游赏处,可堪松竹久含愁"。④挽诗中"孙吴",是指《孙吴兵法》。"轲丘"是孟子与孔子的合称。从诗歌题名看,诗人追念白惺轩少年时代有英豪之气,不学《孙吴兵法》,而是学孔孟儒家之学。诗人惋惜白惺轩有南朝宋人宗悫乘长风破浪志向,却没有实现。

郑述(1543—1620)指明道书不应与《孙吴兵法》放在一起。他在《答金

---

① 郑基安:《晚慕遗稿》卷二《仁凤楼试射》,韩国古典翻译院:《影印标点韩国文集丛刊续》第73册,首尔:古典翻译院,2009年,第462页。
② 宋时烈:《宋子大全》卷一百三十六《具氏三大将说》,韩国民族文化推进会:《影印标点韩国文集丛刊》第112册,汉城:景仁文化社,1993年,第504页。
③ 任宪晦:《鼓山集·续集》卷二《诚斋郑公墓碣铭》,韩国民族文化推进会:《影印标点韩国文集丛刊》第314册,汉城:景仁文化社,2003年,第530页。
④ 黄汝一:《海月集》卷三《挽白惺轩叔》,韩国古典翻译院:《影印标点韩国文集丛刊续》第10册,首尔:古典翻译院,2005年,第71页。

施普》中陈述,希望金施普为国出谋划策,提高三军士气,击杀贼酋,使朝野之人为此一震。新出易图之书不应放置在纸上,应誊写多本,在献俘之日进献,是仁义之人的愿望。郑述特意提到道书归还,认为此书不适合与《孙吴兵法》放在同一书袋:"道书,前请惠还,其在公者,而乃反索其在我者耶?信乎人心不如我心矣。第念此书不合与孙吴同橐,愿于功成谢事之日,求诸东山幅巾老人也。"①

李溆(1662—1723)《诚斋行状》记载,韩宗泽治学纯正,主要研习正统儒学。"夫尧舜、禹汤、文武、周公、孔子、颜曾、思孟,暨夫周程、张朱,道统之宗也。泽甫从事于斯而不贰焉。"对于道学和佛学从不浸染,对于鬼谷纵横之学和孙子兵学之类,从不涉猎:"则过而不入于老佛,下而不陷于鬼谷、管晏、申商、孙吴、仪秦之流矣。"②韩宗泽生卒年不详,但与李溆有过学术切磋。

李光庭(1674—1756)劝勉后人不要学孙子兵学。《与人》述说,李光庭卧病在床,时常昏迷不醒,考虑自己不能长久活在世上,枕上思量,后辈很少有人可依仗,可依赖的人只有士安、子刚。轻视儒学只有李左右一个人,继承家业,恐怕会有不少阻碍,他感到忧愁烦闷。想到左右个性刚直方正,不知灵活处世,言语口气欠缺温柔气象。时不时让听者察觉有文人口气,如他所言:"文章一小技也,非儒者之所重。"昔日一甫先生才宏气阔,轻视他人,言语颇伤高贵,也是年老才察觉,经常自责,警示后人。一甫先生犹然,何况不如一甫者?传言者说,左右近年来专心经世之法。李光庭认为,算术、天官之学、握奇之法,尤其不是紧急事务,儒学之士以精通一种才艺出名,深感羞耻:"旁及算数天官握奇诸法,此尤非急务。儒者以一艺名,深为可耻。"他特别强调李左右喜欢议论孙子兵学,也不是自家门径:"喜论孙吴,亦不是吾家法门。"③李光庭指出,这些事情应忍痛割爱,不加考虑,在静心养性上下工夫。只有培养恢宏的气度,诸如治国之事、文词才华,很容易实现:"幸须痛加裁损,勿复作此等闲念,先致力于静修工夫,如何如何。根本既立,器度先宏,则所谓经纶事业,词华小艺,都在里许,不须别用工力也。"由此观之,李光庭对孙子兵学的排斥心理,对儒学修身养性的高度重视。

---

① 郑述:《寒冈集》卷四《答金施普》,韩国民族文化推进会:《影印标点韩国文集丛刊》第53册,汉城:景仁文化社,1996年,第175页。
② 李溆:《弘道遗稿》卷十一下《诚斋行状》,韩国古典翻译院:《影印标点韩国文集丛刊续》第54册,首尔:古典翻译院,2008年,第413页。
③ 李光庭:《讷隐集》卷五《与人》,韩国民族文化推进会:《影印标点韩国文集丛刊》第187册,汉城:景仁文化社,1999年,第229页。

盛世不读孙子兵学,反映的是排斥态度。黄景源《通训大夫宗簿寺主簿赠通政大夫兵曹参议梁公墓碣铭》记载,梁大朴(1543—1592),字士真,南原人。隆庆年间,明朝使者前来,他被远接使郑惟吉征辟为从事。梁大朴与天使登上统军亭,讲解《射仪》。梁大朴连发三矢,皆中靶心,明朝武士惊叹:"此真百步穿杨手。"他夜间读《孙吴兵法》不休息,有人问他,为何盛世读古兵书:"尝夜读《孙吴兵法》,不少辍。或曰:'盛世读古兵法者,何也?'"①梁大朴回答,通儒无书不读:"古之通儒,无一书不诵读之,我岂不为通儒邪?"他以为自己是通儒。从询问者角度看,"盛世读兵法"而受质疑,分明是孙子兵学趋于儒学之下的真实写照。

4. 学习孙子兵学成为无奈的选择。科场失败后,张润(1552—1593)才开始学习孙子兵学。宋时烈(1607—1689)《赠兵曹参判张润传》记载,张润,字明甫,木川人。性格刚直,才略过人。身长八尺,勇力超众。少年立志学儒学,知识渊博,总是科场失意,后来投笔从戎,开始学孙子兵学:"少有志于儒学,经史子集,无不通达。屡入科场,辄不利,遂投笔从事孙吴术。"②

郑重器(1685—1757)《咸安郡守金公家传》记载,金浣(1546—1607),字彦粹。骨格奇伟,有勇士之风。屡次参加科举不中,开始学孙子兵学:"稍长,力学书,词翰渐就而屡举不成名。既而读孙吴书,习骑射谈韬略,慨然有万里破浪之志。"③中武科,除宣传官,勤于职事,护卫谨慎。壬辰倭乱,倭船聚集于海,快若飘风,无人敢抵御。金浣亲自驾驶战舰,拒敌前锋。自玉浦转斗闲山岛,大破敌人。

朴齐家(1750—1805)《弹琴台申将军词》揭示了一种现实:儒学主导治理的国家,只有儒学学不通时,才想到学孙子兵学。《弹琴台申将军词》如下:

宁饮琴台酒,不食月川鱼。琴台饮酒可消愁,月川鬼泣沈江余。当年误学辈水阵,毕竟殉国堪欷歔。秀吉雄吞六十州,甘心假途凌三都。倭奴短兵天下畏,砲丸况复东来初。儒者之邦尚礼义,读书不解读孙吴。争办一死竟何补,坐令漆齿成长驱。申公勇略常冠军,野战数能惊

---

① 黄景源:《江汉集》卷十九《通训大夫宗簿寺主簿赠通政大夫兵曹参议梁公墓碣铭》,韩国民族文化推进会:《影印标点韩国文集丛刊》第 224 册,汉城:景仁文化社,2001 年,第 395 页。
② 宋时烈:《宋子大全》卷二百十四《赠兵曹参判张润传》,韩国民族文化推进会:《影印标点韩国文集丛刊》第 115 册,汉城:景仁文化社,1993 年,第 160 页。
③ 郑重器:《梅山集》卷十二《咸安郡守金公家传》,韩国古典翻译院:《影印标点韩国文集丛刊续》第 67 册,首尔:古典翻译院,2008 年,第 241 页。

北胡。桓桓受钺下青冥,眼中直欲无南虞。那知汉卒挤睢水,忍见陈涛摧战车。至今战血不成磷,水面洗尽红模糊。万家同日招魂葬,天摧地裂声呜呜。剑锋赤尽织田平,马首高悬清正颅。琴台此恨未足雪,但见愁云百年萦寒潴。舟人渔子话龙蛇,我来草树迷空墟。寒雅飞下祭坛夕,斜阳澹澹荒祠隅。君不见鸟岭苍黄元帅走,始知将军此日非区区。

此首词中字多有误写,如"辈水阵"乃"背水阵","寒雅"乃是"寒鸦","苍黄"乃是"仓皇"。诗人感叹琴台饮酒可消除忧愁,月亮照大江,鬼魂在哭泣。申将军误学背水阵,沉入大江,为国牺牲,令人感慨万千。回想当年,丰臣秀吉称雄,吞灭许多州郡。君王心甘情愿借道,结果凌驾三都。短兵相接,天下人害怕倭奴,何况有炮弹首次出现。词句"儒者之邦尚礼义,读书不解读孙吴"①道出了一种社会现实:儒学占据主导地位的国家,格外崇尚礼义。往往在儒家经典读不懂时,才去学《孙吴兵法》。诗人感慨,儒士争抢着一死,究竟有何补益,坐使敌人长驱直入。申将军英勇胆略常为第一,野战多次能使北胡震惊。威武雄壮,接受节钺,从天而下,一心想着南方再无忧患。那里想到军卒挤入睢水中,怎么忍心看浪涛把战车摧毁。至今战场血水不能变为磷火。一抹斜阳,如今地处一角的祠庙变得荒芜。君不见鸟岭之战元帅仓皇逃跑。可知申将军当日之死并不微不足道。综观全诗,诗人冥冥之中意识到当时儒学排斥孙子兵学,这种现实带来了严重后果:用兵者不知兵,只是英勇,也无济于事。

5. 从热衷学习孙子兵学纷纷转向儒学学习。例如,朴英(1471—1540)先是喜爱孙子兵学,后转向儒学。宋时烈(1607—1689)《黄涧松溪书院奉安四先生文》记载,朴英,字子实,号松堂,密阳人。"偶悦孙吴,反求性理。脱然寐醒,晚悟何害。沈潜探赜,日征月迈。学成道尊,左右俱宜。真儒当路。"②朴英偶然喜爱上《孙吴兵法》,后改求性理之学,成为道学之尊。权琏夏(1813—1896)《精舍重建记》记述,朴英"沈潜笃实,卓然为一代醇儒",在郑新堂的影响下,发生学术转向:"先生早事兜鍪,因郑新堂先生之讲授《大学》,有一言契悟之端。"③

---

① 朴齐家:《贞蕤阁集》二集《弹琴台申将军词》,韩国民族文化推进会:《影印标点韩国文集丛刊》第 261 册,汉城:景仁文化社,2001 年,第 493 页。
② 宋时烈:《宋子大全》卷一百五十一《黄涧松溪书院奉安四先生文》,韩国民族文化推进会:《影印标点韩国文集丛刊》第 113 册,第 239 页。
③ 朴英:《松堂集》卷四《[附录]·精舍重建记[权琏夏]》,韩国民族文化推进会:《影印标点韩国文集丛刊》第 18 册,汉城:景仁文化社,1996 年,第 143 页。

又如李恒（1499—1576），字恒之，号一斋，星州人。早年学《孙吴兵法》，后改学儒学。宋时烈（1607—1689）《一斋集跋》："先生（李恒）早悦孙吴，旋闻仁义之说，而笃信深味，遂改其旧而新是图，则纯如也。"①

又如林芸（1517—1572），字彦成，号瞻慕堂、芦洞散人，恩津人。去世后，世人所立《碣铭》记述，先生"少豪迈，好大略，学《孙吴兵法》"。"反而读孟氏书，通大义。从伯氏葛川先生，讲大易。居家事亲，乡里化之"。② 由此观之，林芸年少之时学习《孙吴兵法》，后研习《孟子》，讲《周易》，以儒学之风浸染乡里。

又如朴仁老（1561—1642）早年学《孙吴兵法》，晚年仰慕周公、孔子儒家之道。郑夏源（1762—1809）《竖碣慰安文》："仰惟德义，圣世仪凤。早学孙吴，晚慕周孔。朝如闻道，夕死犹可。盖此格言，惕我牖我。折节回头，儒者气像。独抱遗经，一念向上。维敬维诚，体我心学。维忠维孝，慎我庸德。"③碑文追念朴仁老德行和功绩，其中，"早学孙吴，晚慕周孔"，表明了朴仁老的学问转向。

李翼文（1619—1672）早年仰慕张载学习孙子兵学，后来发生改变。魏伯珪（1727—1798）《墓志铭》记载，李翼文少时学科举之文。自丙子后，停而不学。仰慕张载喜爱孙子兵学，领会兵家奇正之术的巧妙，了解地形和少数民族情况，想有所作为："性豪爽，慕横渠之悦孙吴，亦尝理会兵家奇正之妙，究知山川形势夷狄情状，欲将以有为也。"④后却停止学习孙子兵学，痛恨生于偏僻之地，孤陋寡闻。拜访前辈，请教义理，交友天下，相互鼓励，平时聚集乡人族子教导。

曹尔枢（1661—1707）早年喜悦孙吴兵法，很快转向程朱之学。许传（1797—1886）《四友堂曹公墓碣铭》记载，岭南一带士人君子研习退陶之学，成就卓然，千里比肩，便是四友堂的曹尔枢（1661—1707），字符卿，"姿挺英豪，早悦孙吴。不远而复，对越程朱。乡俗一变，身家而推。鲁无君子，斯焉取斯"。⑤ 碑铭赞扬曹尔枢转向程朱之学，对当地产生重要影响。

---

① 宋时烈：《宋子大全》卷一百四十八《一斋集跋》，韩国民族文化推进会：《影印标点韩国文集丛刊》第113册，第192页。
② 林芸：《瞻慕堂集》卷三《附录·碣铭》，韩国民族文化推进会：《影印标点韩国文集丛刊》第36册，汉城：景仁文化社，1996年，第533页。
③ 朴仁老：《芦溪集》卷二《附录·竖碣慰安文[郑夏源制]》，韩国民族文化推进会：《影印标点韩国文集丛刊》第65册，汉城：景仁文化社，1996年，第238页。
④ 魏伯珪：《存斋集》卷八《附录·墓志铭》，韩国民族文化推进会：《影印标点韩国文集丛刊》第124册，汉城：景仁文化社，2001年，第87页。
⑤ 许传：《性斋集·续编》卷六《四友堂曹公墓碣铭》，韩国民族文化推进会：《影印标点韩国文集丛刊》第309册，汉城：景仁文化社，2003年，第80—81页。

安鼎福(1712—1791),无所不读,转向儒家性理之学。《顺庵先生年谱》记载,安鼎福少时广泛涉猎各学派书籍,包括孙子兵学在内:"其于经史诗礼之外,阴阳星历医药卜筮,以至于孙吴佛老之书,稗乘小说之类,自有书契以来文献之可征者,无不博观。"①从十五六岁开始,"留意于性理之学"。

不具姓名的灵长山客,先是学孙子兵学,后转向儒家性理之说。安鼎福(1712—1791)《灵长山客传》:客广州人,姓某,名某,字某。灵长山,名也。读书山中,自号"灵长山客"。幼时有病,大而嗜学。书无所不读,学无师友,唯心意所从。"泛滥于百家,而管商、孙吴、甘石、京郭、仓扁之书,靡不研究。"②传中"孙吴……之书",显然是《孙吴兵法》,表明灵长山客曾学过《孙吴兵法》。累积多年,却无多大收获,依然一直坚持,没有放弃。"年二十六,得《性理大全》而读之,始知此学之贵而叹曰:'抛却自家无尽藏,沿门持钵效贫儿,非古人先得语乎?'遂手钞而口诵之。"由此观之,直到灵长山客读了《性理大全》之后,开始转向性理之学。

(三)孙子兵学趋于儒学之下的影响

1. 儒士不学孙子兵学,不知如何处理军政事务。柳景深只学儒家治国之术,从未学孙子兵学,未料后来处理军政事务。柳景深(1516—1571)《昌道驿次沈希安韵》:"巡尽天南又北之,客思何况又秋思。忽忽计日闻鸡早,步步怀家策马迟。事业只怜欺老病,功名还愧泣途歧。平生只解经纶学,余外孙吴本不期。"③此是一首抒情诗,描写诗人到边疆各地巡视,有时天南,有时天北。早出晚归,思念家乡。诗人叹息自己年老多病,功名无所成就。这是由于自己选择有问题,一生中只学习了解儒家的治国之术。除此之外,从未想到学习《孙吴兵法》。等到后来巡视边疆和管理军政时,诗人开始后悔自己先前所学无用武之地。

2. 儒士不知孙子兵学,不知如何应对外敌。迂腐的儒生因不了解兵法,在抵御少数民族入侵时,没有奇妙的策略。这反映在郑蕴(1569—1641)《登侍中台》一诗:

道傍有高台,台名称侍中。闻说尹文肃,拓地平山戎。想应奏凯

---

① 安鼎福:《顺庵集·年谱·顺庵先生年谱》,韩国民族文化推进会:《影印标点韩国文集丛刊》第230册,汉城:景仁文化社,2001年,第365页。
② 安鼎福:《顺庵集》卷十九《灵长山客传》,韩国民族文化推进会:《影印标点韩国文集丛刊》第230册,第187页。
③ 柳景深:《龟村集》卷一《关塞录·昌道驿次沈希安韵》,韩国古典翻译院:《影印标点韩国文集丛刊续》第3册,首尔:古典翻译院,2005年,第20页。

还,过此开天悭。英雄得胜地,千古留人观。碧海波万里,青天混一色。汪洋宇宙宽,吐纳乾坤窄。日月浴台前,烟云生砌下。壮观天下无,岳阳此其亚。危径通一线,青松森万章。奇胜十分添,化工雕成良。远客暂投鞭,暇日聊徘徊。适值天气清,海道无纤埃。白鸥浮泛泛,孤帆去茫茫。余生畎浍间,未曾观沧溟。幸承恩谴命,获此天游成。快阔最平生,浩荡开心胸。君恩到处深,直与兹海通。翻思古人烈,飒飒来雄风。迂儒昧兵法,御戎无策奇。惟思尽心膂,不伤明主知。白日向西流,无端起远思。信美非吾土,王程且有期。哀猿叫束槛,夜鹊惊栖枝。飘飘无住着,天地空搔头。仆夫又催行,秦关冰雪稠。

诗歌"尹文肃"是指高丽名将尹瓘(?—1111),梁诚之称赞他的功迹:"尹瓘之逐女真,拓地千里,创筑九城。载之于史,昭然可考。"①诗歌赞扬尹瓘开拓疆土,平定女真,"侍中台"成为英雄胜利的象征,长久以来,使人留恋观赏。诗人描写山河壮美和皇恩浩荡,感到平生快乐和心胸开阔。有感古人壮烈气度,英雄之气由之而生。痛心迂腐儒生不了解兵法,抵御外敌无奇妙之策。这种心情反映在诗句:"迂儒昧兵法,御戎无策奇。"②努力尽心,不辜负主上知遇之恩。面对远方景色,不由产生遐想。不知不觉中忧愁袭上心头,前程渺渺茫茫,充满艰难险阻。

孙子兵学趋于儒学之下,也是儒学风气日渐上升之时,不单单反映在文人身上,尤其是表现在武人身上。孙子兵学日渐受冷落和忽视,朝鲜王朝在治军和应对外敌面前显得虚弱无力。《涧松先生年谱》记载,赵任道(1585—1664)对兵学受冷落而痛心疾首。"闻南汉受围,胡人大举入寇。上幸南汉山城,胡人围逼。先生慨然吟一绝云:'腐儒平昔不谈兵,临乱如今但骨惊。月晕孤城消息断,北辰回首涕空横。'"其中,"腐儒平昔不谈兵,临乱如今但骨惊",正是对儒学之士不知兵法现状的批评。从16世纪末至17世纪中期,万历二十年(1592)、万历二十五年(1597)壬辰倭乱,天启七年(1627),努尔哈赤侄子阿敏率军入侵朝鲜,史称"丁卯胡乱"。崇祯九年(1636),皇太极攻打朝鲜,迫使朝鲜成为清朝的藩属国,史称"丙子胡乱"。壬辰倭乱与清军入侵给朝鲜王朝造成了沉重打击。

---

① 梁诚之:《讷斋集》卷三《军政十策》,韩国民族文化推进会:《影印标点韩国文集丛刊》第9册,汉城:景仁文化社,1996年,第314页。
② 郑蕴:《桐溪集》卷一《登侍中台》,韩国民族文化推进会:《影印标点韩国文集丛刊》第75册,汉城:景仁文化社,1996年,第168页。

三、孙子兵学与儒学共融

兵儒对冲的第三阶段表现为孙子兵学与儒学共融,这一阶段大约从18世纪末期至朝鲜王朝灭亡。孙子兵学重新受到了社会重视,整合孙子兵学和儒学的理论开始出现,而且孙子兵学与儒学共融的实践活动不断涌现。

(一)孙子兵学与儒学共融的原因

孙子兵学与儒学共融的原因体现在两方面:其一,儒学出现了严重危机。这种情形可从当时的时务策考察。金宗燮(1743—1791)《策问》指出,孔子和孟子在避开异端和护卫仁义立下很大功劳。"大抵战国之时,邪说横流,异端并起。"孙武、吴起兵家之说使人追求功利,杨朱与墨翟学说使人心术不端,孔子主张的仁义之术近于熄灭:"孙吴之徒,骛于功利。杨墨之说,蠹人心术。孔子之道,几乎熄矣。"①若不是孟子挺身而出,担起护卫圣人之学的责任,中国就会变为夷狄,人类就会变成禽兽。千年之后,周敦颐、程颢继往开来,朱熹成为集大成者。儒学后来传到我国,发端于新罗、高丽,发展至本朝,盛极一时。李滉(1501—1570)可谓"东方的朱子"。存心学,黜霸道,千载合乎一运,一代儒学之风蔚然兴起,不逊于当年的邹鲁之风。可是,近年来儒学之风日益败坏:"奈何近年以来,儒风日坏,学术渐晦。"假使孟子再生,用何种方法拯救儒家之学,提上日程:"若使孟子复生,将何术以援其溺乎?诸生于七篇中,必有讲求而实得者,其悉著于篇。"由此观之,儒学面临严重危机,朝鲜王朝统治者对此深感忧虑。

其二,外患日益严重。近世以来,西方势力开始向朝鲜国加紧渗透,朝鲜王朝统治者与之发生了一系列冲突,集中表现为一系列外来战争开启,诸如"丙寅洋扰""辛未洋扰""日本入侵"。"丙寅洋扰"是指1866年法国军队入侵朝鲜而爆发的战争。"辛未洋扰",是指1871年美国军队入侵朝鲜而爆发的战争。1875年,日本"云扬"号军舰击毁了朝鲜江华炮台,不久派海军陆战队逼近汉城。外患日益加深,给朝鲜国儒学人士以极大的刺激。

(二)孙子兵学与儒学共融的表现

孙子兵学与儒学共融主要体现在如下五方面。

1. 儒学之士不再排斥孙子兵学。朴挺荣(1638—1685)长于文才,却学孙子兵学施展抱负。任宪晦(1811—1876)《泗川县监朴公墓碣铭》记载,朴挺荣,字士直,珍原人。他才气殊绝,早年留心于功名,未尝屈从世俗社会。

---

① 金宗燮:《济庵先生文集》卷七《杂著·策问》,韩国民族文化推进会:《韩国历代文集丛书》第3042册,首尔:景仁文化社,2016年,第233页。

他擅长文词,认为武学才可实现大丈夫的志向,开始学习孙子兵学:"虽优于文词,不屑屑也。谓武学可以展大丈夫之志,从事孙吴。"①

韩浚谦(1557—1627)少年时学习儒学,还学孙子兵学。韩浚谦,字益之,号柳川,汉城人。中进士,拜兵曹参判、礼曹参判、兼四道都元帅、大司宪、同中枢等职。《年谱》记载:"深河之役,两帅降虏,辽广继陷。至是议出元帅,而难其人。备局齐会圈点,公为首。""知中枢府事兼五道都元帅。"李植《柳川遗稿序》记载:"然公平日,未尝与人论兵家成败时务得失。其所筹画,特见之行事而已。顾独喜与文人学子,叙述谈咏不倦。噫!公于此艺,岂有所偏好而然,盖其谦德弘量。""先生真一世之伟人也。文章在先生固是余事。然少年登场,一战而霸。操觚而当先生之世者,咸敛衽而让其桴鼓。天之畀先生之德之才,可谓全矣。"韩浚谦诗歌《江界府有所思》有言:"年少能儒术,多才更执弓。孙吴余事业,文武两全功。奋属元戎望,新兼节制通。凄凉江界府,何处觅英雄。"②诗人记述途经江界府时,若有所思。想到少年时学习儒家文化,为了追求更多才艺,还学习武艺。公务之余,还研究孙子兵学,文武双全,立志建功立业,奋发有为,希望能成为军队的统帅。近来担任都道元帅。可是如今江界府历经多次战乱,一片凄凉,诗人不禁感慨究竟何处才能觅得真正英雄。

李时发(1569—1626)深究儒学,旁通孙子兵学。宋时烈(1607—1689)《刑曹判书李公神道碑铭》记载,李时发,字养久,曾为坡州牧。明朝征发朝鲜军队合攻努尔哈赤,李时发为五道赞画使,主其事。李时发至关西,请省除贡赋,宽解民力。访察沿江形势进献方略,设置两西十营,自是兵政有绪。碑文铭刻:"初发公车,颖出群英。乃究儒学,溯朱而程。旁及孙吴,谈笑戎兵。遂奋其庸,于壬于丁。"③由此观之,李时发对儒学深有研究,也旁通孙子兵学。

金台重(1649—1711)学习儒学,旁通孙子兵学。金圣铎(1684—1747)《祭从叔父适庵先生文》记载,金台重少事曾祖瓢隐公,浸染道德风操。后游学葛庵之门,闻君子之义。晚年隐居林泉,谢绝人事,以典籍自娱。广泛涉猎书籍,通晓天下治乱事迹,旁通孙子兵学:"自经史及洛建诸书外,虽稗家

---

① 任宪晦:《鼓山集》卷十二《泗川县监朴公墓碣铭》,韩国民族文化推进会:《影印标点韩国文集丛刊》第 314 册,汉城:景仁文化社,2003 年,第 287 页。
② 韩浚谦:《柳川遗稿·江界府有所思》,韩国民族文化推进会:《影印标点韩国文集丛刊》第 62 册,汉城:景仁文化社,1996 年,第 490 页。
③ 宋时烈:《宋子大全》卷一百六十四《刑曹判书李公神道碑铭》,韩国民族文化推进会:《影印标点韩国文集丛刊》第 113 册,汉城:景仁文化社,1993 年,第 487 页。

杂录,靡不涉猎。领略乎兴亡治乱之迹,旁通乎孙吴韬略之法。"①才能可用于当时事务,对学问追本溯源,不喜欢世俗迂腐之言:"苟出而施之,庶可以为当世之用。公之于学,可谓沿其流而沂其源矣。公为词章,必清劲遒峻,不喜世俗冗腐语。"

李德载(1683—1739)不愿做俗儒,要学孙子兵学。尹凤朝(1680—1761)《司宪府持平李公墓碣铭》记述,自己成年时与李德载一起游历。李德载年龄虽小,却有远大志向和奇特想法,不屑于做一介"俗儒":"厚卿(李德载)齿少余,已有大志奇想,不屑为俗儒。"②李德载幼年时在闵老峰座席上玩耍,许多东西摆在眼前,不瞧一眼。惟独索要墙壁上的长剑,闵老峰欣赏他的这种气度。长大后,李德载师从金昌翕,不愿以一种才艺拘束自己,广泛涉猎诸子百家之学,包括兵学:"亦不肯以一艺自拘出入,泛滥星历兵书阴阳术数诸百家。"③当时兵学最有名的是孙子兵学,李德载学习孙子兵学也在情理之中。

安命聃(1694—1737)不愿做酸儒,要学孙子兵学。曹兢燮(1873—1933)《观水斋安公墓碣铭》记载,处士安命聃,字耳老,号观水斋。幼年豪爽有气概。喜爱《左传》《史记》《司马法》《孙子兵法》,不愿做背诵章句的酸儒:"知读书则好左氏太史及穰苴孙武书,不伏为帖帖酸儒。"④虽然从事科举之业,屡中乡解之试,但并非他的爱好。常说国家一旦变乱,跟从正义之师为之谋划。

韩箕锡(1684—1741)学识渊博,旁通孙子兵学。崔益铉(1833—1906)《柳坞韩公墓碣铭》记载,韩箕锡,字东赉,籍贯清州。学识渊博,旁通孙子兵学:"公博学善文章,旁通孙吴。"⑤

卢启祯(1695—1755)既学孙子兵学,又学儒家之学。柳奎《节度使卢公行状》记载,卢启祯(1695—1755),字国休,庆州安康县人。登科多年,不愿上京,居家贫寒,安然自若。天天阅读《孙吴兵法》,又喜爱儒家之书:"日

---

① 金圣铎:《霁山集》卷十四《祭从叔父适庵先生文》,韩国民族文化推进会:《影印标点韩国文集丛刊》第206册,汉城:景仁文化社,2000年,第468页。
② 尹凤朝:《圃岩集》卷十八《司宪府持平李公墓碣铭》,韩国民族文化推进会:《影印标点韩国文集丛刊》第193册,汉城:景仁文化社,1999年,第468页。
③ 尹凤朝:《圃岩集》卷十八《司宪府持平李公墓碣铭》,韩国民族文化推进会:《影印标点韩国文集丛刊》第193册,第469页。
④ 曹兢燮:《岩棲集》卷三十二《观水斋安公墓碣铭》,韩国民族文化推进会:《影印标点韩国文集丛刊》第350册,首尔:景仁文化社,2005年,第490页。
⑤ 崔益铉:《勉庵集》卷二十九《柳坞韩公墓碣铭》,韩国民族文化推进会:《影印标点韩国文集丛刊》第326册,汉城:景仁文化社,2004年,第109页。

读孙吴兵法,又甚喜圣贤书,至忘寝食。"

金尚镒(1788—1872)既学儒学,又学孙子兵学。许传(1797—1886)《松窝金公墓碣》记载,金尚镒,字仁之,号松窝。风姿刚毅,性格温和。临事决机,勇于果断。恪守家庭之训,勤于学问,以《孝经》《小学》《论语》为本。此外,特别喜爱《中庸》《大学》,不时阅读《孙吴兵法》:"尤喜庸学,又间阅孙吴,曰'此亦丈夫之一事。'"①

金仁基(1807—1877)既学儒学,又学孙子兵学。奇宇万(1846—1916)《山南金公墓志铭》记载,金仁基,字泰亨。身材魁梧,很有才气,文武皆学,早年学习孙子兵学:"公身干魁梧,并有才局。兼治文武,早学孙吴。"②

姜玮(1820—1884)既学儒学,又学孙子兵学。李重夏(1846—1917)《(姜玮)本传》记载,国家升平日久,西洋船多至,人情慌乱,先生为之深忧。郑尚书及学士李建昌,奉使于燕,先生欣然与之前往,尽探中西近来事情而归。先生为人沉稳机警,能坚忍其性,果敢行动。读书不守旧说,推陈出新。三教九流之说,无不贯通。尤其对《论语》《大学》《中庸》《孟子》特别用功,不时涉猎孙子兵学:"读书不守成说,要皆入之深,出之新,痛快胸臆乃已。三教九流,无不贯穿。而尤致力于四子书,间出入孙吴形势之言。"③喜好议论天下大事,性格旷达,交游不择贵贱。每念及当时之事,俯仰伤叹。留下著作有《孙武子注评》:"所著又有《经纬合璧》《孙武子注评》,藏于家。"

梁大朴(1543—1592)既学儒学,又学孙子兵学。金载瓒(1746—1827)《赠判中枢府事兼兵曹判书梁公谥状》记载,梁大朴(1543—1592),字士真,南原人。通性理之学,师事牛溪成先生。主忠恕二字,理气问答,有心得之妙。性格卓尔不群,才气绝伦,对兵学深有研究,每当夜深人静时,阅读孙子兵学书籍不休息:"凡六艺九流,无不旁通。而尤深于兵历,每静居夜深,往往读孙吴书不辍。"④跟随朴思庵、郑松江探赜经史,与金千镒、边士贞"讲兵阵形名之学。"

金重九(1660—1720)既学儒学,又学孙子兵学。尹光绍(1708—1786)《兵使金公墓志铭》记载,金重九,字铉卿。以文武之才立于朝廷,自励气节,

---

① 许传:《性斋集·续编》卷六《松窝金公墓碣》,韩国民族文化推进会:《影印标点韩国文集丛刊》第 309 册,汉城:景仁文化社,2003 年,第 88 页。
② 奇宇万:《松沙集》卷四十《山南金公墓志铭》,韩国民族文化推进会:《影印标点韩国文集丛刊》第 346 册,首尔:景仁文化社,2005 年,第 374 页。
③ 李重夏:《古欢堂收草·本传[李重夏]》,韩国民族文化推进会:《影印标点韩国文集丛刊》第 318 册,汉城:景仁文化社,2003 年,第 478 页。
④ 金载瓒:《海石遗稿》卷十一《赠判中枢府事兼兵曹判书梁公谥状》,韩国民族文化推进会:《影印标点韩国文集丛刊》第 259 册,汉城:景仁文化社,2001 年,第 506 页。

尽心王事，当官不择平险之地。虽已尊贵，白天却练习射技，夜间阅读兵书："既贵，必昼习射艺，夜阅兵书以为常。"①仿效古人运甓，未尝一日悠闲。他尤喜读《论语》，终身背诵，即使患病未尝停止。"身韬钤而心士行"，胸中有韬略，心中挂记儒士行为。

金台重（1649—1711）既学孙子兵学，又学儒学。金圣铎（1684—1747）《从叔父适庵先生言行录》记载，金台重从小留意经世致用之术，对《左传》《通鉴纲目》爱不释手，也翻阅探究孙子兵学，追求实用之学："自幼留意经济之术，《左传》《纲目》等书，平居手不释。外至韬略孙吴之法，亦翻阅究颐，期于施用。"②晚年求学李玄逸之门，端正其学。李先生与之讲义理，谈世务。从此闻所未闻，学问益正，道德益进。金台重曾与李玄逸之子梧里公探讨王霸之略和九兵八陈之制，梧里公向父亲汇报，李玄逸听后很高兴。有一天，亲口对金台重说，世俗之士不愿听英雄行事，听说他有意学济世之策，很是赞赏："俗士拘束，闻英雄事，不丧气，则必大笑之。闻君有意济世之策，甚尚甚尚。"李玄逸便与他谈论兵家奇正之术和诸葛亮、李靖用兵之术，因此金台重深知用兵之韬略："极言兵家奇正之法及武侯、卫公用兵之术，公以此晓兵略最深。"由此观之，李玄逸和金台重皆知孙子兵学，师生二人如遇知音。尽管如此，晚年却喜读朱子书及退陶先生集。虽然病重，却未尝停止，从头至尾，熟烂于心，遗憾年老不能用功。

2. 推崇儒士学习孙子兵学。睦万中（1727—1810）赞扬高丽儒士金石坚喜爱孙子兵学。睦万中（1727—1810）《汶翁祠上梁文》记载，高丽化平府院君金石坚，字子固。西山庐墓显示其孝心，床上只有《丧礼》一编。他在东亭讲武游学，胸中有兵书万卷。跟随师友数人游历，学有渊源，继承冈老立雪教导，才兼文武。当时外敌入侵，有捍卫大患之功。最初并非从事武学："初非从事于鞍韦。盖尝著工于简编，少习邹鲁，已识季路勇强之姿。早悦孙吴，自负横渠超迈之气。"③由此可知，金石坚早先学儒学，"少习邹鲁"。后学孙子兵学，"早悦孙吴"。

成海应（1760—1839）赞扬唐刘仁愿学习孙子兵学。《小华古迹》平济塔条记载，唐显庆五年（660）八月，苏定方击破百济将要归国，特意树立碑铭

---

① 尹光绍：《素谷遗稿》卷六《兵使金公墓志铭》，韩国民族文化推进会：《影印标点韩国文集丛刊》第 223 册，汉城：景仁文化社，2001 年，第 163 页。
② 金圣铎：《霁山集》卷十五《从叔父适庵先生言行录》，韩国民族文化推进会：《影印标点韩国文集丛刊》第 206 册，汉城：景仁文化社，2000 年，第 501 页。
③ 睦万中：《余窝集》卷二十三《汶翁祠上梁文》，韩国古典翻译院：《影印标点韩国文集丛刊续》第 90 册，首尔：古典翻译院，2009 年，第 428 页。

以记其事,命令贺遂亮制碑文,使怀素书写碑文。现今此碑在县南的田野中,碑文赞扬唐朝宣威将军刘仁愿忠孝品德和个人才干:"资孝为忠,自家刑国。早闻《周礼》之教,晚习孙吴之书。既负策房之才,复总文史之道。"①值得注意的是,成海应提到唐代名将刘仁愿早年学习《周礼》,"晚习孙吴之书"。成海应记载这一碑文的背后,是对儒学之士晚年学习孙子兵学的赞誉,与张载晚年脱离孙子兵学学习二者形成了鲜明对比。

柳麟锡(1842—1915)赞扬儒士谈论孙子兵学。他在《答洪汝千》书信中谈到,现今常说儒士不能论兵和做事,其实并非如此。昔日姜太公是万古用兵之祖,是儒中之圣。张良、孔明是从容正大之儒。此外,郤縠喜诗书,杜预爱《春秋》,孙武、吴起读书而能创作兵书。古今智帅名将未有不读书,不读书何以通达古今事理?孔子曾说:"暴虎冯河,吾不与,必也惧而好谋。"圣人难道无智慧才这样说,不知汝千有何主意,草率轻进,这不是对你的期望。汝千虽说英勇,一定比不上古代名将,怎能做到古代名将做不到的事情。"知彼知己,兵书要义。人皆茶饭诵说。"②柳麟锡言语之中"知彼知己",显然来自《孙子·谋攻篇》"知彼知己者,百战不殆"。③"人皆茶饭诵说",表明《孙子兵法》此一思想流传很广,被世人普遍重视。柳麟锡提醒洪汝千,若只想草率轻进,难道是知彼知己?希望汝千对之深思,史书向来有"斗智不斗力"之说,有其深意,不知是否做到深思熟虑?

3. 批评儒士不学孙子兵学。金昌翕(1653—1722)批评腐儒不学孙子兵学。金昌翕,安东人,字子益,号三渊。赵明履《遗事》记载:弟子"尝问:'曾闻先生于卜筮、算数著工,未知于天文、地志、律吕、医药、兵法何如'?先生曰:'天文未尽究,只见得先儒所言星度,堇卜二十八宿与三垣。地志但别十三省界,律吕略晓而间有未透处,医理以阅疾多故粗通,兵法孙子外未见他书。"由此可知,金昌翕学过《孙子兵法》。后人赞扬金昌翕诗歌风格与成就。金亮行《(金昌翕)行状》:"其诗格法雅健,一洗程序之陋。"赵明履《遗事》:"先生文固高,而诗特为东方之最。"金昌翕《朝发南汉》一诗有言:"晨兴南汉寺,月明诵孙吴。明月照武库,微霜结戈殳。钟鸣起旋归,我马以踟蹰。依俙抱关子,泱瀁啼早乌。崇墉何屹屹,长风起层隅。古来存此器,岂不以备胡?往者不可详,来者犹可虞。大江走茫茫,秋气布寒芜。感慨亦徒

---

① 成海应:《研经斋全集·外集》卷六十三《古迹类·小华古迹》,韩国民族文化推进会:《影印标点韩国文集丛刊》第 278 册,汉城:景仁文化社,2001 年,第 167 页。
② 柳麟锡:《毅庵集》卷十六《答洪汝千》,韩国民族文化推进会:《影印标点韩国文集丛刊》第 337 册,汉城:景仁文化社,2004 年,第 428 页。
③ 杨丙安:《十一家注孙子校理》,第 62 页。

然,登降惟修涂。三田有胡碣,玄城有腐儒。"①此是一首抒情诗,描写诗人早晨从南汉山寺院出发,月明之夜诵读《孙吴兵法》。明亮月色映照着武库,兵器上凝结着轻微雪霜。钟声响起时归来,马儿徘徊不前。隐隐约约看到守护城门军士,在朦胧的夜色中,乌鸦早早啼叫。崇山峻岭中的城关多么高大挺立,大风起自高耸的楼角。自古以来这样的重地,难道不是用来防备胡人?过往事情不能全部了解,将来事情还可预料。大江之水向前飞奔,一片苍茫。秋天寒气降落在荒草上面。关山在路途中一起一伏,感慨无助于事。许多地方有胡人石碑,玄城却有迂腐的儒生。此外,《语录》记载,(金昌翕)先生曰:"吾观人每以五品定之,曰拘儒,曰陋儒,曰腐儒,曰贱儒,曰俗儒。如宋季诸儒,皆不免陋儒之目矣。"由此可见,金昌翕一说自己"月明诵孙吴",另说"玄城有腐儒",显然批评那些迂腐儒士不学孙子兵学。

梁禹甸(1595—1672)后悔为儒生,不学孙子兵学。崔益铉(1833—1906)《鳌峰梁公墓志铭》记载,梁禹甸,字甸之,系出耽罗。南汉之役时,兴义兵,奔赴天子所在。至清州,闻讲和而止。他的一首诗歌表达了当时的懊悔之情,只想做文坛一小儒,年少不学孙子兵学:"悔作骚坛一小儒,少时何不学孙吴。请缨未系单于颈,后世谁称大丈夫。"②

丁若镛批评俗儒,指出真儒能文能武。《俗儒论》评论说,汉宣帝斥责太子:"俗儒不达时宜,何足委任?"真儒之学本是治国安民,攘除夷狄,丰裕财用,能文能武,无不适合。难道为的是寻章摘句,注虫释鱼,穿着宽大衣服进行拜揖之礼?古代生子,弧矢射于四方,稍为长大,以习武德。壮年之时,学习射御,教人之义。兴师献馘,学宫练习,不只是读书传。孟子担忧齐、梁之君专尚攻战,所讲全是仁义之说。孟子矫正过失,后世儒生不解圣人之意。凡是仁义和理气之外,统统称为杂学。世人所谓杂学,不是法家之学,便是兵家之学:"凡仁义理气之外,一言发口,则指之为杂学。不云申、韩,便道孙、吴。"③这些人务必追求虚名和窥视道统,宁愿树立迂腐之论和孤陋之说以自欺,不敢轻易逾越界限一步,使得儒家之道消亡,当时在世君主一天天轻视儒生,宣帝之言不是全部都对。然而探究其根本,儒者却是无理。议论者不揣度是非曲直,只是不停地攻击汉宣帝。由此观之,丁若镛批评俗儒务

---

① 金昌翕:《三渊集》卷三《朝发南汉》,韩国民族文化推进会:《影印标点韩国文集丛刊》第165册,汉城:景仁文化社,1998年,第58页。
② 崔益铉:《勉庵集》卷三十六《鳌峰梁公墓志铭》,韩国民族文化推进会:《影印标点韩国文集丛刊》第326册,汉城:景仁文化社,2004年,第290页。
③ 丁若镛:《与犹堂全书·一集》卷十二《俗儒论》,韩国民族文化推进会:《影印标点韩国文集丛刊》第281册,汉城:景仁文化社,2002年,第253页。

求虚名,倡导真儒之学,能文能武。

金允植指明真儒不是表面上口谈诗书。金允植(1835—1922)《八家涉笔下》评述,秦朝诸儒生都是战国留下的,若一同在世,异端之学一起流传,将不胜其繁。圣人经义会更加隐晦,治国之道会更加混乱。上天诱使秦始皇焚毁其书,坑杀其人,借此大灭其威风和权势,压抑遏制其随意流行,有功万代。真经和真儒并未因此而消亡。秦朝残暴之时,抱着书籍求见,想知名于世者,不是真儒:"虽然其真经真儒,故自不没。何以知之?当秦之暴,抱书区区幸欲见知于世者,非真儒也。"跟随秦始皇到泰山,纷纷议论封禅仪式也不是真儒:"从始皇至泰山,纷纭草封禅之仪者,非真儒也。"这些人原本是法家、阴阳家、纵横家、兵家的弟子,名义是儒生,口谈诗书,然而用不正当的手段谋取利益,迎合世俗之人,邀取一时宠幸:"何以知其非真儒也?夫管商、申韩、邹慎、苏张、孙吴之徒,皆名为儒而口谈诗书,然其实皆枉道循物,希世求合,以徼一时之幸者也。"① 金允植所言"孙吴之徒,皆名为儒而口谈诗书",名义为儒,并非真儒。

4. 注重"儒将"的培养。金构(1649—1704)提出培养"儒将"建议。他的《论时政疏》指出,社会不能达到治理,变故就没有定数,面临危险要格外注意将帅之臣。现今之事不切实际,每每半夜思虑,为之寒心。他建议选择通晓兵书的文臣且有才能气度之人作教官,勤加教导,相互切磋。不但可培养武士,而且可培养"儒将":"今若别择文臣之晓解兵书,颇有才局者,差出师儒之任。立为程课,勤加教督。讲究相资,彼此俱益。则不但有教成武士之效,亦可以寓养儒将于其中。"② 每每都试选拔人才,聚集教官及训练武士,广设方略,反复辩难,不拘泥于训诂和音韵末技,务取不悖大义、才识可用之人。

5. 从儒学回归孙子兵学。李得云早年学习儒学,晚年喜爱孙子兵学。任宪晦(1811—1876)《华山李公墓碣铭》记载,李得云,字龙瑞,华山是其号。丙子(1636)胡难,李得云举义旗讨贼。李得云早年有儒士气质,晚年喜爱上了孙子兵学:"资质刚毅,勇力绝伦。早受庭训,行谊著闻。晚悦孙吴,捷宣庙朝武科。"③ 李得云生卒年不详,从"丁巳(1677),谒圣试,中丙科"。

---

① 金允植:《云养集》卷十五《八家涉笔下》,韩国民族文化推进会:《影印标点韩国文集丛刊》第 328 册,汉城:景仁文化社,2004 年,第 501 页。
② 金构:《观复斋遗稿》卷三《论时政疏》,韩国古典翻译院:《影印标点韩国文集丛刊续》第 49 册,首尔:古典翻译院,2008 年,第 52 页。
③ 任宪晦:《鼓山集》卷十二《华山李公墓碣铭》,韩国民族文化推进会:《影印标点韩国文集丛刊》第 314 册,汉城:景仁文化社,2003 年,第 288 页。

可推断 1636 年至 1677 年前后,李得云在世。

吕光德(1760—1797)早年学习孙子兵学,后长期学儒学,晚年又回归孙子兵学。朴胤源(1734—1799)《吕光德墓志铭》记载,吕光德,字汝明,丰川人。早年"从事于儒者之学,耽经籍如嗜欲。不以天下万物易其好"。二十五岁时,获中武科。耻于取媚高官,立志读书学儒,放弃学兵书,开始学习儒学:"吾虽以武科出身,欲仕宦则将媚于宰相,吾所羞也。吾欲反诸儒,终身读书足矣。遂投弓矢,悉弃兵书,取《中庸》书,伏而读之。"①长久思考,未通其意,欲求师友问疑。三次登门拜访,朴胤源才接见他。据其观察,吕光德根本不像一介武人,活脱脱一个儒士神态:"视下言徐,步趋有仪度,不类武夫。"值得注意的是,吕光德出生武人世家:"父天时,武科及第。光德与其弟光一,俱中武科。"弟兄二人晚年成为骑士:"光一为骑士,君亦晚始为骑士。"由此可知,吕德光早年以兵学获取功名,长期钻研儒学,直至晚年回归武士本色。

权相一(1679—1759)先学习儒学,后转向孙子兵学。他的诗歌《迭次仰呈两令词案》有言:"窃廪非缘生理疏,古来中隐抱关居。儒臣宿跰瀛洲馆,老将新功孙子书。华月明时巡五夜,霱云多处曳双裾。人生随遇聊安命,外物升沉任自如。"②"功"与"攻"是通假字,例如《墨子·非攻下》"易攻伐以治我国,攻必倍","攻必倍"应为"功必倍"。此外,古有"攻书"之说,如《红楼梦》第四回:"(贾兰)今方五岁,已入学攻书。"权相一诗歌描写了诗人内心世界,获取俸禄不是因自己不了解生计,古代隐士有抱关而居者。自己身为儒臣,长久置身于瀛洲馆,脚上长出了茧子。如今作为将军,已经年老,最近学了《孙子兵法》。诗人感慨人生的命运沉浮不定,应当随遇而安。世界万事万物不断变迁,要顺其自然。从中可见,诗人起先为儒臣,后来当将军,早先未读孙武兵书。后来当上将军,才开始学习孙子兵学。

(三)孙子兵学与儒学共融的影响

孙子兵学与儒学共融的影响主要体现在两方面:其一,在理论上出现了"兵儒融合"的思想主张。这种主张见诸于金学性的言论。金学性(1807—1875),字景道,号松石,清风人。任弘文馆副提学、侍讲院右宾客。他倡议儒学之士必须了解兵学:"兵者,士不可以不知也。"列举史实加以佐证,儒学之士不知兵,不是"通儒":"太公著略,吴子谈兵,必称道德仁义。

---

① 朴胤源:《近斋集》卷三十一《吕光德墓志铭》,韩国民族文化推进会:《影印标点韩国文集丛刊》第 250 册,汉城:景仁文化社,2003 年,第 600 页。
② 权相一:《清台集》卷三《迭次仰呈两令词案》,韩国古典翻译院:《影印标点韩国文集丛刊续》第 61 册,首尔:古典翻译院,2008 年,第 264 页。

仲尼之文事武备,孟氏之地利人和,皆千古不刊之韬钤。汉宋之诸儒言兵事,策战略也。莫不尊俎而折衷(冲)之,则儒而不知兵非通儒也。"①他甚至认为,《孙子兵法》之说出自儒家"正论":"昔孙武著书十三篇,凡攻守战备之要,在于'知彼知己','知天知地'之理。所谓'致人不致于人','形兵之极,至于无形'等语,皆出自吾儒正论,非特'四利''七计''尤(九)变''五间'之秘妙而已。"②金学性所言出自《孙子·地形篇》"知彼知己""知天知地",③"致人而不致于人"④出自《孙子·虚实篇》,"形兵之极,至于无形"⑤出自《孙子·虚实篇》。他特别强调儒学中呈现兵学气象,学习兵学者应对此知晓:"儒有忠信以为甲胄,礼义以为干橹。夫甲胄干橹之尚忠信礼义,是为用兵之本。读兵者又不可不知此也。"⑥综观金学性之言,不难发现共同指向性是孙子兵学与儒学共融,理由是孙子兵学一些思想来自正宗儒学,尽管他的说法有些牵强附会。

郭钟锡(1846—1919)大力倡导文武不可分离之说。《河殷巨字序》阐明,文武不是二途,将相不是异术。三代以后,人各分途。文武各专一业过失,不是"左瘫",就是"右痪"。文武之道,将相之术,不可不知。武备不本于文事,不是武备。将帅不知国相之事,不是好的将帅。文武分途,学问之道,由此灭绝。忠信作为甲胄,礼义作为干戈。未雨绸缪,不可轻举妄动。自治要严,预备方能成事。诛之并教之,优秀将帅理应如此。郭钟锡指出,早年脱离孙子兵学,只是体现了张载的勇敢。武人之中出现儒宗,恰恰体现了朴松堂之美好品德:"呜乎! 蚤脱孙吴,子张子之勇也。武籍儒宗,松堂氏之懿也。"⑦古人已不可相见,邪辞淫说到处横流。世人思考建功立业很久了,何必"曰将曰相",将二者相分离。总之,郭钟锡文武不可分离之说,最终指向是孙子兵学和儒学共融。

其二,对朝鲜国加强武备产生了一定影响。不因讲究文德而废除武备,这一看法来自尹愭对策。策问《武艺》提出:先王之治,安不忘危,阅武试艺,合乎时宜,为何不可废除? 尹愭(1741—1826)回答,兵可百年不用,不可一日无备。阅武和试艺之所以一日不忘,是因可达兵可百年不用之效。举

---

① 金学性:《孙子髓·序》,赵羲纯:《孙子髓》,首尔:高丽大学图书馆收藏本,1869年。
② 金学性:《孙子髓·序》,赵羲纯:《孙子髓》。
③ 杨丙安:《十一家注孙子校理》,第230页。
④ 杨丙安:《十一家注孙子校理》,第106页。
⑤ 杨丙安:《十一家注孙子校理》,第122页。
⑥ 金学性:《孙子髓·序》,赵羲纯:《孙子髓》。
⑦ 郭钟锡:《俛宇集》卷百三十三《河殷巨字序》,韩国民族文化推进会:《影印标点韩国文集丛刊》第343册,首尔:景仁文化社,2005年,第472页。

例说,晋文公解除宋围,一战而称霸,离不开文教。虞氏战有苗,未尝不鼓琴而咏风。周王朝正四国,未尝不马放南山。统一人心和道德是阅武的根本。民众知晓亲上死长之义,才可以无敌于天下。后世守国和治国之人最终都不能脱离阅武和习武之制,倘若只认为阅武和试艺是多余之事,搁置一边。讲求国家治理,只认为最先讲求文德,文德不外乎谈论文词之事:"而徒曰治莫先于文德云尔,则其所谓文德者,不越乎文词谈论之间。"一旦外敌入侵,应对敌人只是刘秩一样的白面书生,就会惊慌失措,土崩瓦解,不免出现赋诗退敌的可笑之事:"而一有曳落河铁骑长驱,则所以应之者,亦不过乎白面刘秩而已。其弊必至于苍黄失措,土崩鱼骇,终不免赋诗退房之讥矣。"尹愭指出,反倒不如按照兵书,强化军事训练,但须切合实际,不可奢谈龙肉,忘却平常饮食:"至此而反不如粗依兵书,略试阵法之犹有教戒课习底意也。又安可坐谈龙肉而欲废目前之常味耶?"由此而言:"去兵乃所以召兵,忘战乃所以速战。"①古代善于治理国家者不因兵凶战危,百年而有一天忘记战争。只有这样,才能做到海波不扬,武艺不用,未尝因文德之教而废除军备。

孙子兵学与儒学共融这一阶段,在理论上出现了"兵儒共融"的思想主张,在实践上"儒将"的培养受到重视。"兵儒共融"为朝鲜王朝整军经武带来了积极正面影响,在军备方面有所加强,具体表现在"丙寅(1866)洋扰"和"辛未(1871)洋扰"中,成功反击了外来敌人。只是由于朝鲜王室为了镇压东学党,结果"引狼入室",使日本人几乎兵不血刃占领了朝鲜半岛。

---

① 尹愭:《无名子集·文稿》册八《[武艺]》,韩国民族文化推进会:《影印标点韩国文集丛刊》第256册,汉城:景仁文化社,2001年,第336—337页。

第六章　朝鲜王朝孙子兵学评判

第一节　朝鲜人士孙子兵学评价

一、正面评价

孙子兵学对朝鲜社会产生了深刻影响,诸多朝鲜人士对孙子兵学发表了积极、正面的评价。综观朝鲜王朝时期,正面评价始终占据了朝鲜社会主流形态,主要体现在以下评述。

1. 孙子兵学是兵家"冠冕"。崔恒(1409—1474),官至台辅,主兵曹之事。他所撰《武经跋》评述,黄帝始创兵法,征讨不来朝觐的诸侯。即使是神武之人,始终也未能超越其门户。《汉书·艺文志》所载兵家流派有数百家,而其七家兵书为冠冕:"而太公、黄石、司马、孙、吴、尉、李之书,为其冠冕。"①其中"太公"是指"姜太公";"黄石"是指"黄石公";"司马"是指"司马穰苴";"孙"是指"孙武";"吴"是指"吴起";"尉"是指"尉缭";"李"是指"李靖"。崔恒认定,姜太公《六韬》、黄石公《三略》、司马穰苴《司马法》、孙武《孙子兵法》、吴起《吴子兵法》、尉缭《尉缭子》、李靖《李卫公问对》,是兵家"冠冕"。由此可见,孙子兵学自然是兵家的"冠冕"。

世上兵书众多,主要流传的是《武经七书》。《孙子兵法》虽有十一家注,但真伪混杂,其他六种兵书更未有精到的注解。学者对此纷纷批评,崔恒深为感慨。兵家崇尚诡诈,文字极其深奥,平常之人不能阐发其内涵,凡夫俗子只是等待权威之士给予解释。世祖文雅大度,妙通六艺,熟悉韬略之书,继承文宗之命,始以"口诀"注解《武经七书》。癸未(1463),明定"口诀",业已完成。他命崔恒校理其书,另加批注,纠正《武经七书》错伪。《武

---

① 崔恒:《太虚亭集》卷二《武经跋》,韩国民族文化推进会:《影印标点韩国文集丛刊》第9册,汉城:景仁文化社,1996年,第201页。

经七书》进呈之后,世祖命崔恒撰书跋。崔恒特别指出,古人有言:"国家虽大,好战必亡。天下虽安,忘战必危。"①考察有扈氏败亡的覆辙,可认识到国家不可一日忘却危险,军队不可一日忘记戒备。虽说军队是以将帅为主导,但不知谋划就不可用兵。不懂灵活变通,就不可出奇制胜。因此,将帅不知用兵之术,三军就会怀疑。将帅不英明,三军就会失败。将帅不识精微,三军就会失去战机。由此可见,将帅主宰军队命运:"是知将者,三军之司命也。"将帅如有智慧,英勇精微,就不可舍弃《武经七书》的学习。兵法虽有"不可言传"之说,但不学古兵法,就不能深入思考。崔恒批评世人常以霍去病不学古兵法为借口,主张不学古兵书。他质问和反驳这种偏见:不学操缦,怎能弹琴?不学规矩,怎能制轮?用兵是国家大事,平时不研习能行吗?世祖留心《武经七书》,精心加以编定,使将帅真心信奉,等作战时把握其所说的战机,谋划和应用《武经七书》中的计谋,"悬权应机,践墨制胜"。崔恒之说出自《孙子·军争篇》"悬权而动"②和《孙子·九地篇》"践墨随敌"。③ 又如天地一样"震震冥冥",而"震震冥冥"之说,出自《尉缭子·武议》:"一人之兵,如狼如虎,如风如雨,如雷如霆,震震冥冥,天下皆惊。"④此外,崔恒之言"投之所往,常在不败之地,而为敌之司命也",前者是《孙子·九地篇》"投之无所往"⑤的反向而言;后者是从《孙子·形篇》"立于不败之地"⑥演化而来;"敌之司命"是《孙子·作战篇》"生民之司命"⑦变通之说。他赞叹,世祖未雨绸缪,分明是给子孙后代留下保证国家平安的教诲。

2. 孙子兵学是"至宝"。沈彦光(1487—1540),字士炯,号渔村,三陟人。曾任兵曹参判。他在《次送别韵呈曹兵使》中说:"六韬八阵孙子吴子书,天虽悭地虽秘,至宝由来不暗投。剑气直射牛斗墟,慷慨隆中龙,肯久卧南阳庐。"⑧赞扬曹兵使有才艺和智慧,是隆中卧龙,将大展鸿图,特别提到《六韬》《八阵》《孙子兵法》《吴子兵法》,虽然如天地一样神秘,难以知晓,但这些"至宝"从来都能得到赏识。由此可知,孙子兵学在他的心目中可谓

---

① 此语出自《司马法·仁本篇》"故国虽大,好战必亡;天下虽安,忘战必危",参见王震:《司马法集释》,北京:中华书局,2018年,第10页。
② 杨丙安:《十一家注孙子校理》,第145页。
③ 杨丙安:《十一家注孙子校理》,第266页。
④ 骈宇骞等译注:《武经七书》,北京:中华书局,2007年,第239页。
⑤ 杨丙安:《十一家注孙子校理》,第247页。
⑥ 杨丙安:《十一家注孙子校理》,第75页。
⑦ 杨丙安:《十一家注孙子校理》,第39页。
⑧ 沈彦光:《渔村集》卷五《北征稿·次送别韵呈曹兵使》,韩国民族文化推进会:《影印标点韩国文集丛刊》第24册,汉城:景仁文化社,1996年,第164页。

3. 孙子兵学"自雄奇"。郑士龙(1491—1570),字云卿,号湖阴,东莱人。曾主礼部,典文衡。他的诗歌《题遁斋诗稿后》:"心追古作足为师,适用从来贵达辞。王谢家风皆俊快,孙吴兵法自雄奇。石中至宝谁当剖,岩底幽兰不冀知。回首词场篇什富,几人高造到君诗。"①诗歌赞扬《遁斋诗稿》造诣高深,很少有人企及。其中诗句"王谢家风皆俊快,孙吴兵法自雄奇",描写了琅琊王氏与陈郡谢氏崇尚洒脱迅捷的风格,也赞扬了孙子兵学雄伟奇特的风格。

4. 孙子兵学"神妙不测"。金齐闵(1527—1599),字士孝,号鳌峰,义城人。任军器寺正。他在《保邦要务》中说:"为今之计,莫善于计取谋攻之策耳。故孙子十三篇,以计为首,其术可谓神妙不测矣。"②换言之,《孙子兵法》十三篇是"神妙不测"之术。由此观之,金齐闵非常看重《孙子兵法》计谋之学。

5. 孙子兵学"善戒"。姜沆(1567—1618),号太初,字睡隐、私淑斋,晋州人。任刑曹佐郎。他在《拟吕后请勿以太子将兵击黥布表》中借吕后请求汉高祖不要太子带兵出征这一主题进行发挥,直言军中将吏是陛下故旧,太子率兵,犹如以羊率狼,怎能在紧急关头为他所用?以身使臂,才可成就胜利之功。黥布率军向西,汉军必定抬尸大败而归。正义者胜,是古人常谈。"'将弱不严',亦《孙子》之善戒。"③姜沆所说"将弱不严",出自《孙子·地形篇》:"将弱不严,教道不明,吏卒无常,陈兵纵横,曰乱。"④意在强调将帅懦弱不严明,很容易造成军队混乱。此是《孙子兵法》提出的一个很好戒律。高祖刘邦若能亲自出征,叛逆小人就会灭亡。此虚拟书表赞扬孙子兵学"善戒"的本色。

6. 孙子兵学"辩而博"。李万敷(1664—1732),字仲舒,号息山,延安人。著名学者。他在《伯氏素斋集序》中评述,文风可污染和兴隆社会,现今既有利诱的窠臼,也有进退和荣辱之虑。于是,无论少年,还是白首文士,用尽心思以成功。偶有才高志远之人以狭小格局为羞耻,激浊扬清,整饬国家文风,试图效仿先秦西汉时期的作品,点缀装饰,艰涩难懂,格局和气度不能

---

① 郑士龙:《湖阴杂稿》卷五《题遁斋诗稿后》,韩国民族文化推进会:《影印标点韩国文集丛刊》第25册,第144页。
② 金齐闵:《鳌峰集》卷三《保邦要务》,韩国古典翻译院:《影印标点韩国文集丛刊续》第4册,第77页。
③ 姜沆:《睡隐集·别集·拟吕后请勿以太子将兵击黥布表》,韩国民族文化推进会:《影印标点韩国文集丛刊》第73册,汉城:景仁文化社,1996年,第157页。
④ 杨丙安:《十一家注孙子校理》,第224页。

伸展。只有素斋公年少多病,无意于功名利禄,酷爱古文,泛滥诸书,反复咀嚼,上下积累。"读《太史公》,以观其量;读《庄周》《列御寇》,以观其变;读《左氏》《国语》,以观其短长;读《孙武》《韩非》《淮南》,以观其辩而博;读《昌黎》《眉山》,以观其节制调度。"①不专注一家之学,积三十年之功,文章不拘一格,曲折反复,不用典而生机勃发。由此可知,李万敷对孙子兵学"辩而博"充满欣赏之意。

7. 孙子兵学"神奇"。李德寿(1673—1744)的诗歌《挽申统制使》云:"春秋元凯癖,韬略孙吴奇。望系干城重,名应草木知。捐躯曾素志,乘化奄平时。忧国倾河泪,公亡运属危。华阀麟台焕,魁姿虎榜推。撼来山不动,应处电方驰。英略今谁在,浮生尽足悲。清操妨远算,先见验胡儿。"②诗歌追忆申统制使平生有威武之名,有为国捐躯之志,胡人入侵验证了他的远见。其中,诗句"春秋元凯癖,韬略孙吴奇"描写杜预的癖好是喜欢阅读《春秋左氏传》,在兵家韬略中孙子兵学最为神奇。

8. 孙子兵学"为术独至"。安重观(1683—1752),字国宾,号悔窝、可洲,顺兴人。曾任世子翊卫司卫率。他在《孙子十三篇去注序》中评说,凡是古代兵书,如淮阴侯韩信整理的兵书,大多不流传于世。只有《武经七书》,最为兴盛。在安重观看来,只有《孙子兵法》用兵之术与众不同,修辞古朴奇特:"独所谓孙武十三篇者,余盖反复参伍,观其为术独至,修辞古奇。"③

9. 孙子兵学"本无私"。朴来吾(1713—1785),字复初,号尼溪,密阳人。岭南高士。他的诗歌《更用前韵次仲应》有言:"释文爱质古经疑,拈律须令里媪知。叱雨呼风君莫诧,移山驾海我何疲。同舟胡越翻为敌,观壁蚍蜉亦后期。不用今时吾有剑,孙吴兵法本无私。"④诗歌强调无论学术研究,还是诗歌创作,都要让人明明白白,不可欺骗他人。诗人指出,现今之时有剑不能使用,孙子兵学本来公正无私:"不用今时吾有剑,孙吴兵法本无私。"强调真正的实力最可靠,只有如此,才能应对突发情况。

10. 孙子兵学为"奇兵科"。徐命膺(1716—1787),字君受,号保晚斋,大丘人。官至大提学。他在奏书《陈治法书》中评述,将帅凭借智略使用力

---

① 李万敷:《息山集》卷十七《伯氏素斋集序》,韩国民族文化推进会:《影印标点韩国文集丛刊》第 178 册,汉城:景仁文化社,1998 年,第 376 页。
② 李德寿:《西堂私载》卷二《挽申统制使》,韩国民族文化推进会:《影印标点韩国文集丛刊》第 186 册,汉城:景仁文化社,1999 年,第 162 页。
③ 安重观:《悔窝集》卷四《孙子十三篇去注序》,韩国古典翻译院:《影印标点韩国文集丛刊续》第 65 册,首尔:古典翻译院,2005 年,第 320 页。
④ 朴来吾:《尼溪集》卷二《更用前韵次仲应》,韩国古典翻译院:《影印标点韩国文集丛刊续》第 82 册,首尔:古典翻译院,2009 年,第 81 页。

士,诸葛亮虽体不胜衣,却能指挥三军,如身之使臂。"久勤之法"始于北齐,施于军门之人,尚且可行,却不能作为选拔将帅之法。国家制度发展至今,已出现流弊。吏部用人,以文为文,以武为武,不能用于行军作战,为臣请求:"武臣出身之类,皆以兵法试之……以今见行兵书汇为二科,《六韬》《三略》《孙子》《登坛必究》,为奇兵科;《司马法》《吴子》《尉缭子》《荆川武编》,为正兵科。"①徐命膺将兵书分为两类:一是奇兵科;一是正兵科。而孙子兵学被视为"奇兵科"。

11. 孙子兵学是"兵家真传之书"。安重观(1683—1752)《策题》指出,流传于世的兵书只不过是《六韬》《三略》等七家兵书:"兵书之见行于世者,不过《六韬》《三略》等七家。"然而,智慧之人认为,只有孙武创作的《孙子兵法》,才是真正兵书,其余都是伪造者:"知者谓惟孙武真是。而余皆冒伪,其言果何所征欤?"②由此可知,孙子兵学在时人心目中是"兵家真传之书"。

安锡儆(1718—1774),字叔华,号完阳、雪桥、卓异,顺兴人。隐居泰岐山。他在《拟大庭对策》中评述,古今记事书籍皆可寻其宗旨大要,辨其得失。其余可学则是礼仪制度的典籍,五声六律四气八风节度之书,星历阴阳五行之书,山川风土气候形势之书,农圃蚕畜养植之书,经商和司法书籍。此外,"司马孙武以下,凡兵家真传之书,训炼赏罚,间谍乡导,营阵战守之术。城功水利,医方药理,时日占易之道,计多寡絜大小,度远近测高深之算。"③从上下文看,"司马孙武"是指《司马法》和《孙子兵法》,安锡儆以二书为例,强调二者是"兵家真传之书"。内容是关于军队训练和赏罚,间谍和乡导的利用,以及驻军攻战之术。安锡儆建议认真对待这些实学之书。

12. 孙子兵学"最可观"。洪大容(1731—1783),字德保、弘之,号湛轩,南阳人。任荣川郡守。《干净衕笔谈》记载,兰公陈述自己年少时随意读书,对兵书有过粗略学习,如《太白阴经》《火龙秘书》《六壬》等。洪大容指出,《六壬》荒诞不经。兰公认为,此书假托黄石公所作。他询问洪大容,《六壬》难道不可信?洪大容反问,兄长相信此书吗?兰公说他家中有许多这样的书,偶而阅读,不能理解。一部书题名《墨缘斋藏书》,其中有《六壬》诸书十几种。力闇又问,《奇门遁甲》是真的吗?《太乙》又如何?洪大容指出:

---

① 徐命膺:《保晚斋集》卷三《陈治法书》,韩国民族文化推进会:《影印标点韩国文集丛刊》第233册,汉城:景仁文化社,2001年,第125—126页。
② 安重观:《悔窝集》卷七《策题》,韩国古典翻译院:《影印标点韩国文集丛刊续》第65册,第395页。
③ 安锡儆:《雪桥集》卷七《雪桥遗集·拟大庭对策》,韩国民族文化推进会:《影印标点韩国文集丛刊》第233册,汉城:景仁文化社,2001年,第604页。

"弟于此等书,或见或不见,都归之梦呓。兵书惟孙吴最可观。"①在洪大容的眼中,阴阳家、兵书都是梦呓之说,并断言兵书中只有《孙吴兵法》最值得学习。兰公又说:"孙吴皆观之,未若他书之出奇无穷。"特别指出《孙子兵法》出奇制胜和变化无穷,其他兵书比不上。力闇又评判《孙子兵法》《吴子兵法》《尉缭子》,即使不是谈论用兵打仗,阐发义理也算很好。舍弃这些,却喜欢《遁甲》《六壬》,是有些过分好奇了。三人的言谈举止表明,他们皆读过《孙子兵法》,各有自己的心得体会,而洪大容评价最高。

13. 孙子兵学"最的确"。李种徽(1731—1797)《孙武子精选序》评说,武力是帝王用来安定天下之术,不是用来夸耀。善言兵者最终归宿是不战,"自穰苴、尉缭子、吴起之属,皆能言之,而孙武之言最的确"。② 在李种徽心目中,司马穰苴、尉缭子、吴起之辈都能谈论用兵打仗,而只有孙武的说法最精辟。

14. 孙子兵学如"儒家七书"。金载瓒(1746—1827),字国宝,号海石,延安人。曾任左、右议政。他在《筹司取才判》中提到当时社会流行一种说法:"《武经七书》,如《儒家七书》。"③他不以为然,对此表示质疑。有人认为孙武子兵书《孙子兵法》与《尚书》相仿,《三略》与《孟子》相仿。二者相仿的根本是直言其理。可是,《武经七经》中哪一部书可与《周易》相仿?从中可见,有人将《武经七书》与儒家七书类比,金载瓒并不赞同此说。《孙子兵法》与《尚书》相仿,勉强成立。可是无法在《武经七书》中找出与《周易》类似的兵书。

15. 孙子兵学"亦古文"。朴齐家(1750—1805),又名朴齐云,字次修、在先、修其,号楚亭、贞蕤阁、苇杭道人,密阳人。曾任朝鲜国使臣。他的诗歌《辛亥七月同青庄冷庵奉命纂辑国朝兵事,开局于秘省,而青城适就直太湖,燕岩玉流诸公偶集》:"炙手休言势可熏,新楼好与冷官分。联床听雨灯如菽,画纸谈兵阵似云。诗涩难逢邻翁解,厨贫犹借步兵醼。世间儒学轻钤韬,谁识孙吴亦古文。"④诗歌的题名反映当时诗人正在编纂《国朝兵事》,诗

---

① 洪大容:《湛轩书·外集》卷二《杭传尺牍·干净衕笔谈》,韩国民族文化推进会:《影印标点韩国文集丛刊》第 248 册,汉城:景仁文化社,2001 年,第 143 页。
② 李种徽:《修山集》卷二《孙武子精选序》,韩国民族文化推进会:《影印标点韩国文集丛刊》第 247 册,汉城:景仁文化社,2001 年,第 307 页。
③ 金载瓒:《海石遗稿》卷八《筹司取才判》,韩国民族文化推进会:《影印标点韩国文集丛刊》第 259 册,汉城:景仁文化社,2001 年,第 468 页。
④ 朴齐家:《贞蕤阁集·三集·辛亥七月同青庄冷庵奉命纂辑国朝兵事,开局于秘省,而青城适就直太湖,燕岩玉流诸公偶集》,韩国民族文化推进会:《影印标点韩国文集丛刊》第 261 册,汉城:景仁文化社,2001 年,第 532 页。

文倾诉官员之间有矛盾冲突,受宠官员和被冷落官员两种不同的境遇。末尾诗句"世间儒学轻钤韬,谁识孙吴亦古文",点明当时社会儒学之士轻视兵家韬略。诗人质问,儒学之士有谁能够认识《孙子兵法》和《吴子兵法》也是质朴之文。

16. 孙子兵学"理趣精深"。正祖《日得录》对兵家典籍曾发表了看法:"兵家之书,如《六韬》《孙武子》,笔力雄健,理趣精深,当于诸子中高占。"①《孙武子》是《孙子兵法》别称。在正祖心目中,《六韬》《孙子兵法》在先秦诸子中占有很高地位,表现出"笔力雄健,理趣精深"的特点。

17. 孙子兵学"可无敌于天下"。任天常(1754—?),字玄道,号穷悟,丰川人。中进士,权知承文院副正字。他在《孙武子写本跋》中评价古代兵家之书。孙武创作的兵书《孙子兵法》,不仅超越了《吴子兵法》,而且用兵之术无敌于天下:"惟孙子武、吴子起,其为文古,而其言简而备,而武又雄于起者也。盖其术虽不足与于仁义之兵,而其奇权密机,出入神鬼,用是而战,可无敌于天下。此其所以破楚而入郢也欤!"②强调这正是孙武率兵破楚入郢的原因。

18. 孙子兵学"最其杰然"。崔璧(1762—1813),字仲蕴,号质庵,庆州人。曾补选奎章阁。他在《兵学通序》中评说,兵者凶器,圣王不得已用之。自黄帝出征不朝见的诸侯以来,成千上百的兵学家研究行军纪律和制胜之术,莫不创立一家之言。例如:"风后之握奇、太公之韬略、《孙子》、《吴子》、《尉缭子》、《司马》新书、武侯《阵法》等诸作,最其杰然者。"③其中"杰然",是指"特出不凡。"崔璧所列举的兵书有《孙子兵法》,认为它特出不凡。韩信、白起之后,兵家寥寥无几。这些兵家奇正门户多样,攻守体势不同。如不能融会贯通,怎能汇集群书成为用兵行家?圣上独运神机,既述军阵方法以防意外,又对《兵学指南》提纲挈领,荟萃为《兵学通》一书。此书讲天地之势,风云变化之态。打开书卷,武库就在眼前,壁垒为之一新。千古兵家权衡和节制,无不了然于心。以守则固,以战则胜。为何要有兵书?国家衰败往往产生于太平之日,昔日世宗有阅兵仪式,文宗有五卫大阅兵仪式,世祖有《兵将图说》,正是古人所言治兵之所以弭兵,军队务精不务多,将帅斗智不斗力。

---

① 正祖:《弘斋全书》卷百六十四《日得录四·文学[四]》,韩国民族文化推进会:《影印标点韩国文集丛刊》第267册,汉城:景仁文化社,2001年,第214页。
② 任天常:《穷悟集》卷六《孙武子写本跋》,韩国古典翻译院:《影印标点韩国文集丛刊续》第103册,汉城:古典翻译院,2000年,第340页。
③ 崔璧:《质庵集》卷一《兵学通序》,庆州:庆州龙山坛所活字印行初刊本,1930年,第15页。

19. 孙子兵学"法术大详"。李裕元(1814—1888),又名李元,字景春,号橘山、默农,庆州人。曾任折冲将军。他在《玉磬觚剩记》中评价:"司马兵法,本之礼让,后世莫行焉。惟孙武之书,法术大详。"①并考证兵家只有四种,兵权谋、兵形势、兵阴阳、兵技巧。李裕元指出,此是欧阳修学习兵法之论:"是乃庐陵习兵之论也。"由此可知,李裕元对孙子兵学评价实质奉行"拿来主义",取自欧阳修之说"惟孙武之书,法术大详"。②

20. 孙子兵学是"兵家之祖"。李南珪(1855—1907),字符八,号汕左、修堂,韩山人。曾任检讨官、刑曹参议。他在《增解孙武子序》中评说,国家讲究文武之道,如同车有轮子,鸟有羽翼,二者不可偏废。应当设立武学,仿效文庙之法,凡古今名将都要祭祀。每谈论兵事,人心恐惧,以为虚妄之事,嘲笑他们,以为迂腐之事,致使许多人不敢轻言兵事。"铁城李君清烈兮可甫,以所为《增解孙武子》寄余曰:'兵家之祖孙子十三篇,如医之于岐扁,工之于倕般,诚有不可舍者。'"由此可知,"兵家之祖"是李清烈对孙子兵学的评价。他注解《孙子兵法》是因刘寅《孙武子直解》不够"圆备":"(《孙子兵法》)其言简古,且多脱误,读者非以身尝之,未易识其奇也。人以是病之。明太原刘氏为之辑注,释其蕴奥,正其讹缪,博引诸家说以证明之,其言颇纤密,然犹有所未圆备者。读者非素习故事,未易识其验也。人又以是病之。某尝沉潜反复,述旧闻以衍其义,附己见以补其阙,总而名之曰《增解孙武子》。是书也虽未必尽得于奇正分合之法,学者因是而沿流求源,亦可得其要领矣。乞以一言惠为之序。'"③"圆备"之义是"圆满完备"。李清烈对明人刘寅注解《孙子兵法》不太满意:一方面指出刘寅注解《孙子兵法》成就巨大,另一方面指出存在不圆满完备之处。他通过反复学习研究,阐发其说,增添新解,有助于后世学者探索《孙子兵法》,把握要领。李南珪对《增解孙武子》一书给予高度评价:既深微,又精博。用心竭力,援引千百年来成败得失与经验教训。精通《孙子兵法》,首先肯定智术,然后强调仁义,必然为儒学之士所轻视。

21.《孙子兵法》的高明无人企及。申箕善(1851—1909),字言汝,号阳园、直斋、芦峰,平山人。任副护军,参议军国事务。他在《辞军务总长疏》中呈现自己对《孙子兵法》的评价,指出当今总管军务者,犹如古之大司马,熟

---

① 李裕元:《嘉梧稿略》册十四《玉磬觚剩记》,韩国民族文化推进会:《影印标点韩国文集丛刊》第 315 册,汉城:景仁文化社,2003 年,第 550 页。

② (宋)欧阳修著,李逸安点校:《欧阳修全集》卷一二四《兵家类》,北京:中华书局,2001年,第 1894 页。

③ 李南珪:《修堂遗集》册六《增解孙武子序》,韩国民族文化推进会:《影印标点韩国文集丛刊》第 349 册,首尔:景仁文化社,2005 年,第 480 页。

知兵法韬略:"太公、孙武之法,淮阴、岳王之略,固尚矣,莫追。下焉而犹为晋杜预、宋曹彬、明于谦,然后乃可以掌天下之戎政,制六军之死命。"①其中,所言"太公、孙武之法"是指姜太公《六韬》和《孙子兵法》,"淮阴"是指淮阴侯韩信,"岳王"是指岳飞。申箕善认为,无论《六韬》《孙子兵法》,还是韩信、岳飞的用兵方略,本来就高明,无人可企及。处在他们水平之下者,有西晋杜预、北宋曹彬、明代于谦,只有这些人适合掌握全国军政事务和掌控军队生死大权。

综上所述,正面评价孙子兵学的数量较为惊人。据笔者所见,多达21种。从评价者来看,评价者身份多种多样。有国君,有官员,有学者,有史学家,还有隐士。其中官员是主体,有文官,有武官。而且学者、隐士和史学家参与其中,涵盖面比较广泛。由此观之,孙子兵学独特的魅力吸引了如此众多者去品评。从评判时间看,从15世纪持续到20世纪,低峰时期是在16世纪,高峰期是在18世纪;从评判内容看,有对孙子兵学地位评价,有对孙子兵学价值评价,有对孙子兵学特点评价,有对孙子兵学内容评价。个别评价沿袭了华夏人士说法,例如李裕元沿袭了宋人欧阳修的评价。

孙子兵学赢得如此广泛赞誉,显然有其主观之因和客观之因。就其自身而言,一是由于孙子兵学是高端智慧,在战略层面被视之为制敌法宝;二是由于孙子兵学在世界兵学史上呈现出独一无二的制敌方略;三是孙子兵学实用价值已得到历史和社会的实践检验,证明其功效非同寻常。就其外在而言,一是朝鲜王朝长期执行慕华的外交政策,反映在兵学文化上,无形之中对孙子兵学产生了向心力和驱动力;二是朝鲜王朝统治上层人物重视孙子兵学的传播与应用,将《孙子兵法》学习制度化;三是内忧外患驱使朝鲜人士不得不重视《孙子兵法》的应用价值。

表6-1 朝鲜人士正面评价孙子兵学一览表

序号	评价者	身份	在世时间	评判内容	资料出处
1	崔恒	官员	1409—1474	孙子兵学是兵家"冠冕"	《太虚亭集》卷二《武经跋》
2	沈彦光	官员	1487—1540	孙子兵学是"至宝"	《渔村集》卷五《北征稿·次送别韵呈曹兵使》

---

① 申箕善:《阳园遗集》卷四《辞军务总长疏[再疏]》,韩国民族文化推进会:《影印标点韩国文集丛刊》第348册,汉城:景仁文化社,2005年,第91页。

续　表

序号	评价者	身份	在世时间	评判内容	资料出处
3	郑士龙	官员	1491—1570	孙子兵学"自雄奇"	《湖阴杂稿》卷五《题遁斋诗稿后》
4	金齐闵	官员	1527—1599	孙子兵学之术"神妙不测"	《鳌峰集》卷三《保邦要务》
5	姜沆	官员	1567—1618	孙子兵学"善戒"	《睡隐集·别集·课制·拟吕后请勿以太子将兵击黥布表》
6	李万敷	学者	1664—1732	孙子兵学"辩而博"	《息山集》卷十七《伯氏素斋集序》
7	李德寿	官员	1673—1744	孙子兵学"奇"	《西堂私载》卷二《挽申统制使》
8	安重观	官员	1683—1752	孙子兵学"为术独至"	《悔窝集》卷四《孙子十三篇去注序》
9	朴来吾	学者	1713—1785	孙子兵学"本无私"	《尼溪集》卷二《更用前韵次仲应》
10	徐命膺	官员	1716—1787	孙子兵学"为奇兵科"	《保晚斋集》卷三《陈治法书》
11	安锡儆	隐士	1718—1774	孙子兵学是"兵家真传之书"	《雪桥集》卷七《雪桥遗集·拟大庭对策》
12	洪大容	官员	1731—1783	孙子兵学"最可观"	《湛轩书·外集》卷二《杭传尺牍·干净衕笔谈》
13	李种徽	史学家	1731—1797	孙子兵学"之言最的确"	《修山集》卷二《孙武子精选序》
14	金载瓒	官员	1746—1827	孙子兵学"如《儒家七书》"	《海石遗稿》卷八《筹司取才判》
15	朴齐家	官员	1750—1805	孙子兵学"亦古文"	《贞蕤阁集·三集·辛亥七月同青庄冷庵奉命纂辑国朝兵事,开局于秘省,而青城适就直太湖,燕岩玉流诸公偶集》
16	正祖	君主	1752—1800	孙子兵学"理趣精深"	《弘斋全书》卷百六十四《日得录四·文学[四]》

续表

序号	评价者	身份	在世时间	评判内容	资料出处
17	任天常	官员	1754—？	孙子兵学"可无敌于天下"	《穷悟集》卷六《孙武子写本跋》
18	崔璧	官员	1762—1813	孙子兵学"最其杰然"	《质庵集》卷一《兵学通序》
19	李裕元	官员	1814—1888	孙子兵学"法术大详"	《嘉梧稿略》册十四《玉磬觚剩记》
20	李南珪	官员	1855—1907	孙子兵学是"兵家之祖"	《修堂遗集》册六《增解孙武子序》
21	申箕善	官员	1851—1909	孙子兵学"尚矣,莫追"	《阳园遗集》卷四《辞军务总长疏[再疏]》

二、负面评价

朝鲜人士并非总是积极、正面评价孙子兵学,偶尔也有负面、消极的评价。这只是赞美强音之下的小小"休止符",负面评价主要有以下情形。

1. 孙子兵学是"曲学"。这一负面评价是从崔淀的诗歌侧面反映出来的。崔淀(1567—1588),字彦沈,号杨浦,海州人。进士。他的诗歌《净土寺别友人》有言:"野寺当炎热,西南喜得朋。观书爱夏日,看剑惜春冰。曲学非《孙子》,清诗是《杜陵》。如今离别后,夜榻独悬灯。"①诗歌描写了诗人在净土寺与友人一起观书、看剑,记述了分别时依依不舍的情景。令人关注的诗句是"曲学非《孙子》,清诗是《杜陵》。"其中,"曲学"是指"邪说",诚如王阳明《传习录》所言:"虽千经万典,无不昭合,异端曲学,一勘尽破矣。"其中的"杜陵"是"杜少陵"之简称,即杜甫。杜甫诗歌《解闷》有言:"复忆襄阳孟浩然,清诗句句尽堪传。"因此,崔淀诗文中的"清诗"是指杜甫清新的诗篇。他的诗句所表达的是《孙子兵法》并非邪说,杜甫诗歌是清新的诗篇。这显然是由于当时社会有些人视《孙子兵法》为邪说,崔淀由感而发,驳斥这种论调,指出孙子兵学并非是邪说。

2. 孙子兵学"未必使成功"。李匡德(1690—1748)的诗歌《与望气王朝论相》有言:"诏书新置大司马,汉庭群儿自相贵。平阳戚客争里拜,陇西家

---

① 崔淀:《杨浦遗稿·净土寺别友人》,韩国古典翻译院:《影印标点韩国文集丛刊续》第16册,首尔:古典翻译院,2006年,第183页。

声士欲讳。英雄半世好身手,老去惟带不平气。当时斗印太轻视,百战胡沙箭如猬。孙吴未必使成功,枉托兵家洞玄纬。人生命薄可奈何,世远高皇解衣衣。苍山老石竟虚碎,白马胡将浪见畏。年年送人上麟阁,甲第朱门到处沸。"①此诗歌是以西汉将军李广使王朔为他相面为基调,王朔断定李广不能封侯。诗人感慨李广英雄一世,却处于封侯无望的人生际遇。其中诗句"孙吴未必使成功,枉托兵家洞玄纬",倾诉了诗人对孙子兵学的评价,即使精通了孙子兵学,也未必能建成功业。只是假托兵家洞察天文地理,达到心理上的安慰。对于此种负面评价,诗人是因李广和自己的人生不幸遭遇,由感而发。

3. 孙子兵学是"祸首"。李种徽(1731—1797),字德叔,号修山,全州人。"学以经术为宗","兼治史学",著有《东史志》《高丽史志》《东国舆地杂记》。他的著述《孙武子精选序》提及有人因学兵法而危害国家与自身,一个是祖逖的弟弟祖约,凭借长兄遗留下的资本而祸乱东晋王室。另一个是唐代的侯君集,向李靖学兵法,想让李靖把兵法的奥妙全部传授于他。李靖认为,侯君集必将反叛。后来,果不其然,侯君集死于李承乾的叛乱。李种徽由此认为,奸邪小人学兵法,如不能抓住根本,一味追求功名,最终只能是危害国家和个人。如此说来,孙子兵学恰恰成为罪魁祸首:"盖小人不得其本,而惟智名勇功之从事者,未有不覆其国而亡其身,则如孙吴之书,适足为祸首也。"②由此观之,李种徽这一负面评价明显针对奸邪小人过分追求功名利禄,孙子兵学便成为"祸首"。

4. 孙子兵学"狙诈"。申绰(1760—1828),字在中,号石泉,平山人。他在《上李姨兄》书信中提到南正和,博学通达,著有《说文新义》。曾任新宁县监。他对天文历算很有研究,曾出示《椒园》一诗:"马迁纪传称良史,史法之坏自兹始。力去陈语体裁敷,韩欧出后古文无。诗到李杜盛于斯,风雅汉魏谁复知。钟王颜柳极姿媚,篆籀遗风仍扫地。天地生久道术裂,后来儒门看自别。狙诈孙吴祖兵制,险刻申商述治世。千里江河一水泻,随遇递变其流下。大匀播物物不齐,化翁力衰手渐低。不见邵氏消长图,姤后乾坤正当吾。司命常怜北狄骄,授时反藉西番妖。长歌无奈日暮愁,夜来得不秉烛游。"此诗歌以辩证的眼光分析事物的盛衰变化,史学、古文、诗歌、书法都是由好变坏。也有不好变好的事情,如学术分裂出现了儒家一枝独秀。值得注意的是,

---

① 李匡德:《冠阳集》卷二《与望气王朔论相》,韩国民族文化推进会:《影印标点韩国文集丛刊》第 209 册,汉城:景仁文化社,2000 年,第 369—370 页。
② 李种徽:《修山集》卷二《孙武子精选序》,韩国民族文化推进会:《影印标点韩国文集丛刊》第 247 册,汉城:景仁文化社,2001 年,第 307 页。

诗句"狙诈孙吴祖兵制,险刻申商述治世",①强调孙子兵学虽是狙诈之术,但被历代用兵者学习。申不害、商鞅之法虽然残酷刻薄,但却有利于治国。由此可见,在南正和眼中,孙子兵学虽有不足之处,但依然值得学习。

综上所见,与孙子兵学的正面评价相比,负面评价极为少见。据笔者所见,仅有4种。从评价者身份看,来自文人、官员和史学家,不仅数量有限,而且涵盖面小。从评判时间看,负面评价出现在16世纪后半期,到18世纪开始增多。从评价内容看,主要针对的是孙子兵学本身具有的危害性,其中也夹杂着对孙子兵学价值的怀疑。例如,李匡德认为,孙子兵学"未必使成功"。值得关注的是,史学家李种徽有正反两方面的评价,正面评价认为孙子兵学"最的确",负面评价认为孙子兵学是"祸首"。前者着眼于孙子兵学语言特色,后者审视孙子兵学应用历史,说明朝鲜人士由推崇开始走向批判接受《孙子兵法》。

表6-2 朝鲜人士负面评价孙子兵学一览表

序号	评价者	身份	在世时间	评判	资料出处
1	崔淀	文人	1567—1588	孙子兵学是"曲学"	《杨浦遗稿·净土寺别友人》
2	李匡德	官员	1690—1748	孙子兵学"未必使成功"	《冠阳集》卷二《与望气王朔论相》
3	李种徽	史学家	1731—1797	孙子兵学"为祸首"	《修山集》卷二《孙武子精选序》
4	南正和	官员	1760—1828	孙子兵学是"狙诈"之术	《石泉遗稿》卷三《上李姨兄》

第二节 朝鲜人士孙子兵学意象

当代诗人余光中阐述,意象是"诗人内在之意诉之于外在之象,读者再根据这外在之象还原为诗人当初的内在之意"。② 由于意象的来源途径不

---

① 申绰:《石泉遗稿》卷三《上李姨兄》,韩国民族文化推进会:《影印标点韩国文集丛刊》第279册,汉城:景仁文化社,2001年,第559页。
② 潘智丹:《淡妆浓抹总相宜:明清传奇的英译研究》,上海:上海外语教育出版社,2012年,第184页。

同,意象可分为直接意象和间接意象两种。直接意象是诗人内心世界情感的直接映射,而间接意象是诗人借助他者来映射自己内心世界的情感。

一、直接意象

1. 表达了推重意象。权近(1352—1409),字可远,号阳村。从军西都,后拜上护军。许穆称赞:"公之文章,本之以经术,参之以百家,蔚然文彩特出。"权近的诗歌《次李待制韵》:"北狄怨西狩,吾王方一游。乘舆巡海甸,旌旆映江陬。人众三军振,天扶百禄遒。繁华看古国,胜概有高楼。设险城开堞,分田井画区。公私俱富足,外内可攘修。师律须严得,舆情肯察不。驰驱当用范,遵养岂终休。世贵孙吴策,心同胡越舟。魂飞彼非敌,脑噬我能柔。"①诗人描述北狄仇恨周王狩猎,吾国君王将要到此游猎。车驾巡幸近海之地,旌旗映照沿江之处。世上繁华要看中华古国,保证胜利有高大城楼和修建女墙的险要城关。无论国家还是私人富足,有助于治理内部,抵御外敌。使用军队遵守规定,养护之事不能停止。诗句"世贵孙吴策,心同胡越舟"表达了推重孙子兵学的意象。推重《孙子兵法》《吴子兵法》用兵方略,即使胡越之人,也可同舟共济,击败强大的敌人。

2. 表达了怀疑意象。柳景深(1516—1571),丰山人,字太浩,号龟村。柳景深《加德海中次君美韵》有言:"百计从前笑刻舟,一年湖海作重游。谋生却恨虚长算,报国其如阙近筹。孰把黄金求马骨,空搔白首恋狐丘。平生龃龉经纶学,化作孙吴亦未孚。"②诗人感慨,从前百般算计,讥笑他人刻舟求剑。经历江湖一年之后,悔恨谋生一片空白,报国怎能缺少眼前谋划,有谁会用重金求取马骨,依恋故土只能一片白头。诗句"平生龃龉经纶学,化作孙吴亦未孚"表达了诗人怀疑孙子兵学的意象。平生以来一直抵触经世致用的学问,即使学习孙子兵学,也未必能令人信服。

3. 表达了期望意象。李海寿(1536—1599),字大仲,号药圃、敬斋,全义人。任大谏。他的诗作《再和前韵》有言:"但得孙吴第一流,蛮方匪茹不深忧。百年羞辱非难洒,一片山河亦易收。耕凿会看归乐业,烟尘无复入边愁。三军司命由来重,谁为吾王一借筹?"③此诗歌创作于丁酉(1597)正月

---

① 权近:《阳村集》卷五《次李待制韵》,韩国民族文化推进会:《影印标点韩国文集丛刊》第7册,汉城:景仁文化社,1996年,第55页。
② 柳景深:《龟村集》卷一《南征稿·加德海中次君美韵》,韩国古典翻译院:《影印标点韩国文集丛刊续》第3册,首尔:古典翻译院,2005年,第18页。
③ 李海寿:《药圃遗稿》卷四《松都杂咏·再和前韵》,韩国民族文化推进会:《影印标点韩国文集丛刊》第46册,汉城:景仁文化社,1996年,第62页。

二十五日,崔立之等人前来慰劳。诗句"但得孙吴第一流,蛮方匪茹不深忧",表达了诗人期望学习孙子兵学意象。诗人以为,只要学到孙子兵学第一流的用兵之术,少数民族的侵扰就不必担忧。百年耻辱不难洗雪,失去的山河易于收回。申达道(1576—1631),字亨甫,号晚悟,鹅洲人。他的诗作《咏怀奉呈伯氏兼示晋甫》有言:"业文还愧老无成,拟学孙吴致太平。给饷已令妻制阃,攻愁更用酒为兵。谗锋永戢谁乘衅,怒寇投降自竖旌。从此天君端拱坐,区区何事筑长城。"①其中,诗句"业文还愧老无成,拟学孙吴致太平"表达了诗人期望的意象,惭愧自己从事儒学多年一事无成,准备学习孙子兵学赢得天下太平。

4. 表达了悲哀意象。郑蕴(1569—1641),字辉远,号桐溪,草溪人。官拜兵曹参判、吏曹参判、副提学、大司宪。他的诗歌《偶吟》有言:"孙吴兵法未曾知,尺纸何能却虏师。春雨旅窗愁绪乱,悔将衰朽托明时。弹丸孤屿在天西,寒暖晴阴气不齐。玉辂何堪久于此,都中父老望云霓。南入孤城枉杀身,庙堂长策在和亲。连宵一雨非闲意,净洗都门羯虏尘。"②诗句"孙吴兵法未曾知,尺纸何能却虏师"表达了诗人悲哀的意象。诗人悲叹往昔未曾学习《孙吴兵法》,一纸文书怎能使敌人退却。天子车驾怎能长久停留,京城父老望眼欲穿。南去孤城,白白被杀。朝廷长久之策在和亲。整整下一夜雨,并非等闲之意,是在一举洗净胡虏在国门荡起的尘埃。

5. 表达了惋惜意象。沈攸(1620—1688),字仲美,号梧滩,青松人。他的诗歌《笠岩城呈方伯赵禹瑞令公》有言:"雄斾央央岭路悠,诸州从事仗军谋。堆床判牍难开眼,拄笏云山可散愁。紫气回瞻天北极,雄图经略镇南楼。书生不读孙吴策,诗韵宜看竞病酬。"③诗歌赞扬修建镇南楼是一项宏伟图谋。笔锋一转,诗人以"书生不读孙吴策,诗韵宜看竞病酬"表达了诗人惋惜意象,许多读书人不去学习孙子、吴起的用兵之策,好如比赛作诗不知使用音韵格律。金昌协(1651—1708),安东人,字仲和,号农岩、三洲。进士,任兵曹佐郎,掌乐正,兼校书校理,教授。他的诗歌《咏怀》:"少小无远略,枉作章句儒。读书何用多,未曾窥孙吴。却来佐戎幕,辄拟禽单于。短衣曳长剑,扼腕谈雄图。深知贾生愤,未觉终童愚。时哉苟有会,或可

---

① 申达道:《晚悟集》卷一《咏怀奉呈伯氏兼示晋甫》,韩国古典翻译院:《影印标点韩国文集丛刊续》第18册,首尔:古典翻译院,2006年,第315页。
② 郑蕴:《桐溪集》卷一《偶吟》,韩国民族文化推进会:《影印标点韩国文集丛刊》第75册,汉城:景仁文化社,1996年,第149页。
③ 沈攸:《梧滩集》卷七《笠岩城呈方伯赵禹瑞令公》,韩国古典翻译院:《影印标点韩国文集丛刊续》第34册,首尔:古典翻译院,2007年,第280页。

封狼居."①诗人抒发情怀,年幼之时无远大志向,只是一个记诵章句的儒生。诗句"读书何用多,未曾窥孙吴。却来佐戎幕,辄拟禽单于"表达了诗人惋惜的意象。诗人倾诉,读书根本不必多读,未曾读《孙子兵法》《吴子兵法》,却来军府作参谋,打算活捉匈奴单于。诗中"封狼居胥"是指骠骑将军霍去病登上狼居胥山,筑坛祭天,以告成功。《汉书·霍去病传》:"票骑将军去病率师躬将所获荤允之士,约轻赍,绝大幕,涉获单于章渠……封狼居胥山。"

6. 表达了悔恨意象。金万英(1624—1671),字英叔、群实,号南圃,棠岳人。他的诗歌《闻北奇言志》有言:"平生恨不学孙吴,倚剑崆峒快一呼。时听北风多怒气,暗看霜刃发长吁。"②其中,"时听北风"指代北方女真不断进逼朝鲜。诗句"平生恨不学孙吴,倚剑崆峒快一呼"表达了诗人悔恨意象,悔恨从来未学孙子兵学,只能伫立在崆峒山倚剑长啸,时时听到北方女真入侵,怒气填膺。赵秀三的诗歌《陇城杂咏》:"四境耆奔趋,三军时大呼。青冥下铁钺,白鬓捧箪壶。西塞副元帅,东方一腐儒。相逢未从去,愧我读孙吴。"③诗人目睹天下危难,国家任命的边塞副元帅是一介腐儒。诗人虽与之相逢,但未前去追随。诗句"相逢未从去,愧我读孙吴"表达了诗人悔恨意象,悔恨自己读过孙子兵学,危急时刻却没有为国效命。

7. 表达了冷落意象。赵龟命(1693—1737),字锡汝,又字宝汝,号东溪,丰壤人。任童蒙教官,迁工曹佐郎。前后三入翊卫司,为侍直翊卫。赵龟命《罗亿龄江墅八咏》第七首《右圆沙宿雁》:"昔领貔貅队,今尸鸥鹭盟。濩落孙吴略,看排雁阵成。"④诗人以圆沙宿雁为题,赞扬了大雁昔日率领勇猛的队伍,现今主持海鸥和白鹭的盟会。诗句"濩落孙吴略,看排雁阵成"表达了孙子兵学受到冷落的意象。孙武和吴起用兵方略受到冷落,却看到了大雁排成整齐的阵势。

8. 表达了急迫意象。郑基安(1695—1775),又名郑思安,字安世,号晚慕斋,温阳人。他的诗歌《碧潼郡斋夜吟》:"鼓角寒城暮更喧,行行路尽国西门。燕山积雪乾坤白,鸭水阴风日月昏。从古车书皆汉土,即今闾里半胡

---

① 金昌协:《农岩集》卷二《咏怀》,韩国民族文化推进会:《影印标点韩国文集丛刊》第161册,汉城:景仁文化社,1998年,第339页。
② 金万英:《南圃集》卷四《闻北奇言志》,韩国古典翻译院:《影印标点韩国文集丛刊续》第36册,首尔:古典翻译院,2007年,第336页。
③ 赵秀三:《秋斋集》卷二《陇城杂咏》,韩国民族文化推进会:《影印标点韩国文集丛刊》第271册,汉城:景仁文化社,2001年,第385页。
④ 赵龟命:《东溪集》卷十二《罗亿龄江墅八咏·右圆沙宿雁》,韩国民族文化推进会:《影印标点韩国文集丛刊》第215册,汉城:景仁文化社,2000年,第253页。

言。不学孙吴吾欲老,中宵击剑气横奔。"①诗歌描写鼓角声声,夜幕下城市更加喧闹。终于来到了国家西部边境,燕山积雪,天地尽白。日月昏暗,映照鸭绿江水,从古以来都是汉朝国土,现今乡里一半人是说胡语。诗句"不学孙吴吾欲老,中宵击剑气横奔"表达了诗人急迫学习孙子兵学的意象。再不学习《孙子兵法》《吴子兵法》,自己很快就要老去,夜半时分练习击剑,心中充满英豪之气。

9. 表达了规劝意象。金谨行(1712—1782),字敬甫,号庸斋,知名的朱子学者。曾任司译院译官,多次出使中国,著有《庸斋集》。他的诗歌《狋川感吟》云:"立马长洲闻咽流,琴台斜日使人愁。荒郊草合禽飞倦,古垒烟沉鬼哭啾。天险纵能为国宝,人谋其奈与时休。升平寄语巡边将,孙武书中更细求。"②"长洲"是古苑之名,春秋时吴王阖闾游猎之地。赵晔《吴越春秋·阖闾内传》:"射于鸥陂,驰于游台,兴乐石城,走犬长洲。"诗人描写自己骑马游历长洲,亲眼目睹吴国遗迹。悲凉的思绪油然而生。诗人不禁叹息,天险之地纵然是一个国家应珍惜的宝器,无奈用兵方略关系到时代的终结。诗句"升平寄语巡边将,孙武书中更细求"表达了诗人规劝学习孙子兵学的意象。睹古思今,笔锋一转,诗人劝告太平年代负责边疆安全的将军,一定要认认真真研读《孙子兵法》。在诗人眼中,《孙子兵法》是御敌之宝,值得带兵将帅用心研究。

10. 表达了不忌讳的意象。姜玮之诗《李石帆朴小翠二公,俱曾戏写余像,并辱众先生属题,借在郑六书书橱,六书刻后,竟不知所在,敝司仅有抄本,怆然援笔志怀》:"清闭图书绿水园,零绡献札重玙璠。笛声一下山阳泪,虹月难寻江上痕。身如池燕无留影,迹似泥鸿黯旧痕。欲藉群公游戏笔,南方招返廿年魂。浮生阅历几锤炉,旧态淋漓扫尽无。三渡恒河形貌改,朽株残雪不堪图。不讳孙吴不讳禅,只惭卤莽坠师传。至今犹有瞳中碧,曾照金鳌背上仙。"③诗歌描写在清静的绿水园,闭门读书画画,作品堪比珍宝。笛声中留下泪光,再也难以寻找那江上岁月。诗句"不讳孙吴不讳禅,只惭卤莽坠师传"表达了不忌讳谈论孙子兵学的意象,如今不再忌讳谈论《孙子兵法》《吴子兵法》,不再忌讳谈论禅学,只是惭愧自己鲁莽轻视,最终失却了

---

① 郑基安:《晚慕遗稿》卷一《碧潼郡斋夜吟》,韩国民族文化推进会:《韩国历代文集丛书》第3883册,首尔:景仁文化社,2019年,第441页。
② 金谨行:《庸斋集》卷二《狋川感吟》,韩国古典翻译院:《影印标点韩国文集丛刊续》第81册,首尔:古典翻译院,2009年,第57页。
③ 姜玮:《古欢堂收草·诗稿》卷三《西笑集·李石帆朴小翠二公,俱曾戏写余像,并辱众先生属题。借在郑六书书橱,六书刻后,竟不知所在,敝司仅有抄本,怆然援笔志怀》,韩国民族文化推进会:《影印标点韩国文集丛刊》第318册,汉城:景仁文化社,2003年,第392页。

师传之学。这也间接反映了当时世人忌讳谈论孙子兵学。

二、间接意象

1. 呈现喜悦意象。李阳元(1526—1592),字伯春,号鹭渚,全州人。吏曹参判李阳元《挽词》:"早悦孙吴志武功,虎头韬策擅名雄。新心忽悟横渠勇,道气浑消昇彀风。三极究穷超物表,百年教洽化南中。职縻未赴三千会,回首空惭絮酒丰。"①此诗为悼念李恒而作,诗句"早悦孙吴志武功,虎头韬策擅名雄"呈现了李恒喜悦孙子兵学的意象。李恒早年喜读《孙子兵法》《吴子兵法》,想建立非凡武功,气度雄伟,胸怀韬略,拥有英雄之美名。忽然有一天顿悟了张载之勇气,除却尚武旧习,努力追求儒学,使南中一带沐浴百年教化。诗人痛心自己未能赴会,回首往事,只留下酒在人空的愁绪。

2. 呈现批评意象。裴龙吉(1556—1609),字明瑞,号琴易堂,兴海人。《天将薛侯颂德碑铭》记载,万历二十六年(1598)夏,明朝人薛公因备倭之事,奉天子之命镇守本府。薛公名虎臣,字桓夫,号萍溪,保定府定兴县人。播施恩惠如阳光雨露一般,统辖教化军队难知如阴。三军敬畏,百姓感恩。将帅之美一定要说秋毫无犯,今日始知以一治万的艰难。赞扬薛公:"性本恺悌,动遵法度。糟粕孙吴,妙合韬略。"②其中,诗句"糟粕孙吴,妙合韬略"呈现薛虎臣批评孙子兵学的意象,视《孙吴兵法》为糟粕,用兵奇妙合乎兵家韬略。

3. 呈现轻视意象。李惟弘(1566—1619),字大中,号艮庭、天戒,全州人。李惟弘《代项羽谢乌江亭长》:"汉军前夜楚歌多,垓下残兵迷去途。阴陵日落泣弃骓,楚台云残悲别虞。斜阳孤艇彼何人,不待招招来舣乎。当年壮志一剑知,指挥天地轻孙吴。"③诗歌描写前天夜间汉军军营演奏许多楚歌,垓下残余楚军受到迷惑,开始踏上归途。日落时分,项羽在阴陵哭泣,抛弃乌骓马。楚台上空飘浮残云,项羽悲痛诀别虞姬。斜阳之下,不知何人驾着一叶小船,不用招呼就已驶来。诗句"当年壮志一剑知,指挥天地轻孙吴"呈现项羽轻视孙子兵学的意象。诗人感叹,当年项羽雄心壮志,只知一剑之勇。在天地之间指挥军队作战,却轻视《孙吴兵法》。

---

① 李恒:《一斋集·附录·挽词[李阳元]》,韩国民族文化推进会:《影印标点韩国文集丛刊》第28册,汉城:景仁文化社,1996年,第447页。
② 裴龙吉:《琴易堂集》卷六《天将薛侯颂德碑铭》,韩国民族文化推进会:《影印标点韩国文集丛刊》第62册,汉城:景仁文化社,1996年,第123页。
③ 李惟弘:《艮庭集》卷三《代项羽谢乌江亭长》,韩国古典翻译院:《影印标点韩国文集丛刊续》第14册,首尔:古典翻译院,2006年,第426页。

申混(1624—1656),字符泽,号初庵、草庵,高灵人。他的诗歌《观阅武于南原》有言:"来如风雨退如潮,令下辕门士不骄。贾勇竞驰骁骑逐,角雄争撼劲弓超。旌旗迥拂蛟龙岳,组练斜通乌鹊桥。但使将军能赴敌,不须兵法教嫖姚。"①诗人描写南原军营观看阅兵,军队前来如同风雨,后退如同潮水。诗句"但使将军能赴敌,不须兵法教嫖姚"呈现霍去病轻视孙子兵学的意象。只要能使将军拥有奔赴敌人的勇气,根本不必用《孙吴兵法》教导霍去病。"不须兵法教嫖姚"的典故出自《史记》一书,汉武帝曾劝霍去病学习《孙吴兵法》,却被婉言拒绝。

姜栢年(1603—1681),字叔久,号雪峰、闲溪、听月轩,晋州人。官拜兵曹参判、大司谏。任相元《雪峰姜公行状》赞扬姜的诗作:"诗文之美,以达为诣,以理为宗。"姜栢年的诗歌《黄兵使挽》:"投笔初年抱壮图,几将筹略较孙吴。两南兵马双金节,三道舟师一虎符。报国雄心龙在匣,传家旧业凤留雏。愁城同苦今如梦,回首铜州片月孤。"②其中,诗句"投笔初年抱壮图,几将筹略较孙吴"表达了黄道昌轻视孙子兵学之意。诗人述说黄道昌投笔从戎,胸怀壮志,多次将自己用兵谋略与《孙子兵法》《吴子兵法》一较高下。他携带一双金节统辖两南兵马,拥有虎符指挥三道舟师。常存报国之雄心,龙泉宝剑还在匣中,旧业传家,美凤生雏。诗人陷于痛苦心境,仿佛一切如梦。

任相元(1638—1697),字公辅,号恬轩,丰川人。任相元《读荀子》一诗有言:"论兵当日陋孙吴,欲向荆南佐伯图。莫怪黄公犹见忌,焚书丞相是门徒。"③诗中"黄公"指齐国"黄公",《尹文子·大道上》:"齐有黄公者,好谦卑。有二女,皆国色。以其美也,常谦词毁之,以为丑恶。丑恶之名远布,年过而一国无聘者。"诗句"论兵当日陋孙吴,欲向荆南佐伯图"呈现出荀子轻视孙子兵学的意象。荀子当年谈论用兵之术,轻视《孙吴兵法》。他准备到南方楚国,辅佐楚王建立霸业。

4. 呈现惋惜意象。姜锡圭(1628—1695),字禹宝,号聱牙斋、独醒子,晋州人。他的诗歌《名成八阵图》:"垒石留真迹,风云护壮图。千秋见伊吕,兵法失孙吴。"④诗歌题名点出诸葛亮之名成就于《八阵图》,块块之石留下

---

① 申混:《初庵集》卷三《雪山录·观阅武于南原》,韩国古典翻译院:《影印标点韩国文集丛刊续》第 37 册,首尔:古典翻译院,2007 年,第 32 页。
② 姜栢年:《雪峰遗稿》卷十九《城南录·黄兵使挽》,韩国民族文化推进会:《影印标点韩国文集丛刊》第 103 册,汉城:景仁文化社,1993 年,第 172 页。
③ 任相元:《恬轩集》卷十三《读荀子》,韩国民族文化推进会:《影印标点韩国文集丛刊》第 148 册,汉城:景仁文化社,1995 年,第 278 页。
④ 姜锡圭:《聱牙斋集》卷一《名成八阵图》,韩国古典翻译院:《影印标点韩国文集丛刊续》第 38 册,首尔:古典翻译院,2007 年,第 15 页。

《八阵图》的真迹。在风云变幻莫测时,诸葛亮一心一意辅佐少主刘禅。诗句"千秋见伊吕,兵法失孙吴"呈现惋惜孙子兵学的意象。千百年后,仿佛看到了伊尹和吕尚。令人惋惜的是,诸葛亮用兵之法失却了《孙吴兵法》的真传。

5. 呈现悔恨意象。金时保(1658—1734),字士敬,号茅洲,安东人。他的诗歌《丹山歌赠云南客》有言:"欲留云南豪士饮,正值前年田无秋。泰岘春光不与人,梨花乱落漕运舟。有酒盈尊且共酌,知君归家空四壁。悲歌欲焚孙吴书,学剑十年竟何得。"①诗人倾诉,云南来客的人生旅途充满坎坷。诗句"悲歌欲焚孙吴书,学剑十年竟何得"表达出云南客的悔恨意象。客人慷慨悲歌,想要焚毁孙子兵学书籍,叹息十多年学习剑术,却是一无所成。

6. 呈现夸赞意象。李载恒(1678—1731),字君望,全州人。金时敏(1681—1747)有《李统制挽》诗:"楼船地已将坛通,白简官于塞阃终。平世易夸超等勇,危时难得死君忠。孙吴法外钟王笔,燮棨家中布葛风。间者劳心三大画,惜哉留与后人功。"②挽诗流露出对统制李载恒的思念之情,回想他虽在楼船之地,但已通向将帅之坛。危难时刻显现对君王的忠诚。诗句"孙吴法外钟王笔,燮棨家中布葛风"表达了对孙子兵学夸赞意象,夸赞李统制除了喜爱《孙子兵法》《吴子兵法》外,还擅长钟繇、王羲之书法。他出生于将帅之家,却有诸葛武侯之风,劳心谋划,将功业留给后人。

7. 呈现熟悉意象。车佐一(1753—1809),字叔章,号四名子。中武举。善长作诗,有《四名子诗集》。他的诗歌《读淮阴侯传》有言:"淮海投竿日,山河捍木情。熟谙孙武法,能治子文兵。不日三秦定,何年九郡平。千秋钟室草,公眼觑分明。"③诗中"子文"指楚国令尹子文,有文韬武略,治军严整,不徇私情。"九郡"指楚国,项羽"王九郡,都彭城"。④"钟室"指汉代长乐宫钟室。诗歌描写诗人阅读《史记·淮阴侯列传》的感受。落魄的韩信在淮阴城北淮水垂钓时,如坚贞的林木,怀有捍卫大好山河的热情。诗句"熟谙孙武法,能治子文兵"呈现韩信熟悉孙子兵学的意象。韩信不仅熟悉《孙子兵法》,而且能如令尹子文一样治理军队。出兵不久,便平定关中。短短数年,占领了楚国。长乐宫钟室千年的荒草,想必韩信一定看得非常清楚。

---

① 金时保:《茅洲集》卷六《丹山歌赠云南客》,韩国古典翻译院:《影印标点韩国文集丛刊续》第52册,首尔:古典翻译院,2008年,第357页。
② 金时敏:《东圃集》卷四《李统制挽》,韩国古典翻译院:《影印标点韩国文集丛刊续》第62册,首尔:古典翻译院,2008年,第401页。
③ 车佐一:《四名子诗集·读淮阴侯传》,韩国民族文化推进会:《影印标点韩国文集丛刊》第269册,汉城:景仁文化社,2001年,第12页。
④ 《史记》卷七《项羽本纪》,第317页。

8. 呈现祸害意象。赵秀三(1762—1849)《答敬夫书曰于宣召时劝上日诵孟子》一诗有言:"跖利舜善分毫厘,邹传七篇明趋向。大人必也君心格,有国先乎民贼放。其书最切帝王学,责难儒臣言可扬。今时孰与孟子世,功利纷纷日说上。登龙攘鸡赋敛急,猛兽洪流和议倡。前秋便殿上札归,坐恐苍生胥沦丧。延英消息讲官入,庶几皇心余日望。人从岳麓道义明,书到蓬蒿鼓说访。金床黄帕进何册,东壁星文开宝藏。从容前席万机暇,犟笑天颜近臣仰。孙吴策略反有害,班马文章无足尚。王何必曰有而已,义理关头大堤防。"①诗歌描写,盗跖谋利,大舜求善,二者分辨得清清楚楚。《孟子》文章七篇为世人指明了方向。官员要了解君王内心的世界,治国者首要关心民心放纵。孟子之书重视帝王之学,责难儒臣的言说可以发扬光大。现今怎与孟子之世相比,功利之说纷纷呈上。诗句"孙吴策略反有害,班马文章无足尚"呈现孙子兵学为祸害的意象。诗人痛心《孙吴兵法》用兵策略反而视为祸害,班固、司马迁的文章不值得崇尚这一社会现象。

9. 呈现了冷落意象。赵秀三诗作《自陇蜀平后不复言军旅》描述,光武帝刘秀下两枚棋子后收手,西风如语,傍观者也不着急。光武帝身经百战,现已有白发。汉高祖刘邦为国家图谋却被四面包围,光武帝昆阳之战才有了今日闲暇。宴乐之时,何必谈论军机要事。中原大地十年之间几度喧嚣迷乱,身在军中,早已厌恶军旅生涯。纵使百姓切切思念休兵,可是天下仍有多处抗拒。闭关跃马是少年之事,置之度外要长远考虑。光武中兴,诸将善于谈兵。敌人逐渐归降,成都之敌已如坐井之蛙。天水豪杰如饮河之鼠,率先投奔。高卧金床之上完成了国家统一,梦里依然在征战关河。战争纷乱使人难以生存,只可在春陵和儿女讲述。太子通晓经书,学问日渐长进。功臣隐退,军兵返乡。人应知足,不可得陇望蜀。用武之事原本不是文人谈论。昔日太行山以东和黄河以北战场胜败,今日不必再说。伤心太庙发生大火,春天滹沱之水结冰,心有余悸。孔子不曾回答卫灵公问阵之事,现今传递先世圣人未完成伟业。诗句"孙吴策略久耳食,马援臧宫谈不许",②呈现刘秀冷落孙子兵学的意象。光武帝好久没听谈论《孙吴兵法》的用兵策略,即使将军马援、臧宫也不许谈论。长安再无赤眉军的进攻,何必议论武库储备兵甲之事。

总之,朝鲜王朝许多作品表达了时人看待孙子兵学的二重意象,反映的

---

① 赵秀三:《秋斋集》卷七《答敬夫书曰于宣召时劝上日诵孟子》,韩国民族文化推进会:《影印标点韩国文集丛刊》第271册,汉城:景仁文化社,2001年,第513页。
② 赵秀三:《秋斋集》卷七《自陇蜀平后不复言军旅》,韩国民族文化推进会:《影印标点韩国文集丛刊》第271册,第516页。

直接意象：一是推重，二是怀疑，三是期望，四是悲哀，五是惋惜，六是悔恨，七是冷落，八是急迫，九是规劝，十是不忌讳。呈现的间接意象：一是喜悦，二是批评，三是轻视，四是惋惜，五是痛恨，六是夸赞，七是熟悉，八是祸害，九是冷落。由此可见，朝鲜王朝社会人士看待孙子兵学复杂错综的心态。比较两类意象，有相互重叠的情形：比如惋惜和冷落。有相近的情形：推重和夸赞。也有对立的情形：悔恨和痛恨。从时间发展脉络看，从早期推重、喜悦孙子兵学，到后来开始怀疑、批评、轻视孙子兵学，再到痛恨、冷落孙子兵学，认为孙子兵学是祸害，再到惋惜、悔恨不学孙子兵学，再到后来不忌讳谈论孙子兵学、夸赞孙子兵学、规劝和急迫学习孙子兵学。从总体上反映出朝鲜王朝孙子兵学经历了由热至冷，再由冷到热的波峰式发展历程。

结　　语

　　本书以域外汉籍为核心资料，在长达500多年的朝鲜王朝历史大背景下，考察孙子兵学在朝鲜半岛的传播和接受情形。首先，探讨了朝鲜王朝孙武形象多重认知。其次，勾勒了朝鲜王朝孙子兵学传播基本概况。再次，探寻了朝鲜王朝孙子兵学研究进展情况。然后，分析了朝鲜王朝孙子兵学在诸多领域的应用。再者，对朝鲜王朝孙子兵学多维影像做出观照。最后，总结了朝鲜王朝孙子兵学价值双重评判的种种认知。在此基础上，取得了一些重要看法。

　　其一，朝鲜王朝人士认定孙武角色具有多元性，对其写作才华给予了极高评价。具体而言，认定孙武为将帅、兵家、宗师三类角色。其中，将帅角色类别多样，分为将军、名将、良将、战将、智将、谋将、儒将。朝鲜人士高度评价孙武的写作才华：一是赞扬孙武"简切"的写作风格；二是赞扬孙武"最是作家"；三是赞扬孙武"制作之工"，巧妙构思；四是赞扬孙武水平"最高"；五是赞扬孙武善于"形之于文"的写作能力及其"奇特善辩"的文风；六是赞扬孙武写作方法"奇中有正"；七是赞扬孙武写作语言精妙。

　　其二，朝鲜王朝孙子兵学广泛传播，既归功于孙子兵学传播版本的多样性，也归功于传播模式的多样化。从版本来源区分，孙子兵学流传文献版本主要分为三种类型：一是官方版本；二是私家版本；三是外来版本。从版本影响看，孙子兵学三种文献版本影响最大，即《孙子兵法》《孙吴兵法》《武经七书》流布最广，背后离不开官方和实力派人物的大力推动。孙子兵学传播模式多样化，主要有御赐孙子兵学书籍、讲读孙子兵学、刊行孙子兵学书籍、武科研修孙子兵学、诗歌题咏孙子兵学等。尤其讲读孙子兵学的做法颇为盛行，不论在私人之间，还是在武科考试场合，孙子兵学在中下层武官中间流布更为广泛。

　　其三，朝鲜王朝人士对孙子兵学研究卓有成效。朝鲜王朝统治者比较重视孙子兵学，最典型的反映是在经筵和策问两种场合探讨有关问题，从经筵日记可管窥朝鲜国君和大臣一起研讨孙子兵学的情景；策问考试有时也关注孙子兵学这一重要主题。孙子兵学探索取得了一定成就,通晓孙子兵学的将帅和文人,往往援引史实检证孙子的用兵之说与治军之说;朝鲜人士对孙子兵学思想有深刻洞见,甚至对研究孙子兵学的权威之说提出自己质疑。例如,金昌翕质疑《孙子·军争篇》分时辰"治气"之说,以及许熏对《孙子·火攻篇》注解的质疑。

其四,朝鲜王朝时期孙子兵学实践应用丰富多彩。这种实践不仅表现在军事领域,而且表现在非军事领域。在军事方面,朝鲜上层人士注意吸纳《孙子兵法》防卫思想,提出了一系列防倭与备胡的策略,不足之处是重视兵学理论应用,脱离战争实践,取得功效不太显著。值得一提的是,孙子兵学在诗歌和治学领域的应用,别具时代特色。相臣金堉应用《孙子兵法》兵学原理品评诗歌创作风格;译官李尚迪强调作诗借鉴《孙子兵法》兵学原理;诗人林悌诗句中巧妙植入《孙子兵法》。此外,学者许愈将《孙子兵法》用于治学领域,所谓"读书如行兵","孙武子兵法可畏也"。而申昉借孙子的利害之说,援引《孙子·作战篇》"不尽知用兵之害者,则不能尽知用兵之利",谆谆教导明世驹在学问研究中追求孝悌仁义,同时强调不可忽视学问研究中的危害。综观朝鲜王朝孙子兵学应用效果,很鲜明的一点是,孙子兵学理论应用和非军事应用格外突出。相比而言,实战应用则表现不太显著。这主要与朝鲜王朝社会长时期崇儒,虽然重视孙子兵学讲读,但是轻视孙子兵学实际应用,与实战严重脱节有密切关系。因此,《孙子兵法》应用有偏重理论应用而轻视实践应用的弊病。例如,对《孙子兵法》的战术精髓——"奇正"战法与"灵活应用"认识领会不到位。《承政院日记》记载,察访洪禹载上疏指出:"窃观当今我国家用兵之法,只用兵学烦琐之节目,不师奇正合变之纲领。"①"奇正"和"合变"本是《孙子兵法》两个重要军事术语。

其五,从精英人物、重要著述、社会思潮三个维度考察朝鲜王朝孙子兵学重要影响。从精英人物来看,朝鲜国君以身作则,积极倡导学习孙子兵学,起到了先锋模范作用。正祖是青睐孙子兵学典型的君王代表。将帅代表是梁诚之,建议武科考试强化《武经七书》习读。他在《孙子兵法》"五事"之说的基础上,提出"新五事"之说。文人代表是丁若镛,以《孙子兵法》参证儒家经典。就朝鲜王朝而言,他的做法无疑具有开创性。从著述来看,金齐闵《保邦要务》提出诸多御倭方略,吸纳了孙子兵学思想精华,对孙子攻守之术和精兵思想有深刻阐发,并超越了《孙子兵法》。洪大容《林下经纶》结合朝鲜实际情况,把孙子兵学思想有机融入了筑城和守城军事实践,进一步

---

① 《承政院日记》第604册,英祖元年十一月十二日,第99b页。

丰富了朝鲜王朝军事防御理论。赵羲纯《孙子髓》荟萃了前人注解《孙子兵法》的精华,成为当时《孙子兵法》注解的集大成之作,这是朝鲜王朝孙子兵学发展过程中所取得标志性成果。从社会思潮来看,孙子兵学与儒学相互对冲,经历了三个重要历史阶段:一是孙子兵学"惟吾独尊";二是孙子兵学渐趋儒学之下;三是孙子兵学与儒学相互共融。总之,孙子兵学的传播过程经受了儒学冲击和挑战,最终迎来了新的历史机遇。

其六,朝鲜王朝孙子兵学价值评判具有双重性,既有正面评价,也有负面评价。正面评价主要有:孙子兵学是兵家的"冠冕";孙子兵学是"至宝";孙子兵学"自雄奇";孙子兵学"神妙不测";孙子兵学"善戒";孙子兵学"辩而博";孙子兵学重"奇";孙子兵学"为术独至";孙子兵学"本无私";孙子兵学为"奇兵科";孙子兵学是"兵家真传之书";孙子兵学"最可观";孙子兵学"最的确";孙子兵学如"儒家七书";孙子兵学"亦古文";孙子兵学"理趣精深";孙子兵学"可无敌于天下";孙子兵学"最其杰然";孙子兵学"法术大详";孙子兵学是"兵家之祖"。负面评价主要有:孙子兵学是"曲学";孙子兵学"未必使成功";孙子兵学是"祸首";孙子兵学"狙诈"。与此同时,朝鲜王朝人士所形塑的孙子兵学意象错综复杂。

总体来看,留存下来的域外汉籍从多个角度反映出朝鲜王朝孙子兵学传播和接受情形,折射出孙子兵学对朝鲜王朝产生了非同寻常的影响。尽管中国古代有诸多兵书传至朝鲜半岛,但真正影响朝鲜王朝者并不多见,主要有《孙子兵法》《六韬》《武经七书》《纪效新书》等。其中,《孙子兵法》作为外来的优秀兵学经典,如此长久而又深远影响朝鲜王朝,在《孙子兵法》域外传播历史中亦属麟角凤毛。例如,金昌业(1658—1721)《老稼斋燕行日记》记载,康熙帝过问朝鲜使臣,他们的国家有何书籍,而使臣们特别提到了《孙子兵法》。癸巳(1712)二月初三日,首译以下数人前来告诉:"皇帝有欲问事。"并招呼朝鲜国通使之官马上前往。于是,首译朴东和,上通事张远翼、金世泓,堂上译官金应瀗,一同前往畅春苑,"莫知其为何事,一行猜度不得"。礼部左侍郎二格坐在畅春苑门外,招呼朝鲜使官问:"你国有何书籍?"使官立即书写"四书四经"来回答。又问:"此外更无他书?"使官又书写了《唐诗》和《古文真宝》来应答。又问:"使臣必有持来书籍,皇帝要见,明日拿来。"朝鲜国使臣一起相互商议,认为皇帝既然询问我们国家有何书籍,又询问没有的书籍。如果全部隐讳所有禁书,不是诚实之道。如果另有所问,就以从明朝时曾得来的书籍回复,使皇帝知晓所禁之书早已流传出去,朝鲜国也有所得。于是,朝鲜使臣便将"《四书五经》《纲目》《诸子》《事文类聚》等书,并书十余种列录"。有译官认为:"五经中《春秋》为禁书,故去而对之。"然而这种做法不合事理,所以,最后将之抄录在五经之书当中。"至于兵书,亦不可谓全无,故《孙武子》《吴子》《三略》等书,并皆入录。"① 其中"《孙武子》"即《孙子兵法》。由此可见,朝鲜国外来的兵书,《孙子兵法》首当其冲,占据非常重要的地位。

仁祖时期,倭使从朝鲜国得到了《武经七书》中的部分兵书。《承政院日记》记载,金瑞凤陈述,日本方面以击辽为借口,但我方没有答应。倭使"欲得我国文书","求獭子弓剑、马具、器玩等物"。仁祖命令,"贸易给之,可也。"金瑞凤进而陈述倭使想得到兵书:"兵书亦求,《武经七书》中,或可觅给乎?"②仁祖曰:"给之无妨。"从金瑞凤的言语"或可觅给"与仁祖之言"给之无妨",可推断《孙子兵法》不大可能输送倭使。金瑞凤是有选择性地提供,不大可能把《武经七书》中最好的《孙子兵法》注解本送给倭使。李德懋(1741—1793)《兵战》记载,天平宝字四年(760),日本天皇"令习诸葛亮八阵、孙子《九地》,及结营向背"。③ 指明此是吉备真备传授中国用兵之法的奥妙法旨,朝鲜对之密切关注。值得注意的是,"孙子《九地》"是指《孙子·九地篇》,是《孙子兵法》讲述军事地理最为重要的篇目之一。

高宗时期,严禁朝鲜国的《孙子兵法》注解本流向日本,金致振试图把本国地图和《孙子兵法》输送他国,结果被斩首示众,受到严厉处罚。《承政院日记》记载,议政府启曰:"椒岛前洋交通唐船罪人金致振查问,则谓有所著斥邪文,计欲播传大国,而船中又藏红参、米谷及我国地图、《孙武子》一册,投入唐船等诸般情节,这这自服云矣。交货唐舶,已是必诛之案。而地图、兵书之嘱付彼人,其情其迹,亦甚叵测矣。罪人金致振,押付黄海水营,大会军民,枭首警众,何如?"④传曰:"允。"议政府官员所言的"唐船",是指中国驶往日本的贸易船只。《承政院日记》所载史实表明两方面情况:一是朝鲜政府一直不希望自己国家的《孙子兵法》注解本输往日本。右捕厅呈报的"《孙武子》"一书,应是融汇了本国研究该兵书的新成果。二是日本方面一直想得到朝鲜方面研究《孙子兵法》的有关书籍,甚至试图通过走私的手段得到其书。

---

① 金昌业:《老稼斋燕行日记》卷五,癸巳二月初三日,复旦大学文史研究院、成均馆大学东亚学术院大东文化研究院编:《韩国汉文燕行文献选编》第9册,上海:复旦大学出版社,2011年,第114页。
② 《承政院日记》第26册,仁祖七年五月二日,第55a页。
③ 李德懋:《青庄馆全书》卷六十五《蜻蛉国志·兵战》,韩国民族文化推进会:《影印标点韩国文集丛刊》第259册,汉城:景仁文化社,2001年,第189页。
④ 《承政院日记》第2742册,高宗六年八月十二日,第31b页。

朝鲜王朝孙子兵学特定传播现象的背后，反映出的影响因素和总体趋势亦值得关注。外来战争是推动朝鲜王朝孙子兵学广泛传播和实践应用的核心推动力。这一影响因素，格外鲜明。壬辰倭乱始于万历二十年（1592），终于万历二十六年（1598），长期的战争为朝鲜王朝书写下悲情的一页，严重破坏了朝鲜社会，对统治上层刺激很大，战后"讲武"和"御倭"，成为重要的风向标，孙子兵学传播与实践应用得到前所未有的大发展。天启七年（1627），努尔哈赤侄子阿敏率领三万多女真骑兵入侵朝鲜，史称"丁卯胡乱"。崇祯九年（1636），皇太极攻打朝鲜，迫使朝鲜成为清之藩属国，史称"丙子胡乱"。战后，朝鲜王朝出于"备胡"需要，孙子兵学研究与应用再次受到高度关注。"丙寅洋扰（1866）"，法兰西帝国入侵朝鲜；"辛未洋扰"（1871），美利坚入侵朝鲜。外患不断，时局动荡，促使朝鲜王朝上上下下不断审视《孙子兵法》，希冀从中找到制胜的良方。

朝鲜王朝孙子兵学的接受，不仅受本土文化发展的影响，而且受中华人文因素的影响。这种多重文化影响因素作用于朝鲜时代孙子兵学的接受，是外来文化在包容和吸纳过程中的一种独特现象反映。在这一过程中，朝鲜人士关注华夏人物对《孙子兵法》认知与应用。金时习（1435—1493）《哀班师》描写岳飞熟知《孙吴兵法》："生平负壮志，膂力谁敢当。读书学兵法，胸贮孙吴肠。"①赵彭年（1549—1612）《李牧》一诗："白马红旗镇雁门，初如处女竟腾骞。若使郭开谗不入，秦王未必赵王吞。"②诗中"如处女"的比喻，出自《孙子·九地篇》："始如处女，敌人开户；后如脱兔，敌不及拒。"③诗人描写李牧镇守雁门，最初犹如处女一样，文静而不显露本色，后来突然迅速行动，击败了敌人。赵彭年《赵充国》一诗："老臣鞭马到金城，便欲屯田不欲争。浪战本非长久计，何如樽俎屈人兵。"④诗人歌颂赵充国对敌战术高明，强调轻率作战比不上不战而屈人之兵。显而易见，"屈人兵"是《孙子·谋攻篇》"不战而屈人之兵"⑤的简略说法。李庆全（1567—1644）《邢军门西归耆老军民等歌谣》描写明朝蓟辽总督邢玠对《孙吴兵法》的应用："公为元帅，十省六镇。风行雷振，厘止率止。折冲樽俎，从容军旅。孙吴皮里，枯

---

① 金时习：《梅月堂集·诗集》卷二《哀班师》，韩国民族文化推进会：《影印标点韩国文集丛刊》第13册，汉城：景仁文化社，2001年，第111页。
② 赵彭年：《溪阴集》卷二《将鉴博议诸将赞诗·李牧》，韩国古典翻译院：《影印标点韩国文集丛刊续》第6册，首尔：古典翻译院，2005年，第359页。
③ 杨丙安：《十一家注孙子校理》，第266页。
④ 赵彭年：《溪阴集》卷二《将鉴博议诸将赞诗·赵充国》，韩国古典翻译院：《影印标点韩国文集丛刊续》第6册，第360页。
⑤ 杨丙安：《十一家注孙子校理》，第45页。

摧朽拉。"①其中,"孙吴皮里,枯摧朽拉"之句,赞扬邢玠胸中褒贬《孙吴兵法》,而打仗如同摧枯拉朽一般。金允植(1835—1922)《谒曾文正公祠》之诗描写了以曾国藩为代表的清朝中兴名将"庙算"之策高明:"洛闽真工李郭忠,中兴名将尽趋风。如今海宇防戎策,不出当年庙算中。"②诗歌借曾国藩海防之策映射《孙子兵法》"庙算"思想独具一格。

　　朝鲜王朝孙子兵学接受,不仅受儒学发展的影响,而且受其他兵学发展的影响。朝鲜许多文人分外推崇北宋理学家张载早年喜爱《孙吴兵法》,晚年放弃兵学而精研儒学的行为。张载这一举动成为他们学习儒学并抛弃孙子兵学的借口和标杆。此外,受武器技术和练兵技术的冲击,戚继光《纪效新书》受重视的风头一度压过《孙子兵法》。朝鲜人士非常关注日本兵学文化的发展,对于《武经七书》外传日本分为敏感。姜沆(1567—1618)《诣承政院启辞》记载,倭将很重视《武经七书》,"《武经七书》,人皆印藏"。③ 金世濂(1593—1646)《闻见杂录》记载,倭将学习《武经七书》,并将其翻译成谚文,国中刊印书籍的刻板,多数来自朝鲜国书籍的翻刻:"将倭必学《武经七书》,而翻以谚文。国中印行册板,多取我国书籍反刊者。"④尹愭(1741—1826)《论壬辰事》记载,沈惟敬曾将《武经七书》进献丰成秀吉。甲午十二月,命令临淮侯李宗城充当正使,杨方亨充当副使,一同跟随沈惟敬前往日本,册封丰成秀吉为日本王,赐予金印,小西行长授予都督金事。当时东封之使,心怀观望。丙申四月,才到达釜山。沈惟敬借口已讲好迎接礼仪,独自渡海,私下进献丰成秀吉许多贵重物品,其中之一是《武经七书》:"(沈)惟敬托言讲定迎使礼,独与行长先渡海,以蟒玉、翼善冠、地图、《武经》及壮马三百南戈崖骑,阴献秀吉。"⑤

　　朝鲜王朝孙子兵学传播总体趋势呈现"波谷型"的特征。这一时期,孙子兵学传播总体趋势,既不是一直处于上升的趋势,也不是一直处于下降的走势,而是分阶段地呈现出多个波峰和低谷。波峰的出现往往受尚武因素

---

① 李庆全:《石楼遗稿》卷一《歌谣·邢军门西归耆老军民等歌谣》,韩国民族文化推进会:《影印标点韩国文集丛刊》第73册,汉城:景仁文化社,1996年,第433页。
② 金允植:《云养集·续集》卷一《诗·谒曾文正公祠》,韩国民族文化推进会:《影印标点韩国文集丛刊》第328册,汉城:景仁文化社,2004年,第533页。
③ 姜沆:《睡隐集》卷四《看羊录·疏·诣承政院启辞》,韩国民族文化推进会:《影印标点韩国文集丛刊》第73册,汉城:景仁文化社,1996年,第125页。
④ 金世濂:《东溟集》卷十《海槎录·闻见杂录》,韩国民族文化推进会:《影印标点韩国文集丛刊》第95册,汉城:景仁文化社,1996年,第337页。
⑤ 尹愭:《无名子集》册十《[文]·论壬辰事》,韩国民族文化推进会:《影印标点韩国文集丛刊》第256册,汉城:景仁文化社,2001年,第416页。

的影响和外来战争因素的刺激。例如,朝鲜王朝建国之初,出现了孙子兵学传播的一个小波峰。壬辰倭乱之后,出现孙子兵学传播应用的最大波峰。倭乱之后,兵学书籍遭遇严重破坏,而在武科考试中尤其缺乏先前兵学方面的书籍,只能以当时仅存的《孙子兵法》《吴子兵法》《六韬》选择其一试讲。《朝鲜王朝实录》记载,兵曹启曰:"今式年武科覆试,应讲书册,他无觅得之路,极为可虑。……而目今只有《孙子》、《吴子》、《太公六韬》、四书、五经。前日大臣议得,既以裁减一二书允下,所无书册,尽为减去。只以见存《孙子》《吴子》《太公六韬》中一书,四书五经中一书,并从自愿,试讲何如? 科举重事,似涉苟且,而事势如此,不得已敢启。"①传曰:"允。"在"丁卯胡乱"之后,又出现了孙子兵学传播应用的一个小波峰。而在两个波峰之间出现的低谷,往往受和平时期文恬武嬉的影响,以及儒学地位的上升和外部世界重要观念输入的影响。

  总而言之,朝鲜王朝孙子兵学传播媒介呈现多元化,既有上层人物之间的传播互动,如御赐孙子兵学书籍;也有中下层之间的传播扩散,如讲读孙子兵学;还有文学传播的载体,如题咏孙子兵学的诗歌等,这一传播方式对文人和大众的影响,不言而喻。孙子兵学"受众"具有广泛性,既有朝鲜王朝的最高统治者,也有将相之臣,也有地方要员,也有武士,也有文人,也有隐士,还有僧人。孙子兵学传播的效度在域外汉籍中得到多方位的呈现:无论日记,还是墓志铭;无论奏议,还是策论;无论诗歌,还是文赋;无论序文,还是评论;无论史籍,还是兵书。等等,不一而足。因此,系统发掘和梳理域外汉籍有关孙子兵学的文献资料,有助于促进对朝鲜王朝孙子兵学史的认知。

  尽管如此,朝鲜王朝孙子兵学传播和接受的历史,总体再现了中华优秀传统兵学对朝鲜半岛影响力的发展状况。尤其到了朝鲜王朝后期,针对孙子兵学进行批评和质疑的声音有了显著上升,反映出中华传统兵学文化对朝鲜王朝的影响力开始走低。柳成龙(1542—1607)在《请修举镇管之制启》中批评,士大夫只顾雕琢文辞,崇尚虚谈,全不留意治国事务。有些轻谋浅虑之人,随意毁坏祖宗制度,另立新规,称之为《制胜方略》。只因看到了"乙卯倭变",作为一时救急之策,不知此策只能应付小敌,不可作为抵御大敌之术。"其后两南监兵使,人人各持所见,而奋其管窥,杜撰添加,浑称之曰《制胜方略》。"于是,整个国家出现了尊奉《制胜方略》,如同尊奉《孙吴兵

---

① 《朝鲜宣祖实录》卷一百三十四,宣祖三十四年二月丁酉,韩国国史编纂委员会:《朝鲜王朝实录》第24册,第207页。

法》一样的境况。"举世宗之如《孙吴兵法》,一切通行。"①柳成龙认为,国家的形势演变到如此境地,虽说是有其他原因。大体说来,失误也在于《制胜方略》造成的。由此可知,朝鲜王朝时期本土兵书《制胜方略》曾一度"举世宗之",与《孙吴兵法》并驾齐驱。又如,朝鲜王朝统治者编撰《兵学指南》一书,其重视程度也超越了《孙子兵法》。

---

① 柳成龙:《西厓集》卷七《请修举镇管之制启》,韩国民族文化推进会:《影印标点韩国文集丛刊》第52册,汉城:景仁文化社,1996年,第145页。

参考文献

一、古籍资料

1. 韩国民族文化推进会：《影印标点韩国文集丛刊》，汉城(首尔)：景仁文化社，1996—2005年。
2. 韩国民族文化推进会：《韩国历代文集丛书》，汉城(首尔)：景仁文化社，1999—2019年。
3. 韩国古典翻译院：《影印标点韩国文集丛刊续》，首尔：古典翻译院，2005—2009年。
4. 韩国国史编纂委员会：《朝鲜王朝实录》，汉城：韩国国史编纂委员会，1955—1958年影印本。
5. 韩国国史编纂委员会：《承政院日记》，汉城：韩国国史编纂委员会，1961—1977年影印本。
6. 林基中：《燕行录全集》，汉城：韩国东国大学校出版部，2001年。
7. 《朝天录》，台北：台湾硅庭出版社，1978年。
8. 复旦大学文史研究院：《韩国汉文燕行文献选编》，上海：复旦大学出版社，2011年。
9. 吴晗：《朝鲜李朝实录中的中国史料》，北京：中华书局，1980年。
10. 周斌等：《朝鲜汉文史籍丛刊》(第2辑)，成都：巴蜀书社，2017年。
11. 周斌等：《朝鲜汉诗文总集》(第2辑)，成都：四川大学出版社，2015年。
12. 许伩等：《朝鲜事大斥邪关系资料集》，汉城：骊江出版社，1985年。
13. 张存武、叶泉宏：《清入关前与朝鲜往来国书汇编1619—1643》，台北：国史馆，2000年。
14. 朝鲜总督府：《朝鲜金石总览》，汉城：亚细亚文化社，1976年。
15. 朴兴镇：《中国廿六史及明清实录东亚三国关系史料全辑》，延吉：延边大学出版社，2007年。
16. 《明实录》，台北："中研院"历史语言研究所校印本，1962年。

17. ［朝鲜］郑麟趾：《高丽史》,重庆：西南师范大学出版社,2014 年。
18. 蔡美花、赵季：《韩国诗话全编校注》,北京：人民文学出版社,2012 年。
19. 杨丙安：《十一家注孙子校理》,北京：中华书局,1999 年。
20. 谢祥皓、刘申宁：《孙子集成》,济南：齐鲁书社,1993 年。
21. ［日］林泰辅著,陈清泉译：《朝鲜通史》,上海：商务印书馆,1934 年。
22. 中国第一历史档案馆编：《清代中朝关系档案史料汇编》,北京：国际文化出版公司,1998 年。
23. 金富轼著,杨军校勘：《三国史记》,长春：吉林大学出版社,2015 年。
24. 复旦大学文史研究院编：《朝鲜通信使文献选编》,上海：复旦大学出版社,2015 年。
25. 刁书仁：《廿六史中朝关系史料选编》,长春：吉林文史出版社,1995 年。
26. 姜孟山、刘子敏、金荣国：《中国正史中的朝鲜史料》(第一卷),延吉：延边大学出版社,1996 年。
27. （汉）司马迁：《史记》,北京：中华书局,1982 年。
28. （晋）陈寿：《三国志》,北京：中华书局,1975 年。
29. （唐）魏徵：《隋书》,北京：中华书局,1973 年。
30. （宋）志磐撰,释道法校注：《佛祖统纪校注》,上海：上海古籍出版社,2012 年。
31. （宋）李焘：《续资治通鉴长编》,北京：中华书局,2004 年。
32. （宋）欧阳修著,李逸安点校：《欧阳修全集》,北京：中华书局,2001 年。
33. （唐）刘知幾撰,浦起龙释：《史通通释》,上海：上海古籍出版社,1978 年。
34. （宋）黎靖德编,王星贤点校：《朱子语类》,北京：中华书局,1986 年。
35. 赵羲纯：《孙子髓》,首尔：高丽大学图书馆收藏本,1869 年。

二、重要著作

1. 葛兆光：《想象异域——读李朝朝鲜汉文燕行文献札记》,北京：中华书局,2014 年。
2. 季南：《朝鲜王朝与明清书籍交流研究》,长春：吉林人民出版社,2016 年。
3. 孙卫国：《大明旗号与小中华意识》,北京：商务印书馆,2007 年。
4. 黄枝连：《朝鲜的儒化情景构造——朝鲜王朝与满清王朝的关系形态论》,北京：中国人民大学出版社,1995 年。
5. 王鑫磊：《同文书史——从韩国汉文文献看近世中国》,上海：复旦大学出版社,2015 年。
6. 杨雨蕾：《燕行与中朝文化关系》,上海：上海辞书出版社,2011 年。

7. 李花子：《明清时期中朝边界史研究》，北京：知识产权出版社，2011 年。
8. 王臻：《朝鲜前期与明建州女真关系研究》，北京：中国文史出版社，2005 年。
9. 吴政纬：《眷眷明朝：朝鲜士人的中国论述与文化心态（1600—1800）》，台北：秀威资讯科技股份有限公司，2015 年。
10. 邢丽菊：《韩国儒学思想史》，北京：人民出版社，2015 年。
11. 杨昕：《"朝天录"中的明代中国人形象研究》，北京：社会科学文献出版社，2016 年。
12. 郑红英：《朝鲜初期与明朝政治关系演变研究》，北京：社会科学文献出版社，2015 年。
13. 陈尚胜：《朝鲜王朝对华观的演变：〈朝天录〉和〈燕行录〉初探》，济南：山东大学出版社，1999 年。
14. 刁书仁：《明清中朝日关系史研究》，长春：吉林文史出版社，2011 年。
15. 韩荣奎：《18—19 世纪朝鲜使臣与清朝文人的交流》，青岛：中国海洋大学出版社，2014 年。
16. 李英顺：《朝鲜北学派实学研究》，北京：中国社会科学出版社，2011 年。
17. 刘保全：《壬辰倭乱时期朝明关系史研究》，北京：民族出版社，2005 年。
18. 朴文一等：《中国古代文化对朝鲜和日本的影响》，牡丹江：黑龙江朝鲜民族出版社，1999 年。
19. 葛兆光：《宅兹中国：重建有关"中国"的历史论述》，北京：中华书局，2011 年。
20. 李光涛：《朝鲜"壬辰倭祸"研究》，台北："中研院"历史语言研究所，1972 年。
21. 韩胜宝：《〈孙子兵法〉与社会生活》，苏州：古吴轩出版社，2016 年。
22. 韩胜宝：《〈孙子兵法〉与文化战略》，苏州：古吴轩出版社，2016 年。
23. 杨玉英：《〈孙子兵法〉在英语世界的传播与接受研究》，北京：学苑出版社，2017 年。
24. 于汝波：《孙子学文献提要》，北京：军事科学出版社，1994 年。
25. 于汝波：《孙子兵法研究史》，北京：军事科学出版社，2001 年。
26. 韩胜宝：《〈孙子兵法〉与战争艺术》，苏州：古吴轩出版社，2016 年。
27. 黄纯艳：《高丽史史籍概要》，兰州：甘肃人民出版社，2007 年。
28. 申凡：《传播学原理》，武汉：华中科技大学出版社，2012 年。
29. 刘永连：《东亚世界与古代中国》，桂林：广西师范大学出版社，2020 年。
30. 刘广铭：《朝鲜朝语境中的满洲族形象研究》，北京：光明日报出版社，

2013年。
31. 徐东日：《朝鲜朝使臣眼中的中国形象》，北京：中华书局，2010年。
32. 彭林：《中国礼学在古代朝鲜的播迁》，北京：北京大学出版社，2005年。
33. 潘畅和：《东亚儒家文化圈的价值冲突——以古代朝鲜和日本的儒家文化比较为中心》，北京：中国社会科学出版社，2012年。
34. 李仙竹主编：《北京大学图书馆馆藏古代朝鲜文献解题》，北京：北京大学出版社，1997年。
35. 吴莎：《兵学西渐：〈孙子兵法〉英译研究》，北京：团结出版社，2013年。
36. 薛国安：《薛将军精解〈孙子兵法〉》，北京：中信出版社，2019年。
37. 王福祥：《日本汉诗与中国历史人物典故》，北京：外语教学与研究出版社，1997年。
38. 王曰美：《中国儒学与韩国社会》，北京：学习出版社，2019年。
39. 黄朴民：《黄朴民解读：唐太宗李卫公问对·尉缭子》，长沙：岳麓书社，2011年。
40. 张光宇：《朝鲜王朝正祖时期的官方史学研究（1776—1800）》，上海：上海三联书店，2019年。
41. 杨军：《朝鲜王朝前期的古史编纂》，北京：社会科学文献出版社，2013年。
42. ［韩］李成茂著，张琏瑰译：《高丽朝鲜两朝的科举制度》，北京：北京大学出版社，1993年。
43. ［韩］郑玉子：《朝鲜后期朝鲜中华思想研究》，汉城：一志社，1998年。
44. ［日］松浦章：《明清时代中国与朝鲜的交流——朝鲜使节与漂着船》，台北：乐学书局，2002年。
45. ［日］佐藤坚司著，高殿芳等译：《孙子研究在日本》，北京：军事科学出版社，1993年。
46. ［美］格里菲思著，育委译：《孙子兵法：美国人的解读》，北京：学苑出版社，2003年。

三、学术论文

1. 孙卫国：《清官修〈明史〉对万历朝鲜之役的历史书写》，《历史研究》2018年第5期。
2. 杨海英、任幸芳：《朝鲜王朝军队的中国训练师》，《中国史研究》2013年第3期。
3. 孙卫国：《〈纪效新书〉与朝鲜王朝军制改革》，《南开学报（哲学社会科学版)》2018 年第 4 期。

4. 王鑫磊:《韩国汉文燕行文献〈随槎录〉的史料价值——兼谈朝鲜王朝的"小中华意识"》,《复旦学报(社会科学版)》2013 年第 5 期。

5. 刁书仁:《朝鲜王朝对中国书籍的购求及其对儒家文化的吸收》,《古代文明》2009 年第 2 期。

6. 孙卫国:《试论朝鲜王朝之慕华思想》,《社会科学辑刊》2008 年第 1 期。

7. 苗威:《华夷观的嬗变对朝鲜王朝吸收中国文化的影响》,《东疆学刊》2002 年第 3 期。

8. 梁泰镇:《朝鲜王朝实录所见明清时代图书传入论考》,《当代韩国》1998 年第 1 辑。

9. 韦胤宗:《阅读史:材料与方法》,《史学理论研究》2018 年第 3 期。

10. 张秋升:《论无意史料与历史研究》,《四川师范大学学报(社会科学版)》2014 年第 5 期。

11. 葛兆光:《揽镜自鉴——关于朝鲜、日本文献中的近世中国史料及其他》,《复旦学报(社会科学版)》2008 年第 2 期。

12. 张伯伟:《域外汉籍与中国文学研究》,《文学遗产》2003 年第 3 期。

13. 裘禾敏:《〈孙子兵法〉在英语世界的传播》,《浙江社会科学》2012 年第 6 期。

14. 罗渝、黄璜:《中文古籍数字化建设的实践与思考——以"域外汉籍数字服务平台"为例》,《出版发行研究》2018 年第 7 期。

15. 张伯伟、张勇:《域外汉籍研究的理论、方法与实践——张伯伟教授访谈录》,《安徽师范大学学报(人文社会科学版)》2018 年第 4 期。

16. 刘永连、纪宗安:《试论〈韩国历代文集丛书〉的史学价值》,《徐州师范大学学报(哲学社会科学版)》2012 年第 6 期。

17. 张伯伟:《新材料·新问题·新方法——域外汉籍研究三阶段》,《史学理论研究》2016 年第 2 期。

18. 徐林平、孙晓:《近三十年来域外汉籍整理概况述略》,《形象史学研究》,北京:中国社科文献出版社,2011 年。

19. 金程宇:《近十年中国域外汉籍研究述评》,《南京大学学报(哲学·人文科学·社会科学版)》2010 年第 3 期。

20. 张伯伟:《域外汉籍研究——一个崭新的学术领域》,《学习与探索》2006 年第 2 期。

21. 葛兆光:《历史记忆、思想资源与重新诠释——关于思想史写法的思考之一》,《中国哲学史》2001 年第 1 期。

22. 王震：《域外汉籍的学术考证与价值评估——以日传〈孙子〉的一个古本为例》，《图书馆工作与研究》2017年第4期。
23. 金长善、崔晓宇：《郑飞石〈孙子兵法演义〉中译本研究》，《东北亚外语研究》2017年第4期。
24. 刘永连：《〈韩国历代文集丛书〉学术价值初探》，《暨南史学》2015年第1期。
25. 韩胜宝：《〈孙子兵法〉在"一带一路"国家的传播和运用》，《孙子研究》2018年第1期。
26. 韩胜宝：《海外学者论中国孙子兵学与诸子百家》，《孙子研究》2016年第3期。
27. 苏桂亮：《国外〈孙子兵法〉文献之研究》，《孙子兵法与和谐世界：第八届孙子兵法国际研讨会论文集》，北京：军事科学出版社，2010年。
28. 苏桂亮、李文超：《〈孙子兵法〉百年英译研究——以图书出版为中心》，《中华文化与传播研究》2017年第2期。
29. 吴九龙：《韩国李氏王朝铜活字本〈十一家注孙子〉探微》，《孙子兵法与和谐世界：第八届孙子兵法国际研讨会论文集》，北京：军事科学出版社，2010年。
30. 孙永、张伟伟：《〈孙子兵法〉海外传播研究述评》，《文化学刊》2020年第9期。
31. 邵青：《〈孙子兵法〉海外传播述评》，《军事历史研究》2013年第4期。
32. 熊剑平：《〈孙子兵法〉海外接受的特点与启示》，《管子学刊》2020年第2期。
33. 唐利国：《论吉田松阴的兵学与〈孙子兵法〉——以〈孙子评注〉为中心》，《军事历史研究》2009年第1期。
34. 杨丙安、陈彭：《孙子兵学的东流和西渐》，《中州学刊》1986年第6期。
35. 陈来：《略论朝鲜李朝儒学李滉与奇大升的性情理气之辩》，《北京大学学报（哲学社会科学版）》1985年第3期。
36. 张敏：《儒学在朝鲜的传播与发展》，《孔子研究》1991年第3期。
37. 梁宗华：《朝鲜儒学的本土化与民族化历程》，《中国哲学史》2005年第4期。
38. 黄修志：《书籍与治教：朝鲜王朝对华书籍交流与"小中华"意识》，《世界历史》2018年第1期。
39. 瞿林东：《探索史学历史　促进史学发展——新中国70年史学史研究的繁荣发展》，《人民日报》2019年11月4日，第9版。

40. 赵汀阳:《历史的三个链条》,《中国社会科学报》2020年12月17日,第3版。
41. 周振鹤:《韩国汉文文献呈现的另一个历史世界》,《文汇报》2015年3月13日,第T3版。
42. 孙卫国:《东亚汉籍与中国史研究》,《光明日报》2014年4月16日,第14版。
43. [韩]金世昂:《李舜臣提督的战略战术的研究:以孙子兵法和关连性为中心》,韩国庆南大学硕士论文,1998年。
44. [韩]李康洙:《朝鲜时代的道家思想:徐命膺的〈道德指归〉试探》,《韩国学报》1989年第8期。
45. [韩]金文植:《徐命膺的易学世界地理观》,国际儒学联合会编:《国际儒学研究》第5辑,北京:中国社会科学出版社,1998年,第80—90页。
46. 최영준, 김청환(2008), "『孫子兵法』의 應用術을 통해 본 古典可用性", 東洋古典研究, (33), 193‐230 쪽.
47. 나승균(2010), "군사사상 측면에서 李舜臣의 孫子兵法 적용 고찰", 군사발전연구, (4), 51‐100 쪽.

后　　记

　　本书即将付梓之际，现将本人研究朝鲜王朝孙子兵学的经历与感激之情，分享给读者和同行。

　　本书的面世是多种因素促成的：一是与自己喜爱《孙子兵法》密不可分。自己研读《孙子兵法》的次数，早已记不清了，有时因《孙子兵法》公开课细阅此书，有时因《孙子兵法》学术报告品读此书，有时因撰写《孙子兵法》论文研读此书。渐渐也认识到，在研究《孙子兵法》日益成熟的今天，仅仅依靠《孙子兵法》文本研究，确实很难产出高质量的成果，但并非无路可走，《孙子兵法》传播与应用方面的研究却大有用武之地。开拓研究者的视野与发掘新资料，对孙子兵学研究者而言，确实很重要。这种研究路向，又谈何容易。语言若是不通，查找资料自然是一个巨大挑战。没有放眼域外，自然不会有本书创作想法的产生。

　　二是与听世界史学术报告有密切关系。清楚记得，复旦大学孙科志教授到河南师范大学历史文化学院作韩国史研究报告。孙老师的学术报告是我转向域外兵学研究的一个重要外驱力。孙老师在报告中特别提到韩国保存有大量的汉籍，古代朝鲜半岛长期使用汉字书写，近代以来韩国弃用汉字，现今韩国人研究本国古代历史都有一定困难。在孙老师拨云见日的引导下，自己才将《孙子兵法》与域外汉籍《韩国文集丛刊》《韩国历代文集丛书》联系在一起。此次讲座一个深刻的感受是，听陌生领域的学术讲座，会有意想不到的收获，使自己从研究中国孙子兵学传播与应用，跨越到东亚"汉字文化圈"的领域。

　　三是与国家后期资助项目申报有紧密联系。自从博士毕业之后，多年申报国家社科基金项目，一直无果。最后以《朝鲜王朝孙子兵学史研究》申请国家后期资助项目幸运中标了。值得一提的是，学的是中国史专业，却中了世界史的国家后期资助项目。当年这一项目申报成功，令许多同事既吃惊，也赞许。在此感谢五位匿名评审专家的赏识和厚爱，感谢专家老师提出的宝贵建议。

在研究《孙子兵法》的道路上，曾得到多方支持和提携。感谢学姐魏凤莲院长邀请作题为《〈孙子兵法〉的智慧之术》的学术报告。2022年1月，从河南师范大学调到山东师范大学后，在齐鲁文化研究院、校研究生工作部联合举办的"治学·修身"研究生学术论坛，作了题为《兵家孙子的成功智慧》的学术报告。这些报告不断促使自己总结《孙子兵法》研究心得。记忆颇深的是，2021年11月，中国孙子兵法研究会面向军内外《孙子兵法》研究者征文，主题是"《孙子兵法》与新时代制胜之道"，自己投稿论文《论〈孙子兵法〉的形胜之道》被评为优秀论文。2022年8月19日，孙子兵法高端学术论坛"孙子兵法与新时代制胜之道"在北京召开，作为优秀论文的作者代表，上台接受孙子兵法研究会会长白吕将军颁发证书，证书由中国人民解放军军事科学院授予。疫情之下，参加此次论坛，收获颇丰，不仅聆听了军界领导和孙子兵法研究知名专家高屋建瓴的讲座，而且结识了许多《孙子兵法》研究同仁。

本书将要面世之际，感谢父母的养育恩情，感谢师长的教诲之情，感谢妻子常海果默默无闻的付出。感谢山东师范大学齐鲁文化研究院领导与同事的帮助，也感谢河南师范大学历史文化学院领导与同事昔日给予的帮助。感谢课题组成员吕红梅和马小能两位老师的支持。特别感谢山东师范大学齐鲁文化研究院院长吕文明惠赐珠玑之序，以及上海古籍出版社历史编辑室曾晓红主任和王赫老师的多方指教与帮助。求学路上，获得了诸多师友的提携，在此一并表示感谢！

本书是笔者在域外汉籍领域探索《孙子兵法》传播与应用研究的一个努力尝试。学识肤浅，不足之处，希望专家与读者多加指教，在此深表谢忱之意。

阎盛国

于山东师范大学齐鲁文化研究院

2023年4月16日

图书在版编目(CIP)数据

朝鲜王朝孙子兵学史研究：1392—1910 / 阎盛国著.
上海：上海古籍出版社，2024.9. -- ISBN 978-7-5732-
1312-9
Ⅰ. E892.25
中国国家版本馆CIP数据核字第2024G75Y53号

教育部人文社会科学重点研究基地
山东师范大学齐鲁文化研究院重点项目

国家社科基金后期资助项目
朝鲜王朝孙子兵学史研究(1392—1910)
阎盛国 著
上海古籍出版社出版发行
(上海市闵行区号景路159弄1-5号A座5F 邮政编码201101)
(1) 网址：www.guji.com.cn
(2) E-mail：guji1@guji.com.cn
(3) 易文网网址：www.ewen.co
上海商务联西印刷有限公司印刷
开本700×1000 1/16 印张20.5 插页2 字数357,000
2024年9月第1版 2024年9月第1次印刷
ISBN 978-7-5732-1312-9
K·3685 定价：98.00元
如有质量问题,请与承印公司联系